SÉTIMA EDIÇÃO 2024

RICARDO ANTONIO **ANDREUCCI**

DIREITO PENAL DO TRABALHO

Dados Internacionais de Catalogação na Publicação (CIP) de acordo com ISBD

A561d   Andreucci, Ricardo Antonio
         Direito Penal do Trabalho / Ricardo Antonio Andreucci. - 7. ed. - Indaiatuba, SP
         : Editora Foco, 2024.
         336 p. ; 17cm x 24cm.
         Inclui índice e bibliografia.
         ISBN: 978-65-5515-827-4
         1. Direito. 2. Direito penal. 3. Direito Penal do Trabalho. I. Título.
2023-1750   CDD 345   CDU 343

Elaborado por Vagner Rodolfo da Silva - CRB-8/9410
Índices para Catálogo Sistemático:
1. Direito penal 345
2. Direito penal 343

SÉTIMA
EDIÇÃO

RICARDO
ANTONIO
ANDREUCCI

DIREITO PENAL DO TRABALHO

2024 © Editora Foco
Autor: Ricardo Antonio Andreucci
Diretor Acadêmico: Leonardo Pereira
Editor: Roberta Densa
Assistente Editorial: Paula Morishita
Revisora Sênior: Georgia Renata Dias
Capa Criação: Leonardo Hermano
Diagramação: Ladislau Lima
Impressão miolo e capa: FORMA CERTA

DIREITOS AUTORAIS: É proibida a reprodução parcial ou total desta publicação, por qualquer forma ou meio, sem a prévia autorização da Editora FOCO, com exceção do teor das questões de concursos públicos que, por serem atos oficiais, não são protegidas como Direitos Autorais, na forma do Artigo 8º, IV, da Lei 9.610/1998. Referida vedação se estende às características gráficas da obra e sua editoração. A punição para a violação dos Direitos Autorais é crime previsto no Artigo 184 do Código Penal e as sanções civis às violações dos Direitos Autorais estão previstas nos Artigos 101 a 110 da Lei 9.610/1998. Os comentários das questões são de responsabilidade dos autores.

NOTAS DA EDITORA:
Atualizações e erratas: A presente obra é vendida como está, atualizada até a data do seu fechamento, informação que consta na página II do livro. Havendo a publicação de legislação de suma relevância, a editora, de forma discricionária, se empenhará em disponibilizar atualização futura.
Erratas: A Editora se compromete a disponibilizar no site www.editorafoco.com.br, na seção Atualizações, eventuais erratas por razões de erros técnicos ou de conteúdo. Solicitamos, outrossim, que o leitor faça a gentileza de colaborar com a perfeição da obra, comunicando eventual erro encontrado por meio de mensagem para contato@editorafoco.com.br. O acesso será disponibilizado durante a vigência da edição da obra.

Impresso no Brasil (08.2023) – Data de Fechamento (06.2023)

2024
Todos os direitos reservados à
Editora Foco Jurídico Ltda.
Rua Antonio Brunetti, 593 – Jd. Morada do Sol
CEP 13348-533 – Indaiatuba – SP

E-mail: contato@editorafoco.com.br
www.editorafoco.com.br

NOTA À 7ª EDIÇÃO

Apresentamos ao dileto leitor mais uma edição da nossa consagrada obra *Direito Penal do Trabalho*, a única com esse formato e conteúdo do mercado editorial brasileiro.

Tanto nos concursos públicos na área trabalhista como nas lides judiciais, o Direito Penal do Trabalho vem ganhando vulto como ramo do Direito Penal que se ocupa da análise dos crimes oriundos das relações de trabalho de qualquer natureza, incluídos os crimes contra a organização do trabalho, os crimes previdenciários, alguns crimes contra a liberdade individual, contra o patrimônio e contra a fé pública, entre outros.

O Direito evolui com enorme rapidez, ainda mais em um mundo globalizado, em que as relações interpessoais se tornam cada vez mais complexas e conflituosas.

O Direito do Trabalho, nesse panorama, remanesce no centro das atenções, evoluindo a passos largos ao lado do Direito Penal, derivando dessa salutar simbiose um ramo importantíssimo da ciência jurídica, que é o Direito Penal do Trabalho.

A obra aborda todos os tópicos da disciplina de Direito Penal requeridos nos concursos para ingresso na Magistratura do Trabalho, seguindo especificamente o edital do Concurso Público Nacional Unificado, publicado pela Escola Nacional de Formação e Aperfeiçoamento de Magistrados do Trabalho.

A nossa preocupação constante, na presente obra, continua sendo com a simplicidade e com a objetividade das questões abordadas, trazendo aos profissionais do Direito, aos concursandos e ao público em geral uma abordagem direta e precisa dos pontos mais relevantes de conexão entre o Direito Penal e o Direito do Trabalho.

O AUTOR

SUMÁRIO

NOTA À 7ª EDIÇÃO V

1. INTRODUÇÃO AO DIREITO PENAL: CONCEITO, CARACTERÍSTICAS, FUNÇÕES E PRINCÍPIOS BÁSICOS 1
   1.1   Conceito de direito penal 1
   1.2   Caracteres e funções do direito penal 1
   1.3   Princípios fundamentais do direito penal 3
        1.3.1   Princípio da legalidade 3
        1.3.2   Princípio da aplicação da lei mais favorável 3
        1.3.3   Princípio da taxatividade 4
        1.3.4   Princípio da ofensividade (princípio do fato ou princípio da exclusiva proteção do bem jurídico) 4
        1.3.5   Princípio da alteridade (princípio da transcendentalidade) 4
        1.3.6   Princípio da adequação social 5
        1.3.7   Princípio da intervenção mínima (Direito Penal mínimo) e princípio da fragmentariedade 5
        1.3.8   Princípio da insignificância (bagatela) 6
        1.3.9   Princípio do Direito Penal máximo 7
        1.3.10   Princípio da proporcionalidade da pena 8
        1.3.11   Princípio da individualização da pena 8
        1.3.12   Princípio da humanidade 8
        1.3.13   Princípio da razoabilidade 8

2. CATEGORIAS DO DIREITO PENAL APLICÁVEIS AO DIREITO DO TRABALHO 9
   2.1   Conceito de crime 9
        2.1.1   Sistema Causal-Naturalista 9
        2.1.2   Sistema Neoclássico 10
        2.1.3   Sistema Finalista 10
                2.1.3.1   Teoria finalista tripartida e teoria finalista bipartida 11
        2.1.4   Sistema Social 12
        2.1.5   Sistema Funcionalista 12
   2.2   Tipo e tipicidade 13

2.2.1	Fato típico	13
2.2.2	Teoria do tipo	13
	Fases da teoria do tipo	14
	Conceito de tipo	14
	Características do tipo	15
	Adequação típica	15
	Elementos do tipo	15
	Classificação do tipo	16
	Tipicidade conglobante	17
	Conflito aparente de normas	17
Conduta		19
	Formas de conduta	19
	Crimes omissivos próprios	20
	Crimes omissivos impróprios	20
	Crimes omissivos por comissão	20
	Caso fortuito e força maior	20
Nexo de causalidade		21
	Teoria da equivalência dos antecedentes	22
	Superveniência causal	22
Resultado		24
	Crime qualificado pelo resultado	25
2.2.3	Dolo e culpa	25
	Dolo	25
	Culpa	28
2.2.4	Crime consumado e tentativa	30
	Consumação	31
	Tentativa	32
	Iter criminis	32
	Cogitação	32
	Atos preparatórios e atos de execução	32
	Elementos da tentativa	33
	Espécies de tentativa	34
	Pena da tentativa	34
	Crimes que não admitem tentativa	35
	Tentativa e contravenção penal	35

2.2.5 Desistência voluntária e arrependimento eficaz	35
Arrependimento posterior	36
Natureza jurídica da desistência voluntária e do arrependimento eficaz	37
Crime impossível	38
2.2.6 Antijuridicidade e causas excludentes	39
Conceito	39
Causas de exclusão da antijuridicidade	39
Estado de necessidade	40
Conceito	40
Natureza jurídica	40
Requisitos	40
Causa de diminuição da pena	41
Formas de estado de necessidade	41
Legítima defesa	42
Conceito	42
Natureza jurídica	42
Requisitos	42
Formas de legítima defesa	43
Legítima defesa subjetiva	43
Legítima defesa sucessiva	44
Legítima defesa recíproca	44
Legítima defesa funcional	44
Provocação e legítima defesa	45
Ofendículas	45
Questões interessantes sobre legítima defesa	46
Estrito cumprimento do dever legal	47
Exercício regular de direito	47
2.2.7 Culpabilidade	47
Conceito	49
Elementos da culpabilidade	49
Imputabilidade	49
Potencial consciência da ilicitude	53
Exigibilidade de conduta conforme o Direito	55
2.2.8 Autoria, coautoria e participação	57
Concurso necessário e eventual	57

Formas de concurso de agentes 58
Requisitos do concurso de agentes 58
Autoria 58
Participação 59
Formas de participação 60
Autoria mediata 60
Autoria colateral e autoria incerta 61
Conivência e participação por omissão 61
Outras modalidades de coautoria e participação 61
Concurso em crime culposo 62
Punibilidade no concurso de pessoas 62
Circunstâncias incomunicáveis 62
Casos de impunibilidade 63
    2.2.9   Circunstâncias agravantes e atenuantes 63
Circunstâncias agravantes 63
Circunstâncias atenuantes 66
    2.2.10   Reincidência 68
Conceito 68
Formas 68
Pressuposto da reincidência 68
Réu primário e réu reincidente 68
Efeitos da reincidência 69
Crimes que não geram reincidência 70
Eficácia temporal da condenação anterior 70
    2.2.11   Majorantes e minorantes 70

3. DOS CRIMES CONTRA A LIBERDADE PESSOAL 71

3.1 Constrangimento ilegal 71
Causas de aumento de pena 72
Concurso material 72
Causas especiais de exclusão do crime 72

3.2 Ameaça 72

3.3 Perseguição 74
    3.3.1   Causa de aumento de pena 76
    3.3.2   Cúmulo material 76

3.4 Violência psicológica contra a mulher 76

3.5	Sequestro e cárcere privado		78
Figuras típicas qualificadas			79
3.6	Redução a condição análoga à de escravo		80
Figuras equiparadas			82
Causas especiais de aumento de pena			82
3.7	Tráfico de pessoas		83
Causas especiais de aumento de pena			84
Causa especial de diminuição de pena			84

4. DOS CRIMES CONTRA O PATRIMÔNIO ... 85

4.1	Furto		85
	4.1.1	Vigilância eletrônica, monitoramento do local e crime impossível	86
	4.1.2	Furto e princípio da insignificância	87
	4.1.3	Furto noturno	90
	4.1.4	Furto privilegiado	92
	4.1.5	Furto de energia	94
	4.1.6	Furto qualificado	95
	Rompimento de obstáculo		95
	Abuso de confiança		96
	Mediante fraude		97
	Escalada		98
	Destreza		99
	Chave falsa		99
	Concurso de duas ou mais pessoas		100
	4.1.7	Emprego de explosivo ou artefato análogo	100
	4.1.8	Furto mediante fraude por meio de dispositivo eletrônico ou informático	101
	4.1.9	Furto de veículo automotor	102
	4.1.10	Furto de semovente domesticável de produção	102
	4.1.11	Furto de substâncias explosivas ou acessórios	103
4.2	Roubo		103
	4.2.1	Roubo impróprio	105
	4.2.2	Roubo circunstanciado	105
	Emprego de arma branca		105
	Concurso de duas ou mais pessoas		106
	Transporte de valores		106
	Subtração de veículo automotor		106

		Privação de liberdade	106
		Roubo de substâncias explosivas ou acessórios	107
	4.2.3	Emprego de arma de fogo e explosivos	107
	4.2.4	Roubo e lesão corporal grave	109
	4.2.5	Latrocínio	110
4.3	Extorsão		111
	4.3.1	Extorsão circunstanciada	112
	4.3.2	Extorsão e lesão grave ou morte	112
	4.3.3	Sequestro-relâmpago	112
4.4	Dano		112
	4.4.1	Dano qualificado	113
4.5	Apropriação indébita		113
	4.5.1	Formas circunstanciadas	114
4.6	Apropriação indébita previdenciária		114
4.7.	Estelionato		114
	4.7.1	Estelionato privilegiado	116
	4.7.2	Disposição de coisa alheia como própria	116
	4.7.3	Alienação ou oneração fraudulenta de coisa própria	116
	4.7.4	Defraudação de penhor	116
	4.7.5	Fraude na entrega de coisa	117
	4.7.6	Fraude para recebimento de indenização ou valor de seguro	117
	4.7.7	Fraude no pagamento por meio de cheque	117
	4.7.8	Fraude eletrônica	119
	4.7.9	Estelionato circunstanciado	120
	4.7.10	Estelionato contra pessoa idosa ou vulnerável	120
	4.7.11	Competência para o processo e julgamento do estelionato	120
4.8	Recepção		120
	4.8.1	Receptação simples dolosa própria	121
	4.8.2	Receptação simples dolosa imprópria	121
	4.8.3	Receptação no exercício de atividade comercial	121
	4.8.4	Receptação culposa	121
	4.8.5	Receptação privilegiada	122
	4.8.6	Receptação qualificada pelo objeto material	122

5. CRIMES CONTRA A HONRA 123
   5.1   Generalidades 123

5.2	Calúnia		123
	5.2.1	Divulgação ou propalação	124
	5.2.2	Calúnia contra os mortos	124
	5.2.3	Exceção da verdade	124
5.3	Difamação		125
	5.3.1	Exceção da verdade	125
5.4	Injúria		125
	5.4.1	Perdão judicial	126
	5.4.2	Injúria real	126
	5.4.3	Injúria por preconceito religioso	127
	5.4.4	Injúria etária	127
5.5	Formas circunstanciadas		127
5.6	Exclusão do crime		128
5.7	Retratação		129
5.8	Pedido de explicações		130
5.9	Ação penal		130

6. CRIME DE ABUSO DE AUTORIDADE – LEI N. 13.869/19 133

6.1	Introdução	133
6.2	Abuso de autoridade	133
6.3	Objetividade jurídica	134
6.4	Elemento subjetivo	134
6.5	Sujeitos do crime	134
6.6	Crime de hermenêutica	135
6.7	Ação penal	135
6.8	A tríplice responsabilização do agente	136
6.9	Penas restritivas de direitos	138
6.10	Decretação ilegal de restrição de liberdade	138
6.11	Decretação descabida de condução coercitiva	139
6.13	Constrangimento ilegal à exibição do corpo, vexame ou produção de prova	140
6.14	Constrangimento a depoimento ou a prosseguimento de interrogatório	141
6.15	Violência Institucional	142
6.16	Omissão de identificação a preso	143
6.17	Interrogatório policial durante o período de repouso noturno	144
6.18	Impedimento ou retardamento de pleito de preso	144
6.19	Impedimento de entrevista pessoal e reservada do preso com seu advogado	145

6.20	Manutenção de presos de ambos os sexos na mesma cela ou espaço de confinamento	146
6.21	Violação de domicílio com abuso de autoridade	147
6.22	Fraude processual com abuso de autoridade	148
6.23	Constrangimento ilegal de funcionário ou empregado de instituição hospitalar	149
6.24	Obtenção ou utilização de prova ilícita	149
6.25	Requisição ou instauração de procedimento investigatório sem indícios	150
6.26	Divulgação ilegal de gravação	151
6.27	Falsa informação sobre procedimento	151
6.28	Deflagração indevida de persecução penal, civil ou administrativa	152
6.29	Procrastinação injustificada de investigação, execução ou conclusão de procedimento	153
6.30	Negativa de acesso a autos de procedimento investigatório	153
6.31	Exigência de informação ou do cumprimento de obrigação sem amparo legal	154
6.32	Decretação excessiva de indisponibilidade de ativos	155
6.33	Demora demasiada e injustificada no exame de processo	155
6.34	Antecipação de atribuição de culpa por meio de comunicação	156

7. CRIMES CONTRA A ADMINISTRAÇÃO DA JUSTIÇA 157

7.1	Reingresso de estrangeiro expulso	157
7.2	Denunciação caluniosa	157
	Denunciação caluniosa circunstanciada	160
	Denunciação caluniosa privilegiada	160
7.3	Comunicação falsa de crime ou contravenção	160
7.4	Autoacusação falsa	161
7.5	Falso testemunho ou falsa perícia	162
	Causa de aumento de pena	163
	Retratação	163
7.6	Corrupção ativa de testemunha, perito, contador, tradutor ou intérprete	164
	Causa de aumento de pena	164
7.7	Coação no curso do processo	164
	7.7.1 Causa de aumento de pena	165
7.8	Exercício arbitrário das próprias razões	165
7.9	Subtração, supressão, destruição ou dano de coisa própria em poder de terceiro	166
7.10	Fraude processual	167
	Fraude em processo penal	167

7.11 Favorecimento pessoal 167
Favorecimento pessoal privilegiado 168
Escusa absolutória 168
7.12 Favorecimento real 168
7.13 Ingresso de aparelho de comunicação em estabelecimento prisional 169
7.14 Exercício arbitrário ou abuso de poder 170
7.15 Fuga de pessoa presa ou submetida a medida de segurança 170
Figuras típicas qualificadas 171
Concurso material 171
Promoção ou facilitação culposa 171
7.16 Evasão mediante violência contra a pessoa 171
7.17 Arrebatamento de preso 172
7.18 Motim de presos 172
7.19 Patrocínio infiel 173
Patrocínio simultâneo ou tergiversação 174
7.20 Sonegação de papel ou objeto de valor probatório 175
7.21 Exploração de prestígio 176
Exploração de prestígio circunstanciada 176
7.22 Violência ou fraude em arrematação judicial 176
7.23 Desobediência a decisão judicial sobre perda ou suspensão de direito 177

8. DIREITO PENAL DO TRABALHO 179
8.1 Crimes contra a organização do trabalho 179
    8.1.1 Competência da Justiça Federal ou Estadual 179
    8.1.2 Atentado contra a liberdade de trabalho 179
    8.1.3 Atentado contra a liberdade de contrato de trabalho e boicotagem violenta 180
    8.1.4 Atentado contra a liberdade de associação 181
    8.1.5 Paralisação de trabalho seguida de violência ou perturbação da ordem .. 181
    8.1.6 Paralisação de trabalho de interesse coletivo 182
    8.1.7 Invasão de estabelecimento industrial, comercial ou agrícola. Sabotagem 184
    8.1.8 Frustração de direito assegurado por lei trabalhista 184
    8.1.9 Frustração de lei sobre a nacionalização do trabalho 186
    8.1.10 Exercício de atividade com infração de decisão administrativa 187
    8.1.11 Aliciamento para fim de emigração 188

	8.1.12	Aliciamento de trabalhadores de um local para outro do território nacional	188
8.2		Condutas criminosas relativas à anotação da carteira de trabalho e previdência social	189
	8.2.1	Falsificação de documento público	189
		Documento público por equiparação	190
		Falsidade em documentos e papéis relacionados à Previdência Social	190
		Omissão de dados em documentos relacionados à Previdência Social	191
		Ausência de registro do empregado na Carteira de Trabalho	191
		Competência da Justiça Federal ou da Justiça Estadual	192
8.3		RETENÇÃO DE SALÁRIO	193
	8.3.1	Apropriação indébita previdenciária	193
		Figuras assemelhadas	196
		Extinção da punibilidade	196
		Parcelamento e quitação integral do débito	197
		Perdão judicial	199
		Estado de necessidade	199
		Competência	200
	8.3.2	Sonegação de contribuição previdenciária	200
		Extinção da punibilidade	201
		Perdão judicial ou aplicação exclusiva de multa	202
		Sonegação de contribuição previdenciária privilegiada	202
		Parcelamento e quitação integral do débito	202
8.4		Assédio sexual, assédio eleitoral e assédio moral: caracterização e peculiaridades no direito penal do trabalho	204
	8.4.1	Assédio sexual	204
	8.4.2	Assédio eleitoral	205
	8.4.3	Assédio moral	205
8.5		Relação de trabalho e legislação extravagante	206
	8.5.1	A Lei n. 7.716/89	206
	8.5.2	A Lei n. 9.029/95	207
	8.5.3	A Lei n. 10.741/03	208
	8.5.4	A Lei n. 11.340/06	209
	8.5.5	A Lei n. 12.288/10	210
	8.5.6	A Lei n. 12.984/14	211
	8.5.7	A Lei n. 13.146/15	211

9. DOS CRIMES DE FALSIDADE DOCUMENTAL 215

9.1 Falsificação de documento público 215

Documento público por equiparação 216

Falsidade em documentos e papéis relacionados à Previdência Social 216

9.2 Falsificação de documento particular 216

Documento particular por equiparação 217

9.3 Falsidade ideológica 217

    9.3.1 Abuso de papel em branco assinado 218

    9.3.2 Falsificação ou alteração de assentamento de registro civil 219

9.4 Falsidade de atestado médico 219

Forma qualificada 219

9.5 Uso de documento falso 220

9.6 Supressão de documento 221

10. CRIMES CONTRA A ADMINISTRAÇÃO PÚBLICA 223

10.1 Dos crimes praticados por funcionário público contra a administração em geral . 223

    10.1.1 Conceito de funcionário público 223

    Funcionário público por equiparação 225

    Casos de aumento de pena 226

    Funcionário público como sujeito passivo de crimes praticados por particular contra a Administração em geral 226

    10.1.2 Peculato 226

    Peculato-furto 228

    Peculato culposo 229

    Reparação do dano no peculato culposo 230

    10.1.3 Peculato mediante erro de outrem 230

    10.1.4 Inserção de dados falsos em sistema de informações 231

    10.1.5 Modificação ou alteração não autorizada de sistema de informações 231

    10.1.6 Extravio, sonegação ou inutilização de livro ou documento 232

    10.1.7 Emprego irregular de verbas ou rendas públicas 233

    10.1.8 Concussão 234

    Excesso de exação 235

    Excesso de exação qualificado 236

    10.1.9 Corrupção passiva 237

    Corrupção passiva qualificada 238

    Corrupção passiva privilegiada 238

10.1.10 Facilitação de contrabando ou descaminho 239
10.1.11 Prevaricação 239
10.1.12 Omissão no dever de vedar acesso a aparelho telefônico, de rádio ou similar 240
10.1.13 Condescendência criminosa 241
10.1.14 Advocacia administrativa 242
10.1.15 Violência arbitrária 244
10.1.16 Abandono de função 245
Abandono de função qualificado 245
10.1.17 Exercício funcional ilegalmente antecipado ou prolongado 246
10.1.18 Violação de sigilo funcional 246
Figuras assemelhadas 247
Figuras qualificadas 247
10.1.19 Violação de sigilo de proposta de concorrência 247
10.2 Dos crimes praticados por particular contra a administração em geral 248
10.2.1 Usurpação de função pública 248
Usurpação de função pública qualificada 248
10.2.2 Resistência 248
Resistência qualificada pelo resultado 249
Concurso 249
10.2.3 Desobediência 249
10.2.4 Desacato 251
10.2.5 Tráfico de influência 254
Causa de aumento de pena 255
10.2.6 Corrupção ativa 255
Corrupção ativa qualificada 256
10.2.7 Descaminho 256
Descaminho por assimilação 257
Descaminho qualificado 258
10.2.8 Contrabando 258
Contrabando por assimilação 259
Contrabando qualificado 259
10.2.9 Impedimento, perturbação ou fraude de concorrência 259
10.2.10 Inutilização de edital ou de sinal 260
10.2.11 Subtração ou inutilização de livro ou documento 260
10.2.12 Sonegação de contribuição previdenciária 261

11. CRIMES CONTRA A PROPRIEDADE INTELECTUAL 263
11.1 Violação de direito autoral 263
Reprodução de obra com violação de direito autoral 264
11.2 Usurpação de nome ou pseudônimo alheio 265
11.3 Ação penal 265

12. CRIMES DE PERIGO COMUM 267
12.1 Generalidades 267
12.2 Incêndio 267
Incêndio qualificado 268
Incêndio culposo 268
12.3 Explosão 268
Explosão privilegiada 269
Explosão qualificada 269
Explosão culposa 269
12.4 Uso de gás tóxico ou asfixiante 270
Modalidade culposa 270
12.5 Fabrico, fornecimento, aquisição, posse ou transporte de explosivos ou gás tóxico, ou asfixiante 270
12.6 Inundação 271
Inundação culposa 272
12.7 Perigo de inundação 272
12.8 Desabamento ou desmoronamento 273
Modalidade culposa 273
12.9 Subtração, ocultação ou inutilização de material de salvamento 273
12.10 Formas qualificadas de crime de perigo comum 274
12.11 Difusão de doença ou praga 275
Modalidade culposa 276

13. CRIMES CONTRA A SAÚDE PÚBLICA 277
13.1 Epidemia 277
Epidemia qualificada pelo resultado 277
Epidemia culposa 277
13.2 Infração de medida sanitária preventiva 278
13.3 Omissão de notificação de doença 278
13.4 Envenenamento de água potável ou de substância alimentícia ou medicinal 279

Entrega a consumo ou depósito para distribuição	280
Envenenamento culposo	280
13.5 Corrupção ou poluição de água potável	280
Corrupção ou poluição culposa	281
13.6 Falsificação, corrupção, adulteração ou alteração de substância ou produtos alimentícios	281
Fabricação, venda, exposição à venda, importação, depósito, distribuição ou entrega a consumo	281
Modalidade culposa	282
13.7 Falsificação, corrupção, adulteração ou alteração de produto destinado a fins terapêuticos ou medicinais	282
Importação, venda, exposição à venda, depósito, distribuição e entrega do produto destinado a fins terapêuticos ou medicinais	282
Modalidade culposa	283
13.8 Emprego de processo proibido ou de substância não permitida	283
13.9 Invólucro ou recipiente com falsa indicação	284
13.10 Produto ou substância nas condições dos dois artigos anteriores	284
13.11 Substância destinada à falsificação	285
13.12 Outras substâncias nocivas à saúde	285
Modalidade culposa	286
13.13 Medicamento em desacordo com receita médica	286
Modalidade culposa	286
13.14 Exercício ilegal da medicina, arte dentária ou farmacêutica	286
Forma qualificada	287
13.15 Charlatanismo	287
13.16 Curandeirismo	288
Curandeirismo e liberdade de crença e religião (Art. 5º, VI, da CF)	289
Curandeirismo qualificado	290
13.17 Forma qualificada	290
14. CRIMES SEXUAIS CONTRA VULNERÁVEIS. LENOCÍNIO	**291**
14.1 Definição de vulnerável	291
14.2 Estupro de vulnerável	291
Figuras qualificadas pelo resultado	293
Causas de aumento de pena	293
Segredo de justiça	293
14.3 Corrupção de menores	294

Causas de aumento de pena	294
Segredo de justiça	295
14.4 Satisfação de lascívia mediante presença de criança ou adolescente	295
Causas de aumento de pena	296
Segredo de justiça	296
14.5 Favorecimento da prostituição ou outra forma de exploração sexual de criança ou adolescente ou de vulnerável	296
Figuras equiparadas	297
Efeito obrigatório da condenação	298
Segredo de justiça	298
14.6 Divulgação de cena de estupro ou de cena de estupro de vulnerável, de cena de sexo ou de pornografia	298
Causas de aumento de pena.	299
Exclusão de ilicitude	300
14.7 Ação penal	300
14.8 Aumento de pena	300
14.9 Mediação para servir à lascívia de outrem	301
Figuras típicas qualificadas	301
14.10 Favorecimento da prostituição ou outra forma de exploração sexual	302
Figuras típicas qualificadas	303
14.11 Casa de prostituição	303
14.12 Rufianismo	304
Figuras típicas qualificadas	304
14.13 Promoção de migração ilegal	305
Figura equiparada	305
Causas de aumento de pena	305
Cúmulo material	305
15. CRIMES CONTRA A LIBERDADE SEXUAL. ASSÉDIO SEXUAL	307
REFERÊNCIAS	309

1
INTRODUÇÃO AO DIREITO PENAL: CONCEITO, CARACTERÍSTICAS, FUNÇÕES E PRINCÍPIOS BÁSICOS

1.1 CONCEITO DE DIREITO PENAL

O Direito Penal pode ser conceituado como o conjunto de normas jurídicas que estabelecem as infrações penais, fixam sanções e regulam as relações daí derivadas.

A luta pela sobrevivência sempre marcou a existência do ser humano na face da Terra. Desde as mais remotas épocas, ele se viu diante das agruras da vida primitiva, sendo obrigado a desenvolver formas e mecanismos de defesa que pudessem resguardá-lo das ameaças e dar-lhe um mínimo de tranquilidade para o desempenho das tarefas do quotidiano.

Com o passar do tempo, a evolução da espécie levou-o à conclusão de que deveria estabelecer uma forma de resolução de seus conflitos de interesses interpessoais, optando a sociedade pela criação de um ente, denominado *Estado*, representativo de todos os cidadãos, que passaria a estabelecer regras destinadas a reger o comportamento humano, compondo, na medida do possível, as lides de natureza pública e de natureza privada.

Inevitavelmente, colocou-se o Estado à frente de um fenômeno originado pelo desrespeito de alguns cidadãos aos direitos e às garantias individuais de outros, na medida em que bens jurídicos tutelados por escolha da sociedade, através de seus legítimos representantes, eram ofendidos e necessitavam de proteção.

Criou-se, então, uma forma de controle social institucionalizado, tendo como integrante o sistema penal, do qual faz parte o Direito Penal.

Assim, cumpre ao Direito Penal selecionar as condutas humanas consideradas lesivas à coletividade, transformando-as em modelos de comportamento proibido, denominados *crimes*, e estabelecendo punições para quem os infringir, chamadas sanções penais.

1.2 CARACTERES E FUNÇÕES DO DIREITO PENAL

O Direito Penal tem vários *caracteres*, de acordo com o posicionamento ético que se considere ao analisá-lo, e, para alguns doutrinadores, tem função protetiva do corpo social, na medida em que defende e tutela os valores fundamentais dos cidadãos, tais como a vida, a liberdade, a integridade corporal, o patrimônio, a honra, a liberdade sexual etc. Outros estudiosos consideram que o Direito Penal tem finalidade preventiva, visto que deve tentar motivar o criminoso a não infringir o sistema jurídico-penal, estabelecendo sanções às proibições fixadas. É a chamada *função motivadora da norma penal*, no dizer de Muñoz Conde (*Derecho penal y control social*, Sevilla: Fondación Universitaria de Jerez, 1995, p. 30-32). Caso essa função motivadora não apresente resultado positivo, impõe-se ao criminoso a sanção penal, que se torna efetiva após o devido processo legal.

Nesse sentido, já estabelecia o mestre Heleno Cláudio Fragoso (*Lições de direito penal*: parte geral, 5. ed., Rio de Janeiro: Forense, 1983, p. 2-3) que a "função básica do Direito Penal é a de defesa social. Ela se realiza através da chamada *tutela jurídica*, mecanismo com o qual se ameaça com uma sanção jurídica (no caso, a pena criminal) a transgressão de um preceito, formulado para evitar dano ou perigo a um valor da vida social (bem jurídico). Procura-se assim uma defesa que opera através de ameaça penal a todos os destinatários da norma, bem como pela efetiva aplicação da *pena* ao transgressor. A justificação da pena liga-se à função do Direito Penal, que é instrumento de política social do Estado. O Estado, como tutor e mantenedor da ordem jurídica, serve-se do Direito Penal, ou seja, da pena e das medidas de segurança, como meios destinados à consecução e preservação do bem comum (controle social). A pena, embora seja por natureza retributiva, não se justifica pela retribuição nem tem qualquer outro fundamento metafísico".

De maneira praticamente uniforme na doutrina pátria, entretanto, tem-se considerado o Direito Penal ramo do Direito Público, valorativo, normativo, finalista e sancionador.

É pertencente ao ramo do Direito Público em razão de prestar-se à regulamentação das relações entre o indivíduo e a sociedade, visando à preservação das condições mínimas de subsistência do grupo social.

É *valorativo* porque estabelece, por meio de normas, uma escala de valor dos bens jurídicos tutelados, sancionando mais severamente aqueles cuja proteção jurídica considera mais relevante.

É *normativo* porque se preocupa com o estudo da norma, da lei penal, como conjunto de preceitos indicativos de regras de conduta e de sanções em caso de descumprimento.

É *finalista* porque tem como escopo, como finalidade, a tutela dos bens jurídicos eleitos pela sociedade como merecedores de maior proteção.

Por fim, é *sancionador* porque estabelece sanções em caso de agressão a bens jurídicos regidos pela legislação extrapenal (Direito Civil, Direito Comercial, Direito Tributário, Direito Administrativo etc.).

1.3 PRINCÍPIOS FUNDAMENTAIS DO DIREITO PENAL

1.3.1 Princípio da legalidade

O *princípio da legalidade* está previsto no art. 5º, XXXIX, da Constituição Federal, vindo também estampado no art. 1º do Código Penal.

Segundo esse princípio (*nullum crimen, nulla poena sine lege*), ninguém pode ser punido se não existir uma lei que considere o fato praticado como crime.

O princípio da legalidade é também chamado de *princípio da reserva legal*, pois a definição dos crimes e das respectivas penas deve ser dada somente e com exclusividade pela *lei*, excluindo qualquer outra fonte legislativa.

Inclusive, o princípio da legalidade tem sua complementação no *princípio da anterioridade* (*nullum crimen, nulla poena sine praevia lege*), uma vez que do teor do art. 1º do Código Penal decorre a inexistência de crime e de pena sem lei *anterior* que os defina. Deve, assim, a lei estabelecer previamente as condutas consideradas criminosas, cominando as penas que julgar adequadas, a fim de que se afaste o arbítrio do julgador e se garanta ao cidadão o direito de conhecer, com antecedência, qual o comportamento considerado ilícito.

Há quem sustente, outrossim, que o princípio da legalidade é o gênero, que tem como espécies os princípios da reserva legal e da anterioridade.

Merece ser ressaltado que, em razão de disposição constitucional expressa (art. 62, § 1º, I, *b*, da CF), é vedada a edição de medidas provisórias sobre matéria relativa a Direito Penal.

O pleno do Supremo Tribunal Federal, entretanto, em magistral acórdão que teve como relator o eminente Ministro Sepúlveda Pertence (RE 254.818/PR — *DJ*, 19-12-2002 — *RTJ*, 184/301), já entendeu ser possível a edição de medidas provisórias sobre matéria relativa a Direito Penal, desde que tratem de normas penais benéficas, assim entendidas aquelas que abolem crimes ou lhes restringem o alcance, extinguem ou abrandam penas ou ampliam os casos de isenção de penas ou de extinção de punibilidade.

O princípio da legalidade se desdobra em quatro subprincípios: a) anterioridade da lei (*lege praevia*); b) reserva legal, sendo a lei escrita (*lege scripta*); c) proibição do emprego de analogia *in malam partem* (*lege stricta*); e d) taxatividade ou mandato de certeza (*lege certa*).

1.3.2 Princípio da aplicação da lei mais favorável

Esse princípio tem como essência outros dois princípios penais que o compõem: o *princípio da irretroatividade da lei mais severa* e o *princípio da retroatividade da lei mais benéfica*.

Portanto, a lei penal somente retroage para beneficiar o réu (art. 5º, XL, da CF), e a lei nova que de qualquer modo favorecê-lo será aplicada aos fatos anteriores, ainda que decididos por sentença condenatória transitada em julgado (art. 2º, parágrafo único, do CP).

Esse princípio será abordado com mais profundidade quando da análise da aplicação da lei penal.

1.3.3 Princípio da taxatividade

Esse princípio decorre do princípio da legalidade, exigindo que a lei seja *certa*, acessível a todos, devendo o legislador, quando redige a norma, esclarecer de maneira precisa, taxativamente, o que é penalmente admitido.

Devem ser evitados, portanto, os *tipos penais abertos,* que são aqueles cujas condutas proibidas somente são identificadas em função de elementos exteriores ao tipo penal. Exemplo: art. 150 do Código Penal ("contra a vontade expressa ou tácita de quem de direito"); art. 164 do Código Penal ("sem o consentimento de quem de direito").

1.3.4 Princípio da ofensividade (princípio do fato ou princípio da exclusiva proteção do bem jurídico)

Segundo esse princípio, não há crime quando a conduta não tiver oferecido, ao menos, um perigo concreto, efetivo, comprovado, ao bem jurídico.

Não deve o Direito Penal, de acordo com esse princípio, se preocupar com as intenções e os pensamentos das pessoas, enquanto não exteriorizada a conduta delitiva, devendo haver, pelo menos, um perigo real (ataque efetivo e concreto) ao bem jurídico.

Esse princípio tem como principal função limitar a pretensão punitiva do Estado, de modo a não haver proibição penal sem conteúdo ofensivo aos bens jurídicos.

Portanto, segundo esse princípio, não seriam admitidos os crimes de perigo abstrato.

O legislador pátrio, entretanto, tem desconsiderado esse princípio, na medida em que vários crimes de perigo abstrato existem no Código Penal e na legislação extravagante.

1.3.5 Princípio da alteridade (princípio da transcendentalidade)

De acordo com esse princípio, não devem ser criminalizadas atitudes meramente internas do agente, incapazes de atingir o direito de outro (*altero*), faltando, nesse caso, a lesividade que pode legitimar a intervenção penal.

Portanto, com base nesse princípio, não se deve punir a autolesão ou o suicídio frustrado, uma vez que não se justifica a intervenção penal repressiva a quem está fazendo mal a si mesmo.

Esse princípio tem sido trazido à baila, atualmente, na discussão sobre a descriminalização da posse de drogas para consumo próprio. Argumenta-se que o consumidor de drogas faz mal apenas a si próprio, e não a outrem, tal como acontece com o consumo do tabaco e do álcool. Desconsidera-se, nesse caso, a posição doutrinária e jurisprudencial segundo a qual a posse de drogas para consumo pessoal, como crime, ofenderia a saúde pública, justamente em razão de que existem outras tantas condutas ofensivas desse mesmo bem jurídico que não são consideradas crime pelo legislador.

Nesse sentido, vale lembrar decisão da Suprema Corte de Justiça da Nação Argentina, na causa n. 9.080, de 25 de agosto de 2009, em que, por decisão unânime dos sete ministros, ficou decidido que a posse de pequena quantidade de droga para consumo pessoal não constitui crime, uma vez que a norma do art. 14, § 2º, da Lei n. 23.737/89 é incompatível com a norma insculpida no art. 19 da Constituição argentina ("Art. 19 — As ações privadas dos homens que de nenhum modo ofendam a ordem e a moral pública, nem prejudiquem a um terceiro, estão somente reservadas a Deus, e isentas da autoridade dos magistrados. Nenhum habitante da Nação será obrigado a fazer o que não manda a lei, nem privado do que ela não proíbe.").

No mesmo sentido há decisões no México, no Uruguai, na Colômbia, no Peru, na Costa Rica, entre outros países.

1.3.6 Princípio da adequação social

Importantíssimo princípio que deve orientar o legislador e o julgador, a adequação social desconsidera crime o comportamento que não afronta o sentimento social de justiça, de modo que condutas aceitas socialmente não podem ser consideradas crime, não obstante sua eventual tipificação.

A tipificação de uma conduta criminosa deve ser precedida de uma seleção de comportamentos, não podendo sofrer valoração negativa (criminalização) aquelas aceitas socialmente e consideradas normais.

Pelo princípio da adequação social, determinada conduta deixa de ser criminosa em razão de não ser mais considerada injusta pela sociedade.

Em razão de sua subjetividade, esse princípio deve ser analisado e aplicado com extrema cautela pelo jurista.

Nesse sentido, pode ser colacionada a norma que considera o jogo contravenção penal (art. 50 do Decreto-Lei n. 3.688/41) ou a norma que criminaliza condutas que envolvam escritos ou objetos obscenos (art. 234 do CP).

1.3.7 Princípio da intervenção mínima (Direito Penal mínimo) e princípio da fragmentariedade

Do embate entre duas importantes ideologias modernas (movimento de lei e de ordem e movimento abolicionista), surge o *princípio da intervenção mínima* pregando não se justificar a intervenção penal quando o ilícito possa ser eficazmente combatido por outros ramos do Direito (Civil, Administrativo, Trabalhista etc.).

Sustenta esse princípio a necessidade de ser o Direito Penal subsidiário, somente atuando quando os demais ramos do Direito falharem (*ultima ratio*).

Do princípio da intervenção mínima deriva o princípio da fragmentariedade, segundo o qual deve o Direito Penal proteger apenas os bens jurídicos de maior relevância para a sociedade, não devendo ele servir para a tutela de todos os bens jurídicos. Daí o seu caráter fragmentário, ocupando-se somente de parte dos bens jurídicos protegidos pela ordem jurídica.

1.3.8 Princípio da insignificância (bagatela)

Esse princípio deita suas raízes no Direito Romano, onde se aplicava a máxima civilista *de minimis non curat praetor*, sustentando a desnecessidade de se tutelar lesões insignificantes aos bens jurídicos (integridade corporal, patrimônio, honra, administração pública, meio ambiente etc.).

Assim, restaria ao Direito Penal a tutela de lesões de maior monta aos bens jurídicos, deixando ao desabrigo os titulares de bens jurídicos alvo de lesões consideradas insignificantes.

Esse princípio é bastante debatido na atualidade, principalmente ante a ausência de definição do que seria irrelevante penalmente (bagatela), ficando essa valoração, muitas vezes, ao puro arbítrio do julgador.

Entretanto, o princípio da insignificância vem tendo larga aplicação nas Cortes Superiores (STJ e STF), sendo tomado como instrumento de interpretação restritiva do Direito Penal, que não deve ser considerado apenas em seu aspecto formal (tipicidade formal — subsunção da conduta à norma penal), mas também e fundamentalmente em seu aspecto material (tipicidade material — adequação da conduta à lesividade causada ao bem jurídico protegido).

Assim, acolhido o princípio da insignificância, estaria excluída a própria tipicidade, desde que satisfeitos quatro requisitos: a) mínima ofensividade da conduta do agente; b) ausência de total periculosidade social da ação; c) ínfimo grau de reprovabilidade do comportamento; d) inexpressividade da lesão jurídica ocasionada.

Vale ressaltar o disposto na Súmula 589 do Superior Tribunal de Justiça: "É inaplicável o princípio da insignificância nos crimes ou contravenções penais praticados contra a mulher no âmbito das relações domésticas."

Dispõe, ainda, a Súmula 599 do Superior Tribunal de Justiça: "O princípio da insignificância é inaplicável aos crimes contra a administração pública."

Parcela da doutrina pátria se refere, outrossim, à existência de uma "bagatela imprópria", baseada no princípio da irrelevância penal do fato e buscando seu fundamento no art. 59 do Código Penal, ao estabelecer que a pena a ser fixada pelo juiz deve se pautar pelos critérios da "necessidade e suficiência". Assim, mesmo que o fato fosse considerado típico material e formalmente, não podendo a lesão ser considerada de bagatela (insignificante) no sentido próprio, a reprimenda se apresentaria desnecessária ao agente, em atenção a aspectos fáticos e comportamentais ocorridos posteriormente ao crime.

1.3.9 Princípio do Direito Penal máximo

Influenciado pelo movimento de lei e de ordem e visando ao combate da impunidade abolicionista, foi criado o *princípio do Direito Penal máximo* como forma de defesa social, preconizando a intervenção do Direito Penal até mesmo nas mínimas infrações, como forma de intimidar e conter, na raiz, a progressão criminosa.

Não fosse a grave situação de insegurança que assola o País nesse delicado momento social, revelando a face omissa e até mesmo imprudente das autoridades envolvidas no sistema, o *princípio do Direito Penal mínimo* poderia, de algum modo, apresentar certo grau de razoabilidade frente aos disparates praticados pelos delinquentes, cada vez mais audazes e destemidos.

É inegável que, do ponto de vista estritamente científico, seria desejável e sustentável que o Direito Penal, no contexto dos demais recursos estatais para a contenção das ações antissociais, representasse a *ultima ratio legis*, assumindo sua feição subsidiária e evitando a proliferação de normas penais incriminadoras. Inegável também que o abuso da criminalização e da penalização pode levar ao descrédito do sistema penal, gerando a falência do caráter intimidativo da pena, com a consequente aniquilação de seu escopo de prevenção geral.

Mas, por outro lado, não se pode deixar de ressaltar que o princípio da intervenção mínima do Direito Penal teve sua origem a partir da Revolução Francesa, sendo consagrado pelo Iluminismo, num contexto absolutamente diferente daquele que se apresenta, hoje em dia, em nosso país.

Daí por que defendemos o Direito Penal máximo como forma de efetivo controle social da criminalidade, entendido esse como firme e célere resposta legal ao criminoso, através de sanções legítimas e de caráter intimidativo, já que, não obstante alguns posicionamentos em contrário, ainda não foi possível retirar da pena seu cunho retributivo. A função básica do Direito Penal, como se sabe, é a de *defesa social*, que se realiza através da tutela jurídica, pela ameaça penal aos destinatários da norma, aplicando-se efetivamente a pena ao transgressor.

O Direito Penal máximo surge como eficaz resposta social ao crime, na medida em que, através da séria e consciente criminalização das condutas marginais, que representem efetivo perigo para a coletividade, possa preservar e garantir os direitos fundamentais do cidadão de bem. Até porque a criminalização de condutas consideradas *de bagatela*, ou de condutas que, em princípio, possam aparentemente desmerecer a intervenção do Direito Penal, certamente evitará que outras infrações de maior gravidade ocupem seu lugar, já que a realidade social comprovou, por mais de uma vez, que a progressão criminosa pode ser evitada com a penalização das condutas de menor gravidade.

1.3.10 Princípio da proporcionalidade da pena

De cunho eminentemente constitucional, o princípio em análise preconiza a observância, no sistema penal, de proporcionalidade entre o crime e a sanção.

É certo que o caráter da pena é multifacetário, devendo preservar os interesses da sociedade, através da reprovação e da prevenção do crime, sendo também proporcional ao mal causado pelo ilícito praticado.

Nesse aspecto, a justa retribuição ao delito praticado é a ideia central do Direito Penal.

1.3.11 Princípio da individualização da pena

De raízes constitucionais (art. 5º, XLVI), o princípio da individualização da pena se assenta na premissa de que o ilícito penal é fruto da conduta humana, individualmente considerada, devendo, pois, a sanção penal recair apenas sobre quem seja o autor do crime, na medida de suas características particulares, físicas e psíquicas.

Inclusive, na Lei de Execução Penal (Lei n. 7.210/84) vêm traçadas normas para individualização da pena, através da classificação do condenado segundo seus antecedentes e personalidade, elaborando-se um programa individualizador da pena privativa de liberdade que lhe for adequada.

1.3.12 Princípio da humanidade

O *princípio da humanidade* é decorrência lógica dos princípios da proporcionalidade e da individualização da pena.

Segundo ele, a pena e seu cumprimento devem se revestir de caráter humanitário, em respeito e proteção à pessoa do preso.

No Brasil, esse princípio vem consagrado na Constituição Federal (art. 5º, III), que veda a tortura e o tratamento desumano ou degradante a qualquer pessoa, e também na vedação de determinadas penas, como a de morte, de prisão perpétua, de trabalhos forçados, de banimento e outras penas cruéis (art. 5º, XLVII).

1.3.13 Princípio da razoabilidade

O *princípio da razoabilidade* congrega todos os demais princípios anteriormente estudados, colocando o homem no lugar da lei, sem ferir a legalidade.

Segundo esse princípio, o razoável, por vezes, se sobrepõe ao legal, fazendo com que a lei seja interpretada e aplicada em harmonia com a realidade, de maneira social e juridicamente razoável, buscando, acima de tudo, aquilo que é justo.

2
CATEGORIAS DO DIREITO PENAL APLICÁVEIS AO DIREITO DO TRABALHO

2.1 CONCEITO DE CRIME

O *crime* pode ser conceituado sob o aspecto *material* (considerando o conteúdo do fato punível), sob o aspecto *formal* e sob o aspecto *analítico*.

Conceito material de crime: violação de um bem penalmente protegido.

Conceito formal de crime: conduta proibida por lei, com ameaça de pena criminal.

Conceito analítico de crime: fato típico, antijurídico e culpável.

Em verdade, o conceito analítico de crime nada mais é do que o conceito formal dividido em elementos que permitem sua análise mais acurada, ou seja, elementos que compõem a infração penal.

Com relação ao conceito analítico, o crime pode ser definido como fato típico, antijurídico e culpável, ou simplesmente fato típico ou antijurídico, na visão de alguns doutrinadores. Já houve quem sustentasse, como Mezger, que o crime seria fato típico, antijurídico, culpável e punível, posição hoje inaceitável, já que a punibilidade é a consequência do crime e não seu elemento.

Surgiram, pois, vários sistemas teóricos sobre a estratificação do delito, merecendo destaque o Sistema Causal-Naturalista (teoria causal ou causalista), o Sistema Neoclássico (teoria neoclássica), o Sistema Finalista (teoria finalista), o Sistema Social (teoria social) e o Sistema Funcionalista.

2.1.1 Sistema Causal-Naturalista

Em linhas gerais, o Sistema Causal-Naturalista, predominante no pensamento jurídico-penal no início do século XX, sustentava ser a ação um mero movimento corpóreo voluntário, ou seja, uma inervação muscular, produzida por energias de um impulso cerebral, que provoca modificações do mundo exterior. A vontade é separada de seu conteúdo.

Essa teoria teve em Beling e Von Liszt seus maiores expoentes, influenciados pelo pensamento científico positivista da época.

Ernst Beling, professor da Universidade de Munique, em 1906 escreve sua obra-prima *Die Lehre Verbrechen* (A teoria do crime), fazendo referência ao "delito-tipo" (*Tatbestand*), lançando, posteriormente, em 1930 a obra *Die Lehre vom Tatbestand* (A teoria do tipo), na qual apresenta a teoria do tipo (*gesetzliche tatbestand*), em que o delito-tipo representa um molde, uma estampa, um modelo no qual podem se encaixar os fatos da vida comum. Beling assevera que toda figura delitiva representa um todo composto de distintos elementos. Por muitos e variados que sejam esses elementos, eles se referem a figuras autônomas de delitos, remetendo a um quadro conceitual que se funda na *unidade da figura delitiva*, quadro esse sem o qual os elementos perderiam seu sentido como característicos dessa figura. Esse quadro é justamente o delito-tipo para essa figura delitiva (*La doctrina del delito-tipo*, Buenos Aires: Depalma, 1944, p. 5-6).

Nesse aspecto, fundiu-se a teoria causal-naturalista com a teoria psicológica da culpabilidade, surgindo, assim, a denominada teoria clássica, para a qual o crime é fato típico, antijurídico e culpável.

Para a teoria psicológica da culpabilidade, que será estudada em capítulo próprio, a culpabilidade reside numa ligação de natureza psíquica (psicológica, anímica) entre o sujeito e o fato criminoso. Dolo e culpa, assim, seriam as formas da culpabilidade.

Daí por que, para a teoria clássica, o dolo e a culpa se situam na culpabilidade.

2.1.2 Sistema Neoclássico

Teve em Reinhard Frank seu maior expoente, vinculando a culpabilidade à ideia de reprovabilidade, em sua obra *Sobre a estrutura do conceito de culpabilidade*.

No Sistema Neoclássico, a noção de culpabilidade foi reformulada, dando origem à teoria psicológico-normativa da culpabilidade, ou apenas teoria normativa da culpabilidade. A culpabilidade deixa de ser a relação psicológica entre o agente e o fato e passa a ser um juízo de censura ou reprovação pessoal, com base em elementos psiconormativos. Daí a teoria normativa, ou teoria psicológico-normativa. Conjugam-se os elementos subjetivos, que eram tidos como espécies de culpabilidade, a outros elementos de natureza normativa.

Nesse sentido, a culpabilidade permanece conservando elementos de conteúdo psicológico, quais sejam, o dolo e a culpa, sendo integrada também pela imputabilidade e pela exigibilidade de conduta diversa.

Para essa teoria, o crime segue sendo fato típico, antijurídico e culpável. O dolo e a culpa permanecem na culpabilidade.

2.1.3 Sistema Finalista

Teve em Hans Welzel seu maior expoente, considerando a ação humana como ponto central da estrutura analítica do delito.

Hans Welzel nasceu em 25 de março de 1904 na cidade de Artern, em Thüringen, Alemanha, e faleceu em 5 de maio de 1977 na cidade de Andernach, Rheinland--Pfalz, Alemanha. Sempre dedicado aos estudos do Direito Penal, Welzel lecionou na Universidade de Göttingen e, posteriormente, em 1952, tornou-se professor da Universidade de Bonn, onde exerceu o cargo de reitor em 1962.

A nosso ver, Welzel foi o penalista mais importante do século XX, marcando uma época que levou o Direito Penal a ter os seus contornos atuais, suscitando fortes polêmicas com suas obras ainda na atualidade.

Para Welzel, a ação humana é considerada exercício de uma atividade finalista, apresentando-se a vontade consciente do fim, diretiva de todo acontecer causal, como elemento fundamental da ação, baseando a estruturação analítica do delito.

Merece destacar, entretanto, que a finalidade da ação não se confunde com o dolo.

No dizer de Fernando A. N. Galvão da Rocha (*Direito penal: curso completo* — parte geral, 2. ed., Belo Horizonte: Del Rey, 2007, p. 141), "a vontade finalista que orienta a ação é verificada no sentido natural, sem a necessária incidência da valoração jurídica. O dolo, por sua vez, é conceito jurídico relacionado com o tipo legal e retrata valoração do legislador sobre a vontade natural".

Para a teoria finalista, crime é fato típico, antijurídico e culpável.

Entretanto, ao contrário da teoria causal, na teoria finalista o dolo e a culpa foram retirados da culpabilidade e passaram a integrar o fato típico. Para a culpabilidade remanesceram a imputabilidade, a potencial consciência da ilicitude e a exigibilidade de conduta conforme o Direito.

2.1.3.1 Teoria finalista tripartida e teoria finalista bipartida

Com base no Sistema Finalista, duas grandes teorias surgiram no Brasil: a primeira delas definindo o crime como *fato típico, antijurídico e culpável* (teoria finalista tripartida); a segunda, sustentando ser o crime *fato típico e antijurídico* (teoria finalista bipartida).

Em verdade, as duas vertentes da teoria finalista são sustentáveis, tendo ambas, como defensores, grandes penalistas brasileiros.

Para a teoria finalista bipartida, a culpabilidade não é requisito do crime, mas pressuposto de aplicação da pena.

Foi René Ariel Dotti, em sua obra *O incesto* (Curitiba: Editora Lítero-Técnica, 1976), quem sustentou no Brasil, pela primeira vez, que a culpabilidade deveria ser analisada no quadro da teoria geral da pena, e não mais no campo da teoria geral do delito. Assevera o conceituado penalista, na referida obra, que "a persistência em 'fazer' da culpabilidade um 'elemento' do crime revela o efeito de antiga compreensão quando se procurava separar antijuridicidade e culpabilidade mediante o critério objetivo-subjetivo". Buscando fundamentos nas lições de Welzel, Mezger e Roxin, conclui René Ariel Dotti que a sanção somente será imposta quando for possível e positivo o juízo de reprovação, que é uma decisão sobre o comportamento passado, ou seja, um *posterius* destacado do fato antecedente.

De fato, o pensamento de René Ariel Dotti sobre a culpabilidade influenciou diversos penalistas, dando ao finalismo bipartido uma posição de destaque na doutrina pátria, onde encontrou também acirrada oposição.

Nesse sentido, podemos afirmar que o nosso Código Penal seguiu a orientação da teoria finalista bipartida. Assim, considerando que o juízo de censura (reprovabilidade) recai não apenas sobre o agente, mas também sobre a conduta por ele praticada, é forçoso concluir que deixa de haver reprovação social quando essa conduta é praticada por um inimputável, ou por alguém sob o domínio de coação moral irresistível, oportunidades em que o Código Penal diz estar o agente *isento de pena*, indicando claramente que existe crime, mas não se aplica a pena, por ausência de reprovação social (culpabilidade).

Em conclusão, embora a teoria finalista tripartida seja a mais aceita pelos estudiosos do Direito Penal, inclusive na doutrina pátria, os fundamentos da teoria finalista bipartida são inafastáveis, ainda mais à luz da redação de certos dispositivos do Código Penal, excluindo a culpabilidade através da utilização da expressão *é isento de pena*. Percebe-se claramente que inserir a culpabilidade como elemento do crime faz remontar à teoria clássica, onde o dolo e a culpa, como elementos subjetivos do injusto, integravam a culpabilidade.

2.1.4 Sistema Social

Para esse sistema, a ação delitiva é vista como fenômeno social, segundo o valor de seus efeitos na realidade.

A ação, nesse sentido, deve ser considerada conduta humana socialmente relevante, decorrendo seu conceito de solução conciliatória entre a pura consideração ontológica e a normativa.

Nesse sistema, que teve como maior expoente Eberhard Schmidt, a teoria social da ação despontou, na década de 1930, como reação ao conceito causal de ação influenciado pelo naturalismo. Para a teoria social da ação, interessa ao Direito Penal apenas o sentido social da ação.

Conforme ressalta Fernando A. N. Galvão da Rocha (op. cit., p. 145), "na proposição da teoria social da ação, o conceito de delito é composto pelos elementos gerais de tipicidade, ilicitude e culpabilidade. As influências do finalismo fazem que os elementos subjetivos da conduta continuem sendo considerados no tipo, o que possibilita a imediata diferenciação entre os tipos dolosos e culposos".

2.1.5 Sistema Funcionalista

Em linhas gerais, funcionalismo significa um método de se conhecer o objeto da investigação, buscando-se uma solução justa para o caso concreto, considerando o

Direito positivo. No âmbito penal, o funcionalismo sustenta que o Direito Penal deve ser entendido (estruturado, interpretado, aplicado e executado) à luz de sua função em determinado contexto social, ou seja, tendo em vista a função das penas e das medidas alternativas à prisão. Em outras palavras, a análise da teoria do crime deve observar a função político-criminal do Direito Penal.

O Sistema Funcionalista surgiu na Alemanha, a partir de 1970, com a obra *Kriminalpolitik und Strafrechtssystem*, de Claus Roxin, sustentando a função do Direito Penal como de proteção subsidiária de bens jurídicos essenciais, já que, como *última ratio*, sua preocupação deve ser com o caso concreto, dentro de uma ótica teleológica-racional. Claus Roxin desenvolveu o funcionalismo moderado, baseado na ideia de reconstruir a teoria do delito com base em critérios político-criminais.

Por seu turno, outro penalista alemão de destaque na atualidade, Gunther Jakobs, a partir do funcionalismo sistêmico de Niklas Luhmann, construiu o funcionalismo radical, baseado no método dedutivo (lógico-formal), sustentando que o recurso à sanção, quando ocorrer a infração penal, é sempre necessário, como forma de fortalecer a autoridade da norma. Assim, para Jakobs, o Direito Penal possui como escopo primordial a reafirmação da norma, buscando fortalecer as expectativas dos seus destinatários.

2.2 TIPO E TIPICIDADE

2.2.1 Fato típico

É o *comportamento humano, positivo* ou *negativo*, que provoca um resultado e é previsto na lei penal como infração. É aquele que se enquadra perfeitamente nos elementos contidos no tipo penal.

O *fato típico* é composto dos seguintes elementos:

a) conduta humana dolosa ou culposa;

b) resultado;

c) nexo de causalidade entre a conduta e o resultado;

d) enquadramento do fato material a uma norma penal incriminadora.

2.2.2 Teoria do tipo

A teoria do tipo, como a conhecemos modernamente, tem em Ernst Beling seu maior expoente, que, sob os influxos do pensamento positivista, produziu um modelo interpretativo do fato punível, a partir da noção do *corpus delicti* das antigas leis latinas, revestindo-o de um caráter naturalista, mas conservando-o neutro e desprovido de qualquer ingerência de ordem filosófica ou valorativa.

Ernst Beling, professor da Universidade de Munique, em 1906, escreve sua obra-prima *Die Lehre vom Verbrechen* (A teoria do crime), fazendo referência ao "delito-tipo" (*Tatbestand*) e lançando, posteriormente, em 1930, a obra *Die Lehre vom Tatbestand* (A teoria do tipo), na qual apresenta a teoria do tipo (*gesetzliche Tatbestand*), em que o delito-tipo representa um molde, uma estampa, um modelo no qual se podem encaixar os fatos da vida comum. Beling assevera que toda figura delitiva representa um todo composto de distintos elementos. Por muitos e variados que sejam, esses elementos se referem a figuras autônomas de delitos, remetendo a um quadro conceitual que se funda na *unidade da figura delitiva*, sem o qual os elementos perderiam seu sentido como característicos dessa figura. Esse quadro é justamente o delito-tipo para essa figura delitiva (*La Doctrina del Delito-Tipo*, Buenos Aires: Editorial Depalma, 1944, p. 5-6).

Fases da teoria do tipo

A teoria do tipo, desde Beling, passou por várias fases. São elas:

a) Fase do tipo avalorado (fase da independência, do tipo neutro, ou do tipo acromático): nesta fase, inexiste relação entre a tipicidade e a antijuridicidade. Era o tipo penal de Beling, totalmente neutro e desprovido de conteúdo valorativo, correspondendo unicamente à descrição objetiva da conduta humana.

b) Fase da *ratio cognoscendi* (fase do tipo indiciário): nesta fase, caracterizada pela contribuição de Max Ernest Mayer, a tipicidade é considerada um indício de antijuridicidade. Foi então que Beling, revendo suas posições iniciais, esposadas na obra *Die Lehre vom Verbrechen*, reelaborou o conceito de tipo na obra *Die Lehre vom Tatbestand*, mantendo, entretanto, o tipo essencialmente neutro e meramente descritivo, independente da antijuridicidade.

c) Fase da *ratio essendi*: nesta fase, ressalta-se a construção de Edmund Mezger, atribuindo ao tipo a função constitutiva da ilicitude ou antijuridicidade. Nesse sentido, a tipicidade seria a *ratio essendi* da antijuridicidade, ou seja, havendo tipicidade, haverá também antijuridicidade. Derivam dessa concepção do tipo duas importantes teorias:

• Teoria dos elementos negativos do tipo: segundo a qual as causas de justificação excluem também a tipicidade, funcionando como elementos negativos do tipo.

• Teoria do tipo de injusto: segundo a qual a tipicidade está contida na antijuridicidade.

Conceito de tipo

Tipo é o conjunto dos elementos descritivos do crime contidos na lei penal. É o modelo, o molde ou a forma de classificação da conduta. Segundo Hans Welzel (*Derecho Penal Alemán*, Chile: Editorial Jurídica de Chile, 1997, p. 75), o tipo penal é figura conceitual que descreve formas possíveis de violação ao bem jurídico e define a matéria de proibição.

Características do tipo

As características mais importantes do tipo são:

a) cria o mandamento proibitivo;

b) concretiza a antijuridicidade;

c) assinala o injusto;

d) limita o injusto;

e) limita o *iter criminis*, marcando o início e o término da conduta;

f) ajusta a culpabilidade ao crime considerado;

g) constitui uma garantia liberal, pois não há crime sem tipicidade.

Adequação típica

Chama-se "adequação típica" a perfeita adaptação do fato à norma penal. Apresenta-se sob duas formas:

a) *adequação típica de subordinação imediata*, em que o fato se enquadra na norma penal, imediatamente, sem necessidade de outra disposição. Há um só dispositivo para fazer a adequação típica. Exemplo: homicídio (matar alguém);

b) *adequação típica de subordinação mediata, ampliada* ou *por extensão*, em que o fato não se enquadra imediatamente na norma penal incriminadora, necessitando, para isso, do concurso de outras disposições. Há necessidade de mais de um dispositivo para fazer a adequação típica. Exemplos: tentativa, coautoria.

Elementos do tipo

A lei penal deve, obrigatoriamente, restringir-se a uma definição típica meramente objetiva, precisa e pormenorizada da conduta, a fim de que fiquem bem delineados o direito de punir abstrato e o *jus libertatis* a ele concernente.

Em função disso, são estabelecidos *elementos do tipo*, que podem ser classificados em:

a) *elementos objetivos do tipo*: descrevem a conduta, o objeto ou o resultado do crime, assim como as circunstâncias externas do fato e aquelas relativas à pessoa do criminoso. Referem-se à materialidade da infração penal, ou à forma de execução, ao tempo, ao lugar, enfim, às circunstâncias externas do fato. Exemplos: repouso noturno — art. 155, § 1º, do CP; lugar ermo — art. 150, § 1º, do CP;

b) *elementos subjetivos do tipo*: referem-se ao estado anímico do sujeito, ao fim especial da conduta ou ao estado de consciência do agente em relação a determinada circunstância constante do tipo penal. O dolo e a culpa são os elementos subjetivos comuns do delito, existindo outros elementos subjetivos específicos que podem integrar o tipo penal. Exemplo: se é intenção do agente — art. 130, § 1º, do CP;

c) *elementos normativos do tipo*: são os componentes da figura típica que exigem, para o perfeito entendimento de seu significado, um juízo de valor. Dividem-se em *elementos normativos jurídicos*, que exigem um juízo de valor eminentemente jurídico (exemplos: cheque — art. 171, § 2º, VI, do CP; *warrant* — art. 178 do CP), e *elementos normativos extrajurídicos* ou *empírico-culturais*, que exigem um juízo de valor baseado na experiência, na sociedade ou na cultura (exemplos: dignidade e decoro — art. 140 do CP; ato obsceno — art. 233 do CP; indevidamente — art. 151 do CP; sem justa causa — arts. 153, 154 e 244 do CP).

Classificação do tipo

Existem várias classificações dos tipos penais, cada qual tomando por base determinado aspecto de seus elementos:

a) tipo fechado: possui a descrição completa da conduta proibida, ou seja, possui apenas elementos objetivos descritivos, que não dependem de interpretação. Exemplo: homicídio — art. 121 do CP;

b) tipo aberto: possui elementos normativos ou subjetivos, dependentes de interpretação. Exemplo: exposição ou abandono de recém-nascido — art. 134 do CP. A expressão "desonra" requer um juízo de valor de quem a interpreta, não sendo o tipo penal constituído apenas de elementos descritivos. Os tipos penais culposos, em regra, são abertos, pois a avaliação da culpa deve ser feita pelo intérprete;

c) tipo normal: contém apenas elementos descritivos (objetivos), não exigindo nenhuma valoração por parte do intérprete. Teve sua utilidade na teoria causal da ação. Se assemelha ao tipo fechado. Exemplo: homicídio — art. 121 do CP;

d) tipo anormal: contém elementos normativos ou subjetivos, passíveis de interpretação e valoração para efetiva aplicação ao caso concreto. Essa classificação também teve sua utilidade na teoria causal da ação, assemelhando-se ao tipo aberto;

e) tipo básico: é a forma mais simples de descrição da conduta proibida. Exemplo: homicídio simples — art. 121, *caput*, do CP;

f) tipo derivado: é composto a partir do tipo básico e contém circunstâncias que podem diminuir ou aumentar a reprimenda do crime. Exemplos: homicídio privilegiado — art. 121, § 1º, do CP — e homicídio qualificado — art. 121, § 2º, do CP;

g) tipo objetivo: é assim chamada a parte do tipo penal que contém apenas elementos objetivos, que não se relacionam à vontade do agente. Exemplo: no crime de furto — art. 155 do CP —, o tipo objetivo é "subtrair coisa alheia móvel";

h) tipo subjetivo: é assim chamada a parte do tipo penal relacionada à vontade do agente. O tipo subjetivo pode estar implícito em alguns tipos penais, como ocorre com o dolo, ou pode estar explícito. Exemplo: no crime de furto — art. 155 do CP —, o tipo subjetivo implícito é o dolo e o explícito é "para si ou para outrem";

i) tipo total: relaciona-se com a teoria dos elementos negativos do tipo, englobando também a ilicitude da conduta. Se ocorrer excludente da ilicitude, não haverá tipicidade;

j) tipo congruente: também chamado de tipo intranscendente, ou tipo congruente simétrico, é aquele em que a parte subjetiva da ação se corresponde com a parte objetiva, ou seja, não exige nenhum elemento subjetivo especial, bastando o dolo. Exemplos: tipos dolosos, em que a intenção do agente leva à realização objetiva do tipo; homicídio simples — art. 121, *caput*, do CP;

k) tipo incongruente: também chamado de tipo transcendente, ou tipo congruente assimétrico, é aquele em que a lei estende o tipo subjetivo para além do tipo objetivo, ou seja, exige, além do dolo, um elemento subjetivo especial. Exemplo: extorsão mediante sequestro — art. 159 do CP —, em que o agente atua *com o fim especial* de obter resgate;

l) tipo formal: é a descrição do tipo feita pelo legislador ao criminalizar a conduta. É a mera adequação do fato à norma. Exemplo: art. 32, *caput*, da Lei n. 9.605/98 — a descrição típica é: "praticar ato de abuso, maus-tratos, ferir ou mutilar animais silvestres, domésticos ou domesticados, nativos ou exóticos";

m) tipo material: é o tipo formal adequado à lesividade que a conduta possa causar a bens jurídicos protegidos. Exige-se uma lesão significativa ao bem jurídico tutelado. Exemplo: a castração de um animal doméstico com a finalidade de evitar a reprodução desordenada. Formalmente, houve a tipificação do art. 32, *caput*, da Lei n. 9.605/98, citado no exemplo do item anterior. Entretanto, não houve tipicidade material, eis que tal conduta é adequada socialmente.

Tipicidade conglobante

Segundo Zaffaroni e Pierangeli (*Manual de Direito Penal brasileiro*: parte geral, 8. ed., São Paulo: Revista dos Tribunais, 2009, v. 1), a tipicidade penal se divide em legal — adequação do fato à norma penal, segundo uma análise estritamente formal — e conglobante, por meio da qual se deve verificar se o fato, que aparentemente viola uma norma penal proibitiva, não é permitido ou mesmo incentivado por outra norma jurídica. É o exemplo das intervenções médico-cirúrgicas. A tipicidade conglobante, portanto, nada mais é que a análise conglobada do fato com todas as normas jurídicas, inclusive as extrapenais.

Dessa maneira, as condutas que tradicionalmente são consideradas típicas, mas acobertadas pelas causas excludentes da antijuridicidade do estrito cumprimento do dever legal e do exercício regular de direito, passariam a ser tratadas como atípicas, pela falta de tipicidade conglobante.

Conflito aparente de normas

Ocorre o conflito aparente de normas quando a um mesmo fato podem ser aplicadas, aparentemente, duas ou mais normas penais. Esse conflito é apenas *aparente*, uma vez que é impossível duas ou mais normas incidirem sobre um mesmo fato.

Para que ocorra o conflito aparente de normas são necessários os seguintes *pressupostos*:

a) unidade de fato;

b) pluralidade de normas que, aparentemente, com ele se identificam.

Como solução para o conflito aparente de normas, apresentam-se quatro *princípios*:

a) *Princípio da especialidade*: segundo o qual a norma especial — específica — derroga a norma geral, devendo ser aplicada no lugar desta por conter elementos especializantes. Há uma relação de gênero e espécie entre as normas. Exemplos: infanticídio (art. 123 do CP). O infanticídio é especial em relação ao homicídio, pois que, além da morte da vítima (elemento geral), requer que o autor do crime seja a própria mãe, durante ou logo após o parto, sob a influência do estado puerperal (elementos especializantes). Nesse sentido também as fraudes do art. 176 do Código Penal em relação ao estelionato do art. 171 do mesmo Código.

b) *Princípio da subsidiariedade*: pelo qual a norma subsidiária somente se aplica se não houver tipificação de outro delito geral, mais abrangente, em regra, mais grave. Há uma relação de conteúdo e continente entre as normas. A norma subsidiária é, nas palavras de Nelson Hungria, o *soldado de reserva*. Exemplo: perigo para vida ou saúde de outrem (art. 132 do CP). Agente que dispara arma de fogo em direção à vítima. O crime do art. 132 do Código Penal somente estará caracterizado se não houver resultado mais grave, ou seja, lesão corporal dolosa ou homicídio tentado. Se o disparo acertar a vítima, haverá crime de lesão corporal ou homicídio tentado, conforme a intenção do agente. No caso da *tentativa branca* de homicídio (em que o agente desfere golpe em direção à vítima, mas não a acerta), a tipificação dependerá da demonstração da intenção do agente.

c) *Princípio da consunção*: em que a norma geral e mais abrangente absorve as normas de âmbito menor. A consunção pode ocorrer por meio do crime progressivo, do crime complexo ou da progressão criminosa.

No *crime progressivo*, o resultado final tipifica uma infração penal que absorve todas as condutas anteriores que, por si só, poderiam configurar infrações independentes. Existe um só fato, e o autor desenvolve o crime em fases sucessivas. Exemplo: furto qualificado por rompimento de obstáculo à subtração da coisa (art. 155, § 4º, I, do CP). Agente que, para subtrair determinada coisa móvel da vítima, ingressa em sua residência mediante o arrombamento de uma porta. As condutas de violação de domicílio (art. 150 do CP) e dano (art. 163 do CP) estão absorvidas pelo delito mais grave de furto qualificado.

No *crime complexo*, o resultado final tipifica infração penal que resulta da fusão de outras infrações penais autônomas. Exemplo: o crime de roubo (art. 157 do CP) absorve os crimes de furto (art. 155 do CP) e de lesão corporal (art. 129 do CP) ou de ameaça (art. 147 do CP). O roubo, nesse caso, é *crime complexo*, uma vez que atinge dois bens jurídicos diversos, tipificadores, cada qual, separadamente, de infração penal autônoma.

Na *progressão criminosa*, o agente pretende, inicialmente, produzir determinado resultado e, após atingi-lo, resolve prosseguir e praticar crime mais grave. Há pluralidade de fatos, e a intenção inicial do agente é praticar um delito menor e, depois, resolve ele praticar um crime mais grave. Exemplo: agente que, primeiro querendo apenas ofender a integridade corporal de seu desafeto, o que consegue (art. 129, *caput*, do CP), decide matá-lo, praticando atos tendentes a esse resultado mais grave (art. 121 do CP).

d) *Princípio da alternatividade*: segundo o qual o agente praticará apenas uma infração, embora tenha realizado várias condutas previstas pelo mesmo tipo penal. É o caso dos *tipos penais mistos alternativos*, que tipificam os *crimes de ação múltipla*, também chamados de crimes de conteúdo variado. Exemplo 1: tráfico ilícito de entorpecentes (art. 33 da Lei n. 11.343/2006). O agente será punido por um só crime, embora tenha *produzido, transportado* e, depois, *vendido* a substância entorpecente. Exemplo 2: receptação no exercício da atividade comercial (art. 180, § 1º, do CP). O agente responderá por um só crime, embora tenha *adquirido, desmontado* e, depois, *vendido* partes de automóvel objeto de crime anterior.

Conduta

A conduta é o comportamento humano consistente em uma *ação* ou *omissão*, consciente e voltada a uma finalidade (teoria finalista da ação).

Existem várias teorias a respeito da conduta, podendo ser destacadas:

a) *Teoria naturalista* (também conhecida por *teoria causalista, teoria causal da ação, teoria tradicional* ou *teoria clássica*), segundo a qual a conduta é um comportamento humano voluntário, no mundo exterior (de fazer ou não fazer), sem nenhum conteúdo valorativo. A conduta é um mero acontecimento causal.

b) *Teoria social* (também conhecida por *teoria normativa, teoria da adequação social* ou *teoria da ação socialmente adequada*), segundo a qual a ação nada mais é que a realização de uma conduta socialmente relevante. A vontade estaria situada na culpabilidade.

c) *Teoria finalista*, segundo a qual todo comportamento humano é finalista, ou seja, toda conduta é voluntária e dirigida a determinado fim.

Formas de conduta

A conduta apresenta duas *formas*:

a) *ação*, que é a atuação humana positiva voltada a uma finalidade;

b) *omissão*, que é a ausência de comportamento, a inatividade.

A omissão é penalmente relevante quando o omitente *devia* e *podia* agir para evitar o resultado.

No art. 13, § 2º, do Código Penal estão dispostas as hipóteses em que o omitente tem o *dever* de agir. São elas:

a) quando tenha por lei obrigação de cuidado, proteção ou vigilância (exemplo: dever dos pais de cuidar dos filhos);

b) quando, de outra forma, assumiu a responsabilidade de impedir o resultado (é a chamada *situação de garante*, em que o agente se encontra em uma posição que o obriga a garantir o bem jurídico tutelado do sujeito passivo. Exemplos: médico que presta serviço em pronto-socorro; enfermeira contratada para cuidar de um doente; tutor em relação ao tutelado etc.);

c) quando, com seu comportamento anterior, criou o risco da ocorrência do resultado (aqui também ocorre a chamada *situação de garante*. Exemplo: o instrutor de paraquedismo em relação aos alunos).

Crimes omissivos próprios

São aqueles que ocorrem com a mera conduta negativa do agente, independentemente de qualquer outra consequência. São também chamados de *omissivos puros*. Existe um dever genérico de proteção.

Nesses crimes, a norma penal determina, implicitamente, que o sujeito atue positivamente, incriminando a lei penal o comportamento negativo. Exemplo: art. 135 do CP — omissão de socorro (a conduta incriminada pela lei é "deixar de prestar assistência", já que a norma estabelece esse dever).

Crimes omissivos impróprios

São aqueles em que a conduta é comissiva (ação), mas o agente os pratica mediante a abstenção de atuação. Deve o agente, nesses casos, conforme já dito, ter o *dever de agir* para evitar o resultado, segundo as hipóteses elencadas no art. 13, § 2º, do Código Penal. Exemplo: homicídio (mãe que, desejando matar o filho, priva-o de alimentos). Existe um dever específico de proteção. Esses crimes são também chamados de *comissivos por omissão, omissivos impuros, omissivos promíscuos* ou *omissivos espúrios*.

Crimes omissivos por comissão

São aqueles em que, segundo Fernando Capez (*Curso de Direito Penal*: parte geral. 4. ed., São Paulo: Saraiva, 2002, p. 129, v. 1), "há uma ação provocadora da omissão". Exemplo: chefe de uma repartição impede que sua funcionária, que está passando mal, seja socorrida. Se ela morrer, o chefe responderá pela morte por crime comissivo ou omissivo? Seria por crime omissivo por comissão.

Caso fortuito e força maior

Caso fortuito é aquele que ocorre de modo inevitável, imprevisível, sem a vontade do agente, que não age com dolo ou culpa. Exemplo: problema mecânico apresentado pelo veículo, fazendo com que o motorista, sem condições de controlá-lo, atropele e mate um transeunte.

A força maior pode ser caracterizada pela influência inafastável de uma ação externa. Exemplo: coação física irresistível.

Na presença de caso fortuito e força maior, inexiste fato típico.

Nexo de causalidade

Nexo de causalidade, também chamado de *nexo causal* ou *relação de causalidade*, é o elo que existe entre a conduta e o resultado. É a relação de causa e efeito existente entre a ação ou omissão do agente e a modificação produzida no mundo exterior.

O nexo de causalidade integra o fato típico, pois existe a necessidade de verificar se o resultado é ou não imputável ao agente, ou seja, se foi este que deu causa ao resultado criminoso.

Existem várias teorias que estudam a ação e a omissão como causas do crime, entre as quais podemos citar:

a) *Teoria da causalidade adequada*, segundo a qual a causa é a condição mais adequada a produzir o evento. Baseia-se essa teoria no critério de previsibilidade do que usualmente ocorre na vida humana.

b) *Teoria da eficiência*, segundo a qual a causa é a condição mais eficaz na produção do evento.

c) *Teoria da relevância jurídica*, segundo a qual a corrente causal não é o simples atuar do agente, mas deve-se ajustar às figuras penais, produzindo os resultados previstos em lei.

d) *Teoria da equivalência dos antecedentes* ou *teoria da conditio sine qua non*, que foi a adotada pelo nosso sistema penal.

e) *Teoria da imputação objetiva*, segundo a qual a causalidade natural, base da teoria da equivalência dos antecedentes, conduz a exageros que precisam ser limitados por meio da verificação de existência de relação de imputação objetiva entre a conduta e o resultado, de modo que a conduta do agente tenha produzido um risco juridicamente relevante e proibido ao bem jurídico. Essa teoria, que procura limitar a incidência do nexo causal, foi desenvolvida, no Direito Civil, por Karl Larenz, em 1927. Na esfera penal, surgiu com Richard M. Honig, em 1930. Claus Roxin, em 1962 e 1970, publicou duas obras sobre o assunto. De acordo com essa teoria, em síntese, não basta, para que se reconheça o nexo causal, o primeiro filtro, da causalidade física, apurada pelo critério de eliminação hipotética. Também não basta o segundo filtro, da causalidade subjetiva, consubstanciado no dolo e na culpa. A verificação do nexo causal depende ainda de ter a conduta do agente incrementado um risco proibido para o bem jurídico. Caso a conduta do agente tenha incrementado um risco permitido ao bem jurídico (não vedado ou proibido pelo ordenamento jurídico), não haverá crime, por ausência de imputação objetiva.

Teoria da equivalência dos antecedentes

Também chamada de *teoria da conditio sine qua non*, foi a adotada pelo nosso Código Penal, no art. 13.

De acordo com essa teoria, tudo quanto concorre para o resultado é causa. Todas as forças concorrentes para o evento, no caso concreto, apreciadas, quer isolada, quer conjuntamente, equivalem-se na causalidade.

Para a solução do problema do nexo causal utiliza-se o chamado *processo de eliminação hipotética*, que consiste no seguinte:

Pergunta-se: quando a ação é causa?

Responde-se: quando eliminada, mentalmente, o resultado em concreto não teria ocorrido.

A teoria da equivalência dos antecedentes situa-se apenas no terreno do elemento físico ou material do delito, sendo mister a consideração da *causalidade subjetiva*, que é a presença do dolo e da culpa, para que se evite o *regressus ad infinitum*, ou seja, o regresso até o primeiro ato do desencadeamento de toda a conduta.

Há quem utilize, atualmente, a teoria da imputação objetiva para a limitação do nexo causal físico ou material, mediante a análise da criação de um risco permitido ou proibido pelo agente.

Superveniência causal

Vem tratada no § 1º do art. 13 do Código Penal. Funciona como outra restrição à teoria da *conditio sine qua non*.

Existem as "causas" *absolutamente independentes* e as *relativamente independentes*.

As causas absolutamente independentes não podem ser atribuídas ao agente. Elas produzem por si sós o resultado, não tendo nenhuma relação com a conduta praticada pelo agente. Nesse caso, o nexo causal é totalmente afastado, uma vez que o resultado ocorreria de qualquer maneira, independentemente da conduta do agente, que não responderá por ele. Dividem-se em preexistentes (*A atira em B, que morre em razão de veneno que havia tomado, e não em razão do tiro*), concomitantes (*A atira em B no exato momento em que este sofre um ataque cardíaco, ocorrendo a morte por força exclusiva deste*) e supervenientes (*A envenena B, que vem a falecer em razão de desabamento, no momento em que ingeria o veneno*).

Já as causas relativamente independentes excluem a imputação, quando por si sós determinarem o resultado. Como assevera Damásio de Jesus (*Direito Penal*: parte geral. 19. ed., São Paulo, Saraiva, 1995, p. 256, v. 1), "causa relativamente independente é a que, funcionando em face da conduta anterior, conduz-se como se por si só tivesse produzido o resultado (estamos tratando da causa superveniente). É o caso clássico do cidadão que, mortalmente ferido por outro, é transportado para um hospital, onde vem a falecer em consequência das queimaduras provocadas por um incêndio". A causa provocadora da morte é relativamente independente em relação à conduta anterior: se a vítima não tivesse sido ferida, não seria levada ao hospital. Dividem-se, também, em preexistentes (*A fere B, hemofílico, que vem a falecer em razão dos ferimentos e também em razão dessa condição fisiológica*), concomitantes (*A atira em B no momento em que este sofre um ataque cardíaco — provando-se que o tiro contribuiu para o evento morte*) e supervenientes (*A colide com um poste de energia elétrica. Seu acompanhante, ileso, desce do veículo para constatar os danos e vem a ser atingido por um dos fios que se desprenderam, vindo a falecer em razão da descarga elétrica*).

Nesse último caso, surge outro processo causal que, isoladamente, produz o evento, não obstante a causa seja relativamente independente, pois ela "por si só" causou o resultado (art. 13, § 1º, do CP).

Como bem observa Cezar Roberto Bitencourt (*Teoria geral do delito*, 2. ed., São Paulo: Saraiva, 2004, p. 88), "em se tratando da ocorrência de causa superveniente, teremos que suspeitar da possibilidade de tratar-se de causa superveniente nos termos do § 1º do art. 13. Por isso, temos de formular uma segunda pergunta: esta causa superveniente se insere no fulcro aberto pela conduta anterior, somando-se a ela para a produção do resultado ou não? Se a resposta for afirmativa, não excluirá o nexo de causalidade da conduta anterior, porque a causa posterior simplesmente somou-se à conduta anterior na produção do resultado. Ao contrário, se respondermos que não, isto é, que a causa superveniente causou isoladamente o evento, estaríamos resolvendo a situação com base no § 1º, afastando-se a relação de causalidade da conduta anterior. Nesse caso, o autor da conduta anterior responderá pelos atos praticados que, em si mesmos, constituírem crimes, segundo seu elemento subjetivo".

A seguir são dados alguns exemplos de causas supervenientes relativamente independentes que, por si sós, *não* excluem a imputação, sendo o resultado mais grave atribuído ao agente:

a) Morte por infecção hospitalar contraída após internação de vítima de facada. O agente desferiu facada na vítima, ferindo-a. Socorrida ao hospital, a vítima vem a falecer em virtude de infecção hospitalar lá contraída. O agente responde pela morte (TJAP — ACR 175.803 — j. 3-4-2004);

b) Morte em virtude de omissão no atendimento médico após internação de vítima de lesão corporal. O agente lesionou a vítima. Socorrida ao hospital, faleceu em decorrência dos ferimentos sofridos, tendo havido omissão no atendimento médico. O agente responde pela morte (STJ — HC 42.559/PE — Rel. Min. Arnaldo Esteves Lima — j. 4-4-2006);

c) Morte em virtude de mau atendimento médico e alta precipitada após internação de vítima de homicídio tentado. O agente responde pela morte da vítima (TJSC — APR 479.972 — j. 11-9-2009);

d) Morte em razão de inexperiência e imperícia médica após internação de vítima de disparo de arma de fogo. O agente desferiu tiro na vítima, tentando matá-la. Socorrida ao hospital, veio a falecer em virtude de alegada inexperiência e imperícia médica. O agente responde pela morte da vítima (STJ — HC 85.591/GO — Rel. Min. Og Fernandes — j. 21-5-2009);

e) Morte em razão de septicemia ocorrida na vigência de tratamento de trauma abdominal causado por acidente de trânsito. O agente deu causa à lesão corporal culposa na vítima, em razão de acidente de trânsito. Socorrida ao hospital, a vítima faleceu em razão de septicemia. O agente responde pela morte da vítima (TJMG — AC 1.0525.02.007797-6/001 — j. 10-6-2009);

f) Morte em razão de processo inflamatório decorrente de broncopneumonia contraída em internação hospitalar para tratamento de ferimento no pescoço. O agente tentou matar a vítima, ferindo-a no pescoço. Socorrida ao hospital, veio a falecer em virtude de broncopneumonia. O agente responde pela morte da vítima (TJSC — APR 35.050 — j. 4-5-1999);

g) Outras causas: choque anestésico por excesso de éter; imprudência dos médicos operadores; precário atendimento hospitalar etc.

Como exemplos de causas supervenientes relativamente independentes que, por si sós, excluem a imputação (não podendo o resultado mais grave ser imputado ao agente, uma vez que não estavam elas dentro do desdobramento físico necessário), podemos citar: desabamento do teto do pronto-socorro em que a vítima vem a ser atendida em virtude de lesão corporal praticada pelo agente; incêndio no hospital que provoque a morte da vítima lá internada para tratamento de lesão corporal decorrente de tentativa de homicídio praticada pelo agente; acidente de trânsito envolvendo a ambulância em que a vítima de tentativa de homicídio era socorrida, a qual vem a falecer em razão de traumatismo craniano etc.

Resultado

O resultado é outro elemento integrante do fato típico.

Duas teorias procuram explicar a sua natureza jurídica:

a) *Teoria naturalística*, segundo a qual resultado é toda modificação do mundo exterior provocada pelo comportamento humano voluntário. Daí decorre a *classificação*, já mencionada em capítulo próprio, dos crimes em materiais, formais e de mera conduta;

b) *Teoria jurídica* ou *normativa*, segundo a qual o resultado é a lesão ou o perigo de lesão de um interesse protegido pela norma penal.

Entendemos que a *Teoria naturalística* é a mais adequada.

Resultado, na praxe jurídica, é sinônimo de evento. Alguns autores, entretanto, sustentam que evento é qualquer resultado, independentemente da conduta de alguém (exemplo: incêndio provocado por um raio), enquanto resultado é a consequência de uma conduta humana (exemplo: morte por disparo de arma de fogo efetuado por alguém).

Crime qualificado pelo resultado

Ocorre o crime qualificado pelo resultado quando a lei, após descrever uma conduta típica com todos os seus elementos (crime acabado), acrescenta a esta um resultado agravador da sanção penal, impondo ao agente punição mais severa.

Existem quatro espécies de crime qualificado pelo resultado, conforme exista culpa ou dolo nas condutas antecedentes e consequentes:

a) *Crime qualificado pelo resultado* com *dolo* na conduta antecedente e *dolo* na conduta consequente: o agente age com dolo tanto na conduta como no resultado agravador. Exemplo: agente que, ao ofender a integridade corporal de seu desafeto, corta-lhe uma das mãos, causando-lhe lesão corporal de natureza gravíssima, consistente em perda de membro (art. 129, § 2º, III, primeira parte, do CP).

b) *Crime qualificado pelo resultado* com *dolo* na conduta antecedente e *culpa* na conduta consequente: é o chamado *crime preterdoloso* ou *preterintencional*, em que o agente quer praticar um delito mas acaba, por culpa, ocasionando um resultado mais gravoso. Exemplo: aborto provocado com o consentimento da gestante, em que o agente, em razão dos meios empregados para provocá-lo, ocasiona culposamente a morte da gestante (art. 126, *caput*, c/c o art. 127, ambos do CP).

c) *Crime qualificado pelo resultado* com *culpa* na conduta antecedente e *culpa* na conduta consequente: o agente pratica uma conduta culposa e, depois, ainda por culpa, acaba ocasionando resultado mais grave. Exemplo: agente que causa epidemia culposa, da qual resulta a morte de alguém (art. 267, § 2º, do CP).

d) *Crime qualificado pelo resultado* com *culpa* na conduta antecedente e *dolo* na conduta consequente: o agente pratica uma conduta inicial culposa e, em seguida, dolosamente ocasiona o resultado mais gravoso. Exemplo: motorista que atropela culposamente pedestre, lesionando-o, e, em seguida, foge intencionalmente, deixando de prestar-lhe socorro (art. 303, parágrafo único, c/c o art. 302, parágrafo único, III, ambos da Lei n. 9.503/97 — Código de Trânsito Brasileiro).

2.2.3 Dolo e culpa

Dolo

Segundo o disposto no art. 18 do Código Penal, *o crime é doloso* "quando o agente quis o resultado ou assumiu o risco de produzi-lo".

Conceito de dolo

Dolo, de acordo com a teoria finalista da ação, é o elemento subjetivo do tipo; é a vontade de concretizar as características objetivas do tipo.

Teorias sobre o dolo

Existem três teorias a respeito do conteúdo do dolo:

a) *Teoria da vontade*, segundo a qual dolo é a vontade de praticar uma ação consciente, um fato que se sabe contrário à lei.

Exige, para sua configuração, que quem realiza a ação tenha consciência de sua significação, estando disposto a produzir o resultado.

b) *Teoria da representação*, segundo a qual dolo é a vontade de praticar a conduta, prevendo o agente a possibilidade de o resultado ocorrer, sem, entretanto, desejá-lo. É suficiente que o resultado seja previsto pelo sujeito.

c) *Teoria do assentimento* (ou *do consentimento*), segundo a qual basta para o dolo a previsão ou consciência do resultado, não exigindo que o sujeito queira produzi-lo. É suficiente o assentimento do agente ao resultado.

Teoria adotada pelo Brasil

O Brasil adotou, no art. 18, I, do Código Penal, a *teoria da vontade* (para que exista dolo é preciso consciência e vontade de produzir o resultado — dolo direto) e a *teoria do assentimento* (existe dolo também quando o agente aceita o risco de produzir o resultado — dolo eventual).

Espécies de dolo

a) *Dolo natural*: para a teoria finalista da ação, que inspirou a Parte Geral do Código Penal, o dolo é natural, ou seja, corresponde à simples vontade de concretizar os elementos objetivos do tipo, não portando a consciência da ilicitude. Assim, o dolo situado na conduta é composto apenas por consciência e vontade. A consciência da ilicitude é requisito da culpabilidade.

b) *Dolo normativo*: para a teoria clássica (naturalista ou causal da ação) ou tradicional, o dolo é *normativo*, ou seja, contém a consciência da ilicitude. O dolo situa-se na culpabilidade e não na conduta.

c) *Dolo direto* ou *determinado*: é a vontade de praticar a conduta e produzir o resultado.

O dolo direto pode ser de primeiro grau e de segundo grau.

Dolo direto de primeiro grau relaciona-se com o fim proposto e com os meios escolhidos para alcançá-lo. Dolo direto de segundo grau (também chamado de dolo mediato ou dolo de consequências necessárias) relaciona-se com os efeitos colaterais da conduta, tidos como necessários. Exemplo: terrorista que, pretendendo matar determinada pessoa, coloca uma bomba no avião em que esta viajará, a qual vem a explodir, matando-a com os demais passageiros. Houve dolo direto de primeiro grau em relação à vítima pretendida e dolo direto de segundo grau em relação aos demais passageiros do avião, que acabaram sendo atingidos como efeito colateral da conduta almejada. Outro exemplo interessante é o do agente que, pretendendo matar um gêmeo xifópago, nele desfere disparo de arma de fogo, matando-o (dolo direto de primeiro grau), mas matando também o outro irmão como consequência necessária dessa conduta (dolo direto de segundo grau).

É bom não confundir dolo direto de segundo grau, em que as consequências secundárias são inerentes ao meio escolhido, com dolo eventual, em que as consequências secundárias não são inerentes ao meio escolhido, assumindo o agente o risco de produzir o resultado (que pode ou não ocorrer).

d) *Dolo indireto* ou *indeterminado*: ocorre quando a vontade do sujeito não se dirige a certo e determinado resultado.

O dolo indireto possui duas formas:

— *dolo alternativo*, quando a vontade do sujeito se dirige a um ou outro resultado, indiferentemente. Exemplo: o agente desfere golpes de faca na vítima com intenção alternativa: matar ou ferir;

— *dolo eventual*, quando o sujeito assume o risco de produzir o resultado, ou seja, aceita o risco de produzi-lo. O agente não quer o resultado, pois, se assim fosse, haveria dolo direto. O dolo eventual não se dirige ao resultado, mas sim à conduta, percebendo o agente que é possível causar o resultado. Exemplo: motorista dirigindo em velocidade excessiva aceita a possibilidade de atropelar um pedestre.

e) *Dolo de dano*: é a vontade de produzir lesão a um bem jurídico.

f) *Dolo de perigo*: é a vontade de expor um bem jurídico a perigo de lesão.

g) *Dolo genérico*: é a vontade de praticar a conduta sem uma finalidade específica.

h) *Dolo específico* (ou *dolo com intenção ulterior*): é a vontade de praticar a conduta visando uma finalidade específica.

Essa classificação de *dolo genérico* e *dolo específico*, a nosso ver, encontra-se superada em face da teoria finalista da ação. Entendemos que o dolo é natural, uno, variando de acordo com a descrição típica de cada delito, não podendo ser confundido com os demais elementos subjetivos do tipo.

i) *Dolo geral* (também chamado de *erro sucessivo* ou *aberratio causae*): ocorre quando o agente, tendo realizado a conduta e supondo ter conseguido o resultado pretendido, pratica nova ação, a qual, aí sim, alcança a consumação do crime. Na lição de Hans Welzel (*Derecho penal alemán*: parte general, 11. ed., trad. Juan Bustos Ramires, Santiago: Ed. Jurídica de Chile, 1997) ocorre o dolo geral "quando o autor acredita haver consumado o delito quando na realidade o resultado somente se produz por uma ação posterior, com a qual procurava encobrir o fato". Exemplo clássico largamente difundido na doutrina é o do agente que, tendo esfaqueado a vítima e supondo-a morta, joga o corpo nas águas de um rio. Entretanto, a vítima ainda estava viva, vindo a falecer em virtude de afogamento.

Culpa

Crime culposo

Segundo o disposto no art. 18, II, do Código Penal, *o crime é culposo* "quando o agente deu causa ao resultado por imprudência, negligência ou imperícia".

Cuidado objetivo

A *culpa* é elemento subjetivo do tipo penal, pois resulta da inobservância do dever de diligência.

Cuidado objetivo é a obrigação determinada a todos, na comunidade social, de realizar condutas de forma a não produzir danos a terceiros.

Assim, a conduta culposa torna-se típica a partir do momento em que não tenha o agente observado o cuidado necessário nas relações com outrem.

Previsibilidade

Para saber se o sujeito ativo do crime deixou de observar o cuidado objetivo necessário é preciso comparar sua conduta com o comportamento que teria uma pessoa, dotada de discernimento e de prudência, colocada na mesma situação do agente.

Surge, então, a *previsibilidade objetiva*, que é a possibilidade de antever o resultado produzido, previsível ao homem comum, nas circunstâncias em que o sujeito realizou a conduta.

Até aí se realiza a tipicidade do crime culposo, também antijurídico, se ausente causa excludente.

Já a *culpabilidade* do delito culposo decorre da *previsibilidade subjetiva*, questionando-se a possibilidade de o sujeito, segundo suas aptidões pessoais e na medida de seu poder individual, prever o resultado.

Assim, quando o resultado é previsível *para o sujeito*, temos a reprovabilidade da conduta e a consequente culpabilidade.

Elementos do fato típico culposo

São elementos do fato típico culposo:

a) a conduta humana voluntária, consistente numa ação ou omissão;

b) a inobservância do cuidado objetivo, manifestada pela imprudência, negligência ou imperícia;

c) a previsibilidade objetiva;

d) a ausência de previsão;

e) o resultado involuntário;

f) o nexo de causalidade;

g) a tipicidade.

Imprudência, negligência e imperícia

A inobservância do cuidado objetivo necessário manifesta-se pelas três modalidades de culpa: imprudência, negligência e imperícia.

A *imprudência* é a prática de um fato perigoso, atuando o agente com precipitação, sem cautela. Exemplo: desobedecer sinal semafórico vermelho, indicativo de parada obrigatória.

A *negligência* é a ausência de precaução ou indiferença em relação ao ato realizado. Exemplo: deixar substância tóxica ao alcance de criança.

A *imperícia* é a falta de aptidão, de conhecimentos técnicos, para o exercício de arte ou profissão. Exemplo: médico que se dispõe a realizar cirurgia sem ter conhecimentos adequados sobre a especialidade da moléstia.

Espécies de culpa

a) *Culpa inconsciente*, na qual o resultado não é previsto pelo agente, embora previsível. É a culpa comum, normal, manifestada pela imprudência, negligência ou imperícia.

b) *Culpa consciente* (ou *culpa com previsão*), na qual o resultado é previsto pelo agente, que espera inconsideradamente que não ocorra ou que possa evitá-lo. Exemplo difundido na doutrina é o do agente que, numa caçada, percebe que um animal se encontra nas proximidades de seu companheiro, estando ciente de que, disparando a arma, poderá acertá-lo. Confiante em sua perícia com armas de fogo, atira e mata o companheiro.

No *dolo eventual* o agente tolera a produção do resultado, pois o evento lhe é indiferente; tanto faz que ocorra ou não.

Na *culpa consciente* o agente não quer o resultado, não assume o risco nem este lhe é tolerável ou indiferente. O evento é previsto por ele, mas confia em sua não produção.

c) *Culpa própria*, na qual o resultado, embora previsível, não é previsto pelo agente.

d) *Culpa imprópria (culpa por extensão, culpa por assimilação* ou *culpa por equiparação)*, na qual o agente quer o resultado, estando sua vontade viciada por erro que poderia evitar, observando o cuidado necessário. Ocorre por erro de tipo inescusável, por erro de tipo escusável nas descriminantes putativas ou por excesso nas causas de justificação.

e) *Culpa mediata* ou *indireta*, na qual o agente, dando causa a resultado culposo imediato, vem a determinar, mediata ou indiretamente, outro resultado culposo. Exemplo difundido na doutrina é o da pessoa que, socorrendo ente querido que foi atropelado, acaba por ser também atingida por outro veículo, sendo ferida ou morta. O interesse nessa modalidade de culpa está justamente na responsabilidade do primeiro agente com relação ao segundo atropelamento. Deve-se perquirir, nesse caso, se o primeiro atropelador tinha previsibilidade do segundo resultado. Se tinha, responderá por ele. Se não tinha, inexistirá responsabilidade penal pelo segundo fato.

Excepcionalidade do crime culposo

O critério para saber se um crime admite a *modalidade culposa* é a análise da *norma penal incriminadora*. Quando o Código admite a modalidade culposa, faz referência expressa à culpa. Se não fala na modalidade culposa, é porque não a admite (art. 18, parágrafo único, do CP).

Assim, quando o sujeito pratica o fato culposamente e o tipo penal não faz menção à modalidade culposa, não há crime.

Outras questões referentes à culpa

A *divisão da culpa em graus* (leve, grave e gravíssima), embora não tenha previsão legal, apresenta interesse na dosimetria da pena do crime culposo. Será questionado pelo julgador se o agente tinha maior ou menor possibilidade de prever o resultado, observando ou não o cuidado necessário.

Outrossim, no direito penal não se admite a *compensação de culpas*, como acontece no direito civil. A culpa da vítima não exclui a do agente, a não ser que seja exclusiva. No caso de culpa concorrente, em que os agentes, agindo culposamente, deram causa a resultado culposo, do qual ambos são vítimas, aplica-se a cada um a pena correspondente ao delito praticado.

Crime preterdoloso

O crime preterdoloso ou *preterintencional* é aquele no qual coexistem os dois elementos subjetivos: dolo na conduta antecedente e culpa na conduta consequente.

Existe um crime inicial doloso e um resultado final culposo. Na conduta antecedente, o elemento subjetivo é o dolo, uma vez que o agente quis o resultado. Entretanto, pela falta de previsibilidade, ocorre outro resultado culposo, pelo qual também responde o agente. Exemplo: aborto praticado sem o consentimento da gestante com o resultado morte. O aborto é doloso, querido pelo agente. A morte da gestante é culposa, pois o agente não queria o resultado, embora fosse ele previsível.

Nesse sentido, prescreve o art. 19 do Código Penal:

> "Art. 19. Pelo resultado que agrava especialmente a pena, só responde o agente que o houver causado ao menos culposamente".

2.2.4 Crime consumado e tentativa

O Código Penal, no art. 14, define o que se entende por *crime consumado* e por *crime tentado*.

Art. 14. Diz-se o crime:

I — consumado, quando nele se reúnem todos os elementos de sua definição legal;

II — tentado, quando, iniciada a execução, não se consuma por circunstâncias alheias à vontade do agente.

(...)

Consumação

Consuma-se o delito quando existe a realização integral do tipo penal.

A *consumação* varia de acordo com o tipo de crime:

a) *crimes materiais*: havendo ação e resultado, somente com a ocorrência deste é que existe consumação. Exemplos: homicídio (art. 121 do CP); estelionato (art. 171 do CP); furto (art. 155 do CP) etc.;

b) *crimes formais*: a consumação ocorre independentemente do resultado naturalístico, que é dispensável. Exemplos: ameaça (art. 147 do CP); concussão (art. 316 do CP); extorsão mediante sequestro (art. 159 do CP);

c) *crimes de mera conduta*: a consumação se dá com a simples conduta do agente, não havendo resultado naturalístico. Exemplos: desobediência (art. 330 do CP); violação de domicílio (art. 150 do CP);

d) *crimes culposos*: a consumação se dá com a ocorrência do resultado naturalístico. Exemplos: homicídio culposo (art. 121, § 3º, do CP); lesão corporal culposa (art. 129, § 6º, do CP);

e) *crimes permanentes*: a consumação se prolonga no tempo, perdurando enquanto não cessar a atividade do agente. Exemplo: sequestro e cárcere privado (art. 148 do CP);

f) *crimes omissivos puros* (ou *próprios*): a consumação se dá com o comportamento negativo, independentemente de resultado posterior. Exemplo: omissão de socorro (art. 135 do CP);

g) *crimes omissivos impróprios* (ou *comissivos por omissão*): a consumação se dá com a produção do resultado naturalístico, não bastando a simples conduta negativa. Exemplo: mãe que deixa de alimentar filho com a finalidade de matá-lo (art. 121 do CP);

h) *crimes qualificados pelo resultado*: a consumação ocorre no momento da produção do resultado mais grave. Exemplo: lesão corporal seguida de morte (art. 129, § 3º, do CP).

Não se confunde *crime consumado* com *crime exaurido*. A consumação ocorre com total conformidade do fato praticado com a previsão abstrata da norma penal incriminadora, percorrendo o agente todas as etapas do *iter criminis*. O exaurimento implica a ocorrência de fatos ou acontecimentos posteriores à consumação, que têm, entretanto, influência na valoração do crime praticado. Exemplo: o crime de extorsão mediante sequestro (art. 159 do CP) se consuma com a privação de liberdade da vítima *com o fim de* obter o resgate. O efetivo recebimento do resgate é fato posterior à consumação, considerado o exaurimento do crime.

Tentativa

O crime é *tentado* quando, iniciada a execução, não se consuma por circunstâncias alheias à vontade do agente. Costuma-se utilizar o termo latino *conatus* como sinônimo de tentativa.

Existem basicamente duas teorias a respeito da tentativa:

a) *Teoria objetiva*, segundo a qual existe tentativa com o início dos atos de execução. Nesse caso, a punição da tentativa se justifica tanto pelo desvalor da ação quanto pelo desvalor do resultado, já que o bem jurídico efetivamente é exposto a perigo. A redução da pena, portanto, é inafastável.

b) *Teoria subjetiva*, segundo a qual basta, para configurar a tentativa, a revelação da intenção delituosa, ainda que em atos preparatórios. Nessa teoria, a punição se justifica pelo desvalor da ação, não importando o desvalor do resultado. Não há diferença entre atos preparatórios e atos de execução, não havendo redução da pena.

O nosso Código Penal adotou a *teoria objetiva*, exigindo, para a ocorrência de tentativa, início de atos de execução (art. 14, II, do CP).

Iter criminis

O fato delituoso apresenta uma trajetória, denominada *iter criminis* (termo latino que significa "caminho do crime"), que se compõe de quatro etapas:

a) cogitação (*cogitatio*);

b) atos preparatórios;

c) atos de execução;

d) consumação.

A tentativa ocorre quando o agente não chega à consumação por circunstâncias alheias à sua vontade.

Cogitação

A cogitação não é punida no Direito Penal, pois o que se passa no foro íntimo da pessoa não tem relevância criminal.

Apenas na exteriorização das intenções do agente, em atos que denotem início da execução, é que agirá o Direito Penal.

Atos preparatórios e atos de execução

Atos preparatórios são aqueles que se situam fora da esfera de cogitação do agente, embora ainda não se traduzam em início da execução do crime. Em regra, os atos preparatórios não são puníveis, a não ser que, por si sós, já configurem atos de execução de infrações penais autônomas. Exemplo: art. 25 do Decreto-Lei n. 3.688/41 (Lei das Contravenções Penais).

Como exemplos de atos preparatórios podemos citar, no homicídio, a compra da arma, a direção ao local do crime etc.; no furto, a obtenção dos petrechos necessários à subtração etc.

Atos de execução (ou executórios) são aqueles voltados diretamente à prática do crime, iniciando-se a reunião dos elementos integrantes da definição legal do crime.

Para se distinguir *ato preparatório* de *ato de execução*, existem dois critérios básicos:

a) *critério do ataque ao bem jurídico tutelado*, ou *critério material*, que se funda no perigo corrido pelo bem jurídico tutelado. Se o ato não representar esse perigo, não será ato de execução;

b) *critério do início da realização do tipo*, ou *critério formal*, também chamado de formal-objetivo, o qual sustenta que o ato executivo deve dirigir-se à realização do tipo, ou seja, deve ser o início de sua realização, amoldando-se a conduta ao núcleo do tipo (verbo).

Como já dissemos, o Brasil adotou a *teoria objetiva*, exigindo a lei o início do ato de execução (critério formal) para a ocorrência da tentativa. Em tese, portanto, o Brasil adotou o critério formal-objetivo.

Entretanto, é voz quase unânime na doutrina que o critério formal-objetivo precisa de complementação em razão da existência de atos muito próximos do início da execução que precisariam ser tipificados. Por exemplo, o agente que é surpreendido no alto de uma escada encostada ao muro de uma casa, preparando-se para lá ingressar e praticar a subtração. Ou então o sujeito surpreendido no telhado de uma residência, afastando algumas telhas para lá ingressar e furtar. Ou ainda o sujeito que é surpreendido no interior do quintal de uma casa, preparando-se para furtar, sem ter, contudo, subtraído qualquer coisa.

Para alguns, a solução seria adotar a complementação proposta por Reinhard Frank, incluindo na tentativa as ações que sejam necessariamente vinculadas à ação típica, sendo consideradas parte integrante dela, como nos exemplos acima citados. Para outros, a solução estaria na adoção da teoria individual-objetiva, de Hans Welzel, segundo a qual a tentativa engloba todos os atos imediatamente anteriores ao início da execução, de acordo com a intenção do agente.

Elementos da tentativa

São três os elementos da tentativa:

a) a *ação*, que se caracteriza por início da execução — atos executórios;

b) a *interrupção da execução* por circunstâncias alheias à vontade do agente, que pode dar-se em *qualquer momento* antes da consumação.

Entretanto, a interrupção não pode vincular-se à vontade do agente, devendo advir em razão de circunstâncias alheias à sua vontade;

c) o *dolo*, que é o elemento subjetivo do crime. Quem consuma o crime age com o mesmo dolo da tentativa, pois a vontade era no sentido de consumar o delito.

Espécies de tentativa

Existem duas espécies de tentativa:

a) *Tentativa perfeita*, ou *tentativa acabada*, também chamada de "*crime falho*" —se verifica quando o agente fez tudo quanto lhe era possível para alcançar o resultado. Exemplo: agente ministra dose mortal de veneno a seu inimigo, vindo este, porém, após a ingestão, por qualquer circunstância, a se salvar. Não se deve confundir crime falho com tentativa falha. Nesta última, o próprio agente cria o bloqueio a seu intento criminoso, acreditando não poder prosseguir na execução do crime. Ele não desiste de prosseguir na execução, mas, antes, se detém porque acredita não conseguir consumar o crime.

b) *Tentativa imperfeita* ou *tentativa inacabada* — ocorre quando a ação não chega a exaurir-se, ou seja, quando o sujeito ativo não esgotou em atos de execução sua intenção delituosa. Exemplo: agente mistura veneno mortal na bebida de seu inimigo, que, entretanto, não a ingere.

Deve ser mencionada, ainda, a *tentativa branca*, ou *incruenta*, que ocorre quando o agente, embora tendo empregado os meios ao seu alcance, não consegue atingir a coisa ou a pessoa. É o caso do agente que, efetuando disparo de arma de fogo em direção à vítima, com o intuito de matá-la (*animus necandi*), não a acerta.

Na *tentativa cruenta*, por alguns também chamada de *tentativa vermelha*, ao contrário, o agente consegue atingir a pessoa ou a coisa que visava.

Pena da tentativa

A pena da tentativa é a do crime consumado, diminuída de um a dois terços, dependendo do *iter criminis* percorrido.

Nesse sentido dispõe o art. 14, parágrafo único, do Código Penal:

Art. 14. (...)
Parágrafo único. Salvo disposição em contrário, pune-se a tentativa com a pena correspondente ao crime consumado, diminuída de um a dois terços.

Entretanto, ao referir-se à "disposição em contrário", o parágrafo único quer indicar que existem crimes em que a consumação é punida da mesma maneira que a tentativa. É o caso dos chamados *crimes de atentado* (*ou de empreendimento*), que são aqueles em que a pena da tentativa é a mesma do crime consumado, sem nenhuma redução. Exemplo: evasão mediante violência contra a pessoa (art. 352 do CP).

Crimes que não admitem tentativa

a) Crimes preterdolosos: são aqueles em que há dolo na conduta antecedente e culpa na conduta consequente. Exemplo: lesão corporal seguida de morte (art. 129, § 3º, do CP). Nesse caso, há a necessidade da ocorrência de um resultado mais grave para a sua consumação, o qual ocorre por culpa, não podendo o agente tê-lo desejado. Daí por que, se não deseja o resultado mais grave, não há como ter tentado alcançá-lo.

b) Crimes habituais: são aqueles que requerem, para sua configuração, a prática reiterada da conduta típica. Exemplo: exercício ilegal da medicina (art. 282 do CP). Nesse caso, ou existe a reiteração da conduta, e o crime já está consumado, ou ela não existe e crime não há, sendo um indiferente penal.

c) Crimes unissubsistentes: são os constituídos por um só ato. Exemplo: injúria verbal (art. 140 do CP). Nesse caso, ou a ofensa é lançada, consumando o crime, ou não é lançada, não configurando o ilícito.

d) Crimes culposos: nos quais o agente não quis o resultado nem assumiu o risco de produzi-lo, ocorrendo ele por inobservância do cuidado objetivo necessário. A única exceção é a culpa imprópria, prevista no art. 20, § 1º, do Código Penal (descriminantes putativas), pois que, embora atuando o agente com dolo, é punido a título de culpa por razões de política criminal.

e) Crimes de atentado: nesses delitos, a tentativa é punida com a mesma pena do crime consumado. Exemplo: art. 352 do Código Penal — a pena da tentativa de evasão é a mesma da evasão consumada.

f) Crimes omissivos próprios: nesse caso, o simples "não fazer" aquilo que a lei determina já consuma o delito, não sendo possível a tentativa. Exemplo: omissão de socorro (art. 135 do CP) — ou o agente se omite e consuma o delito, ou age e não pratica o crime.

Tentativa e contravenção penal

Dispõe o art. 4º do Decreto-Lei n. 3.688/41 — Lei das Contravenções Penais — que não se pune a tentativa de contravenção. Tem-se sustentado doutrinariamente que, por ser a contravenção penal infração penal de menor gravidade (delito-anão), a tentativa seria desprezível, em face do mínimo de alarme social e da insignificância do perigo. No direito romano já se dizia: *"de minimis non curat praetor"*. Há que ressaltar, também, que a maioria das contravenções penais constitui infrações de mera conduta, sem resultado naturalístico, perfazendo-se com um só ato e, portanto, não comportando o *iter criminis* fracionamento.

2.2.5 Desistência voluntária e arrependimento eficaz

O art. 15 do Código Penal cogita das hipóteses em que o agente desiste de prosseguir no *iter criminis* ou, mesmo tendo-o percorrido quase por completo, arrepende-se, impedindo que o fato se consume.

A *desistência voluntária* somente é possível na tentativa imperfeita. Não havendo percorrido, ainda, toda a trajetória do delito, iniciados os atos de execução, o agente pode deter-se, voluntariamente. Exemplo: o agente ministra veneno à bebida da vítima, arrependendo-se depois e impedindo-a de ingeri-la.

A desistência, embora voluntária, não precisa ser, necessariamente, espontânea, ou seja, o desejo de não prosseguir na execução do crime não precisa partir do próprio agente, podendo ele ser convencido a deter-se pela própria vítima ou por terceiros.

No *arrependimento eficaz*, que ocorre somente na tentativa perfeita, o agente esgota todos os meios, ao seu alcance, para a prática do crime. Ele pratica todos os atos de execução. Arrepende-se, porém, e evita, com sucesso, a consumação. Exemplo: o agente ministra veneno à bebida da vítima e a induz a ingeri-la. Após a ingestão da bebida envenenada pela vítima, o agente se arrepende, socorrendo-a ao hospital.

O arrependimento eficaz também é chamado, por alguns estudiosos do Direito Penal, de *resipiscência*, que significa o reconhecimento da falta com o propósito de emenda, ou, ainda, a emenda que tomou o que ia pelo caminho do mal e do pecado. Esse termo tem origem teológica e deriva do latim *resipiscentia*.

No caso de arrependimento, a lei subordina a impunidade da tentativa à sua eficácia. Se, por qualquer motivo, embora arrependido, o agente não conseguir evitar a consumação do delito, não ficará isento de pena.

A responsabilidade, entretanto, perdura mesmo que outra causa concorra para o delito. Exemplo: se a vítima, envenenada, negar-se a tomar o antídoto e morrer, estará consumado o delito, pelo qual responderá o agente.

Do mesmo modo, se a vítima tomar o antídoto e, mesmo assim, morrer, o agente responderá pelo crime.

Desistência voluntária e arrependimento posterior são também denominados tentativa abandonada ou qualificada.

A desistência voluntária e o arrependimento eficaz excluem a tipicidade do fato (o agente não responde pelo crime do qual iniciou a execução, mas apenas pelos atos praticados, que podem configurar outra figura típica), comunicando-se, em caso de concurso de agentes, ao coautor ou partícipe (art. 30 do CP — sendo o fato atípico para um dos concorrentes, a todos aproveita).

Arrependimento posterior

O *arrependimento posterior* é figura nova no nosso ordenamento jurídico e vem tratado no art. 16 do Código Penal. Nele, o agente já consumou o delito, restando-lhe, agora, a reparação do dano ou a restituição da coisa, tudo isso, se possível, até o recebimento da denúncia ou queixa.

O arrependimento posterior é uma causa genérica de diminuição de pena e deve ser considerado na terceira etapa do cálculo da pena (art. 68 do CP), estando subordinado aos seguintes requisitos:

a) crime cometido sem violência ou grave ameaça à pessoa;

b) reparação do dano ou restituição da coisa;

c) ato voluntário do agente;

d) até o recebimento da denúncia ou da queixa.

Caso a reparação do dano ou a restituição da coisa ocorra após o recebimento da denúncia ou queixa, estará configurada apenas uma circunstância atenuante genérica, prevista no art. 65, III, *b*, do Código Penal.

Questão tormentosa é saber se a diminuição de pena pelo arrependimento posterior de um agente aplica-se também ao seu coautor ou partícipe que assim não agiu. Há posição no sentido de que, tratando-se de causa pessoal voluntária de diminuição de pena, não beneficiaria automaticamente o coautor ou partícipe. Outra corrente entende que, em se tratando de causa objetiva de diminuição de pena, a todos os participantes do crime beneficiaria, ainda que executada por apenas um deles. Nossa posição é no sentido de que, por força do disposto no art. 30 do Código Penal, o arrependimento posterior praticado por um dos agentes aproveita aos coautores ou partícipes do crime.

Não se deve confundir, entretanto, o arrependimento eficaz com o arrependimento posterior. Ocorre o *arrependimento eficaz* quando o agente já esgotou os atos de execução, mas ainda não atingiu a consumação, em razão de um ato em sentido reversivo, praticado voluntariamente. O *arrependimento posterior* dá-se quando, já consumado o crime, o agente, por vontade própria, repara o dano ou restitui a coisa.

Neste último caso, a lei restringe sua aplicação aos crimes *cometidos sem violência ou grave ameaça à pessoa*.

Natureza jurídica da desistência voluntária e do arrependimento eficaz

Há, basicamente, três correntes acerca da natureza jurídica desses institutos:

a) Causa de exclusão de tipicidade: para essa corrente, na desistência voluntária e no arrependimento eficaz não ocorrem circunstâncias alheias à vontade do agente, razão pela qual não há tipificação do crime cuja execução se iniciou. São partidários dessa corrente Basileu Garcia, Damásio de Jesus, Frederico Marques, Heleno Fragoso, entre outros. É a nossa posição.

b) Causa de exclusão da culpabilidade: para essa corrente, inexiste reprovação social da conduta do agente que, voluntariamente, desistiu de prosseguir na execução do crime, ou impediu que o resultado se produzisse. São partidários dessa corrente Claus Roxin e Hans Welzel.

c) Causa pessoal de exclusão da punibilidade: segundo essa corrente, não se pode apagar a tipicidade de uma conduta que, inicialmente típica, somente não provocou o resultado pela desistência ou arrependimento do agente. Nesse caso, embora típica a conduta praticada, não é punida como tentativa, respondendo o agente, por razões de política criminal, apenas pelos atos praticados. A punibilidade, então, seria excluída somente em relação ao agente que desistiu ou arrependeu-se, e não em relação a eventual partícipe ou coautor. Exemplo: se, num homicídio mediante paga, o autor, embora iniciada a execução, resolve desistir voluntariamente de nela prosseguir, apenas a ele se aplicará a desistência voluntária, e não ao mandante que o pagou.

Merece ser destacada a posição de Nelson Hungria, para quem a desistência voluntária e o arrependimento eficaz são causas de extinção da punibilidade não previstas no art. 107 do Código Penal.

Crime impossível

O art. 17 do Código Penal não pune a tentativa quando há ineficácia absoluta de meio ou impropriedade absoluta de objeto.

> Art. 17. Não se pune a tentativa quando, por ineficácia absoluta do meio ou por absoluta impropriedade do objeto, é impossível consumar-se o crime.

Trata-se do crime impossível, também denominado de quase crime, tentativa inidônea, tentativa inadequada, tentativa impossível e tentativa inútil.

Exemplo de *ineficácia absoluta do meio* é alguém, querendo envenenar seu inimigo, ministrar-lhe açúcar em vez de veneno.

Exemplo de *impropriedade do objeto* é a mulher, julgando-se grávida, praticar manobras abortivas.

No *crime impossível* existe a exclusão da própria tipicidade, e não a causa de isenção de pena.

O nosso Código Penal adotou a *teoria objetiva temperada* com relação à punibilidade do crime impossível, uma vez que, ausentes os elementos objetivos da tentativa, não corre risco o bem jurídico, pouco importando o elemento subjetivo do agente.

Entretanto, a *ineficácia do meio* e a *impropriedade do objeto* devem ser *absolutas*, ou seja, o delito, naquelas circunstâncias, *nunca* poderia se consumar. Se a *ineficácia do meio* e a *impropriedade do objeto* forem *relativas*, aí sim poderia o crime se consumar (teoria objetiva temperada), respondendo o agente, nesse caso, pela tentativa.

Merece ser lembrada a Súmula 145 do STF, que diz: "Não há crime quando a preparação do flagrante pela polícia torna impossível a sua consumação".

Não se deve confundir, outrossim, crime impossível com crime putativo. No crime putativo, o agente supõe que está praticando um delito, quando, na verdade, está praticando um indiferente penal, um fato atípico. No crime impossível, o agente tem consciência e vontade de cometer um crime, que é impossível de se consumar por ineficácia absoluta do meio ou por absoluta impropriedade do objeto.

2.2.6 Antijuridicidade e causas excludentes

A antijuridicidade é um dos requisitos do crime, conforme já mencionado, situando-se ao lado do fato típico.

Conceito

A antijuridicidade é a relação de contrariedade entre o fato e o ordenamento jurídico. Não basta, para a ocorrência de um crime, que o fato seja típico (previsto em lei). É necessário também que seja antijurídico, ou seja, contrário à lei penal, que viole bens jurídicos protegidos pelo ordenamento jurídico.

Há quem distinga antijuridicidade de ilicitude. Sustenta-se que o termo antijuridicidade não poderia ser aplicado ao delito que, como criação do Direito, é essencialmente jurídico. Desse modo, quem pratica o delito não contrariaria a lei (que estabelece tipo proibitivo), mas, antes, a ela se amoldaria, ao realizar exatamente a forma de conduta por ela estabelecida.

Não obstante, adotamos o termo *antijuridicidade* como sinônimo de ilicitude.

Pode-se distinguir, outrossim, antijuridicidade formal de antijuridicidade material. Antijuridicidade formal é a relação de contrariedade entre o fato e a norma. Antijuridicidade material é a danosidade social, representada pela lesão ou perigo de lesão a que é exposto o bem jurídico.

Causas de exclusão da antijuridicidade

Já foi mencionado, por ocasião da análise da *teoria do tipo*, que a *tipicidade penal* nada mais é que uma formatação legal das condutas que violam os bens jurídicos que a sociedade visa proteger. A norma penal estabelece um mandamento determinante da não violação do bem jurídico, mandamento este que, ao ser traduzido para a esfera penal, torna-se o chamado *tipo*.

O *tipo penal*, portanto, já traz ínsita uma carga de antijuridicidade, na medida em que sua caracterização como padrão de conduta exigido faz com que a ilicitude da conduta já seja excluída, em grande número de casos, pelo juízo de atipicidade do fato.

Dessa forma, é forçoso concluir que um fato típico já carrega consigo uma aparente antijuridicidade, a qual somente será efetivamente constatada no momento da análise da ocorrência ou não das causas de exclusão da antijuridicidade.

As causas de exclusão da antijuridicidade são de justificação da prática do fato típico, que o tornam jurídico, ou seja, não vedado nem proibido pelo ordenamento jurídico.

É o caso do agente que, para salvaguardar sua vida, mata uma pessoa, agindo em legítima defesa. Em verdade, o agente praticou um fato típico (definido por lei como crime de homicídio — art. 121 do CP), o qual não será considerado crime por ter ele agido em legítima defesa, que é causa excludente da antijuridicidade, prevista expressamente no art. 23, II, do Código Penal.

As causas de exclusão da antijuridicidade estão previstas no art. 23 do Código Penal e são também encontradas na doutrina com os nomes de *causas de exclusão da ilicitude, descriminantes, causas de exclusão do crime, eximentes* ou *tipos permissivos*.

ESTADO DE NECESSIDADE

O estado de necessidade vem previsto no art. 24, *caput*, do Código Penal:

> Art. 24. Considera-se em estado de necessidade quem pratica o fato para salvar de perigo atual, que não provocou por sua vontade, nem podia de outro modo evitar, direito próprio ou alheio, cujo sacrifício, nas circunstâncias, não era razoável exigir-se.

CONCEITO

Estado de necessidade é uma situação de perigo atual de interesses legítimos e protegidos pelo direito, em que o agente, para afastá-la e salvar um bem próprio ou de terceiro, não tem outro meio senão o de lesar o interesse de outrem, igualmente legítimo.

Como exemplos de estado de necessidade poderíamos citar o do agente que, em ocasião de incêndio ou desastre, invade domicílio alheio para salvar as pessoas que lá se encontram em perigo. Também o do náufrago que, de posse de apenas um colete salva-vidas, deixa que outros companheiros se afoguem no mar. Ou ainda o exemplo do agente que, no intuito de socorrer pessoa gravemente enferma, furta um automóvel para transportá-la ao hospital.

NATUREZA JURÍDICA

Trata-se de *causa excludente da antijuridicidade*. Assim, embora o fato seja considerado típico, não há crime em face da ausência de ilicitude.

Requisitos

O estado de necessidade requer, para sua configuração, a concorrência dos seguintes requisitos:

a) *Ameaça a direito próprio ou alheio*: significa que o agente pode agir para evitar lesão a bem jurídico seu (estado de necessidade próprio) ou de terceiro (estado de necessidade de terceiro), não sendo necessário haver nenhum tipo de relação entre eles.

b) *Existência de perigo atual*: *perigo atual* é aquele que está acontecendo. Embora o Código Penal não o mencione expressamente, a doutrina e a jurisprudência vêm admitindo o estado de necessidade também quando ocorra *perigo iminente*, que é aquele que está prestes a ocorrer.

c) *Inexigibilidade de sacrifício do interesse ameaçado*: significa que a lei não exige do agente que sacrifique o seu bem jurídico para preservar o de terceiro. Ao contrário, admite que, para salvaguardar seu direito, o agente sacrifique o interesse também legítimo do terceiro. Deve também ser ponderada a proporcionalidade entre o interesse ameaçado e o interesse sacrificado.

d) *Situação não causada voluntariamente pelo sujeito*: significa que o agente não pode invocar o estado de necessidade quando tenha causado a situação de perigo voluntariamente. A expressão *voluntariamente* utilizada pela lei indica dolo, sendo certo que, no caso de ter agido com culpa, o agente poderá invocar o estado de necessidade.

e) *Inexistência de dever legal de enfrentar o perigo*: significa que o agente não pode invocar o estado de necessidade para a proteção de seu bem jurídico quando tenha o dever legal de enfrentar a situação de perigo. É o caso do bombeiro que se recusa a enfrentar o fogo para salvar vítimas de um incêndio, ou do policial que se recusa a perseguir malfeitores sob o pretexto de que pode ser alvejado por arma de fogo (art. 24, § 1º, do CP).

f) *Conhecimento da situação de fato justificante*: significa que o estado de necessidade requer do agente o conhecimento de que está agindo para salvaguardar um interesse próprio ou de terceiro.

Causa de diminuição da pena

Diz o art. 24, § 2º, do Código Penal:

Art. 24. (...)
§ 2º Embora seja razoável exigir-se o sacrifício do direito ameaçado, a pena poderá ser reduzida de 1 a 2/3.

Assim, embora se reconheça que o sujeito estava obrigado a sacrificar seu direito ameaçado, oportunidade em que, a rigor, não haveria estado de necessidade, respondendo o agente pelo crime que praticou, a pena poderá, a critério do juiz e à vista das peculiaridades do caso concreto, ser reduzida de um a dois terços.

Formas de estado de necessidade

O estado de necessidade pode ser classificado de acordo com os seguintes critérios:

a) *quanto à titularidade do interesse protegido*: dividindo-se em *estado de necessidade próprio* (quando o agente salva direito próprio) e *estado de necessidade de terceiro* (quando o agente salva direito de outrem);

b) *quanto ao aspecto subjetivo do agente*: dividindo-se em *estado de necessidade real* (em que a situação de perigo efetivamente está ocorrendo) e *estado de necessidade putativo* (em que o agente incide em erro — descriminante putativa);

c) *quanto ao terceiro que sofre a ofensa*: dividindo-se em *estado de necessidade agressivo* (caso em que a conduta do agente atinge direito de terceiro inocente) e *estado de necessidade defensivo* (caso em que o agente atinge direito de terceiro que causou ou contribuiu para a situação de perigo). Essa diferenciação reflete-se no âmbito civil indenizatório, admitindo-se, nos arts. 188, II, e 929 do Código Civil, a reparação do dano apenas no estado de necessidade agressivo.

Legítima defesa

A legítima defesa vem prevista no art. 25 do Código Penal, que diz:

Art. 25. Entende-se em legítima defesa quem, usando moderadamente dos meios necessários, repele injusta agressão, atual ou iminente, a direito seu ou de outrem.

Conceito

Legítima defesa é a repulsa a injusta agressão, atual ou iminente, a direito seu ou de outrem, usando moderadamente os meios necessários.

Natureza jurídica

Trata-se de causa excludente da antijuridicidade. Assim, embora seja típico o fato, não há crime em face da ausência de ilicitude.

Requisitos

A legítima defesa requer, para sua configuração, a ocorrência dos seguintes elementos:

a) *Agressão injusta, atual ou iminente*: a agressão pode ser definida como o ato humano que causa lesão ou coloca em perigo um bem jurídico. A *agressão é injusta* quando viola a lei sem justificação. Agressão atual é aquela que está ocorrendo. Agressão iminente é aquela que está prestes a ocorrer.

b) *Direito próprio ou de terceiro*: significa que o agente pode repelir injusta agressão a direito seu (legítima defesa própria) ou de outrem (legítima defesa de terceiro), não sendo necessária qualquer relação entre eles.

c) *Utilização dos meios necessários*: significa que o agente somente se encontra em legítima defesa quando utiliza os meios necessários a repelir a agressão, os quais devem ser entendidos como aqueles que se encontrem à sua disposição. Deve o agente sempre optar, se possível, pela escolha do meio menos lesivo.

d) *Utilização moderada de tais meios*: significa que o agente deve agir sem excesso, ou seja, deve utilizar os meios necessários moderadamente, interrompendo a reação quando cessar a agressão injusta.

e) *Conhecimento da situação de fato justificante*: significa que a legítima defesa requer do agente o conhecimento da situação de agressão injusta e da necessidade de repulsa (*animus defendendi*).

FORMAS DE LEGÍTIMA DEFESA

A legítima defesa pode ser classificada de acordo com os seguintes critérios:

a) *quanto à titularidade do interesse protegido*, dividindo-se em *legítima defesa própria* (quando a agressão injusta se volta contra direito do agente) e *legítima defesa de terceiro* (quando a agressão injusta ocorre contra direito de terceiro);

b) *quanto ao aspecto subjetivo do agente*, dividindo-se em *legítima defesa real* (quando a agressão injusta efetivamente está presente) ou *legítima defesa putativa* (que ocorre por erro — descriminante putativa);

c) *quanto à reação do sujeito agredido*, dividindo-se em *legítima defesa defensiva* (quando o agente se limita a defender-se da injusta agressão, não constituindo sua reação fato típico) e *legítima defesa ofensiva* (quando o agente, além de defender-se da injusta agressão, também ataca o bem jurídico de terceiro, constituindo sua reação fato típico).

LEGÍTIMA DEFESA SUBJETIVA

É aquela em que ocorre o excesso por erro de tipo escusável. O agente, inicialmente em legítima defesa, já tendo repelido a injusta agressão, supõe, por erro, que a ofensa ainda não cessou, excedendo-se nos meios necessários. Exemplo largamente difundido na doutrina é o do agente que, em face de injusta agressão, desfere golpe de faca no agressor, que vem a cair. Pretendendo fugir, o agressor tenta levantar-se; o agente pensa que aquele opressor intenta perpetrar-lhe nova agressão, pelo que, em excesso, desfere-lhe novas facadas, matando-o. Nesse caso, com a queda do agressor em virtude da primeira facada, já havia cessado a agressão injusta. O agente, entretanto, por erro de tipo escusável, supõe que o agressor pretende levantar-se para novamente atacá-lo, razão pela qual, agindo com excesso, mata-o com novas facadas.

Erro de tipo escusável (ou invencível): é aquele que não pode ser evitado pelo cuidado objetivo do agente, ou seja, qualquer pessoa, na situação em que se encontrava o agente, incidiria em erro. Exemplo: caçador que, em selva densa, à noite, avista vulto vindo em sua direção e dispara sua arma em direção ao que supunha ser um animal bravio, matando outro caçador que passava pelo local. Esse erro exclui o dolo e a culpa.

Legítima defesa sucessiva

Ocorre a legítima defesa sucessiva na repulsa contra o excesso. A ação de defesa inicial é legítima até que cesse a agressão injusta, configurando-se o excesso a partir daí. No excesso, o agente atua ilegalmente, ensejando ao agressor inicial, agora vítima da exacerbação, repeli-lo em legítima defesa. É o caso, por exemplo, do agente que, para defender-se de injusta agressão, desfere um soco no agressor, que foge. O agente, mesmo cessada a agressão, persegue o agressor com o intento de matá-lo. O agressor, agora vítima do excesso, pode defender-se legitimamente do agente.

Legítima defesa recíproca

É aquela que ocorre quando não há injusta agressão a ser repelida, uma vez que a conduta inicial do agente é ilícita. É a hipótese de *legítima defesa contra legítima defesa*, que não é admitida em nosso ordenamento jurídico.

Se o agente atua em legítima defesa, é porque há injustiça na agressão. O injusto agressor não pode, em seu favor, alegar legítima defesa se repelir o ataque lícito do agente. Exemplo comum é o do agente que, pretendendo matar injustamente seu oponente, e à vista da lícita reação deste, desfere-lhe tiros sob o pretexto de salvaguardar sua vida.

Legítima defesa funcional

A legítima defesa funcional é modalidade de legítima defesa prevista no parágrafo único do art. 25 do Código Penal, tendo sido introduzida pela Lei n. 13.964/2019.

Assim, atua em legítima defesa funcional o agente de segurança pública que repele agressão ou risco de agressão a vítima mantida refém durante a prática de crimes.

Também nessa modalidade de legítima defesa são necessários os requisitos já explicados acima.

Para os efeitos do dispositivo legal, considera-se agente de segurança pública aquele que se enquadra nas disposições do art. 144 da Constituição Federal (policiais federais, policiais civis, policiais ferroviários federais, policiais militares, policiais penais federais, estaduais e distritais, e guardas municipais), além de integrantes da Força Nacional de Segurança Pública, todos no exercício da função ou em decorrência dela.

A rigor, o dispositivo constante do mencionado parágrafo único se afigura desnecessário, uma vez que o agente de segurança pública que repele agressão ou risco de agressão a vítima mantida refém durante a prática de crimes já está acobertado pela legítima defesa de terceiro. A Lei n. 13.964/2019, entretanto, quis deixar clara a incidência da excludente de ilicitude nas situações mencionadas, espancando, de vez, alguns entendimentos doutrinários e jurisprudenciais equivocados, que sustentavam a impossibilidade de uso de força letal pelos agentes de segurança pública em caso de ocorrências criminais com reféns.

Provocação e legítima defesa

A provocação não deve ser confundida com agressão. Pode ela consistir ou não em uma agressão.

Consistindo em *agressão injusta*, autorizará a legítima defesa. Caso contrário, não haverá legítima defesa, e o agente que eventualmente ceder à provocação responderá criminalmente pelo fato que praticar.

Deve ser lembrado que a legítima defesa *provocada* não constitui causa excludente da antijuridicidade. O agente, voluntariamente e com o intento de agredir bem jurídico de terceiro, coloca-se em situação na qual, aparentemente, atuará em legítima defesa. É o caso do amante que, ciente do horário em que o marido traído costuma chegar em casa, coloca-se na cama com a mulher deste, aguardando uma reação para matá-lo sob o pretexto de legítima defesa. Nesse caso não haverá exculpante, mas, antes, homicídio doloso.

Ofendículas

São chamadas *ofendículas* ou *ofendículos* as barreiras ou obstáculos para a defesa de bens jurídicos. Geralmente constituem aparatos destinados a impedir a agressão a algum bem jurídico, seja pela utilização de animais (cães ferozes, por exemplo), seja pela utilização de aparelhos ou artefatos feitos pelo homem (arame farpado, cacos de vidro sobre o muro, cerca eletrificada, por exemplo).

Constituem as ofendículas hipóteses de *legítima defesa preordenada*, que atuam quando o infrator procura lesionar algum interesse ou bem jurídico protegido.

Há quem entenda, entretanto, que as ofendículas constituem *exercício regular de direito*, já que é autorizada ao agente a proteção de seu bem jurídico mediante a colocação de barreiras e obstáculos a uma eventual ofensa.

A melhor solução, a nosso ver, é considerar as ofendículas como *exercício regular de direito*, no que se refere à sua colocação ou instalação pelo titular do bem jurídico, e *legítima defesa preordenada,* no momento do funcionamento dela, quando se opera a repulsa à injusta agressão perpetrada.

Discute-se na doutrina e na jurisprudência se as ofendículas constituem sempre hipótese de legítima defesa ou se podem constituir crime em determinadas ocasiões, como no caso de um inocente ser por elas atingido.

Devendo elas respeitar os mesmos requisitos do art. 25 do Código Penal, cremos que o mais acertado é analisar cada hipótese concreta, correndo por conta de quem as utiliza os riscos que apresentam.

Questões interessantes sobre legítima defesa

Algumas hipóteses, que se apresentam em casos concretos, merecem análise mais detalhada, à luz das causas excludentes da antijuridicidade.

a) *Admite-se legítima defesa* contra agressão de inimputáveis (bêbados habituais, menores, incapazes mentais etc.), pois basta que a ofensa seja injusta.

b) *Não se admite legítima defesa* contra ataque de animais, pois essa exculpante exige atuação humana. A repulsa a ataque de animais constituirá estado de necessidade.

c) *Admite-se legítima defesa* de todos os direitos da pessoa humana reconhecidos pela ordem jurídica (vida, liberdade, patrimônio, honra, integridade física etc.).

d) *Admite-se legítima defesa* contra agressão injusta por omissão quando o agressor tinha o dever de atuar (exemplo do carcereiro que, à vista do alvará de soltura, deixa de libertar o preso).

e) *Admite-se legítima defesa* contra agressão injusta praticada por agente não culpável. Na ausência de culpabilidade (coação moral irresistível, obediência hierárquica, embriaguez completa proveniente de caso fortuito ou força maior), persiste a ilicitude da conduta, ensejando a repulsa legítima.

f) *Não se admite legítima defesa contra legítima defesa*. A primeira legítima defesa já se volta contra injusta agressão, sendo, portanto, justa a repulsa, não admitindo nova legítima defesa.

g) *Admite-se legítima defesa putativa contra legítima defesa putativa*. Os agentes, no caso, incidem em erro, tendo uma falsa percepção da realidade, fazendo com que ambos suponham a existência de injusta agressão.

h) *Admite-se legítima defesa real contra legítima defesa putativa*. Na legítima defesa putativa, que exclui a culpabilidade do agente ou a tipicidade do fato, a conduta permanece ilícita, ensejando repulsa legítima.

i) *Admite-se legítima defesa real contra legítima defesa subjetiva*. Já foi dito que na legítima defesa subjetiva há excesso por erro de tipo. Esse excesso admite repulsa legítima.

j) *Admite-se legítima defesa putativa contra legítima defesa real*.

k) *Não se admite legítima defesa contra estado de necessidade*. No estado de necessidade, a conduta está amparada e permitida por lei, não sendo injusta. Daí por que não admite *repulsa legítima*. Pode haver, isso sim, estado de necessidade contra estado de necessidade.

l) *Admite-se legítima defesa contra as outras descriminantes putativas* (estado de necessidade putativo, estrito cumprimento de dever legal putativo e exercício regular de direito putativo).

Estrito cumprimento do dever legal

Ocorre o estrito cumprimento do dever legal quando a lei, em determinados casos, impõe ao agente um comportamento. Nessas hipóteses, amparadas pelo art. 23, III, do Código Penal, embora típica a conduta, não é ilícita.

Exemplos de estrito cumprimento de dever legal, largamente difundidos na doutrina, são o do policial que viola domicílio onde está sendo praticado um delito, ou emprega força indispensável no caso de resistência ou tentativa de fuga do preso (art. 284 do CPP), o do soldado que mata o inimigo no campo de batalha, o do oficial de justiça que viola domicílio para cumprir ordem de despejo, dentre outros.

Somente ocorre a excludente quando existe um dever imposto pelo direito, seja em regulamento, decreto ou qualquer ato emanado do Poder Público, desde que tenha caráter geral, seja em lei, penal ou extrapenal.

É de destacar que estão excluídas da proteção legal as obrigações morais, sociais, religiosas etc.

Exercício regular de direito

Essa excludente da antijuridicidade vem amparada pelo art. 23, III, do Código Penal, que emprega a expressão *direito* em sentido amplo. A conduta, nesses casos, embora típica, não será antijurídica, ilícita.

Exemplos de exercício regular de direito largamente difundidos na doutrina são o desforço imediato no esbulho possessório, o direito de retenção por benfeitorias, previsto no Código Civil, a correção dos filhos pelos pais etc.

O agente deve obedecer estritamente, rigorosamente, aos limites do direito exercido, sob pena de abuso.

2.2.7 Culpabilidade

Ao empregar a expressão *é isento de pena*, o Código Penal admite a existência de um crime não punível, pois a culpabilidade liga o agente à punibilidade.

Com relação ao conceito analítico, conforme visto anteriormente, o crime pode ser definido como fato típico, antijurídico e culpável, ou simplesmente fato típico ou antijurídico, na visão de alguns doutrinadores (teoria finalista bipartida). Já houve quem sustentasse, como Mezger, que o crime seria fato típico, antijurídico, culpável e punível, posição hoje inaceitável, já que a punibilidade é a consequência do crime e não seu elemento.

Para a teoria finalista bipartida, a culpabilidade não é requisito do crime, mas, antes, funciona como condição da resposta penal.

Culpabilidade não se confunde com culpa. *Culpa* é elemento subjetivo do crime, encontrando-se situada no fato típico, juntamente com o dolo.

Sobre a evolução do conceito de culpabilidade, ensina André Estefam (op. cit., p. 127) que, "no sistema clássico, a culpabilidade era vista como mero vínculo psicológico entre autor e fato, por meio do dolo e da culpa, que eram suas espécies (teoria psicológica da culpabilidade). No sistema neoclássico, agregou-se a ela a noção de reprovabilidade, resultando no entendimento de que a culpabilidade somente ocorreria se o agente fosse imputável, agisse dolosa ou culposamente e se pudesse dele exigir comportamento diferente (teoria psicológico-normativa ou normativa da culpabilidade). Já se tratava de um grande avanço, mas o aperfeiçoamento definitivo só veio com o sistema finalista, pelo qual ela se compunha de imputabilidade, possibilidade de compreensão da ilicitude da conduta e de exigir do agente comportamento distinto (teoria normativa pura da culpabilidade)".

De fato, a *teoria psicológica* possui fundamento no naturalismo-causalista, baseando-se no positivismo do século XIX, inserida na teoria clássica do delito. Para essa teoria, o dolo e a culpa são as duas únicas espécies de culpabilidade; a imputabilidade seria pressuposto da culpabilidade. A culpabilidade funcionaria como ligação psíquica entre o agente e o fato criminoso. Entretanto, a teoria psicológica não consegue explicar a culpa inconsciente, em que não há relação psíquica entre o agente e o fato. Outra crítica muito comum encontrada na doutrina refere-se ao fato de não ser possível um conceito normativo (culpa) e um conceito psíquico (dolo) serem espécies de um mesmo denominador. Inclusive, assevera-se que a teoria psicológica não consegue definir as causas de exclusão da culpabilidade, em que há dolo e nexo psicológico (emoção, embriaguez etc.).

Já a *teoria psicológico-normativa,* fundada na escola neoclássica e baseada no neokantismo, caracteriza-se por agregar ao conceito de culpabilidade um juízo de reprovação. Dolo e culpa passam a ser elementos da culpabilidade, ao lado da imputabilidade. A exigibilidade de conduta diversa também passa a ser elemento da culpabilidade. O dolo passa a ser um dolo híbrido (psicológico e normativo), em que o *dolus malus* seria igual à vontade (previsão) somada à consciência da ilicitude. A crítica mais comum a essa teoria é a de que, adotando-se o dolo híbrido, se um indivíduo agir com dolo natural (vontade) mas não possuir a consciência da ilicitude, não seria culpável.

Por seu turno, a *teoria normativa pura*, baseada na escola finalista de Hans Welzel, suprimiu todos os elementos subjetivos da culpabilidade. O dolo e a culpa passaram a integrar a tipicidade. Assim, os elementos da culpabilidade passaram a ser:

a) imputabilidade;

b) potencial consciência (conhecimento) da ilicitude;

c) exigibilidade de conduta diversa (conforme o Direito).

Conceito

Culpabilidade é juízo de reprovação social. Para a teoria finalista bipartida, funciona como pressuposto de aplicação da pena. Para a teoria finalista tripartida constitui elemento do crime. Na culpabilidade, existe reprovação pessoal contra o autor devido à realização de um fato contrário ao Direito, embora, nas circunstâncias, tivesse podido atuar de maneira diferente de como o fez.

Elementos da culpabilidade

A culpabilidade é composta dos seguintes elementos:

a) imputabilidade;

b) potencial consciência da ilicitude;

c) exigibilidade de conduta conforme o Direito.

Imputabilidade

Chama-se *imputabilidade* a capacidade do agente de entender o caráter ilícito do fato ou de determinar-se de acordo com esse entendimento. Consequentemente, denomina-se *inimputabilidade* a incapacidade do agente de entender o caráter ilícito do fato ou de determinar-se de acordo com esse entendimento, seja em virtude de doença mental ou desenvolvimento mental incompleto (menoridade penal) ou retardado, seja em virtude de embriaguez completa proveniente de caso fortuito ou força maior.

O nosso Código Penal adotou, para aferir a imputabilidade, o *critério biopsicológico*, segundo o qual, num primeiro momento, verifica-se se o agente, na época do fato, era portador de doença mental ou desenvolvimento mental incompleto ou retardado; num segundo momento, verifica-se se era ele capaz de entender o caráter ilícito do fato; e, num terceiro momento, verifica-se se ele tinha capacidade de determinar-se de acordo com esse entendimento.

Actio libera in causa

A imputabilidade, como juízo de reprovação social e como pressuposto de aplicação da pena, deve existir ao tempo da prática do fato.

Ocorre a *actio libera in causa* (ou "ação livre em sua causa") quando o agente se coloca, propositadamente, em situação de inconsciência para a prática de conduta punível. São casos de conduta livremente desejada, mas cometida no instante em que o sujeito se encontra em estado de inconsciência.

Exemplo largamente difundido na doutrina é o do agente que, para praticar um delito, ingere voluntariamente substância alcoólica, encontrando-se em estado de inimputabilidade (embriaguez) por ocasião da conduta típica.

Nesse caso, o agente responde normalmente pelo delito que praticou, pois se colocou voluntariamente em situação de inconsciência, desejando o resultado ou assumindo o risco de produzi-lo.

Causas excludentes da imputabilidade

Existem quatro causas que excluem a imputabilidade:

a) *Doença mental*

O art. 26, *caput*, do Código Penal tratou da doença mental como um pressuposto biológico da inimputabilidade. Deve ela ser entendida como toda moléstia que cause alteração na saúde mental do agente.

Na presença de doença mental que leve à incapacidade de entendimento do caráter ilícito do fato e à incapacidade de determinação de acordo com esse entendimento, o agente será inimputável e, consequentemente, não terá culpabilidade. O crime persiste (fato típico e antijurídico), faltando ao agente culpabilidade, que é pressuposto de aplicação da pena. A sanção penal aplicável ao agente, portanto, não consistirá em pena, mas, antes, em medida de segurança.

Dispõe o art. 149, *caput*, do Código de Processo Penal que, "quando houver dúvida sobre a integridade mental do acusado, o juiz ordenará, de ofício ou a requerimento do Ministério Público, do defensor, do curador, do ascendente, descendente, irmão ou cônjuge do acusado, seja este submetido a exame médico-legal". Deve ser ressaltado que, a teor do art. 153 do Código de Processo Penal, "o incidente de insanidade mental processar-se-á em auto apartado, que só depois da apresentação do laudo, será apenso ao processo principal".

b) *Desenvolvimento mental incompleto*

Como desenvolvimento mental incompleto deve ser entendido aquele que ocorre nos inimputáveis em razão da idade e também nos silvícolas inadaptados.

Diz o Código Penal no art. 27:

> Art. 27. Os menores de 18 (dezoito) anos são penalmente inimputáveis, ficando sujeitos às normas estabelecidas na legislação especial.

Nesse dispositivo, o Código Penal adotou o *critério biológico* para aferição da imputabilidade do menor. Trata-se, em verdade, de uma presunção absoluta de inimputabilidade do menor de 18 anos, fazendo com que ele, por imposição legal, seja considerado incapaz de entender o caráter ilícito do fato ou de determinar-se de acordo com esse entendimento.

O menor de 18 anos, a rigor, pratica crime (fato típico e antijurídico), faltando-lhe apenas a imputabilidade, ou seja, a culpabilidade, que, para a teoria finalista bipartida, é pressuposto de aplicação da pena. Logo, ao menor não se aplica sanção penal.

Atualmente, o menor de 18 anos que infringe a lei penal está sujeito à legislação própria, ou seja, à Lei n. 8.069, de 13 de julho de 1990 (Estatuto da Criança e do Adolescente). Para o referido Estatuto, a terminologia *menor* está superada, chamando-se *criança* a pessoa até 12 anos de idade incompletos, e *adolescente*, a pessoa entre 12 e 18 anos de idade. *Ato infracional*, para o mesmo diploma, é toda conduta descrita como crime ou contravenção penal.

Outrossim, as sanções aplicáveis à *criança infratora* chamam-se *medidas específicas de proteção* e vêm relacionadas no art. 101 do Estatuto, sem prejuízo de outras que pode a autoridade competente determinar. Ao *adolescente infrator* (adolescente em conflito com a lei) aplica-se, como sanção, a *medida socioeducativa*, cujo rol encontra-se no art. 112 do mesmo Estatuto.

Com relação ao silvícola, conforme adverte Flávio Augusto Monteiro de Barros (*Direito penal:* parte geral, 3. ed., São Paulo: Saraiva, 2003, v. 1, p. 356-366), "nem sempre sofre de desenvolvimento mental incompleto. O critério norteado pelo legislador é a assimilação dos valores da vida civilizada. Assim, podem ocorrer três hipóteses:

a) o silvícola, ao tempo do crime, não tinha possibilidade de conhecer o caráter ilícito do fato ou de determinar-se de acordo com esse entendimento; nesse caso, aplica-se o art. 26, *caput,* do CP;

b) o silvícola, ao tempo do crime, tinha uma reduzida possibilidade de conhecer o caráter ilícito do fato ou de determinar-se de acordo com esse entendimento; nesse caso, aplica-se o parágrafo único do art. 26 do CP;

c) o silvícola, ao tempo do crime, tinha plena possibilidade de conhecer o caráter ilícito do fato e de determinar-se de acordo com esse entendimento; nesse caso, deve ser tratado como imputável, sujeitando-se à pena cabível".

De todo modo, no caso de condenação do índio por infração penal, conforme dispõe o art. 56 da Lei n. 6.001, de 19 de dezembro de 1973 (Estatuto do Índio), a pena deverá ser atenuada e na sua aplicação o juiz atenderá também ao grau de integração do silvícola.

c) *Desenvolvimento mental retardado*

Segundo leciona o psiquiatra forense Guido Arturo Palomba (*Tratado de Psiquiatria Forense Civil e Penal,* São Paulo: Atheneu, 2003, p. 483), "o retardo mental ou desenvolvimento mental retardado caracteriza-se por déficit de inteligência, que pode ocorrer sem qualquer outro transtorno psíquico, embora indivíduos mentalmente retardados possam apresentar certos transtornos psíquicos, de modo associado".

Acentua o referido médico que "o retardado mental é portador de funcionamento intelectual significativamente inferior à média, o que vem a gerar inabilidades sociais, pessoais, psíquicas, culturais, tanto mais graves quanto maior for o grau de retardamento".

O desenvolvimento mental retardado, portanto, é o estado mental característico dos oligofrênicos, que podem ser classificados em *débeis mentais* (grau leve de retardamento mental — correspondente a uma criança entre 7 e 10 anos de idade), *imbecis* (grau moderado de retardamento mental — correspondente a uma criança entre 3 e 7 anos de idade) e *idiotas* (grau grave de retardamento mental — correspondente a uma criança de no máximo 3 anos de idade). A perfeita caracterização de cada uma dessas anomalias é dada pela medicina forense. No curso do processo penal, a perícia é inafastável (arts. 149 e 156 do CPP).

Também nesse caso, se o agente, em razão do desenvolvimento mental retardado, for incapaz de entender o caráter ilícito do fato ou incapaz de determinar-se de acordo com esse entendimento, será considerado inimputável, faltando-lhe a culpabilidade, que é pressuposto de aplicação da pena. Ausente a pena, aplicar-se-á medida de segurança.

d) *Embriaguez completa proveniente de caso fortuito ou força maior*

Diz o art. 28, § 1º, do Código Penal:

Art. 28. (...)
§ 1º É isento de pena o agente que, por embriaguez completa, proveniente de caso fortuito ou força maior, era, ao tempo da ação ou da omissão, inteiramente incapaz de entender o caráter ilícito do fato ou de determinar-se de acordo com esse entendimento.

Embriaguez é a intoxicação aguda e transitória causada pelo álcool ou substância de efeitos análogos. Em virtude da embriaguez, para que haja exclusão da imputabilidade, deve faltar ao agente capacidade de entendimento do caráter ilícito do fato ou capacidade de determinação de acordo com esse entendimento.

A embriaguez pode ser:

a) *completa*, em que há absoluta falta de entendimento por parte do agente, com confusão mental e falta de coordenação motora;

b) *incompleta*, em que resta ao agente ainda alguma capacidade de entendimento, muito embora haja comprometimento relativo da coordenação motora e das funções mentais.

Somente a *embriaguez completa* exclui a imputabilidade.

Tendo em vista o elemento subjetivo do agente em relação à embriaguez, esta pode ser:

a) *voluntária* ou *culposa* (não acidental), quando o agente ingere substância alcoólica ou de efeitos análogos com a intenção de embriagar-se, ou sem a finalidade de embriagar-se, mas com excesso imprudente;

b) *acidental*, quando a ingestão do álcool ou de substância de efeitos análogos não é voluntária nem culposa, podendo ser proveniente de:

— *caso fortuito* (em que o agente desconhece o efeito da substância que ingere ou desconhece alguma condição sua particular de suscetibilidade a ela);

— *força maior* (quando o agente não é responsável pela ingestão da substância alcoólica ou de efeitos análogos, como nos casos de ser forçado a dela fazer uso).

Portanto, no caso de embriaguez acidental *completa* proveniente de caso fortuito ou força maior, o agente é inimputável, faltando-lhe culpabilidade, embora pratique um crime (fato típico e antijurídico). Estará isento de pena e não lhe será aplicada também medida de segurança.

No caso de embriaguez acidental *incompleta* proveniente de caso fortuito ou força maior, deverá ser aplicada a regra estampada no art. 28, § 2º, do Código Penal se o agente não possuía, ao tempo da ação ou da omissão, plena capacidade de entender o caráter ilícito do fato ou de determinar-se de acordo com esse entendimento. Trata-se de capacidade relativa, em virtude de embriaguez incompleta, sendo o agente apenado com pena reduzida.

Semi-imputabilidade

Cuida-se de hipótese de redução de pena prevista no art. 26, parágrafo único, do Código Penal, que diz:

> Art. 26. (...)
> Parágrafo único. A pena pode ser reduzida de um a dois terços, se o agente, em virtude de perturbação de saúde mental ou por desenvolvimento mental incompleto ou retardado não era inteiramente capaz de entender o caráter ilícito do fato ou de determinar-se de acordo com esse entendimento.

Nesse caso, o agente tem parcialmente diminuída sua capacidade de entendimento e de determinação, o que enseja a redução da pena de um a dois terços.

Não há exclusão da imputabilidade, persistindo a culpabilidade do agente e a consequente aplicação de pena, ainda que reduzida. Excepcionalmente, de acordo com o disposto no art. 98 do Código Penal, pode o juiz optar pela imposição ao semi-imputável de medida de segurança, conforme será explicado no capítulo pertinente às medidas de segurança, aplicando-se o chamado sistema vicariante.

Potencial consciência da ilicitude

A potencial consciência da ilicitude é outro elemento da culpabilidade.

Para que exista a culpabilidade, que é pressuposto de aplicação da pena, é necessário que o agente tenha a possibilidade de conhecer a antijuridicidade do fato, ou seja, que potencialmente saiba que o fato é ilícito e que a conduta que está praticando é vedada por lei.

A potencial consciência da ilicitude deve ser tomada sob o aspecto cultural. Deve-se analisar se o conjunto de informações recebidas pelo agente no decorrer de sua vida, de seu desenvolvimento em sociedade, até o momento em que praticou a conduta, lhe conferia condições de entender que o ato praticado era socialmente reprovável.

Inescusabilidade do desconhecimento da lei

O Código Penal, no art. 21, *caput*, primeira parte, diz:

> Art. 21. O desconhecimento da lei é inescusável. (...)

Nesse dispositivo, o legislador consagrou o *princípio da inescusabilidade do desconhecimento da lei* (em latim, *ignorantia legis neminen excusat*), segundo o qual ninguém pode alegar que desconhece a lei.

A *lei*, uma vez em vigor, a todos alcança, devendo ser do *conhecimento da sociedade* que as condutas nela tipificadas são proibidas e constituem infrações penais.

Entretanto, o desconhecimento da lei não se confunde com a falta de consciência da ilicitude do fato. No desconhecimento da lei, o agente ignora completamente que existe punição para o fato praticado, embora possa intuí-lo injusto, em face do ordenamento jurídico. Na falta de consciência da ilicitude, o agente ignora que o fato praticado seja injusto, supondo-o lícito e permitido.

Erro de proibição

O erro de proibição é aquele que recai sobre a ilicitude do fato, excluindo a culpabilidade do agente. O agente supõe que inexiste a regra de proibição.

O erro de proibição não exclui o dolo. Exclui a culpabilidade, quando o erro for escusável; quando inescusável, a culpabilidade fica atenuada, reduzindo-se a pena de um sexto a um terço.

O art. 21, parágrafo único, do Código Penal estabelece:

Art. 21. (...)
Parágrafo único. Considera-se evitável o erro se o agente atua ou se omite sem a consciência da ilicitude do fato, quando lhe era possível, nas circunstâncias, ter ou atingir essa consciência.

Assim, podemos destacar duas espécies de erro de proibição:

a) *erro de proibição escusável*, também chamado de *inevitável*, em que incidiria toda pessoa prudente e dotada de discernimento. Qualquer agente, nas circunstâncias do fato, não teria possibilidade de ter ou alcançar a consciência da ilicitude;

b) *erro de proibição inescusável*, também chamado de *evitável*, em que incide o agente, tendo ou podendo ter, nas circunstâncias, consciência da ilicitude de sua conduta, agindo com leviandade, imprudência etc.

Apenas o erro de proibição escusável afasta a culpabilidade da conduta do agente. Já o erro de proibição inescusável enseja apenas diminuição da pena.

Também no erro de proibição ocorrem as chamadas *descriminantes putativas*, estudadas no capítulo referente ao erro de tipo.

Conforme foi dito, nas descriminantes putativas o agente, por erro (que pode ser de tipo ou de proibição), supõe situação de fato que, se existisse, tornaria legítima a ação.

Assim, à vista do teor dos arts. 20, § 2º, e 21 do Código Penal, três modalidades de erro poderão ser apontadas nas descriminantes putativas:

a) o agente supõe a existência de causa de exclusão da antijuridicidade que não existe. Essa hipótese é de erro de proibição;

b) o agente incide em erro sobre os limites da causa de exclusão da antijuridicidade. Essa hipótese também é de erro de proibição;

c) o agente incide em erro sobre situação de fato que, se existisse, tornaria legítima a ação (estado de necessidade putativo, legítima defesa putativa, estrito cumprimento de dever legal putativo e exercício regular de direito putativo). Esse caso é de erro de tipo, daí por que é denominado *erro de tipo permissivo* ou *descriminante putativa*.

Exigibilidade de conduta conforme o Direito

A exigibilidade de conduta conforme o Direito — também conhecida como exigibilidade de conduta diversa — é o terceiro e último elemento da culpabilidade. Seu fundamento encontra-se na possibilidade de serem punidas somente as condutas que poderiam ter sido evitadas pelo agente. Exige-se do agente que, nas circunstâncias do fato, tenha possibilidade de realizar, em vez do comportamento criminoso, um comportamento de acordo com o ordenamento jurídico.

Não é culpável o agente, portanto, por inexigibilidade de conduta diversa, quando não havia possibilidade de se lhe reclamar conduta diferente da que praticou.

No nosso ordenamento jurídico, existem duas causas de exclusão da culpabilidade por inexigibilidade de conduta diversa:

a) coação moral irresistível;

b) obediência hierárquica.

Nesse sentido, dispõe o art. 22 do Código Penal:

> Art. 22. Se o fato é cometido sob coação irresistível ou em estrita obediência a ordem, não manifestamente ilegal, de superior hierárquico, só é punível o autor da coação ou da ordem.

Coação moral irresistível

A coação apresenta duas espécies básicas:

a) *coação física*, também conhecida pelo termo latino *vis absoluta*, em que há emprego de força física;

b) *coação moral*, também conhecida pelo termo latino *vis compulsiva*, em que há emprego de grave ameaça.

A coação moral, por seu turno, pode ser:

a) *resistível*, quando é possível ao coacto a ela se opor;

b) *irresistível*, quando não é possível ao coacto a ela se opor.

A única coação que exclui a culpabilidade é a *coação moral irresistível*, já que na *coação física*, na verdade, falta ao agente vontade de praticar o crime, inexistindo tipicidade. Na coação moral irresistível, o coacto está isento de pena, respondendo o coator pelo delito.

Se a coação moral for *resistível*, o agente responderá criminalmente pelo fato que praticou, militando em seu favor uma circunstância atenuante genérica prevista no art. 65, III, *c*, primeira figura, do Código Penal ("cometido o crime sob coação a que podia resistir").

Obediência hierárquica

A obediência hierárquica é causa de inexigibilidade de conduta diversa, em que o agente tem sua culpabilidade afastada, não respondendo pelo crime, que é imputável ao superior.

Segundo Damásio E. de Jesus (*Direito penal*, op. cit., p. 437), a obediência hierárquica pressupõe cinco requisitos básicos:

a) que haja relação de direito público entre superior e subordinado;

b) que a ordem não seja manifestamente ilegal;

c) que a ordem preencha os requisitos formais;

d) que a ordem seja dada dentro da competência funcional do superior;

e) que o fato seja cumprido dentro da estrita obediência à ordem do superior.

Caso o subordinado cumpra ordem manifestamente ilegal, responderá pelo delito juntamente com o superior, militando em seu favor apenas uma circunstância atenuante genérica prevista no art. 65, III, *c*, segunda figura, do Código Penal ("em cumprimento de ordem de autoridade superior").

Deve ser ressaltado que o Código Penal Militar (Decreto-lei n. 1.001/69) dá tratamento diferente à obediência hierárquica. Diz o art. 38 do CPM:

> Art. 38. Não é culpado quem comete o crime:
>
> Coação irresistível
>
> a) sob coação irresistível ou que lhe suprima a faculdade de agir segundo a própria vontade;
>
> Obediência hierárquica
>
> b) em estrita obediência a ordem direta de superior hierárquico, em matéria de serviços.
>
> § 1º Responde pelo crime o autor da coação ou da ordem.
>
> § 2º Se a ordem do superior tem por objeto a prática de ato manifestamente criminoso, ou há excesso nos atos ou na forma da execução, é punível também o inferior.

Assim, ao militar subordinado não é dado discutir a legalidade da ordem, pois tem o dever legal de obediência (sob pena de insubordinação — art. 163 do CPM). Deve cumpri-la, mesmo que seja ilegal, respondendo por ela o autor da ordem. Entretanto, o subordinado militar não está obrigado a cumprir ordem manifestamente criminosa. Caso a cumpra, responderá juntamente com o autor da ordem.

2.2.8 Autoria, coautoria e participação

Em regra, a forma mais simples de conduta delituosa consiste na intervenção de uma só pessoa por meio de uma conduta positiva ou negativa.

Entretanto, o crime pode ser praticado por duas ou mais pessoas, todas concorrendo para a consecução do resultado.

Existem basicamente três teorias sobre o concurso de pessoas:

a) Teoria pluralista: segundo a qual existem tantos crimes quantos forem os participantes do fato criminoso, ou seja, a cada participante do crime corresponde uma conduta individual.

b) Teoria dualista: segundo a qual o crime praticado pelo autor difere daquele praticado pelo partícipe. Há um crime único para o autor, ou autores, e um crime único para os partícipes.

c) Teoria unitária: também chamada de *teoria monista* ou *teoria igualitária*, segundo a qual, no concurso, existe um só crime, em que todos os participantes respondem por ele. Essa foi a teoria adotada pelo nosso Código Penal, que, no art. 29, *caput*, diz:

> Art. 29. Quem, de qualquer modo, concorre para o crime incide nas penas a este cominadas, na medida de sua culpabilidade.

Não obstante tenha o Brasil adotado, como regra, a teoria unitária, nosso ordenamento jurídico prevê, em alguns casos, exceções pluralistas a essa teoria. São exemplos: arts. 124 e 126 do CP; arts. 317 e 333 do CP, entre outros. Assim, no aborto provocado por terceiro com o consentimento da gestante, a gestante que consentiu no aborto incide no art. 124 do Código Penal, enquanto o terceiro que provocou o aborto com o consentimento dela incide no art. 126 do mesmo diploma. Mesmo tendo ambos participado do mesmo fato criminoso (aborto), cada qual responde por um crime diferente. No segundo exemplo, tomando a corrupção como um fato criminoso, dela participando um funcionário público e um particular, o particular que oferece ou promete vantagem indevida ao funcionário público incide no crime de corrupção ativa — art. 333 do CP, enquanto o funcionário público que recebe ou aceita promessa da referida vantagem incide no art. 317 do mesmo diploma. São exceções pluralistas à teoria unitária, monista ou igualitária.

Concurso necessário e eventual

Quanto ao número de pessoas, os *crimes* podem ser classificados em:

a) *monossubjetivos*, que podem ser cometidos por um só sujeito;

b) *plurissubjetivos*, que exigem pluralidade de agentes para a sua prática. Exemplo: rixa (art. 137 do CP).

Em face do modo de execução, segundo Damásio E. de Jesus (*Direito penal*, cit., p. 354), os crimes plurissubjetivos podem ser classificados em:

a) de *condutas paralelas*, quando há condutas de auxílio mútuo, tendo os agentes a intenção de produzir o mesmo evento. Exemplo: associação criminosa (art. 288 do CP);

b) de *condutas convergentes*, quando as condutas se manifestam na mesma direção e no mesmo plano, mas tendem a encontrar-se, com o que se constitui a figura típica. Exemplo: bigamia (art. 235 do CP);

c) de *condutas contrapostas*, quando os agentes cometem condutas contra a pessoa, que, por sua vez, comporta-se da mesma maneira e é também sujeito ativo do delito. Exemplo: rixa (art. 137 do CP).

Assim, existem duas espécies de concurso:

a) *concurso necessário*, no caso dos crimes plurissubjetivos;

b) *concurso eventual*, no caso dos crimes monossubjetivos.

Formas de concurso de agentes

As formas de concurso de agentes são:

a) *coautoria*;

b) *participação*.

Requisitos do concurso de agentes

Para que haja concurso de agentes, são necessários os seguintes requisitos:

a) pluralidade de condutas;

b) relevância causal de cada uma;

c) liame subjetivo entre os agentes;

d) identidade de infração para todos os participantes.

Com relação ao liame subjetivo entre os agentes, deve haver homogeneidade de elemento subjetivo. Somente se admite participação dolosa em crime doloso. Assim, não se admite participação dolosa em crime culposo nem participação culposa em crime doloso. Nesses casos, cada qual será responsável por sua conduta, individualmente considerada, a título de dolo ou de culpa.

Autoria

O Código Penal não traçou a diferença entre autor e partícipe, daí por que coube à doutrina essa missão, apresentando-se três vertentes:

a) Teoria restritiva: segundo a qual somente pode ser considerado autor aquele que realiza a conduta descrita no núcleo do tipo penal (verbo). Exemplos: subtrair, matar, constranger, ofender etc. Partícipe é aquele que pratica qualquer outro ato tendente ao resultado. Essa teoria teve em Hans-Heinrich Jescheck, um dos maiores penalistas alemães, nascido em 10 de janeiro de 1915, seu principal expoente, que sustentava a necessidade de complementá-la através de uma *teoria objetiva de participação*, eis que autoria e participação devem ser distinguidas através de critérios objetivos. Surgem, então, dois aspectos distintos da teoria objetiva:

- Teoria objetivo-formal: segundo a qual autor é aquele que pratica o núcleo da conduta prevista pelo tipo penal (verbo) e partícipe é aquele que concorre de qualquer outro modo para o resultado delitivo.

- Teoria objetivo-material: segundo a qual a distinção entre autor e partícipe cinge-se à maior contribuição do autor na prática delitiva, na causação do resultado. Essa teoria, embora procurando suprir as falhas da teoria objetivo-formal, foi abandonada pela doutrina alemã, justamente pela dificuldade em traçar a distinção entre causa e condição do resultado.

b) Teoria extensiva: segundo a qual não há diferença entre autor e partícipe, ou seja, todo aquele que, de qualquer modo, concorrer para o crime, será considerado autor, desconsiderando-se a importância da contribuição causal de cada qual. Em razão de não se poder traçar a diferenciação entre autor e partícipe em critérios puramente objetivos, essa teoria buscou suporte no aspecto subjetivo da participação, surgindo a *teoria subjetiva da participação*:

- Teoria subjetiva da participação: segundo a qual o autor, na prática delitiva, atua com "ânimo de autor" (*animus auctoris*), ou seja, vontade de ser o autor do crime, querendo o fato como próprio, enquanto o partícipe atua com "ânimo de partícipe" (*animus socii*), ou seja, vontade de ser mero partícipe, querendo o fato como alheio.

c) Teoria do domínio do fato (teoria objetivo-subjetiva): segundo a qual autor é aquele que tem domínio final sobre o fato. É aquele que tem o poder de decisão sobre a realização do fato, ou seja, é "o senhor do fato", nas palavras do ilustre penalista alemão Hans Welzel. A teoria do domínio do fato tem sua origem em Hans Welzel, que, em 1939, ao idealizar o finalismo, introduziu a ideia do domínio do fato no concurso de pessoas. Essa teoria é dominante na doutrina, tendo, além do próprio Welzel, entre seus adeptos Roxin e Wessels. O grande mérito da teoria do domínio do fato é conseguir satisfatoriamente a autoria mediata, que ocorre quando o agente (autor mediato) realiza a conduta típica através de outra pessoa (autor imediato), o qual atua sem responsabilidade.

Merece ser destacado que o Código Penal brasileiro adotou a *teoria restritiva da autoria*, atrelada à *teoria objetivo-formal*, distinguindo autor de partícipe. Nada obstante, a teoria do domínio do fato vem angariando a preferência da doutrina e de parcela da jurisprudência pátria, não sendo incomum encontrar seus postulados acolhidos em diversas decisões dos nossos tribunais.

Participação

Considerando que o Código Penal pátrio filiou-se à teoria restritiva da autoria, amparada na *teoria objetivo-formal*, ocorre a participação quando o sujeito concorre de qualquer modo para a prática da conduta típica, não realizando atos executórios do crime. O sujeito, chamado partícipe, realiza atos diversos daqueles praticados pelo autor, não cometendo a conduta descrita pelo preceito primário da norma. Pratica, entretanto, atividade que contribui para a realização do delito.

Buscando equacionar a punição do partícipe, que exerce atividade secundária e acessória no delito praticado pelo autor, existem quatro teorias:

a) Teoria da acessoriedade mínima: segundo a qual basta, para configurar a participação, que a conduta do partícipe aceda a um comportamento principal que constitua fato típico.

b) Teoria da acessoriedade limitada: segundo a qual a conduta principal (do autor) à qual acede a ação do partícipe deve ser típica e antijurídica.

c) Teoria da acessoriedade extrema (ou máxima): segundo a qual o comportamento principal (do autor), ao qual acede a conduta do partícipe, deve ser típico, antijurídico e culpável.

d) Teoria da hiperacessoriedade: segundo a qual o comportamento principal (do autor), ao qual acede a conduta do partícipe, deve ser típico, antijurídico, culpável e punível.

No Brasil, adota-se a *teoria da acessoriedade limitada*. Vale dizer que a responsabilização da participação depende da tipicidade e da antijuridicidade da conduta principal, sendo a culpabilidade individual, de cada concorrente.

Formas de participação

A participação pode ser:

a) *moral*, quando o agente infunde na mente do autor principal o propósito criminoso (*induzimento* ou *determinação*) ou reforça o preexistente (*instigação*);

b) *material*, quando o agente auxilia fisicamente na prática do crime (*auxílio* ou *cumplicidade*).

Autoria mediata

Ocorre a autoria mediata quando o agente executa o crime valendo-se de pessoa que atua sem responsabilidade. O agente utiliza uma pessoa que atua como instrumento para a prática da infração penal.

Exemplo largamente difundido na doutrina é o do dono do armazém que, com o intuito de matar determinadas pessoas de uma família, induz em erro empregada doméstica, vendendo-lhe arsênico em vez de açúcar. Também o caso da enfermeira que aplica veneno no paciente induzida em erro pelo médico que afirmou tratar-se de medicamento.

Nesse caso, não há concurso de agentes entre o autor mediato, responsável pelo crime, e o executor material do fato. Responde pelo crime apenas o autor mediato.

Autoria colateral e autoria incerta

Ocorre a autoria colateral quando mais de um agente realiza a conduta, sem que exista liame subjetivo (acordo de vontades) entre eles. Exemplo: A e B, sem ajuste prévio, colocam-se de tocaia para matar C, disparando suas armas contra ele simultaneamente, matando-o. Nesse caso, cada qual responderá pelo crime praticado individualmente, sem a figura do concurso de pessoas, já que inexistente vínculo subjetivo entre eles.

A autoria incerta, por seu turno, ocorre quando, em face de uma situação de autoria colateral, é impossível determinar quem deu causa ao resultado. Exemplo: A e B, sem ajuste prévio, atiram contra a vítima C, matando-a. Não se conseguindo precisar qual dos disparos foi a causa da morte de C, os agentes A e B responderão por homicídio tentado.

Conivência e participação por omissão

Ocorre a conivência quando o agente, sem ter o dever jurídico de agir, omite-se durante a execução do crime, tendo condições de impedi-lo. Nesse caso, a inexistência do dever jurídico de agir por parte do agente não torna a conivência uma participação por omissão, não sendo ela punida. Assim, não constitui participação punível a mera presença do agente no ato da consumação do crime ou a não denúncia de um fato delituoso de que tem conhecimento a autoridade competente.

Na participação por omissão, o agente tem o dever jurídico de agir para evitar o resultado (art. 13, § 2º, do CP), omitindo-se intencionalmente e pretendendo que ocorra a consumação do crime. Exemplo: empregado que, ao sair do estabelecimento comercial onde trabalha, deixa de trancar a porta, não o fazendo para que terceiro, com quem está previamente ajustado, possa lá ingressar e praticar furto.

Outras modalidades de coautoria e participação

Há outras modalidades de coautoria ou participação que podem ser encontradas na doutrina pátria, embora com menor incidência:

a) *coautoria sucessiva*: ocorre quando o acordo de vontade vier a surgir após o início da execução e antes do exaurimento do crime. A outra pessoa adere à prática criminosa, unindo-se aos demais concorrentes pelo vínculo psicológico;

b) *autoria de escritório*: é tratada como modalidade de autoria mediata e pressupõe uma organização ou máquina de poder, tal como uma organização criminosa;

c) *participação em cadeia*: também chamada de participação de participação. Ocorre quando uma pessoa induz outra a praticar o crime, a qual, por sua vez, induz outra. Ex.: A induz B, que induz C, que induz D;

d) *participação sucessiva*: ocorre quando o autor já foi induzido ou estimulado por partícipe a praticar o crime e, novamente, por outro partícipe é estimulado, induzido ou auxiliado materialmente.

Concurso em crime culposo

Embora possa parecer difícil imaginar uma hipótese concreta, é admitido o concurso de pessoas em crime culposo.

Podemos citar como exemplo, já bastante difundido na doutrina, o do acompanhante que instiga o motorista a empreender velocidade excessiva em seu veículo, atropelando e matando um pedestre. Também o caso dos obreiros que, do alto de um edifício em construção, arremessam uma tábua que cai e mata um transeunte.

Entretanto, nas hipóteses de crime culposo, somente é admitida a coautoria, em que todos os concorrentes, à vista da previsibilidade da ocorrência do resultado, respondem pelo delito, deixando de observar o dever objetivo de cuidado.

Ao não observar o dever de cuidado, os concorrentes realizaram o núcleo da conduta típica culposa, daí por que não há falar em participação em sentido estrito.

Punibilidade no concurso de pessoas

Todos os participantes do crime responderão igualmente, na medida de sua culpabilidade, segundo o disposto no art. 29, *caput*, do Código Penal.

O § 1º do art. 29 se refere à *participação de menor importância*, que deve ser entendida como aquela secundária, dispensável, que, embora tenha contribuído para a realização do núcleo do tipo penal, não foi imprescindível para a prática do crime. Nesse caso, o partícipe terá a pena diminuída de um sexto a um terço.

O § 2º do art. 29 trata da chamada *cooperação dolosamente distinta*, onde um dos concorrentes "quis participar de crime menos grave". Nesse caso, a pena será a do crime que idealizou. Se for previsível ao participante o resultado mais grave, a pena que lhe será aplicada consistirá naquela cominada ao crime menos grave que idealizou, aumentada até a metade.

Circunstâncias incomunicáveis

Diz o art. 30 do Código Penal:

> Art. 30. Não se comunicam as circunstâncias e as condições de caráter pessoal, salvo quando elementares do crime.

Esse dispositivo traça clara distinção entre *circunstâncias* (elementos que se integram à infração penal apenas para aumentar ou diminuir a pena, embora não imprescindíveis, como as atenuantes do art. 65 do CP) e *condições pessoais* (relação do agente com o mundo exterior — pessoas e coisas —, como as relações de parentesco).

A regra é a *incomunicabilidade das circunstâncias e condições de caráter pessoal*. A exceção é a *comunicabilidade das circunstâncias e condições de caráter pessoal elementares do crime*.

Essas *elementares* do crime são quaisquer componentes que integram a figura típica fundamental. Exemplo: no crime de peculato (art. 312 do CP), a elementar é a condição de funcionário público do agente; no crime de infanticídio (art. 123 do CP), a elementar é a qualidade de mãe do agente.

É bom esclarecer, entretanto, que as circunstâncias ou condições de caráter pessoal, para que haja comunicabilidade, devem ser *conhecidas* pelo participante. Assim, por exemplo, o participante de um crime de peculato deve conhecer a condição pessoal de funcionário público do coautor.

Casos de impunibilidade

Dispõe o art. 31 do Código Penal:

Art. 31. O ajuste, a determinação ou instigação e o auxílio, salvo disposição expressa em contrário, não são puníveis, se o crime não chega, pelo menos, a ser tentado.

Em regra, são impuníveis as formas de concurso nominadas quando o crime não chega à fase de execução. Conforme já vimos em capítulo próprio, o *iter criminis* é composto de cogitação, atos preparatórios, atos executórios e consumação. A tentativa ocorre quando o agente inicia atos de execução, não atingindo a consumação por circunstâncias alheias à sua vontade.

Nesses casos, a participação é impunível, salvo nos casos em que o mero ajuste, determinação ou instigação e auxílio, por si só, já sejam puníveis como delitos autônomos. É o caso, por exemplo, do crime de associação criminosa previsto no art. 288 do Código Penal.

2.2.9 Circunstâncias agravantes e atenuantes

Circunstâncias agravantes

As circunstâncias agravantes são espécie de circunstâncias legais genéricas e vêm previstas nos arts. 61 e 62 do Código Penal.

Aplicação obrigatória

O art. 61, *caput*, do Código Penal emprega o advérbio *sempre*, deixando claro que a aplicação das circunstâncias agravantes é obrigatória, ou seja, não pode o juiz deixar de aplicá-las, podendo apenas dosar o acréscimo da pena, conforme as características do caso concreto e do agente.

Existe apenas um caso em que as circunstâncias agravantes não têm aplicação obrigatória: quando a pena-base foi fixada no máximo legal.

Outrossim, para que incidam as circunstâncias do art. 61, II, do Código Penal, é necessário que o agente conheça os fatos ou elementos que as constituem.

Rol taxativo

O rol das agravantes é taxativo e não admite ampliação.

Isso é decorrência direta do princípio da legalidade, porque as circunstâncias fazem parte do crime e não têm relevância se não previstas em lei.

Análise das circunstâncias agravantes

As circunstâncias agravantes elencadas no art. 61 do Código Penal são as seguintes:

I — *reincidência* — será objeto de estudo em separado;

II — ter o agente cometido o crime:

a) *por motivo fútil* — é o motivo insignificante, sem importância; significa a desproporção entre o motivo e a prática do crime (exemplos: bater na mulher porque esta não preparou o jantar; matar alguém que acidentalmente derrubou seu copo de bebida alcoólica); *por motivo torpe* — é o repugnante, abjeto, ignóbil, que contrasta com a moralidade média (exemplos: agredir a mulher porque esta não quer prostituir-se; matar os pais para ficar com a herança);

b) *para facilitar ou assegurar a execução, a ocultação, a impunidade ou vantagem de outro crime* — esse requisito relaciona-se à conexão de crimes, que pode ser teleológica (quando o crime é praticado para assegurar a execução de outro) ou consequencial (quando o crime é praticado em consequência do outro, para assegurar-lhe a ocultação, impunidade ou vantagem);

c) *à traição* — é a deslealdade, a falsidade com que é cometido o fato criminoso (a traição pode ser *material*, quando, por exemplo, o agente atinge a vítima pelas costas, ou *moral*, como no caso de o agente enganar a vítima, atraindo-a a determinado local para praticar o delito); *de emboscada* — é a tocaia, o esconderijo, consistente no fato de o agente esperar dissimuladamente a vítima em local de passagem para o cometimento do crime; *mediante dissimulação* — é a ocultação da vontade ilícita, visando pegar o ofendido desprevenido (exemplo: agente que finge ser amigo da vítima com o intuito de apanhá-la desprevenida na prática do crime); ou *por outro recurso* — deve ser apto a dificultar ou tornar impossível a defesa da vítima (exemplo: surpresa);

d) *com o emprego de veneno, fogo, explosão, tortura ou outro meio insidioso ou cruel* — essas circunstâncias têm relação com os meios pelos quais o delito é cometido. *Meio insidioso* é o dissimulado em sua eficiência maléfica, que se inicia e progride sem que a vítima possa percebê-lo a tempo. *Meio cruel* é o que aumenta o sofrimento do ofendido, ou revela brutalidade acentuada;

e) *contra ascendente, descendente, irmão ou cônjuge* — essas circunstâncias se referem às relações entre o agente e a vítima. Com relação ao cônjuge, a agravante persiste ainda em caso de divórcio, pois ainda não se dissolveu o vínculo conjugal. No caso de divórcio, entretanto, deixa de incidir a agravante. No caso de concubinato, ou outra forma de relação estável, não há a incidência da agravante;

f) *com abuso de autoridade ou prevalecendo-se de relações domésticas, de coabitação ou de hospitalidade, ou com violência contra a mulher na forma da lei específica* — *abuso de autoridade* indica o exercício ilegítimo da autoridade no campo privado, como relação de tutela, curatela etc. *Relações domésticas* indicam as ligações entre membros da família, entre patrões e empregados, amigos da família etc. *Relação de coabitação* indica a ligação de convivência entre pessoas sob o mesmo teto. *Relação de hospitalidade* indica a estada de alguém na casa alheia, sem que seja caso de coabitação, como, por exemplo, convite para refeição, visita etc. A violência contra a mulher vem prevista na Lei n. 11.340/2006, que criou mecanismos para coibir a violência doméstica e familiar contra a mulher;

g) *com abuso de poder ou violação de dever inerente a cargo, ofício, ministério ou profissão* — o agente deve exercer cargo ou ofício público. O termo *ministério* refere-se à natureza religiosa;

h) *contra criança, maior de 60 anos, enfermo ou mulher grávida* — criança é o sujeito passivo que não ultrapassou o período de infância, que se estende até os 7 anos, mais ou menos. Entretanto, o juiz deve observar o critério biológico e não o puramente cronológico, pois nem sempre a simples idade expõe a vítima à condição de inferioridade. Atualmente vem crescendo o entendimento de que deve ser considerada criança a pessoa com até 12 anos incompletos, nos termos do que dispõe o art. 2º da Lei n. 8.069/90 (Estatuto da Criança e do Adolescente). O termo *velho*, constante da redação anterior, foi substituído pela expressão "maior de 60 (sessenta) anos", graças ao bom senso do legislador, pelo art. 110 da Lei n. 10.741, de 1º de outubro de 2003 (Estatuto da Pessoa idosa). A ideia é a de que a idade avançada do ofendido o coloca em situação de inferioridade em face do sujeito ativo do crime. *Enfermidade* é o estado em que o indivíduo, acometido de moléstia física, não exerce determinada função ou a exerce de modo imperfeito ou irregular;

i) *quando o ofendido estava sob a imediata proteção da autoridade* — agrava-se a pena pela situação de inferioridade do agente, que se encontra impossibilitado de reagir ou de impedir o crime;

j) *em ocasião de incêndio, naufrágio, inundação ou qualquer calamidade pública, ou de desgraça particular do ofendido* — agrava-se a pena nesses casos em virtude da ausência de solidariedade humana do criminoso;

k) *em estado de embriaguez preordenada* — a imputabilidade, como juízo de reprovação social e como pressuposto de aplicação da pena, deve existir ao tempo da prática do fato.

Ocorre a *actio libera in causa* (ou ação livre em sua causa) quando o agente se coloca, propositadamente, em situação de inconsciência para a prática de conduta punível. São casos de conduta livremente desejada, mas cometida no instante em que o sujeito se encontra em estado de inconsciência.

Exemplo largamente difundido na doutrina é o do agente que, para praticar um delito, ingere voluntariamente substância alcoólica, encontrando-se em estado de inimputabilidade (embriaguez) por ocasião da conduta típica.

Nesse caso, o agente responde normalmente pelo delito que praticou, pois se colocou voluntariamente em situação de inconsciência, desejando o resultado ou assumindo o risco de produzi-lo.

Circunstâncias atenuantes

As circunstâncias atenuantes são espécie de circunstâncias legais genéricas e vêm previstas nos arts. 65 e 66 do Código Penal.

Aplicação obrigatória

O art. 65, *caput*, do Código Penal emprega o advérbio *sempre*, deixando claro que a *aplicação das circunstâncias atenuantes* é obrigatória, ou seja, não pode o juiz deixar de aplicá-las, podendo apenas dosar o decréscimo da pena, conforme as características do caso concreto e do agente.

Existe apenas um caso em que as circunstâncias atenuantes não têm aplicação obrigatória: quando a pena-base foi fixada no mínimo legal (*Súmula 231 do STJ: A incidência da circunstância atenuante não pode conduzir à redução da pena abaixo do mínimo legal*).

Análise das circunstâncias atenuantes

São circunstâncias que sempre atenuam a pena (art. 65):

a) *Ser o agente menor de 21 anos na data do fato, ou maior de 70 na data da sentença.*

A primeira parte do dispositivo refere-se à data da prática do fato; a segunda refere-se à data da prolação da sentença.

Nesse aspecto, não houve modificação na primeira parte desse dispositivo em virtude da cessação da menoridade civil aos 18 anos, segundo o contido no art. 5º do atual Código Civil (Lei n. 10.406, de 10-1-2002), uma vez que a lei penal estabeleceu uma presunção absoluta fundada apenas na idade cronológica do agente (STF, *RT*, 556/400).

b) *O desconhecimento da lei.*

O desconhecimento da lei não se confunde com a falta de consciência da ilicitude do fato. No desconhecimento da lei, o agente ignora completamente que existe punição para o fato praticado, embora possa intuí-lo injusto, em face do ordenamento jurídico. Na falta de consciência da ilicitude, o agente ignora que o fato praticado seja injusto, supondo-o lícito e permitido.

A simples alegação de desconhecimento da lei não isenta o agente de pena, funcionando, entretanto, como circunstância atenuante.

c) *Ter o agente cometido o crime por motivo de relevante valor social ou moral.*

O *valor social* diz respeito ao interesse coletivo e a outros bens juridicamente relevantes. Exemplo: ofender a integridade corporal de um traidor da pátria.

O *valor moral* diz respeito ao interesse subjetivo, particular do agente. Exemplo: o agente ofende a integridade corporal do estuprador de sua filha.

d) *Ter o agente procurado, por sua espontânea vontade e com eficiência, logo após o crime, evitar-lhe ou minorar-lhe as consequências, ou ter, antes do julgamento, reparado o dano.*

São casos de arrependimento do agente que ocorrem após a consumação do crime.

e) *Ter o agente cometido o crime sob coação a que podia resistir, ou em cumprimento de ordem de autoridade superior, ou sob a influência de violenta emoção, provocada por ato injusto da vítima.*

As hipóteses de coação moral resistível e cumprimento de ordem de autoridade superior inserem-se no tema das causas excludentes da culpabilidade.

A coação apresenta duas espécies básicas:

a) coação física, também conhecida pelo termo latino *vis absoluta*, em que há emprego de força física;

b) coação moral, também conhecida pelo termo latino *vis compulsiva*, em que há emprego de grave ameaça.

A coação moral, por seu turno, pode ser:

a) resistível, quando é possível ao coacto a ela se opor;

b) irresistível, quando não é possível ao coacto a ela se opor.

A única coação que exclui a culpabilidade é a *coação moral irresistível*, já que na *coação física*, na verdade, falta ao agente vontade de praticar o crime, inexistindo tipicidade. Na coação moral irresistível, o coacto está isento de pena, respondendo o coator pelo delito.

Se a coação moral for *resistível*, o agente responderá criminalmente pelo fato que praticou, militando em seu favor a circunstância atenuante genérica ora analisada.

Na hipótese de violenta emoção provocada por ato injusto da vítima, é imprescindível que se comprove ter o agente sofrido perturbação do equilíbrio psíquico.

f) *Ter o agente confessado espontaneamente, perante a autoridade, a autoria do crime.*

A confissão deve ser espontânea e completa, feita em qualquer momento do inquérito policial ou da ação penal, desde que não tenha ocorrido o julgamento.

g) *Ter o agente cometido o crime sob a influência de multidão em tumulto, se não o provocou.*

Desde que o agente não tenha dado início ao tumulto, beneficia-se da atenuante em razão da modificação de comportamento que ocorre normalmente em pessoas que participam de balbúrdia.

Circunstâncias inominadas

Vêm previstas no art. 66 do Código Penal.

Essas circunstâncias não estão restritas à especificação legal, servindo de elemento orientador para a flexível aplicação da pena. Exemplos: roubo a banco para dar o dinheiro aos pobres; agressão a pichador de monumentos públicos etc.

2.2.10 Reincidência

A reincidência é uma circunstância legal genérica agravante, prevista nos arts. 63 e 64 do Código Penal.

Conceito

Reincidência é a repetição da prática de um crime pelo sujeito, gerando, nos termos da lei penal, a exacerbação da pena, e tendo como fundamento a insuficiência da sanção anterior para intimidá-lo ou recuperá-lo.

Formas

A reincidência apresenta duas formas:

a) *reincidência real*, que ocorre quando o sujeito pratica a nova infração após cumprir, total ou parcialmente, a pena imposta em face do crime anterior;

b) *reincidência ficta*, que ocorre quando o sujeito comete novo crime após haver transitado em julgado sentença que o tenha condenado por delito anterior.

O Código Penal adotou, no art. 63, a *reincidência ficta*.

Pressuposto da reincidência

Para ocorrer a reincidência é necessário que haja uma sentença condenatória transitada em julgado pela prática de crime. Somente quando novo crime é praticado após a sentença condenatória de que não cabe mais recurso é que há reincidência.

Pelo Código Penal, no art. 63, a condenação irrecorrível anterior deve ter fundamento na prática de um crime e não de contravenção, embora exista exceção no art. 7º da Lei das Contravenções Penais.

Assim, temos as seguintes hipóteses:

a) se o agente é condenado irrecorrivelmente pela prática de um crime e vem a praticar outro crime: é reincidente;

b) se o agente é condenado irrecorrivelmente pela prática de um crime e vem a cometer uma contravenção: é reincidente;

c) se o agente é condenado irrecorrivelmente pela prática de uma contravenção e vem a cometer outra contravenção: é reincidente;

d) se o agente é condenado irrecorrivelmente pela prática de uma contravenção e vem a cometer um crime: *não* é reincidente.

Réu primário e réu reincidente

Réu primário é não somente o que foi condenado pela primeira vez, mas também o que foi condenado várias vezes, sem ser reincidente (réu tecnicamente primário).

Réu reincidente é aquele que pratica novo crime depois de transitar em julgado a sentença que o tenha condenado por crime anterior. Com relação às contravenções penais, vale conferir o disposto no art. 7º do Decreto-Lei n. 3.688/41 — Lei das Contravenções Penais.

Efeitos da reincidência

Da análise dos diversos dispositivos relativos à reincidência no Código Penal podem ser mencionados, entre outros, os seguintes efeitos da reincidência:

a) impõe ao agente o regime fechado para início de cumprimento da pena de reclusão (art. 33, § 2º, *b* e *c*, do CP);

b) impõe ao agente o regime semiaberto para início de cumprimento da pena de detenção (art. 33, § 2º, *c*, do CP);

c) funciona como circunstância agravante da pena privativa de liberdade (art. 61, I, do Código Penal);

d) funciona como circunstância predominante no concurso de circunstâncias agravantes e atenuantes (art. 67 do CP);

e) a reincidência em crime doloso impede a substituição da pena privativa de liberdade pela restritiva de direitos (art. 44, II, do CP);

f) a reincidência em crime doloso impede a substituição da pena privativa de liberdade pela de multa (art. 60, § 2º, do CP);

g) a reincidência em crime doloso impede a concessão de *sursis* (art. 77, I, do CP);

h) a reincidência em crime doloso revoga obrigatoriamente o *sursis* (art. 81, I, do CP);

i) a reincidência em crime culposo ou contravenção penal revoga facultativamente o *sursis* (art. 81, § 1º, do CP);

j) a reincidência em crime doloso aumenta o prazo de cumprimento de pena para obtenção do livramento condicional (art. 83, II, do CP);

k) a reincidência específica em crime hediondo, prática de tortura, tráfico ilícito de entorpecentes e drogas afins e terrorismo impede a concessão de livramento condicional (art. 83, V, do CP);

l) revoga obrigatoriamente o livramento condicional em caso de condenação a pena privativa de liberdade (art. 86 do CP);

m) revoga facultativamente o livramento condicional em caso de condenação por crime ou contravenção a pena que não seja privativa de liberdade (art. 87 do CP);

n) revoga a reabilitação quando o agente for condenado a pena que não seja de multa (art. 95 do CP);

o) aumenta o prazo da prescrição da pretensão executória (art. 110, *caput*, do CP);

p) interrompe o curso da prescrição da pretensão executória (art. 117, VI, do CP).

Crimes que não geram reincidência

Segundo o disposto no art. 64, II, do Código Penal, não são considerados para efeito de reincidência:

a) os *crimes militares próprios* (art. 9º do CPM);

b) os *crimes políticos* (crimes de motivação política e crimes que ofendem a estrutura política do Estado e os direitos políticos individuais).

Eficácia temporal da condenação anterior

Nos termos do disposto no art. 64, I, do Código Penal, não prevalece para efeito de reincidência a condenação anterior se, entre a data do cumprimento ou extinção da pena e a infração posterior, tiver decorrido período de tempo superior a 5 anos (período depurador).

A Parte Geral do Código Penal adotou o *sistema da temporariedade* em relação à caracterização da reincidência.

Assim, se o agente vier a cometer novo crime depois de 5 anos da extinção da primeira pena, a anterior sentença condenatória não terá força de gerar a agravação da pena, uma vez que o réu não será considerado reincidente.

2.2.11 Majorantes e minorantes

As expressões "majorantes" e "minorantes", de restrita utilização no direito penal moderno, referem-se, na verdade, às causas de aumento e diminuição de pena, que existem tanto na Parte Geral quanto na Parte Especial do CP. As causas de aumento e diminuição de pena não se confundem com as circunstâncias agravantes e atenuantes. Nas agravantes e atenuantes, previstas unicamente na Parte Geral do CP, a lei não estabelece uma quantia predeterminada para o aumento ou a diminuição da pena, que fica a cargo do juiz, não podendo ir além do máximo em abstrato cominado ao delito nem ficar aquém do mínimo. Já nas causas de aumento ou diminuição de pena ("majorantes" e "minorantes"), o *quantum* já vem previsto em lei, podendo ensejar a fixação da pena acima ou abaixo dos limites estabelecidos em abstrato pela sanção penal (ex.: art. 14, parágrafo único; art. 26; art. 28, § 2º; art. 121, §§ 1º e 4º; art. 132, parágrafo único; art. 155, § 1º, todos do CP).

3
DOS CRIMES CONTRA A LIBERDADE PESSOAL

3.1 CONSTRANGIMENTO ILEGAL

Constrangimento ilegal, crime previsto no art. 146 do Código Penal, pode ser definido como o fato de obrigar alguém, mediante violência ou grave ameaça, ou depois de lhe haver reduzido, por qualquer outro motivo, a capacidade de resistência, a não fazer o que a lei permite ou a fazer o que ela não manda.

Tutela o dispositivo penal a liberdade individual da pessoa.

Sujeito ativo pode ser qualquer pessoa.

Sujeito passivo pode ser qualquer pessoa que possua liberdade de vontade, capacidade de autodeterminação.

A conduta vem expressa pelo verbo *constranger*, que significa obrigar, compelir, forçar.

O constrangimento deve ser exercido mediante *violência* (lesões corporais) ou *grave ameaça* (promessa de mal injusto e grave) contra a vítima.

Trata-se de *crime subsidiário*, uma vez que somente se consuma se não houver a tipificação de nenhum outro delito mais grave.

Assim: "O crime do art. 146 do CP é tipicamente subsidiário. A sanção penal é, nele, meio repressivo suplementar, predisposto para o caso em que determinado fato, compreendido no conceito de constrangimento ilegal, não seja especificamente previsto como elemento integrante de outro crime (roubo, extorsão, estupro etc.)" (TJSP, *RT*, 546/344).

O crime de constrangimento ilegal não se confunde com o crime de ameaça. "Diferentemente da ameaça, na qual o medo é o próprio objetivo do agente, no constrangimento ilegal o medo é o meio através do qual se alcança o fim almejado, subjugando-se a vontade da vítima e obrigando-a a fazer aquilo a que foi constrangida" (TAMG, *RT*, 616/360).

É necessário, ainda, para haver constrangimento ilegal, que a pretensão do sujeito ativo seja ilegítima, não podendo exigir da vítima o comportamento pretendido.

O crime somente é punido a título de dolo.

A consumação ocorre no momento em que a vítima faz ou deixa de fazer alguma coisa.

Admite-se a *tentativa de constrangimento ilegal* quando a vítima não realiza o comportamento pretendido pelo sujeito por circunstâncias alheias à sua vontade.

A ação penal é pública incondicionada.

Causas de aumento de pena

O § 1º do art. 146 do Código Penal prevê duas hipóteses de aumento de pena para o constrangimento ilegal, impondo aplicação cumulativa e em dobro da pena quando, para a execução do crime, se reúnem mais de três pessoas, ou há emprego de arma.

No primeiro caso, são necessárias, no mínimo, quatro pessoas, não se exigindo prévio acordo entre elas.

No segundo caso, qualquer arma pode ser utilizada, própria (arma de fogo, faca etc.) ou imprópria (pedaço de pau, pedra, caco de vidro, pé de cabra etc.).

Concurso material

O § 2º do art. 146 do Código Penal determina que, no caso de constrangimento ilegal com violência (lesões corporais), o agente responderá criminalmente pelos dois delitos, em concurso material.

Causas especiais de exclusão do crime

No § 3º do art. 146 do Código Penal estão insertas duas *causas especiais de exclusão da ilicitude* ou *antijuridicidade*, embora alguns doutrinadores entendam tratar-se de causas de *exclusão da tipicidade*.

No inciso I, na intervenção médica ou cirúrgica, sem o consentimento do paciente ou de seu representante legal, se justificada por iminente perigo de vida, existe conflito entre dois bens jurídicos — vida e liberdade —, preferindo a lei a salvaguarda do primeiro em detrimento do segundo (*estado de necessidade de terceiro*).

No inciso II, na coação exercida para impedir suicídio, também existe conflito entre os dois bens jurídicos acima nominados, havendo *estado de necessidade de terceiro*.

3.2 AMEAÇA

A *ameaça*, tipificada no art. 147 do Código Penal, pode ser definida como o fato de o sujeito, por palavra, escrito ou gesto, ou qualquer outro meio simbólico, prometer a outro a prática de mal contra ele ou contra terceiro. É o prenúncio do mal.

Protege-se com a incriminação o *sossego da pessoa*, a *paz de espírito*.

Sujeito ativo pode ser qualquer pessoa.

Sujeito passivo pode ser qualquer pessoa que tenha capacidade de entendimento.

A conduta se traduz pelo verbo *ameaçar*, que significa *prenunciar o mal*, com o emprego de meio escrito, oral, gesto ou qualquer outro símbolo.

Trata-se de crime doloso.

Consuma-se o delito no momento em que o sujeito passivo toma conhecimento do mal.

Admite-se a *tentativa de ameaça* teoricamente, sendo de difícil configuração na prática. Devem ser ressaltadas algumas hipóteses, como, por exemplo, a ameaça por meio de carta que se extravia e vai parar nas mãos de outra pessoa.

É crime punido apenas a título de dolo.

Encontram-se discussões na doutrina e na jurisprudência acerca da configuração do crime de ameaça quando o agente se acha acometido de *ira, nervosismo, raiva ou no calor de discussão com a vítima*, ou ainda se o agente estiver embriagado.

A esse propósito: "Reiterada jurisprudência, inclusive a do colendo STF, é no sentido de só admitir a ameaça quando provenha de ânimo calmo e refletido. Não se configura a ameaça quando proferida a manifestação sob estado de ira por fato atribuível à incúria da vítima, qual seja, a de deixar um cão agressivo solto na rua. A ameaça que se faz em ato, isto é, para ser executado no curso do entrevero ou da contenda que se esteja desenvolvendo, não constitui crime de ameaça" (TACrim, *JTACrim*, 87/415).

"A ameaça requer, para sua configuração como delito, a intenção calma, especial, refletida de prenunciar um mal a alguém, elemento subjetivo incompatível com o ânimo de quem comete a conduta sob a influência de manifestação de ira" (TACrim, *RT*, 603/364).

Ou ainda: "A assertiva de que o crime de ameaça é incompatível com a ira e o dolo de ímpeto deve ser recebida com prudência, pois colide com o sistema legal vigente, que não reconhece à emoção e à paixão a virtude de excluírem a responsabilidade penal" (TACrim, *RT*, 607/313).

No que se refere à *embriaguez* do agente: "A conduta do agente que, embriagado, nervoso e irado, profere ameaça contra a vítima, não caracteriza o delito previsto pelo art. 147 do CP, uma vez que, para tanto, exige-se ânimo calmo e refletido do indivíduo ao praticar o ilícito, e, que a agressão seja séria, apta a intimidar a vítima" (TACrim, *RJD*, 15/36).

Em sentido contrário: "A embriaguez, voluntária ou culposa, não exclui a responsabilidade penal pelo delito de ameaça. Desde que esta seja capaz de causar um mal injusto e grave para a vítima, caracteriza-se a infração" (TAMG, *RT*, 451/457).

A ação penal é pública condicionada a representação da vítima.

3.3 PERSEGUIÇÃO

O crime de perseguição vem previsto no art. 147-A do Código Penal, tendo sido acrescentado pela Lei n. 14.132/2021. O crime tem como objetividade jurídica a tutela da liberdade individual, assim como a proteção à integridade física ou psicológica da pessoa.

O crime de perseguição, embora recente no Brasil, já era incorporado e tipificado por diversas legislações estrangeiras, sendo conhecido pelo nome de *stalking*, termo derivado do verbo inglês *to stalk*, que significa perseguir, vigiar.

Sujeito ativo pode ser qualquer pessoa. Muito embora a maioria dos casos envolva um homem como sujeito ativo, nada impede que uma mulher seja a perseguidora. Inclusive, é perfeitamente possível a coautoria ou a participação de terceiros, que serão responsabilizados penalmente pelo mesmo crime (art. 29 do CP). O § 1º, III, prevê a prática da perseguição mediante o concurso de 2 (duas) ou mais pessoas, configurando causa de aumento de pena de metade. Nesse caso, estamos diante da chamada *gangstalking*, ou perseguição organizada, que envolve mais de um perseguidor contra um indivíduo apenas.

Sujeito passivo também pode ser qualquer pessoa. Caso o sujeito passivo seja criança, adolescente ou pessoa idosa, estará presente a causa de aumento de pena de metade prevista no § 1º, I. O mesmo ocorre se a perseguição for praticada contra mulher por razões da condição de sexo feminino. Considera-se que há razões de condição de sexo feminino, nos termos do § 2º-A do art. 121, quando o crime envolve violência doméstica e familiar ou menosprezo ou discriminação à condição de mulher.

A conduta típica vem expressa pelo verbo *perseguir*, que significa seguir, ir ao encalço. Evidentemente que a conotação dada ao núcleo do tipo, caracterizado pelo verbo *perseguir*, não se restringe à perseguição física, significando também vigiar, incomodar, importunar, atormentar, acossar etc. Pode ocorrer por meio físico ou virtual (pela *internet*, redes sociais etc.), presencialmente ou não, por telefone, por carta etc.

Para a configuração do crime, é necessário que a conduta seja praticada *reiteradamente*, ou seja, por diversas vezes, repetidas vezes, continuamente. Trata-se, portanto, de *crime habitual*, que requer a habitualidade, a reiteração para sua tipificação. Vale ressaltar que a prática da conduta uma só vez não caracteriza o crime em comento. Anteriormente à vigência da Lei n. 14.132/2021, a prática de um único ato de perseguição poderia ser tipificada como a contravenção penal prevista no art. 65 do Decreto-lei n. 3.688/1941 — Lei das Contravenções Penais. Entretanto, tendo o referido art. 65 sido revogado expressamente pela Lei n. 14.132/2021, ocorreu verdadeira *abolitio criminis*, sendo atípica a conduta de perseguir a vítima apenas uma única vez.

Entretanto, com relação à perseguição reiterada, ante a revogação expressa do art. 65 da Lei das Contravenções Penais, houve continuidade normativo-típica, permanecendo a conduta típica, prevista no art. 147-A do Código Penal. Evidentemente que o art. 147-A, por constituir norma penal mais severa, somente pode ser aplicado aos fatos cometidos após a vigência da Lei n. 14.132/2021.

Outrossim, para a caracterização do crime, a perseguição deve se manifestar de três formas:

a) Mediante ameaça à integridade física ou psicológica da vítima: nesse caso, a ameaça se traduz no prenúncio de mal injusto e grave, envolvendo a integridade física ou a integridade psicológica da vítima, causando-lhe ansiedade, temor ou degradação de seu estado emocional. Embora a perseguição não se restrinja aos casos de violência doméstica e familiar contra a mulher, o art. 7º, II, da Lei n. 11.340/2006 — Lei Maria da Penha, bem retrata o que se entende por violência psicológica, entendida como qualquer conduta que cause dano emocional e diminuição da autoestima ou que prejudique e perturbe o pleno desenvolvimento ou que vise degradar ou controlar as ações, comportamentos, crenças e decisões, mediante ameaça, constrangimento, humilhação, manipulação, isolamento, vigilância constante, perseguição contumaz, insulto, chantagem, violação de intimidade, ridicularização, exploração e limitação do direito de ir e vir ou qualquer outro meio que cause prejuízo à saúde psicológica e à autodeterminação.

b) Restrição à capacidade de locomoção: nesse caso, a restrição não é apenas o cerceamento físico à capacidade de locomoção (como ocorre no sequestro ou cárcere privado), mas também a restrição à locomoção da vítima em razão de temor, de medo, que faz com que ela, por exemplo, não saia de casa por receio de sofrer a importunação, ou não frequente locais públicos por medo de ser perseguida, observada ou molestada pelo sujeito ativo.

c) Invasão ou perturbação da esfera de liberdade ou privacidade, de qualquer forma: nessa modalidade de crime, a forma de prática da conduta é livre, já que o tipo penal emprega a expressão *de qualquer forma*. Ou seja, a invasão ou perturbação da liberdade (de ir e vir, de expressão etc.) ou da privacidade da vítima pode ocorrer de qualquer modo que lhe cause constrangimento, incômodo, detrimento, dano moral ou material, tolhendo-lhe o direito de desempenhar costumeiramente suas atividades normais.

Merece destaque a ocorrência de tipificação do crime analisado por meio do chamado *cyberstalking*, praticado no âmbito virtual, que pode se dar pela *internet*, por *e-mails*, pelas redes sociais ou por qualquer outra forma.

Trata-se de crime doloso, não sendo admitida a modalidade culposa. O tipo penal também não exige nenhum elemento subjetivo específico, ou seja, nenhuma motivação especial por parte do agente.

A consumação ocorre com a prática reiterada da perseguição, caracterizando crime habitual. No caso de ameaça à integridade física ou psicológica da vítima, a consumação se dá independentemente de qualquer resultado naturalístico, caracterizando crime formal. Já na restrição à capacidade de locomoção e na invasão ou perturbação da esfera de liberdade ou privacidade da vítima, há necessidade de resultado naturalístico para a consumação, tratando-se de crime material.

Não se admite a tentativa, já que se trata de crime habitual.

A ação penal é pública condicionada a representação, nos termos do § 3º. Portanto, a vítima terá o prazo de 6 (seis) meses, contado da data do conhecimento da autoria do fato, para oferecer a representação (condição de procedibilidade) contra o sujeito ativo.

Por se tratar de infração penal de menor potencial ofensivo, é cabível a transação (art. 76 da Lei n. 9.099/95) e a suspensão condicional do processo (art. 89 da Lei n. 9.099/95), exceção feita aos casos que envolvam violência doméstica e familiar contra a mulher (art. 41 da Lei n. 11.340/2006). Ocorrendo qualquer das hipóteses dos §§ 1º e 2º, não será possível a transação, uma vez que o máximo da pena privativa de liberdade cominada ultrapassará o limite de 2 (dois) anos.

Não sendo cabível a transação, não tendo o crime sido praticado com violência ou grave ameaça e não tendo o crime sido praticado no âmbito de violência doméstica ou familiar ou praticado contra a mulher por razões da condição de sexo feminino, o Ministério Público poderá propor ao investigado o acordo de não persecução penal, nos termos do art. 28-A do Código de Processo Penal.

3.3.1 Causa de aumento de pena

O § 1º do art. 147-A prevê causa de aumento de pena de metade quando o crime for praticado contra criança (pessoa até doze anos de idade incompletos), adolescente (pessoa com idade entre doze e dezoito anos), pessoa idosa (pessoa com idade igual ou superior a sessenta anos), mulher por razões da condição de sexo feminino (§ 2º-A do art. 121 do CP), ou ainda mediante concurso de 2 (duas) ou mais pessoas ou com o emprego de arma. Nesse último caso, a arma poderá ser branca (faca, canivete, estilete etc.) ou de fogo (revólver, pistola, espingarda etc.).

3.3.2 Cúmulo material

O § 2º do art. 147-A estabelece que as penas do crime de perseguição são aplicáveis sem prejuízo das correspondentes à violência. Portanto, havendo emprego de violência na prática delitiva (lesões corporais etc.), as penas deverão ser aplicadas cumulativamente, ou seja, deverá a pena do crime de perseguição ser somada à pena do tipo penal em que for tipificada a violência.

3.4 VIOLÊNCIA PSICOLÓGICA CONTRA A MULHER

A violência psicológica vem prevista no art. 7º, II, da Lei n. 11.340/06 – Lei Maria da Penha – sendo considerada uma das formas de violência doméstica e familiar contra a mulher, ao lado da violência física, da violência sexual, da violência patrimonial e da violência moral.

A Lei Maria da Penha considera a violência psicológica contra a mulher como qualquer conduta que lhe cause dano emocional e diminuição da autoestima ou que lhe prejudique e perturbe o pleno desenvolvimento ou que vise degradar ou controlar suas ações, comportamentos, crenças e decisões, mediante ameaça, constrangimento, humilhação, manipulação, isolamento, vigilância constante, perseguição contumaz, insulto, chantagem, violação de sua intimidade, ridicularização, exploração e limitação do direito de ir e vir ou qualquer outro meio que lhe cause prejuízo à saúde psicológica e à autodeterminação.

Entretanto, a Lei n. 14.188/21, definindo o programa de cooperação Sinal Vermelho contra a Violência Doméstica como uma das medidas de enfrentamento da violência doméstica e familiar contra a mulher previstas na Lei Maria da Penha e no Código Penal, em todo o território nacional, erigiu a violência psicológica à categoria de crime, em autêntica "novatio legis" incriminadora, acrescentando o art. 147-B ao Código Penal, no capítulo dos crimes contra a liberdade individual.

A objetividade jurídica do crime consiste na proteção à saúde psicológica e à autodeterminação da mulher.

Sujeito ativo do crime pode ser qualquer pessoa e não necessariamente apenas o homem.

Sujeito passivo, entretanto, somente pode ser a mulher, aí sendo incluída a mulher transgênero, independentemente de ter se submetido a cirurgia de redesignação sexual ou de ter alterado o nome e/ou sexo nos assentos do Registro Civil, sendo suficiente que se trate de pessoa com identidade de gênero feminina. Essa, aliás, tem sido a orientação que vem se pacificando nos tribunais brasileiros, apesar de entendimentos em sentido contrário.

Interessante notar que a redação do tipo penal é bem peculiar, uma vez que se inicia pelo resultado para, em seguida, estabelecer as formas de conduta. O resultado do crime é o "dano emocional à mulher", dano esse apto a prejudicar e perturbar seu pleno desenvolvimento ou que vise a degradar ou a controlar suas ações, comportamentos, crenças e decisões.

Portanto, o crime se consuma com a provocação do dano emocional à mulher, tratando-se de crime material.

Esse dano emocional à mulher deve ser causado pelas condutas consistentes em ameaçar, constranger, humilhar, manipular, isolar, chantagear, ridicularizar, limitar o direito de ir e vir ou qualquer outro meio que cause prejuízo à sua saúde psicológica e autodeterminação. Ao se referir a "qualquer outro meio", deixou claro o legislador seu intuito de não limitar o modo de execução do crime, sendo admitida qualquer outra conduta que cause prejuízo à saúde psicológica e à autodeterminação da mulher.

Ressalvados os posicionamentos em sentido contrário, cremos que não se trata de crime habitual, a despeito de algumas modalidades de conduta poderem ser caracterizadas pela prática reiterada de atos. Não se exige, portanto, a habitualidade, consistente na reiteração de atos ou condutas criminosas, uma vez que a consumação pode ocorrer com uma só conduta apta a provocar o dano emocional. É verdade, também, que algumas modalidades de conduta podem caracterizar crime permanente, como no caso de isolamento e limitação do direito de ir e vir. De todo modo, é mais prudente que se analise cada caso concreto, até porque não houve limitação ao modo de execução do crime.

A tentativa, em tese, é admitida, embora seja muito difícil sua configuração prática.

Vale ressaltar que se trata de crime doloso, intencional, o que significa dizer que o agente deve ter a intenção (consciência e vontade) de praticar uma ou mais modalidades de conduta (ameaça, constrangimento, humilhação, manipulação, isolamento, chantagem, ridicularização, limitação do direito de ir e vir ou qualquer outro meio que cause prejuízo à sua saúde psicológica e autodeterminação). Nesse aspecto, o dolo do agente não é, necessariamente, o de causar o resultado "dano emocional", pelo que se pode admitir, quanto à causação do evento, tanto o dolo direto quanto o dolo eventual. A intenção do agente pode ser, por exemplo, a de ameaçar, isolar ou limitar o direito de ir e vir da mulher vítima somente para sua autoafirmação, controle e demonstração de superioridade sobre ela, assumindo o risco de causar-lhe o dano emocional.

Outrossim, cuida-se de crime subsidiário, que apenas se configura se a conduta não constituir crime mais grave, como no caso de cárcere privado ou tortura.

A ação penal é pública incondicionada. Vale dizer, a iniciativa da investigação e da ação penal independem da vontade da vítima.

Por fim, ao contrário do que possa aprioristicamente parecer, o alcance do crime não se restringe ao âmbito da violência doméstica e familiar contra a mulher (art. 5º da Lei Maria da Penha), não se exigindo essa relação pessoal na descrição do tipo penal, o que alarga o espectro da persecução penal a todos os casos e formas de violência psicológica contra a mulher.

3.5 SEQUESTRO E CÁRCERE PRIVADO

Sequestro e *cárcere privado* são meios utilizados pelo agente para privar alguém, total ou parcialmente, de sua liberdade de locomoção. Vem previsto o crime no art. 148 do Código Penal.

Protege-se o direito constitucional de ir e vir.

Sujeito ativo pode ser qualquer pessoa.

Sujeito passivo também pode ser qualquer pessoa.

A conduta típica é *privar alguém de liberdade*.

No sequestro, a privação de liberdade, a detenção ou retenção da vítima, ocorre por *confinamento*, ou seja, a vítima fica confinada, retida, em local de onde não possa voltar à liberdade. Ex.: confinamento da vítima em um sítio, em uma ilha etc.

No cárcere privado, a privação da liberdade da vítima ocorre por *enclausuramento*, ou seja, condicionamento físico em lugar fechado (*abductio de loco ad locum*). Ex.: enclausuramento da vítima em um quarto fechado, em uma casa, em um cubículo de onde não possa sair.

Trata-se de crime doloso.

A consumação ocorre no momento em que a vítima se vê privada da liberdade de locomoção.

Nesse sentido: "Constitui sequestro o fato de manter a vítima em sítio ignorado ou oculto, ligada a uma árvore ou amarrada de pés e mãos, ou transportá-la num automóvel sem possibilidade de invocar socorro" (TJSP, *RT*, 439/378).

Ainda: "Manter pessoa escondida por longo tempo sem que familiares tenham conhecimento do local onde se encontra, caracteriza o crime de sequestro" (STJ, *RSTJ*, 37/287).

É *delito permanente*, perdurando a consumação enquanto o ofendido estiver submetido à privação de sua liberdade de locomoção.

Portanto: "Consuma-se o sequestro com a restrição da liberdade da pessoa, iniciada que seja. Trata-se de delito permanente, protraindo-se sua consumação por vontade do agente. Pode ela, consequentemente, cessar restituindo-se a vítima à liberdade, o que, como é óbvio, não fará desaparecer o delito" (TJSP, *RT*, 568/286).

Admite-se a *tentativa de sequestro e cárcere privado*.

É um *crime subsidiário* que se consuma apenas quando a conduta não revele delito mais grave.

Nesse aspecto: "No sequestro, desde que a privação da liberdade de locomoção constitua meio ou elemento de outro crime, perde o sequestro a sua autonomia e é absorvido por este crime" (TJSP, *RT*, 491/275).

A ação penal é pública incondicionada.

FIGURAS TÍPICAS QUALIFICADAS

As figuras típicas qualificadas vêm estampadas nos §§ 1º e 2º do art. 148 do Código Penal, cominando pena de reclusão de 2 (dois) a 5 (cinco) anos:

a) se a vítima é ascendente, descendente, cônjuge ou companheiro do agente ou maior de 60 (sessenta) anos;

b) se o crime é praticado mediante *internação da vítima* em casa de saúde ou hospital; ou

c) se a privação de liberdade dura mais de 15 (quinze) dias;

d) se o crime é praticado contra menor de 18 (dezoito) anos;

e) se o crime é praticado com fins libidinosos.

As duas últimas hipóteses foram acrescentadas pela Lei n. 11.106/2005. Assim, a tipificação do sequestro ou cárcere privado *com fins libidinosos* foi inserida no Código Penal em razão da revogação expressa, pela citada lei, do crime de rapto, em todas as suas modalidades (arts. 219 a 222 do CP).

A pena é de reclusão de 2 (dois) a 8 (oito) anos se resulta à vítima, em razão dos *maus-tratos* ou da natureza da detenção, grave sofrimento físico ou moral.

Assim: "O crime de cárcere privado, com grave sofrimento (físico e moral) para a vítima, está plenamente configurado pela circunstância de ter o agente prendido a amásia com corrente, algemas e cadeado, infligindo-lhe sofrimento" (TJSP, *RJTJSP*, 53/318).

"A retenção do paciente no hospital pelo médico, com o fito de receber seus honorários, configura o delito de cárcere privado" (TJPR, *RT*, 503/368).

3.6 REDUÇÃO A CONDIÇÃO ANÁLOGA À DE ESCRAVO

O art. 149 do Código Penal, com a redação dada pela Lei n. 10.803, de 11 de dezembro de 2003, define o crime de *plágio* (*plagium*), que é a completa sujeição de uma pessoa ao domínio de outra.

A objetividade jurídica desse crime é a tutela da liberdade individual (*status libertatis*).

Sujeito ativo pode ser qualquer pessoa.

Sujeito passivo é o trabalhador.

A conduta típica é expressa pelo verbo *reduzir*, que significa transformar, tornar.

O termo *condição análoga à de escravo* define o fato de o sujeito reduzir a vítima a pessoa totalmente submissa à sua vontade, como se escravo fosse.

Segundo a nova redação do dispositivo em análise, entende-se por *condição análoga à de escravo*:

a) a sujeição da vítima a trabalhos forçados ou a jornada exaustiva;

b) a sujeição da vítima a condições degradantes de trabalho;

c) a restrição, por qualquer meio, da locomoção da vítima, em razão de dívida contraída com o empregador ou preposto.

É crime permanente.

Trata-se de crime doloso.

A consumação ocorre quando o sujeito ativo reduz a vítima a condição análoga à de escravo por meio de uma ou mais condutas acima referidas.

Admite-se a tentativa.

A propósito: "Redução a condição análoga à de escravo — Artigo 149 do Código Penal — Caracterização mesmo sem a restrição espacial — Mão de obra rural — Péssimas condições de higiene e manutenção — Má qualidade da alimentação — Deduções de até 50% dos salários — Condenação mantida — Recurso não provido" (TJ, Apelação Criminal n. 212.309-3, Itatiba, 3ª Câmara Criminal Extraordinária, Relator: Cerqueira Leite, 4-3-1998, v.u.).

"Redução a condição análoga à de escravo — Não caracterização — Acusado que por ciúme confecciona e coloca 'cinto de castidade' em sua mulher, vindo a machucá-la — Desclassificação operada para lesões corporais leves — Extinção da punibilidade decretada pela ocorrência da prescrição retroativa" (TJ, *JTJ*, 130/490).

"Agravo regimental. Conflito de competência. Crime de redução a condição análoga à de escravo. Competência da Justiça Federal. Aplicação do enunciado da Súmula 122, desta Corte. Recurso desprovido. I — Compete à Justiça Federal processar e julgar o crime de redução a condição análoga à de escravo, pois qualquer violação ao homem trabalhador e ao sistema de órgãos e instituições que preservam, coletivamente, os direitos e deveres dos trabalhadores enquadra-se na categoria de crime contra a organização do trabalho, desde que praticada no contexto da relação de trabalho. II — Acerca das demais imputações formuladas cuja competência para apuração é da Justiça Estadual, incide o enunciado da Súmula 122, desta Corte. III — A insurgência do agravante traduz mero inconformismo com a declaração de competência da Justiça Federal, o que não pode ensejar o conhecimento do recurso. IV — Agravo regimental desprovido" (STJ — AgRg no CC 105.026/MT — Rel. Min. Gilson Dipp — 3ª Seção — *DJe* 17-2-2011).

"Conflito positivo de competência. Penal. Redução a condição análoga à de escravo. Ofensa ao princípio da dignidade da pessoa e ao sistema protetivo de organização ao trabalho. Art. 109, v-a e vi, da Constituição Federal. Competência da Justiça Federal. 1. O delito de redução a condição análoga à de escravo está inserido nos crimes contra a liberdade pessoal. Contudo, o ilícito não suprime somente o bem jurídico numa perspectiva individual. 2. A conduta ilícita atinge frontalmente o princípio da dignidade da pessoa humana, violando valores basilares ao homem, e ofende todo um sistema de organização do trabalho, bem como as instituições e órgãos que lhe asseguram, que buscam estender o alcance do direito ao labor a todos os trabalhadores, inexistindo, pois, viés de afetação particularizada, mas, sim, verdadeiro empreendimento de depauperação humana. Artigo 109, V-A e VI, da Constituição Federal. 3. Conflito conhecido para declarar competente o Juízo Federal da 11ª Vara Criminal da Seção Judiciária do Estado de Minas Gerais/MG, ora suscitante" (STJ — CC 113.428/MG — Rel. Min. Maria Thereza de Assis Moura — 3ª Seção — *DJe* 1º-2-2011).

"*Habeas corpus*. Redução a condição análoga à de escravo. Frustração de direito assegurado na legislação trabalhista. Falsificação de documento público. Denúncia de trabalhadores submetidos ao trabalho análogo ao de escravo. Ação realizada pelo grupo de fiscalização móvel em propriedade. Alegação de ilicitude das provas colhidas em face da ausência de mandado de busca e apreensão. Inexistência de constrangimento ilegal.

Denegação da ordem. 1. Compete ao Ministério do Trabalho e do Emprego, bem como a outros órgãos, como a Polícia Federal e o Ministério Público do Trabalho, empreender ações com o objetivo de erradicar o trabalho escravo e degradante, visando a regularização dos vínculos empregatícios dos trabalhadores encontrados e libertando-os da condição de escravidão. 2. Em atenção a esta atribuição, a Consolidação das Leis do Trabalho (artigos 626 a 634), o Regulamento de Inspeção do Trabalho (artigos 9º e 13 a 15), e a Lei 7.998/1990 (artigo 2º-C) franqueiam aos auditores do Ministério do Trabalho e Emprego o acesso aos estabelecimentos a serem fiscalizados, independentemente de mandado judicial. 3. Quanto aos documentos apreendidos e à inquirição de pessoas quando da fiscalização realizada pelo Grupo Especial de Fiscalização Móvel na propriedade em questão, o artigo 18 do Regulamento de Inspeção do Trabalho prevê expressamente a competência dos auditores para assim agirem, inexistindo qualquer ilicitude em tal atuação. 4. Ademais, na hipótese vertente os pacientes foram acusados da prática dos delitos de redução a condição análoga à de escravo, frustração de direito assegurado pela lei trabalhista e falsidade documental, sendo que apenas o relativo à falsificação de documento público é instantâneo, já que os demais, da forma como em tese teriam sido praticados, são permanentes. 5. É dispensável o mandado de busca e apreensão quando se trata de flagrante delito de crime permanente, podendo-se realizar as medidas sem que se fale em ilicitude das provas obtidas (doutrina e jurisprudência). 6. O só fato de os pacientes não terem sido presos em flagrante quando da fiscalização empreendida no estabelecimento não afasta a conclusão acerca da licitude das provas lá colhidas, pois o que legitima a busca e apreensão independentemente de mandado é a natureza permanente dos delitos praticados, o que prolonga a situação de flagrância, e não a segregação, em si, dos supostos autores do crime. Precedente. 7. Ordem denegada" (STJ — HC 109.966/PA — Rel. Min. Jorge Mussi — 5ª Turma — DJe 4-10-2010).

A ação penal é pública incondicionada.

FIGURAS EQUIPARADAS

O § 1º prevê punição idêntica à do *caput* àquele que:

a) cercear o uso de qualquer meio de transporte por parte do trabalhador, com o fim de retê-lo no local de trabalho;

b) manter vigilância ostensiva no local de trabalho, com o fim de lá reter o trabalhador;

c) se apoderar de documentos ou objetos pessoais do trabalhador, com o fim de retê-lo no local de trabalho.

CAUSAS ESPECIAIS DE AUMENTO DE PENA

A pena é aumentada de metade, se o crime é cometido:

a) contra criança ou adolescente;

b) por motivo de preconceito de raça, cor, etnia, religião ou origem.

3.7 TRÁFICO DE PESSOAS

O crime de tráfico de pessoas vem previsto no art. 149-A do Código Penal, tendo sido introduzido pela Lei n. 13.344/2016, que dispõe sobre prevenção e repressão ao tráfico interno e internacional de pessoas e sobre medidas de atenção às vítimas.

A objetividade jurídica desse crime é a proteção da liberdade pessoal do ser humano, que não pode ser escravizado nem submetido a nenhuma das práticas indicadas pelo dispositivo legal.

O objeto material é o ser humano (homem ou mulher) sobre o qual recai a conduta criminosa.

Sujeito ativo pode ser qualquer pessoa, nacional ou estrangeira. Trata-se de crime comum.

Sujeito passivo pode qualquer pessoa, nacional ou estrangeira.

As condutas típicas vêm expressas pelos verbos agenciar (servir de agente, de intermediário, representar), aliciar (recrutar, atrair, seduzir), recrutar (reunir, atrair, alistar, seduzir), transportar (levar, conduzir, carregar de um lugar para outro), transferir (mudar de um lugar para outro, remover), comprar (adquirir), alojar (acomodar, dar abrigo) ou acolher (amparar, receber).

Trata-se de tipo misto alternativo, que se consuma com a prática de uma ou mais das condutas elencadas. Praticando o agente mais de uma das condutas típicas, cometerá um só crime.

Algumas condutas traduzem crime instantâneo (comprar, aliciar e recrutar) e outras indicam crime permanente (transportar, alojar e acolher).

Quanto às condutas agenciar e transferir, poderão ser consideradas instantâneas ou permanentes, a depender das peculiaridades do caso concreto.

Com relação aos meios de execução, o dispositivo estabelece que as condutas devem ser praticadas mediante grave ameaça, violência, coação, fraude ou abuso. Trata-se de crime de forma vinculada.

O elemento subjetivo é o dolo.

O tipo penal estabelece, ainda, finalidades específicas (elemento subjetivo específico), que são: a) remover órgãos, tecidos ou partes do corpo da vítima; b) submeter a vítima a trabalho em condições análogas à de escravo; c) submeter a vítima a qualquer tipo de servidão; d) adoção ilegal; e e) exploração sexual.

Nesse aspecto, é evidente que deve o agente conhecer e ter consciência de uma ou mais das finalidades específicas mencionadas. Um agente poderia, por exemplo, transportar a pessoa vítima de tráfico sem saber que esta seria alvo de exploração sexual ou de servidão.

O crime se consuma com o emprego de grave ameaça, violência, coação, fraude ou abuso para agenciar, aliciar, recrutar, transportar, transferir, comprar, alojar ou acolher a vítima. Cuida-se de crime formal: embora tenha resultado naturalístico previsto em lei, este não é necessário para a consumação. Portanto, o crime se consuma com a prática da conduta típica, independentemente da efetiva remoção de órgão, tecidos ou partes do corpo da vítima; independentemente da submissão da vítima a trabalho em condições análogas à de escravo; independentemente da submissão da vítima a qualquer tipo de servidão; independentemente de adoção ilegal; ou independentemente de exploração sexual.

A tentativa é admissível, já que o *iter criminis* pode ser fracionado.

Causas especiais de aumento de pena

Dispõe o § 1º que a pena será aumentada de um terço até a metade se o crime for cometido por funcionário público no exercício de suas funções ou a pretexto de exercê-las; se o crime for cometido contra criança, adolescente ou pessoa idosa ou com deficiência; se o agente se prevalecer de relações de parentesco, domésticas, de coabitação, de hospitalidade, de dependência econômica, de autoridade ou de superioridade hierárquica inerente ao exercício de emprego, cargo ou função; ou se a vítima do tráfico de pessoas for retirada do território nacional.

Causa especial de diminuição de pena

O § 2º prevê a figura do tráfico de pessoas privilegiado, sendo a pena reduzida de um a dois terços se o agente for primário e não integrar organização criminosa.

4
DOS CRIMES CONTRA O PATRIMÔNIO

4.1 FURTO

Crime previsto no art. 155 do Código Penal, o *furto* é a subtração de coisa alheia móvel, contra a vontade do titular do direito. Seus elementos são: *subtração, proveito próprio ou alheio e coisa alheia móvel*. A objetividade jurídica é a tutela do direito ao patrimônio, protegendo diretamente a *posse* e indiretamente a *propriedade*.

Sujeito ativo pode ser qualquer pessoa física. Sujeito passivo pode ser tanto o possuidor quanto o proprietário, sejam pessoas físicas ou jurídicas.

A conduta incriminada é *subtrair,* que significa assenhorear-se da coisa, retirando-a de quem a possua. O objeto material do furto é a *coisa móvel,* cuja perfeita definição deve ser buscada no direito civil. Além disso, a coisa deve ser *alheia*, ou seja, deve pertencer a alguém que não o sujeito ativo.

Não se configura o crime de furto no assenhoreamento de coisas que nunca pertenceram a ninguém (*res nullius)*, ou de coisas abandonadas (*res derelictae*)..

Entretanto, o apossamento de coisa perdida (*res deperdita*) configura o crime de apropriação indébita (art. 169, II, do Código Penal), conforme será visto adiante.

O furto é crime doloso (não basta o *animus rem sibi habendi,* sendo necessário o *animus domini* ou o *animus furandi*).

Não tipificou o legislador o chamado *furto de uso,* que ocorre quando o agente se apossa temporária e indevidamente de coisa alheia, sem a intenção de fazê-la sua. A jurisprudência se divide em relação à admissibilidade do furto de uso, havendo julgados que condicionam sua ocorrência à devolução da coisa no mesmo local de onde foi retirada e nas mesmas condições em que foi subtraída, sendo curto o tempo de uso. Nesse sentido:

Tanto o Supremo Tribunal Federal quanto o Superior Tribunal de Justiça têm entendido que a consumação do furto ocorre no momento em que o agente tem a posse da *res furtiva*, cessada a clandestinidade, independentemente da recuperação posterior do bem objeto do delito ou de perseguição imediata.

Nesse sentido: "Quanto ao momento consumativo do crime de furto, é assente a adoção da teoria da *amotio* por esta Corte e pelo Supremo Tribunal Federal, segundo a qual o referido crime consuma-se no momento da inversão da posse, tornando-se o agente efetivo possuidor da coisa subtraída, ainda que não seja de forma mansa e pacífica, sendo prescindível que o objeto subtraído saia da esfera de vigilância da vítima." (STJ – AgRg no HC 737649/SP – Rel. Min. Ribeiro Dantas – Quinta Turma – j. 25.10.2022 – DJe 04.11.2022).

"Do mesmo modo, não há como atender ao pleito de reconhecimento da forma tentada, porquanto esta Corte adotou a Teoria da *Amotio* ou *Aprehensio*, que se satisfaz com a inversão da posse, ainda que esta não seja de forma mansa e pacífica, sendo prescindível que o objeto subtraído saia da esfera de vigilância da vítima." (STJ – AgRg no HC 601323/SP – Rel. Min. Joel Ilan Paciornik – Quinta Turma – j. 25.05.2021 – DJe 31.05.2021).

Admite-se a tentativa.

A ação penal é pública incondicionada.

4.1.1 Vigilância eletrônica, monitoramento do local e crime impossível

Acerca da vigilância eletrônica e do monitoramento do local do furto, impossibilitando a consumação, com o consequente reconhecimento de crime impossível, controvertem doutrina e jurisprudência. Aqueles que sustentam a ocorrência de crime impossível alegam que a ação, desde o início sendo detectada pelos representantes da vítima, só não a abortaram desde logo por sua única e exclusiva iniciativa, sem que nunca a *res* deixasse de estar protegida, tornando absolutamente ineficaz o meio empregado pelo agente. Em sentido contrário, os que sustentam a ocorrência de furto tentado alegam que o monitoramento, pela vítima ou por seus representantes, do início da execução da prática delitiva não é capaz, por si só, de evitar a consumação, não havendo que se falar em meio absolutamente ineficaz.

Entendendo tratar-se de crime impossível:

"Criminal. Recurso especial. Tentativa de furto em supermercado dotado de sistema eletrônico de vigilância. Crime impossível. Não configuração. Recurso provido. I — Hipótese em que o agente, no momento da subtração da *res furtiva*, estava sendo observado pelo segurança do hipermercado através de sistema de monitoramento eletrônico instalado em uma loja, a despeito de dificultar a ocorrência de furtos no interior do estabelecimento, não é capaz de impedir, por si só, a ocorrência do fato delituoso, apto a ensejar a configuração do crime impossível. II — Diante da possibilidade ainda que mínima, de consumação do delito, não há que se falar na hipótese de crime impossível. III — Recurso provido" (STJ, REsp 555.268/RS, 5ª T., Rel. Min. Gilson Dipp, j. 11-11-2003, *DJ*, 9-12-2003, p. 337).

"Apelação-crime. Furto tentado. Supermercado. Crime impossível. Acusado vigiado pelos seguranças. Não caracterização, por ser o meio utilizado relativamente capaz. Não há falar em crime impossível pelo fato de o sentenciado ter sido vigiado pelos seguranças, posto que o meio não é absolutamente ineficaz, haja vista a possibilidade de enganá-los, máxime em estabelecimento de grande porte, com fluxo intenso de pessoas" (Ap. Crim. 70004755484, Rel. Juiz Roque Miguel Fank, 8ª Câmara Criminal do TJRS, j. 18-12-2002).

Em sentido contrário, , entretanto, decidiu a 6ª Turma do Superior Tribunal de Justiça que a presença de um sistema de vigilância em um estabelecimento comercial não afasta a punibilidade do réu, a ponto de reconhecer configurado o crime impossível, pela absoluta ineficácia dos meios empregados. Nesse sentido:

"*Habeas corpus*. Tentativa de furto. Crime impossível. Coação ilegal não caracterizada. Ordem denegada. 1) A existência de vigilância eletrônica no estabelecimento comercial não afasta, de forma absoluta, a possibilidade da consumação de delito de furto, pelo que não pode ser reconhecido o crime impossível previsto no artigo 17 do Código Penal. 2) O acórdão vergastado decidiu em consonância com a jurisprudência dominante nesta Corte de Justiça, afastada a alegação de coação ilegal. 3) Ressalva do entendimento pessoal do relator. 4) Ordem denegada" (STJ — HC 147835/MG — Rel. Min. Celso Limongi — 6ª T. — *DJe* 24-5-2010).

No mesmo sentido: STJ — AgRg no Ag 1354307/MG — Rel. Min. Haroldo Rodrigues — 6ª T. — *DJe* 21-2-2011.

Na mesma esteira, vem decidindo o Supremo Tribunal Federal:

"O artigo 17 do Código Penal estabelece que 'não se pune a tentativa quando, por ineficácia absoluta do meio ou por absoluta impropriedade do objeto, é impossível consumar-se o crime' (sem grifos no original). 2. Os sistemas de vigilância existentes em estabelecimentos comerciais não impedem, mas apenas dificultam, a consumação do crime de furto. 3. Destarte, não há que se falar em crime impossível em razão da ineficácia absoluta do meio empregado" (STF — RHC 116197/MS — Rel. Min. Luiz Fux — *Dje* 27-6-2013).

Pacificando a questão, dispõe a Súmula 567 do Superior Tribunal de Justiça: "Sistema de vigilância realizado por monitoramento eletrônico ou por existência de segurança no interior de estabelecimento comercial, por si só, não torna impossível a configuração do crime de furto."

4.1.2 Furto e princípio da insignificância

O princípio da insignificância ou da bagatela já foi tratado no início da presente obra, sendo bastante debatido na atualidade, principalmente ante a ausência de definição do que seria irrelevante penalmente (bagatela), ficando essa valoração, muitas vezes, ao puro arbítrio do julgador.

Principalmente no crime de furto, o princípio da insignificância vem tendo larga aplicação nas Cortes Superiores (STJ e STF), sendo tomado como instrumento de interpretação restritiva do Direito Penal, que não deve ser considerado apenas em seu aspecto formal (tipicidade formal — subsunção da conduta à norma penal), mas também e fundamentalmente em seu aspecto material (tipicidade material — adequação da conduta à lesividade causada ao bem jurídico protegido).

Assim, de acordo com os Tribunais Superiores, acolhido o princípio da insignificância, estaria excluída a própria tipicidade, desde que satisfeitos quatro requisitos: a) mínima ofensividade da conduta do agente; b) ausência de total periculosidade social da ação; c) ínfimo grau de reprovabilidade do comportamento; d) inexpressividade da lesão jurídica ocasionada.

Nesse sentido:

"AGRAVO REGIMENTAL NO *HABEAS CORPUS*. PENAL. FURTO. PRINCÍPIO DA INSIGNIFICÂNCIA. NÃO INCIDÊNCIA. REITERAÇÃO DELITIVA. CONTUMÁCIA NA PRÁTICA DE CRIMES DA ESPÉCIE. AUSÊNCIA DO REDUZIDO GRAU DE REPROVABILIDADE DA CONDUTA. AGRAVO REGIMENTAL A QUE SE NEGA PROVIMENTO. 1. Segundo a jurisprudência do Supremo Tribunal Federal, para se caracterizar hipótese de aplicação do denominado 'princípio da insignificância' e, assim, afastar a recriminação penal, é indispensável que a conduta do agente seja marcada por ofensividade mínima ao bem jurídico tutelado, reduzido grau de reprovabilidade, inexpressividade da lesão e nenhuma periculosidade social. 2. Nesse sentido, a aferição da insignificância como requisito negativo da tipicidade envolve um juízo de tipicidade conglobante, muito mais abrangente que a simples expressão do resultado da conduta. Importa investigar o desvalor da ação criminosa em seu sentido amplo, de modo a impedir que, a pretexto da insignificância apenas do resultado material, acabe desvirtuado o objetivo a que visou o legislador quando formulou a tipificação legal. Assim, há de se considerar que 'a insignificância só pode surgir à luz da finalidade geral que dá sentido à ordem normativa' (Zaffaroni), levando em conta também que o próprio legislador já considerou hipóteses de irrelevância penal, por ele erigidas, não para excluir a tipicidade, mas para mitigar a pena ou a persecução penal. 3. Para se afirmar que a insignificância pode conduzir à atipicidade é indispensável, portanto, averiguar a adequação da conduta do agente em seu sentido social amplo, a fim de apurar se o fato imputado, que é formalmente típico, tem ou não relevância penal. Esse contexto social ampliado certamente comporta, também, juízo sobre a contumácia da conduta do agente. 4. Não se desconhece que a controvérsia dos autos encontra-se pendente de julgamento no Plenário (*Habeas corpus* 123.731, 123.533 e 123.108, Rel. Min. Roberto Barroso). Entretanto, enquanto não decidida definitivamente a matéria, é de se aplicar a jurisprudência dominante da Corte, consignada na decisão agravada. 5. Agravo regimental a que se nega provimento" (STF, HC 126.273 AgR/MG, Rel. Min. Teori Zavascki, 2ª T., *Dje* 29-5-2015).

"*Habeas corpus*. Constitucional. Penal. Inaplicação do princípio da insignificância. Furto de r$ 240,00 (duzentos e quarenta reais) da aposentadoria da vítima imprescindível para sua subsistência. Ordem denegada. 1. Pelo exposto nas instâncias antecedentes, além da correspondência formal, a análise materialmente valorativa das circunstâncias do caso concreto demonstra configurada a tipicidade na espécie. Está constatada a lesão grave e penalmente relevante de bem jurídico tutelado, considerada a prática de furto pelo Paciente de R$ 240,00 (duzentos e quarenta reais) produto da aposentadoria da vítima e imprescindível para sua subsistência. 2. Ordem denegada" (STF, HC 124.748/MS, Rel. Min. Cármen Lúcia, 2ª T., *DJe* 27-11-2014).

"Furto tentado. Princípio da insignificância. Inaplicabilidade. Valor do bem subtraído equivalente a 36,87% do salário mínimo da época. Reprovabilidade da conduta do agente. 1. O Supremo Tribunal Federal e o Superior Tribunal de Justiça estabeleceram os seguintes requisitos para a aplicação do princípio da insignificância como causa supralegal de exclusão da tipicidade: a) conduta minimamente ofensiva; b) ausência de periculosidade do agente; c) reduzido grau de reprovabilidade do comportamento; e d) lesão jurídica inexpressiva, os quais devem estar presentes, concomitantemente, para a incidência do referido instituto. 2. Trata-se, na realidade, de um princípio de política criminal, segundo o qual, para a incidência da norma incriminadora, não basta a mera adequação do fato ao tipo penal (tipicidade formal), impondo-se verificar, ainda, a relevância da conduta e do resultado para o Direito Penal, em face da significância da lesão produzida ao bem jurídico tutelado pelo Estado (tipicidade material). 3. Hipótese em que a conduta perpetrada pelo acusado não se revela desprovida de ofensividade penal e social, tendo em vista que a lesão jurídica provocada não pode ser considerada insignificante, já que o valor do bem subtraído representava, na data do cometimento do delito, aproximadamente 36,87% do salário mínimo vigente à época, o que impede a aplicação do princípio da bagatela. 4. Agravo regimental desprovido" (STJ, AgRg no REsp 1493679/RJ, Rel. Min. Gurgel de Faria, 5ª T., *DJe* 4-8-2015).

"Na hipótese, trata-se de imputação do crime de furto simples pela subtração de um televisor de 5,5 polegadas, tipo porteiro, a qual foi retomada, sendo que a própria vítima afirmou ter valor inferior a cem reais, além de estar estragada, somente funcionando o rádio, sendo de rigor o reconhecimento do princípio da insignificância" (STJ, AgRg no REsp 1437692/MG, Rel. Min. Reynaldo Soares da Fonseca, 5ª T., *DJe* 25-6-2015).

Outrossim, nos termos da jurisprudência do Superior Tribunal de Justiça, a reiteração delitiva afasta a incidência do princípio da insignificância, pois, "apesar de não configurar reincidência, a existência de outras ações penais, inquéritos policiais em curso ou procedimentos administrativos fiscais, é suficiente para caracterizar a habitualidade delitiva e, consequentemente, afastar a incidência do princípio da insignificância" (AgRg no REsp 1.907.574/PR, Rel. Min. Antonio Saldanha Palheiro, Sexta Turma, julgado em 24/8/2021, DJe 31/8/2021).

Com relação ao furto praticado mediante concurso de agentes, o Superior Tribunal de Justiça já decidiu ser inaplicável o princípio da insignificância, haja vista a maior reprovabilidade da conduta. Nesse sentido:

"Agravo regimental. 'habeas corpus' substitutivo de recurso próprio. Inadmissibilidade. Crime de furto qualificado. Princípio da insignificância. Inaplicabilidade. Habitualidade criminosa. Concurso de agentes. Decisão mantida. 1. É inadmissível 'habeas corpus' em substituição ao recurso próprio, também à revisão criminal, impondo-se o não conhecimento da impetração, salvo se verificada flagrante ilegalidade no ato judicial impugnado apta a ensejar a concessão da ordem de ofício. 2. A aplicação do princípio da insignificância, segundo a orientação do Supremo Tribunal Federal, demanda a verificação da lesividade mínima da conduta, apta a torná-la atípica, considerando-se: a) a mínima ofensividade da conduta do agente; b) a inexistência de periculosidade social na ação; c) o reduzido grau de reprovabilidade do comportamento; e d) a inexpressividade da lesão jurídica provocada. O Direito Penal não deve ocupar-se de condutas que, diante do desvalor do resultado produzido, não representem prejuízo relevante para o titular do bem jurídico tutelado ou para a integridade da própria ordem social. 3. Inviável a aplicação do princípio da insignificância quando constatada a habitualidade criminosa dos réus, representada na apuração de crimes patrimoniais cometidos, pois fica evidenciada a reprovabilidade do comportamento. 4. A prática do delito mediante o concurso de agentes demonstra maior reprovabilidade da conduta, inviabilizando a aplicação do princípio da insignificância. 5. Mantém-se integralmente a decisão agravada cujos fundamentos estão em conformidade com o entendimento do STJ sobre a matéria suscitada. 6. Agravo regimental desprovido." (AgRg no HC 654.672/SC, Rel. Min. João Otávio de Noronha, Quinta Turma, DJe 08.10.2021)

4.1.3 Furto noturno

A causa de aumento de *repouso noturno*, prevista pelo § 1º do art. 155 do Código Penal, justifica-se porque o repouso a que se entregam as pessoas durante a noite, aliado à falta de luz natural, favorece a ação do agente pela suspensão da vigilância patrimonial normal, tornando mais difícil a proteção efetiva dos bens. Não há critério fixo para a perfeita caracterização do *furto noturno*, sendo certo que cada caso concreto deverá ser analisado, já que o Código adotou um *critério psicossociológico*, variável, que deve obedecer aos costumes locais relativos ao horário em que a população se recolhe.

É de observar que a expressão "repouso noturno" não se confunde com a expressão "à noite". Assim: "A expressão 'repouso noturno' do art. 155, § 1º, do CP não significa o mesmo que 'à noite'; esta pode abranger períodos anteriores e posteriores ao repouso noturno e, quando não tenha sido esclarecida a hora do furto, não tem lugar a agravante" (TARJ).

"Basta para caracterização da qualificadora especial do repouso noturno que se aproveite o agente da quietude e da oportunidade que as circunstâncias do horário lhe propiciam para a prática do furto" (TAPR, *RT*, 537/371).

Outrossim, caracteriza-se o furto noturno ainda que o imóvel não esteja habitado.

No Superior Tribunal de Justiça: "Nos termos do § 1º do art. 155 do Código Penal, se o crime de furto é praticado durante o repouso noturno, a pena será aumentada de um terço. No tocante ao horário de aplicação, este Superior Tribunal de Justiça já definiu que "este é variável, devendo obedecer aos costumes locais relativos à hora em que a população se recolhe e a em que desperta para a vida cotidiana". Sendo assim, não há um horário prefixado, devendo, portanto, atentar-se às características da vida cotidiana da localidade (REsp 1.659.208/RS, Rel. Ministra Maria Thereza De Assis Moura, DJ 31/3/2017). Em um análise objetivo-jurídica do art. 155, § 1º, do CP, percebe-se que o legislador pretendeu sancionar de forma mais severa o furtador que se beneficia dessa condição de sossego/tranquilidade, presente no período da noite, para, em razão da diminuição ou precariedade de vigilância dos bens, ou, ainda, da menor capacidade de resistência da vítima, facilitar-lhe a concretização do intento criminoso. O crime de furto só implicará no aumento de um terço se o fato ocorrer, obrigatoriamente, à noite e em situação de repouso. Nas hipóteses concretas, será importante extrair dos autos as peculiares da localidade em que ocorreu o delito. Este Tribunal passou a destacar a irrelevância do local estar ou não habitado, ou o fato da vítima estar ou não dormindo no momento do crime para os fins aqui propostos, bastando que a atuação criminosa seja realizada no período da noite e sem a vigilância do bem. Seguiu-se à orientação de que para a incidência da causa de aumento não importava o local em que o furto fora cometido, em residências, habitadas ou não, lojas e veículos, bem como em vias públicas. Assim, se o crime de furto é praticado durante o repouso noturno, na hora em que a população se recolhe para descansar, valendo-se da diminuição ou precariedade de vigilância dos bens, ou, ainda, da menor capacidade de resistência da vítima, a pena será aumentada de um terço, não importando se as vítimas estão ou não dormindo no momento do crime, ou o local de sua ocorrência, em estabelecimento comercial, residência desabitada, via pública ou veículos. (REsp 1979989/RS – Rel. Min. Joel Ilan Paciornik – Terceira Seção – j. 22.06.2022 – DJe 27.06.2022).

Nesse sentido, ainda, o Superior Tribunal de Justiça, no Tema Repetitivo 1144, firmou a seguinte tese:

"1. Nos termos do § 1º do art. 155 do Código Penal, se o crime de furto é praticado durante o repouso noturno, a pena será aumentada de um terço.

2. O repouso noturno compreende o período em que a população se recolhe para descansar, devendo o julgador atentar-se às características do caso concreto.

3. A situação de repouso está configurada quando presente a condição de sossego/tranquilidade do período da noite, caso em que, em razão da diminuição ou precariedade de vigilância dos bens, ou, ainda, da menor capacidade de resistência da vítima, facilita-se a concretização do crime.

4. São irrelevantes os fatos das vítimas estarem ou não dormindo no momento do crime, ou o local de sua ocorrência, em estabelecimento comercial, via pública, residência desabitada ou em veículos, bastando que o furto ocorra, obrigatoriamente, à noite e em situação de repouso."

Por fim, resta saber se a causa de aumento do furto noturno poderia ser aplicada ao furto qualificado.

Depois de muitas idas e vindas dos Tribunais Superiores, ora admitindo, ora vedando a possibilidade de coexistência da majorante do repouso noturno com as qualificadoras dos § 4º, a Terceira Seção do Superior Tribunal de Justiça, em 19.04.2021, afetou para julgamento sob o rito dos repetitivos os Recursos Especiais 1.888.756/SP, 1.890.981/SP e 1.891.007/RJ, nos quais se discutiu a "(im)possibilidade de a causa de aumento prevista no § 1º do art. 155 do Código Penal (prática do crime de furto no período noturno) incidir tanto no crime de furto simples (caput) quanto na sua forma qualificada (§ 4º)".

A controvérsia foi cadastrada como Tema 1.087 e, após o julgamento, a tese firmada foi a seguinte: "A causa de aumento prevista no § 1º do art. 155 do Código Penal (prática do crime de furto no período noturno) não incide no crime de furto na sua forma qualificada (§ 4º)."

Portanto, para o Superior Tribunal de Justiça, não é possível a aplicação do aumento de pena de 1/3 (um terço) do furto noturno às hipóteses de furto qualificado, não apenas as do § 4º, como também, por coerência, as dos §§ 4º-A, 4º-B, 4º-C, 5º, 6º e 7º.

4.1.4 Furto privilegiado

Trata o § 2º do art. 155 do Código Penal do chamado *furto privilegiado*, no qual o sujeito ativo é *primário* (não somente o sujeito que não foi condenado como também aquele que foi condenado pela primeira vez, ou que tem várias condenações e não é reincidente — art. 63 do Código Penal) e é de *pequeno valor a coisa furtada*.

A determinação do pequeno valor da coisa furtada deve dar-se pela consideração de vários fatores conjuntamente, entre eles o efetivo prejuízo sofrido pela vítima, a avaliação da coisa e o salário mínimo vigente à época do furto.

Não se deve confundir coisa de *pequeno* valor com coisa de *ínfimo* valor. Se a coisa for de ínfimo valor, poderá ser aplicado o princípio da insignificância ou da bagatela, que exclui a própria tipicidade da conduta. Já a coisa de pequeno valor aliada à primariedade do agente, ocasiona diminuição de pena, aplicação isolada de multa ou substituição da reclusão pela detenção.

Nesse sentido: "Como registrado na decisão impugnada, que nesta oportunidade se confirma, as instâncias ordinárias verificaram que o ora agravante estava subtraindo botijão de gás da residência de uma senhora de 85 anos, sozinha e que não se apercebera do fato, quando foi abordado por policiais civis que suspeitaram da ação, conhecedores do seu histórico envolvimento em crimes patrimoniais. Com base nesses fatos, foi condenado em primeira e segunda instâncias a pena de 1 ano e 14 dias de reclusão, em regime inicial semiaberto, além de 7 dias-multa, pelo crime de furto simples tentado, com destaque para a agravante da vítima maior de 60 anos, para a multirreincidência do agente, pois havia sido condenado diversas vezes nos últimos cinco anos, e para o valor do bem objeto do crime, que superava 10% do valor do salário-mínimo vigência à época. Diante desse panorama, o pedido de absolvição é inviável. Com efeito, não se pode confundir bem de pequeno valor com o de valor insignificante ou irrisório. Sobre o tema, aliás, a orientação do Supremo Tribunal Federal mostra-se no sentido de que, para a verificação da lesividade mínima da conduta, apta a torná-la atípica, deve-se levar em consideração os seguintes vetores: a) a mínima ofensividade da conduta do agente; b) a ausência de periculosidade social da ação; c) o reduzido grau de reprovabilidade do comportamento; e d) a inexpressividade da lesão jurídica provocada, salientando que o Direito Penal não se deve ocupar de condutas que, diante do desvalor do resultado produzido, não representem prejuízo relevante, seja ao titular do bem jurídico tutelado, seja à integridade da própria ordem social. Seguindo diretrizes do STF e desta Corte, a instância originária consignou que dois fatores impediam o pretendido reconhecimento da insignificância, quais sejam, o valor do bem objeto do crime e a multirreincidência do seu autor. O fato de o bem objeto do crime superar o patamar de 10% do salário--mínimo, embora em pequena monta, deve ser conjugado com a repetição criminosa, evidenciando que absolutamente não se trata de conduta penalmente irrelevante. Desse modo, reputo não preenchidos os requisitos relativos ao reduzido grau de reprovabilidade do comportamento do paciente e à inexpressividade da lesão jurídica provocada, não sendo o caso, portanto, de reconhecimento da atipicidade material da conduta pelo princípio da bagatela." (STJ - AgRg no HC 747859/SC – Rel. Min. Reynaldo Soares da Fonseca – Quinta Turma – j. 02.08.2022 – DJe 08.08.2022).

Ocorrendo o privilégio, o juiz *poderá* (faculdade concedida ao juiz, que deverá sopesar as circunstâncias do fato — art. 59 do CP) substituir a pena de reclusão pela de detenção, diminuí-la de um a dois terços ou aplicar somente a pena de multa.

O Supremo Tribunal Federal e o Superior Tribunal de Justiça vêm admitindo a coexistência do furto privilegiado com o furto qualificado.

A propósito: "Diante da primariedade dos agentes e do pequeno valor da res furtiva (R$ 200,00), o entendimento do Superior Tribunal de Justiça é no sentido da possibilidade de reconhecimento da forma privilegiada. Entretanto na espécie, existe manifesta ilegalidade, considerando as particularidades do presente caso. Na hipótese, a agravante foi condenada, como incursa nas sanções do art. 155, § 4º, incido IV, do CP, às penas de 04 (quatro) anos e 06 (seis) meses de reclusão, em regime inicial fechado (fls. 118-124), contudo, consoante o atual entendimento desta Corte Superior de Justiça, a teor do enunciado da Súmula 511/STJ, é possível o reconhecimento do furto privilegiado-qualificado quando presentes a primariedade do acusado, o pequeno valor da res furtiva e qualificadora de natureza objetiva. Dessa forma, tendo em vista a primariedade do agente, o pequeno valor da res furtiva e o caráter objetivo da qualificadora, reconheço a incidência do privilégio do § 2º do art. 155 do CP (AgRg no AREsp n. 1.884.175/ES, Ministro Jesuíno Rissato (Desembargador Convocado do TJDFT), Quinta Turma, DJe de 17/11/2021). Para o reconhecimento do crime de furto privilegiado– direito subjetivo do réu –, a norma penal exige a conjugação de dois requisitos objetivos, consubstanciados na primariedade e no pequeno valor da coisa furtada que, na linha do entendimento pacificado neste Superior Tribunal de Justiça, não deve ultrapassar o valor do salário-mínimo vigente à época dos fatos (AgRg no REsp n. 1.785.985/SP, Ministro Rogerio Schietti Cruz, Sexta Turma, DJe 9/9/2019). Agravo regimental desprovido." (STJ – AgRg no AREsp 1780922/RJ – Rel. Min. Sebastião Reis Júnior – Sexta Turma – j. 14.09.2022 – DJe 19.09.2022).

Ainda: "*Habeas corpus*. Crime de furto qualificado. Incidência do privilégio da primariedade e do pequeno valor da coisa subtraída. Possibilidade. Ordem concedida. 1. A jurisprudência do Supremo Tribunal Federal é firme no sentido do reconhecimento da conciliação entre homicídio objetivamente qualificado e ao mesmo tempo subjetivamente privilegiado. Noutro dizer, tratando-se de circunstância qualificadora de caráter objetivo (meio e modos de execução do crime), é possível o reconhecimento do privilégio (sempre de natureza subjetiva). 2. A mesma regra de interpretação é de ser aplicada no caso concreto. Caso em que a qualificadora do rompimento de obstáculo (de natureza nitidamente objetiva — como são todas as qualificadoras do crime de furto) em nada se mostra incompatível com o fato de ser o acusado primário; e a coisa, de pequeno valor. Precedentes da Segunda Turma do STF. 3. Ordem concedida para reconhecer a incidência do privilégio do § 2.º do art. 155 do CP e julgar extinta a punibilidade do paciente pela prescrição retroativa" (STF — HC 98265/MS — Rel. Min. Ayres Britto — 1.ª T. — j. 24-3-2010).

Nesse sentido, inclusive, o teor da Súmula 511 do Superior Tribunal de Justiça: "É possível o reconhecimento do privilégio previsto no § 2.º do art. 155 do CP nos casos de crime de furto qualificado, se estiverem presentes a primariedade do agente, o pequeno valor da coisa e a qualificadora for de ordem objetiva".

4.1.5 Furto de energia

No § 3º do art. 155 do Código Penal, a lei equiparou, para efeito de subtração criminosa, à coisa móvel *qualquer energia que tenha valor econômico* (eletricidade, energia mecânica, energia térmica etc.).

A propósito: "Comete o delito de furto de energia, o agente que, mediante ligação direta de luz na rede elétrica da rua, sem medição de consumo, subtrai eletricidade, sendo irrelevante que a mesma tenha sido feita por preposto ou por pessoa especialmente contratada para isso, pois o crime não está na ligação clandestina, mas na subtração de energia que essa propicia" (TACrim, *RJD*, 26/115).

"Se o furto consiste na subtração de coisa móvel, entre as quais a energia elétrica que permite o funcionamento do sistema telefônico, o momento consumativo do delito está na utilização do telefone para quaisquer ligações" (TACrim, *RJD*, 9/102).

Com relação ao sinal de TV a cabo, embora, a nosso ver, seja considerado uma energia de valor econômico, decidiu o Supremo Tribunal Federal o contrário: "O sinal de TV a cabo não é energia, e assim, não pode ser objeto material do delito previsto no art. 155, § 3.º, do Código Penal. Daí a impossibilidade de se equiparar o desvio de sinal de TV a cabo ao delito descrito no referido dispositivo. Ademais, na esfera penal não se admite a aplicação da analogia para suprir lacunas, de modo a se criar penalidade não mencionada na lei (analogia *in malam partem*), sob pena de violação ao princípio constitucional da estrita legalidade. Precedentes. Ordem concedida" (HC 97261/RS — Rel. Min. Joaquim Barbosa — 2.ª T. — *DJe* 3-5-2011).

No mesmo sentido: "A Sexta Turma desta Corte Superior, no julgamento do Recurso Especial n. 1.838.056/RJ, de minha Relatoria, em sintonia com precedente do Supremo Tribunal Federal, entendeu que a captação clandestina de sinal de televisão por assinatura não pode ser equiparada ao furto de energia elétrica, tipificado no art. 155, § 3.º, do Código Penal, pela vedação à analogia in malam partem. Os equipamentos utilizados na prestação dos serviços de telecomunicações estão sujeitos à fiscalização e certificação pela Agência Nacional de Telecomunicações – ANATEL, segundo previsto do art. 19, incisos XII e XIII, da Lei n. 9.472/1997, podendo tais objetos, inclusive, ser alvo de busca e apreensão por parte da referida Agência, segundo autorização contida no inciso XV, do mesmo artigo. Sendo assim, a montagem e comercialização de aparelhos em desacordo com as regras estabelecidas pelo mencionado Órgão caracteriza ofensa ao serviço por ela regulado e fiscalizado. A conduta investigada, de venda de aparelhos para desbloqueio clandestino de sinal de televisão por assinatura, configura, em tese, o crime do art. 183, parágrafo único, da Lei n.º 9.472/1997. Havendo, em tese, a prática de crime contra as telecomunicações, tipificado na Lei n. 9.472/1997, está configurada a competência da Justiça Federal, por haver lesão a serviço da União, nos termos do art. 21, inciso XII, alínea a, c.c. o art. 109, inciso IV, da Constituição da República." (STJ –0000000000000000000 CC 173968/SP – Rel. Min. Laurita Vaz – Terceira Seção – j. 09.12.2020 – DJe 18.12.2020).

4.1.6 Furto qualificado

O § 4º do art. 155 do Código Penal apresenta algumas formas de *furto qualificado,* circunstâncias que revelam maior periculosidade do agente, justificando reprimenda mais severa.

Rompimento de obstáculo

O inciso I se refere à subtração com *destruição ou rompimento de obstáculo,* que significa o afastamento, pelo agente, de maneira violenta (abertura forçada), das barreiras que o impedem de ter livre acesso à *res furtiva.*

Outrossim, é sempre necessária a elaboração de perícia para a comprovação da destruição ou rompimento de obstáculo, podendo a prova testemunhal suprir-lhe a falta apenas quando desaparecidos os vestígios do crime. Nesse sentido:

"Por expressa disposição legal, é imprescindível a prova técnica para o reconhecimento do furto qualificado pelo rompimento de obstáculo/arrombamento, sendo possível a substituição do laudo pericial por outros meios de prova apenas quando o delito não deixar vestígios, estes tenham desaparecido ou, ainda, se as circunstâncias do crime não permitirem a confecção do laudo. 2. Na hipótese dos autos, é possível extrair dos excertos acima transcritos que, não obstante o crime em comento tenha deixado vestígios, a prova técnica para a comprovação do alegado rompimento de obstáculo não foi realizada, mas restou devidamente justificada a ausência do laudo pericial ante a necessidade de se providenciar o imediato reparo dos danos causados às janelas do veículo para que o dono pudesse utilizar o veículo sem colocar em risco a segurança de seus bens" (STJ — AgRg no REsp 1.900.903/DF — Rel. Min. Reynaldo Soares da Fonseca — Quinta Turma — *DJe* 12-2-2021).

Abuso de confiança

O inciso II trata do *abuso de confiança*, sendo esta a relação de lealdade, de intimidade, entre os sujeitos ativo e passivo. A mera relação empregatícia entre agente e vítima não caracteriza o abuso de confiança, conforme vem pautando remansosa jurisprudência: "Não há que se falar que a ofendida tinha confiança na ré, se esta praticou o furto no segundo dia de trabalho na residência daquela. Mal se conheciam e o descuido da vítima é que propiciou a prática do crime" (TACrim, *RJD*, 24/237).

Ainda: "Para se aperfeiçoar a qualificadora de abuso de confiança, mister se faz uma situação especial de confiança na ligação entre agente e vítima, não caracterizada através de simples relação de emprego ou trabalho" (TACrim, *RJD*, 11/96).

"Agravo regimental no recurso especial. Furto qualificado. Princípio da insignificância. Conduta penalmente relevante. Crime praticado mediante abuso de confiança e em concurso material com o delito de lesão corporal. 1. Para a incidência do princípio da insignificância, são necessários '(a) a mínima ofensividade da conduta do agente, (b) nenhuma periculosidade social da ação, (c) o reduzidíssimo grau de reprovabilidade do comportamento e (d) a inexpressividade da lesão jurídica provocada' (HC 84.412/SP, Ministro Celso de Mello, Supremo Tribunal Federal, *DJ* de 19/11/2004). 2. No caso, a conduta perpetrada pela recorrente pode ser considerada irrelevante para o Direito Penal, pois, não obstante o valor de R$ 122,00 (cento e vinte e dois reais) dos bens subtraídos, não é possível ignorar que a ré se aproveitou da condição de empregada doméstica da vítima, desrespeitando a confiança que lhe foi conferida e valendo-se do livre acesso à casa do empregador para subtrair os bens descritos na denúncia. 3. Assim, consideradas as características do caso em concreto, em vista do relevante grau de inadequação social da conduta da ré, revelada, inclusive, pelo abuso de confiança e pela circunstância do furto ter sido cometido em concurso material com o delito de lesão corporal, não há que se falar em ausência de ofensividade ou de lesividade de sua conduta. 4. Agravo regimental a que se nega provimento" (STJ — AgRg no REsp 1.198.695/DF — Rel. Min. Og Fernandes — 6ª Turma — *DJe* 4-4-2011).

"O crime foi cometido com abuso de confiança, pois o paciente era o motorista responsável pelos cartões utilizados para o controle das vendas no interior do veículo, o que indica a especial reprovabilidade do comportamento, sobretudo quando se trata de agente reincidente, razão pela qual não é socialmente recomendável a aplicação do princípio da insignificância." (STJ - AgRg no HC 713130/SP – Rel. Min. Olindo Menezes (Desembargador convocado do TRF 1ª Região – Sexta Turma – j. 29.03.2022 – DJe 01.04.2022).

Mediante fraude

O emprego de *fraude*, no furto qualificado, também prevista no inciso II, caracteriza-se pelo artifício ou ardil utilizado para a subtração da coisa.

Assim: "O agente que danifica fraudulentamente hidrômetro com a finalidade de não se proceder à marcação do consumo de água, subtraindo-a, incorre no art. 155, § 4º, II, do CP" (TACrim, *RJD*, 17/99).

"A fraude no furto consiste no enliço, no ardil para distrair a atenção da vítima, que sequer percebe estar sendo furtada. Não sendo o agente surpreendido apenas no momento em que passava pelo caixa, circunstância em que o 'iter criminis' teria sido interrompido na terça parte final, nem no ato de esconder os litros de uísque na caixa de água mineral, ocasião em que iniciou a subtração e o preparo do meio fraudulento, mas quando já subtraíra as garrafas de água por uísque, escondidas as 'res furtiva', prontas para serem furtadas, em condições de ser desde logo interrompido o delito, o reduto pela tentativa deve corresponder a metade da pena" (TACrim, *RJD*, 11/98).

Não se confunde o furto mediante fraude com o estelionato.

No furto mediante fraude ocorre a *subtração* da coisa, servindo a fraude como meio de iludir a vigilância ou a atenção da vítima.

No estelionato ocorre a *entrega voluntária* da coisa pela vítima, em decorrência da fraude empregada pelo agente.

Nesse aspecto: "No crime de estelionato a fraude antecede o apossamento da coisa e é causa para ludibriar sua entrega pela vítima, enquanto no furto qualificado pela fraude o artifício malicioso é empregado para iludir a vigilância ou a atenção. Ocorre furto mediante fraude e não estelionato nas hipóteses de subtração de veículo posto à venda mediante solicitação ardil de teste experimental ou mediante artifício que leva a vítima a descer do carro" (STJ — *RT*, 768/527).

"Difere o furto mediante fraude do estelionato porque neste não há subtração: o lesado entrega livremente a coisa ao estelionatário, iludido pela fraude. No furto a fraude é apenas meio para tirar a coisa" (TACrim — *RT*, 552/355).

No Superior Tribunal de Justiça:

"Para que se configure o delito de estelionato (art. 171 do Código Penal), é necessário que o agente induza ou mantenha a vítima em erro, mediante artifício, ardil, ou qualquer outro meio fraudulento, de maneira que esta lhe entregue voluntariamente o bem ou a vantagem. Se não houve voluntariedade na entrega, o delito praticado é o de furto mediante fraude (art. 155, § 4.º, inciso II, do mesmo Estatuto)." (STJ - CC 183754/GO – Rel. Min. Laurita Vaz – Terceira Seção – j. 14.12.2022 – DJe 19.12.2022).

"O furto mediante fraude não se confunde com o estelionato. A distinção se faz primordialmente com a análise do elemento comum da fraude que, no furto, é utilizada pelo agente com o fim de burlar a vigilância da vítima que, desatenta, tem seu bem subtraído, sem que se aperceba; no estelionato, a fraude é usada como meio de obter o consentimento da vítima que, iludida, entrega voluntariamente o bem ao agente" (STJ — REsp 1.046.844/RS — Rel. Min. Laurita Vaz — 5ª Turma — *DJe* 3-11-2009).

"Penal. Conflito de competência. Estelionato ou furto mediante fraude. Enganar a vítima prestando ajuda no sistema de autoatendimento de banco. Estelionato. Art. 70 do cpp. Consumação no momento e lugar da obtenção da vantagem ilícita. Competência do juízo suscitado. 1. No delito de estelionato, o agente conduz a vítima ao erro ou a mantém nele, para que esta entregue o bem de forma espontânea. Já no furto mediante fraude, o agente, por meio de um plano ardiloso, consegue reduzir a vigilância da vítima, de modo que seus bens fiquem desprotegidos. 2. 'A competência será, de regra, determinada pelo lugar em que se consumar a infração, ou, no caso de tentativa, pelo lugar em que for praticado o último ato de execução' (art. 70 do CPP). 3. O crime de estelionato consuma-se no momento e lugar em que o agente obtém a vantagem indevida. 4. Conflito conhecido para declarar a competência do Juízo Federal da 10ª Vara Criminal da Seção Judiciária do Estado de São Paulo, ora suscitado" (STJ — CC 100.587/BA — Rel. Min. Arnaldo Esteves Lima — S3 — *DJe* 23-9-2009).

Escalada

A *escalada*, qualificadora também prevista no inciso II, é o acesso ao local por meio anormal, não implicando necessariamente subir ou galgar algum obstáculo. A esse respeito: "A qualificadora da escalada supõe o ingresso no local do furto por via anormal e com o emprego de meios artificiais, particular agilidade, ou esforço sensível, reveladores da obstinação em vencer as cautelas postas para a defesa do patrimônio e da maior capacidade do agente para delinquir, a reclamar resposta penal mais severa" (TACrim, *RT*, 600/361).

"Tem-se a qualificadora da escalada quando o agente galga altura superior à alcançável pelo 'homo medius', a exigir-lhe esforço fora do comum" (TACrim, *RJD*, 4/83).

Sobre a necessidade de perícia: "Nos termos da jurisprudência desta Corte Superior, no crime de furto, o reconhecimento da qualificadora da escalada exige a realização de exame pericial, o qual somente pode ser substituído por outros meios probatórios quando inexistirem vestígios, o corpo de delito houver desaparecido ou as circunstâncias do crime não permitirem a confecção do laudo. No caso, a Corte de origem não apresentou qualquer justificativa para a não realização do exame pericial a fim de verificar os vestígios da infração". (AgRg no REsp 1794040/MT – Rel. Min. Laurita Vaz – Sexta Turma – j. 17.12.2019 – DJe 03/02/2020).

Destreza

A *destreza*, última qualificadora prevista no inciso II, caracteriza-se pela habilidade, pela facilidade de movimentos do agente, que faz com que a vítima não perceba a subtração. Tem-se entendido que, se a subtração for percebida pela vítima, não se aplica a qualificadora de destreza.

Na jurisprudência: "Caracteriza furto qualificado mediante destreza a conduta do agente que subtrai a carteira da vítima aproveitando-se da circunstância de estarem abraçados" (TACrim, *RJD*, 23/241).

"A destreza constitui a habilidade física ou manual empregada pelo agente na subtração, porfiando por que a vítima não perceba seu ato. É o meio empregado pelos batedores de carteira, 'pick pockets', ou punguistas, na gíria criminal brasileira" (TACrim, *RT*, 524/404).

"Somente a excepcional, incomum, habilidade do agente, que com movimento das mãos consegue subtrair a coisa que se encontra na posse da vítima sem despertar-lhe a atenção, é que caracteriza, revela, a 'destreza'" (STJ – REsp 1.478.648/PR, Rel. Min. Newton Trisotto – Desembargador Convocado do TJ/SC – Quinta Turma – j. 16.12.2014 – DJe 02.02.2015).

"Conforme o Código Penal, ocorre 'furto qualificado', entre outras hipóteses, quando é cometido 'com abuso de confiança, ou mediante fraude, escalada ou destreza' (CP, art. 155, § 4º, inc. II). Somente a excepcional, incomum, habilidade do agente, que com movimento das mãos consegue subtrair a coisa que se encontra na posse da vítima sem despertar-lhe a atenção, é que caracteriza, revela, a 'destreza'. Não configuram essa qualificadora os atos dissimulados comuns aos crimes contra o patrimônio – que, por óbvio, não são praticados às escancaras." (STJ – REsp 1478648/PR – Rel. Min. Newton Trisotto – Desembargador Convocado do TJ/SC – Quinta Turma – j. 16.12.2014 – DJe 02.02.2015).

Chave falsa

O inciso III cuida da subtração com emprego de *chave falsa*, que pode ser definida como todo instrumento destinado a fazer funcionar o mecanismo de uma fechadura, tenha ou não a forma de chave.

Nesse aspecto: "Chave falsa é todo instrumento, com ou sem forma de chave, de que se utilize o ladrão para fazer funcionar, em lugar da chave verdadeira, o mecanismo de uma fechadura ou dispositivo análogo, possibilitando ou facilitando, assim, a execução do furto" (TACrim, *RJD*, 6/95).

A jurisprudência diverge acerca da configuração dessa qualificadora quando o agente utiliza a chave verdadeira, obtida por meios fortuitos ou criminosos. Admitindo a ocorrência da qualificadora nessa hipótese: "Responde por furto qualificado pelo emprego de chave falsa o agente que se utiliza da chave verdadeira, porém subtraída previamente ao 'dominus'" (TACrim, *JTACrim*, 50/45).

Ainda nesse sentido: "São também falsas as chaves verdadeiras, furtadas ou achadas. Não há como excluí-las da disposição legal. Se o que a lei veda é abertura ilícita da coisa que representa a custódia, maior razão existe contra o emprego da chave subtraída ou achada, pois já é obtida criminosamente, quer por ter sido furtada, quer por não ter sido devolvida ao dono" (TACrim, *RT*, 414/248).

Adotando posicionamento contrário: "O uso da chave autêntica, obtida fraudulentamente, qualifica o furto pelo emprego da fraude, não se equiparando ao emprego da chave falsa" (TACrim, *JTACrim*, 87/376).

Também: "Emprego de chave verdadeira, previamente subtraída ao 'dominus', para ingresso no estabelecimento. Qualificadora não reconhecida" (TACrim, *JTACrim*, 98/149).

Também: "O entendimento desta Corte Superior de Justiça está consolidado no sentido de que, nos casos de furto qualificado pelo emprego de chave falsa em que há vestígios é imprescindível a elaboração de laudo pericial para a comprovação da mencionada qualificadora, salvo se desaparecidos os vestígios" (AgRg no HC 627.886/SC – Rel. Min. Laurita Vaz – Sexta Turma – DJe de 17.02.2021).

Concurso de duas ou mais pessoas

Por fim, o inciso IV do § 4º do art. 155 do Código Penal menciona a subtração *mediante concurso de duas ou mais pessoas*, em que não se exige a presença física no local do furto de todas as pessoas que dele participam. Não há necessidade de que todos sejam imputáveis. Em tema de concurso de agentes, é conveniente ressaltar, todos os concorrentes (coautores ou partícipes) incidem nas mesmas penas, na medida de sua culpabilidade (art. 29 do CP).

Assim é que: "O fundamento da qualificadora do § 4º, IV, do art. 155 do CP reside na diminuição da possibilidade de defesa do bem quando o mesmo é atacado por mais de uma pessoa. Em consequência, para o seu reconhecimento não há a necessidade de qualquer indagação quanto ao elemento subjetivo, isto é, se houve ou não um acordo de vontades, bastando a verificação quanto ao número de atacantes" (TACrim, *JTACrim*, 50/389).

4.1.7 Emprego de explosivo ou artefato análogo

A Lei n. 13.654/2018 introduziu o § 4º-A no art. 155, punindo com pena de reclusão de 4 (quatro) a 10 (dez) anos e multa o furto com emprego de explosivo ou de artefato análogo que cause perigo comum. Trata-se de uma circunstância qualificadora. A referida lei teve por objetivo tratar com maior severidade furtos e roubos a caixas eletrônicos de bancos e instituições financeiras com o emprego de explosivos ou artefato análogo.

4.1.8 Furto mediante fraude por meio de dispositivo eletrônico ou informático

O crime de furto mediante fraude por meio de dispositivo eletrônico ou informático vem previsto nos §§ 4º-B e 4º-C do art. 155 do Código Penal, tendo sido introduzido no Código Penal pela Lei n. 14.155/21.

O § 4º-B constitui mais uma qualificadora do crime de furto, enquanto o § 4º-C traz duas causas de aumento de pena incidentes sobre a referida qualificadora.

De acordo com a redação dos dispositivos acrescentados ao art. 155, a pena é de reclusão, de 4 (quatro) a 8 (oito) anos, e multa, se o furto mediante fraude é cometido por meio de dispositivo eletrônico ou informático, conectado ou não à rede de computadores, com ou sem a violação de mecanismo de segurança ou a utilização de programa malicioso, ou por qualquer outro meio fraudulento análogo. Essa pena é aumentada, considerando a relevância do resultado gravoso, de 1/3 (um terço) a 2/3 (dois terços), se o crime é praticado mediante a utilização de servidor mantido fora do território nacional, e é aumentada de 1/3 (um terço) ao dobro, se o crime é praticado contra pessoa idosa ou vulnerável.

Vale ressaltar que o emprego de fraude como qualificadora do crime de furto já vinha previsto no inciso II do § 4º do art. 155 do Código Penal. A qualificadora do § 4º-B se diferencia da anterior justamente na espécie de fraude empregada pelo agente para perpetrar a subtração. No § 4º-B, a fraude, no furto, é praticada por meio de dispositivo eletrônico ou informático, conectado ou não à rede de computadores, com ou sem a violação de mecanismo de segurança ou a utilização de programa malicioso, ou por qualquer outro meio fraudulento análogo.

Há que se distinguir o crime de furto mediante fraude por meio de dispositivo eletrônico ou informático do crime de estelionato cibernético ou virtual.

No furto mediante fraude por meio de dispositivo eletrônico ou informático (§ 4º-B), ocorre a subtração da coisa, servindo a fraude como meio de iludir a vigilância ou a atenção da vítima. Nesse furto, a fraude é apenas o meio para tirar a coisa.

Já no estelionato cibernético ou virtual (§ 2º-A do art. 171), ocorre a entrega voluntária da coisa pela vítima, em decorrência da fraude empregada pelo agente. Nesse estelionato cibernético ou virtual, a fraude antecede o apossamento da coisa e é causa para ludibriar sua entrega pela vítima. A própria descrição típica constante do § 2º-A do art. 171 se refere a fraude cometida "com a utilização de informações fornecidas pela vítima ou por terceiro induzido a erro por meio de redes sociais, contatos telefônicos ou envio de correio eletrônico fraudulento, ou por qualquer outro meio fraudulento análogo." Portanto, no estelionato virtual há uma participação efetiva da vítima, ou de terceiro, que fornece as informações necessárias à perpetração da fraude, eis que induzida a erro por meio de redes sociais, contatos telefônicos ou envio de correio eletrônico fraudulento, ou por qualquer outro meio fraudulento análogo.

4.1.9 Furto de veículo automotor

Essa qualificadora, prevista no § 5º do art. 155 do Código Penal, foi acrescentada pela Lei n. 9.426, de 24 de dezembro de 1996. Visa justamente o agravamento da pena do furto de veículo automotor que se destine a outro Estado ou ao exterior, buscando combate aos *grupos organizados* de furtadores e receptadores de carros, motos, caminhões etc. A agravante requer, para sua configuração, a destinação específica da coisa furtada.

4.1.10 Furto de semovente domesticável de produção

Trata-se, em verdade, de um tipo especial de furto, previsto no § 6º do art. 155, introduzido pela Lei n. 13.330/2016, punindo com reclusão de 2 (dois) a 5 (cinco) anos a subtração de semovente domesticável de produção, ainda que abatido ou dividido em partes no local da subtração.

Esse crime tem como objeto material "semovente domesticável de produção", expressão que envolve todo tipo de gado, vacum, cavalar e muar, além de aves e outros animais, desde que domesticáveis e de produção. Há quem sustente que essa categoria englobaria até mesmo animais domésticos (cães, gatos etc.), desde que criados para produção ou comercialização.

O furto de gado não é figura nova em nosso ordenamento jurídico, sendo muito comum a utilização do termo abigeato para denominá-lo.

O termo abigeato deriva de "*abigeatu*", expressão inventada pelos romanos, já que o furto de animais não podia ser considerado como "*contraectatio*".

Como muito bem explicado por Álvaro Mayrink da Costa (*Direito Penal – Parte Especial*, 5. ed., Rio de Janeiro: Forense. 2001, p. 622), "o Código de Hammurabi aplicava a pena de morte e a 'Lex Duodecim Talarum' punia os ladrões de animais mais rigorosamente. A Lei Carolina e o Código Toscano consideravam-no 'furtum magnus'".

No Brasil, o abigeato foi incriminado no Código Penal de 1830.

Pelo que se desume da referida Lei n. 13.330/2016, como expressamente disposto em sua parte preliminar, a intenção do legislador foi "tipificar, de forma mais gravosa, os crimes de furto e de receptação de semovente domesticável de produção".

Entretanto, não me parece que tenha sido alcançado o intuito do legislador em mais essa sofrível alteração legislativa pontual.

Ora, não obstante essa acrescentada figura constitua, aparentemente, inegável *novatio legis in pejus*, sua eficácia prática como norma penal mais severa, intimidatória do furto de gado, fica extremamente comprometida em vista da realidade encontrada na absoluta maioria dos casos concretos que invadem nossos tribunais.

No mais das vezes, o furto de gado não é praticado por um único agente, restando configurado o concurso de pessoas em praticamente todos os casos, além do corriqueiro rompimento de obstáculo, mediante o corte ou destruição de cercas e outros engenhos que impeçam ou dificultem a subtração da *res furtiva*.

Nessas hipóteses, antes da nova lei, o fato acima apontado seria tipificado como furto qualificado, previsto no § 4º do art. 155 do CP, punido com reclusão de 2 (dois) a 8 (oito) anos, sendo certo que, agora, com o novo tipo penal criado, previsto no § 6º, a pena passa a ser de reclusão de 2 (dois) a 5 (cinco) anos, o que, a rigor, representa tratamento legislativo mais favorável ao ladravaz.

Isso ocorre porque o desconhecimento do legislador acerca da realidade criminal do País, e o anseio de atender às pressões de ruralistas e produtores de gado, culminou com uma lei que, na prática, será mais benéfica ao criminoso.

A melhor solução legislativa teria sido a exacerbação da pena do furto de semovente domesticável de produção por meio da introdução de uma causa de aumento de pena em razão do objeto material, a qual poderia muito bem incidir na terceira fase da dosimetria da pena, mesmo que o fato fosse tipificado como furto qualificado (§ 4º), constituindo, aí sim, situação jurídica detrimentosa ao criminoso.

4.1.11 Furto de substâncias explosivas ou acessórios

O § 7º do art. 155 foi introduzido pela Lei n. 13.654/2018, punindo com pena de reclusão de 4 (quatro) a 10 (dez) anos e multa a subtração de substâncias explosivas ou de acessórios que, conjunta ou isoladamente, possibilitem sua fabricação, montagem ou emprego. Aqui também o intuito do legislador foi punir mais severamente o furto de explosivos que possam ser utilizados na prática de furtos e roubos a caixas eletrônicos de bancos e instituições financeiras.

4.2 ROUBO

O *roubo* é um crime complexo previsto no art. 157 do Código Penal, no qual a objetividade jurídica é a tutela do direito ao patrimônio (posse e propriedade), assim como da integridade física, da saúde e da liberdade individual do cidadão.

Sujeito ativo pode ser qualquer pessoa. Sujeito passivo pode ser tanto o possuidor quanto o proprietário da coisa, seja pessoa física ou jurídica. Será sujeito passivo do delito também a pessoa atingida pela violência ou grave ameaça, mesmo que não seja titular do direito patrimonial protegido.

A conduta incriminada é *subtrair*, que significa assenhorear-se da coisa, retirando-a de quem a possua. Deve a subtração se dar com o emprego de *violência* (emprego de força física — lesão corporal ou vias de fato), *grave ameaça* (intimidação, prenúncio de um mal, que deve ser injusto e grave) ou *qualquer outro meio* capaz de reduzir a vítima à impossibilidade de resistência — violência imprópria (embriaguez, intoxicação por drogas etc.).

Está configurado o roubo, ainda que o agente utilize arma de brinquedo ou simulação de arma, meios esses aptos a incutir na vítima o temor de mal injusto e grave. Nesse sentido: "Segundo a jurisprudência do STF, se o agente, simulando porte de arma, ameaça, intimida e subjuga a vítima, subtraindo-lhe os pertences, configura-se crime de roubo (art. 157, 'caput', do CP) e não de furto qualificado" (STF, *RT*, 646/376).

Existe controvérsia jurisprudencial acerca da ocorrência de violência na chamada "trombada", em que o agente, propositadamente, utiliza-se de pancada, empurrão, choque, batida ou colisão, com a finalidade de subtrair pertences da vítima. A orientação mais acertada, contudo, é a que se inclina pela ocorrência do roubo.

Entretanto, caso a violência ou as vias de fato na "trombada" não se destinem a impossibilitar a resistência da vítima, sendo o intuito do agente apenas distraí-la ou desviar-lhe a atenção, a subtração configurará furto qualificado por destreza.

Há que não olvidar, também, que não apenas violência e a grave ameaça constituem meios aptos à prática do roubo, acolhendo a lei qualquer outro meio que possa reduzir a vítima à impossibilidade de resistência, que configura a chamada violência imprópria.

O objeto material do roubo é a *coisa móvel*, cuja perfeita definição deve ser buscada no direito civil. Além disso, a coisa deve ser *alheia*, ou seja, deve pertencer a alguém que não o sujeito ativo. É também objeto material do roubo a pessoa humana, contra a qual se emprega violência ou grave ameaça.

O roubo é crime doloso (não basta o *animus rem sibi habendi*, sendo necessário o *animus domini* ou *animus furandi*).

A consumação ocorre no momento em que o agente obtém a posse da coisa, mediante violência, grave ameaça ou qualquer outro meio capaz de reduzir a vítima à impossibilidade de resistência (violência imprópria). Não é necessário, para a consumação do roubo, que o agente retire a coisa da esfera de vigilância da vítima ou que a posse da coisa seja mansa e pacífica.

Acerca da consumação do roubo, dispõe a Súmula 582 do Superior Tribunal de Justiça: "Consuma-se o crime de roubo com a inversão da posse do bem mediante emprego de violência ou grave ameaça, ainda que por breve tempo e em seguida à perseguição imediata ao agente e recuperação da coisa roubada, sendo prescindível a posse mansa e pacífica ou desvigiada."

Admite-se a tentativa.

O Superior Tribunal de Justiça já decidiu que, no roubo, a quebra de cadeado e fechadura da casa da vítima constituem meros atos preparatórios e não início de execução, caracterizador da tentativa. Assim: "1. A despeito da vagueza do art. 14, II, do CP, e da controvérsia doutrinária sobre a matéria, aplica-se o mesmo raciocínio já desenvolvido pela Terceira Seção deste Tribunal (CC 56.209/MA), por meio do qual se deduz a adoção da teoria objetivo-formal para a separação entre atos preparatórios e atos de execução, exigindo-se para a configuração da tentativa que haja início da prática do núcleo do tipo penal. 2. O rompimento de cadeado e a destruição de fechadura de portas da casa da vítima, com o intuito de, mediante uso de arma de fogo, efetuar subtração patrimonial da residência, configuram meros atos preparatórios que impedem a condenação por tentativa de roubo circunstanciado." (STJ – AREsp 974254/TO, Rel. Min. Ribeiro Dantas, Quinta Turma, DJe 27.09.2021).

A ação penal é pública incondicionada.

4.2.1 Roubo impróprio

Previsto no § 1º do art. 157 do Código Penal, o *roubo impróprio* é aquele no qual o agente emprega a violência ou grave ameaça à pessoa logo depois de subtraída a coisa, a fim de assegurar a impunidade do crime ou a detenção da coisa para si ou para outrem.

Assim: "Para a configuração do crime de roubo, é necessário haver o emprego de violência ou grave ameaça contra a vítima. Outrossim, o delito previsto no artigo 157, parágrafo 1º, do Código Penal (roubo impróprio), consuma-se no momento em que, logo após o agente se tornar possuidor da coisa, a violência é empregada para assegurar a impunidade do crime, consoante ocorreu na presente hipótese. No presente caso, pela análise dos fatos descritos no acórdão, nota-se que o crime praticado pelo agravante foi o de roubo impróprio, haja vista que houve emprego de violência para a manutenção da posse da res, circunstância elementar do tipo." (STJ - AgRg no HC 618071/SC – Rel. Min. Messod Azulay Neto – Quinta Turma – j. 14.02.2023 – DJe 22.02.2023).

"Tipifica o roubo impróprio o fato de o meliante, imediatamente após a subtração e para assegurar a posse das coisas, ameaçar a vítima com uma espingarda, chegando, inclusive, a dispará-la contra a mesma" (TJSC, *RT*, 606/371).

Aplicam-se ao roubo impróprio os comentários já tecidos ao *caput* do artigo, com a ressalva de que a jurisprudência, majoritariamente, entende que a consumação se dá com emprego da violência ou grave ameaça, sendo inadmissível a tentativa.

4.2.2 Roubo circunstanciado

No § 2º do art. 157 do Código Penal, estão elencadas circunstâncias que emprestam especial gravidade ao delito, revelando maior periculosidade do agente e gerando intensa reprovabilidade social, sendo a pena, então, aumentada de um terço.

Emprego de arma branca

O inciso I do § 2.º, expressamente revogado pela Lei n. 13.654/2018, cuidava da causa de aumento de pena pelo emprego de arma, que deveria ser entendida como todo instrumento apto a atingir a integridade física de alguém.

No revogado inciso, a arma poderia ser *de fogo*, carregada ou descarregada, ou a chamada *arma branca*, podendo ser ainda *própria* ou *imprópria*, *real* ou *simulada*.

Entretanto, a Lei n. 13.964/2019, que aperfeiçoou a legislação penal e processual penal, acrescentou o inciso VII ao § 2.º do art. 157, do seguinte teor:

"VII — se a violência ou grave ameaça é exercida com emprego de arma branca;"

Portanto, o emprego de arma branca no crime de roubo voltou a ser causa de aumento de pena.

Concurso de duas ou mais pessoas

Ao aumentar a pena do crime de roubo pelo concurso de duas ou mais pessoas, o inciso II do § 2º atribuiu especial gravidade ao delito em razão do maior poder intimidativo empregado contra a vítima, aumentando a possibilidade de êxito da empreitada criminosa. É indiferente para o aumento da pena a circunstância de ser inimputável um dos comparsas, ou ainda que não sejam todos perfeitamente identificados.

Transporte de valores

Essa causa de aumento de pena vem prevista no inciso III do § 2º, emprestando maior proteção às vítimas que estejam em serviço de transporte de valores. Ressalte-se que a lei, ao referir-se a *serviço* de transporte de valores, excluiu a hipótese de pertencerem os valores à própria vítima, oportunidade em que não incidirá o aumento de pena.

Deve, ainda, para a configuração da qualificadora, ser do conhecimento do agente que a vítima se encontra em serviço de transporte de valores.

Subtração de veículo automotor

Essa causa de aumento de pena, prevista no inciso IV do § 2º, foi acrescentada pela Lei n. 9.426, de 24 de dezembro de 1996. Visa justamente o agravamento da pena do roubo de veículo automotor que se destine a outro Estado ou ao exterior, buscando combate aos *grupos organizados* de roubadores e receptadores de carros, motos, caminhões etc. A agravante requer, para sua configuração, a destinação específica da coisa roubada.

Privação de liberdade

A causa de aumento de pena de privação de liberdade, prevista no inciso V do § 2º, também foi acrescentada pela Lei n. 9.426, de 24 de dezembro de 1996. A intenção do legislador foi trazer o sequestro de curta duração, até então autônomo, como qualificadora do roubo, atribuindo-lhe maior gravidade.

A esse propósito, destacam-se os seguintes julgados:

"O sequestro de dois gerentes de agência bancária, nada deles sendo exigido, afora as chaves do cofre, não constitui a conduta prevista no art. 159, § 1º, do CP, se o propósito visado pelos agentes era roubar o estabelecimento bancário, pois, em tal caso, o sequestro é, tão somente, complemento 'ad nato' circunstancial para viabilizar o roubo" (TJRJ, *RT*, 771/681).

"Se o agente mantém as vítimas em seu poder, confinadas em um compartimento da casa, restringindo-lhes a liberdade por espaço de tempo suficiente à subtração dos bens objeto do roubo, incide o aumento de pena previsto no § 2º, V, do art. 157 do CP" (TJMS, *RT*, 775/654).

"Após a promulgação da Lei 9.426/96, que acrescentou o inciso V ao § 2º do art. 157 do CP, o crime de sequestro passou a ser absorvido pelo roubo qualificado, pela privação da liberdade das vítimas durante a prática do roubo ou para evitar a ação policial. No entanto, a novel legislação não exclui a hipótese do concurso material entre roubo e sequestro naqueles casos em que, já consumado o crime contra o patrimônio e desnecessária a presença das vítimas para assegurar o êxito da ação criminosa, são estas, mesmo assim, mantidas sob domínio dos assaltantes, a revelar, por parte destes, a vontade livre e consciente de cometer uma nova infração" (TJSP, *RT*, 780/587).

Na hipótese do chamado *sequestro-relâmpago*, em que o agente priva a vítima de liberdade por curto espaço de tempo, em regra constrangendo-a a sacar dinheiro em bancos ou caixas eletrônicos, está configurado o crime de *extorsão* (art. 158, § 3º, do CP).

Roubo de substâncias explosivas ou acessórios

O inciso VI do § 2º foi introduzido pela Lei n. 13.654/2018, prevendo como roubo circunstanciado também a subtração de substâncias explosivas ou de acessórios que, conjunta ou isoladamente, possibilitem sua fabricação, montagem ou emprego. Aqui o intuito do legislador foi punir mais severamente a subtração de explosivos que possam ser utilizados na prática de furtos e roubos a caixas eletrônicos de bancos e instituições financeiras.

4.2.3 Emprego de arma de fogo e explosivos

O § 2º-A do art. 157 foi introduzido pela Lei n. 13.654/2018, aumentando a pena do roubo em 2/3 (dois terços) se a violência ou ameaça é exercida com emprego de arma de fogo e também se há destruição ou rompimento de obstáculo mediante o emprego de explosivo ou de artefato análogo que cause perigo comum.

Com relação ao emprego de arma, deve ser salientado que o inciso I do § 2º foi expressamente revogado pela citada lei. Houve, portanto, a revogação, pela nova lei, do inciso I do § 2º do art. 157 do Código Penal, que tratava da causa de aumento de pena de um terço até a metade, no caso de ser a violência ou grave ameaça exercida com o emprego de arma. A nova lei revogou expressamente esse inciso I, colocando, em seu lugar, no § 2º-A, uma causa de aumento de pena de dois terços "se a violência ou ameaça é exercida com emprego de arma de fogo". Portanto, o emprego de "arma branca" não mais caracteriza causa de aumento de pena no crime de roubo. Roubo com emprego de arma branca, portanto, passa a ser considerado roubo simples (art. 157, *caput*, do CP).

Com relação ao emprego de arma de fogo, como já dito, passou a aumentar a pena do roubo de 2/3 (dois terços).

A razão do aumento de pena reside na maior vulnerabilidade da vítima, que se vê intimidada com a perspectiva da grave ameaça que lhe é endereçada. Durante muito tempo se entendeu que, mesmo no caso da denominada "arma de brinquedo", ou simulacro de arma, ficava configurada causa de aumento, de evidente caráter subjetivo, uma vez que sua razão não residia no perigo efetivo representado para a vítima, mas na utilidade que dela retirava o meliante, conseguindo com maior facilidade reduzi-la à incapacidade de resistência (RJDTACrim, 14/157).

A respeito, editou o Superior Tribunal de Justiça a Súmula 174, do seguinte teor: "No crime de roubo, a intimidação feita com arma de brinquedo autoriza o aumento da pena".

Essa súmula, entretanto, foi cancelada no julgamento do Recurso Especial n. 213.054-SP, tendo como recorrente o Ministério Público de São Paulo, por maioria de votos, pela Terceira Seção do Superior Tribunal de Justiça: "Crime de porte ilegal de arma de fogo — roubo com emprego de arma de brinquedo — causa especial de aumento de pena — art. 157, § 2º, inciso I, do Código Penal — Súmula n. 174/STJ — cancelamento — tipificação como crime do art. 10, § 1º, inciso II, da Lei n. 9.437/97. O aumento especial de pena no crime de roubo em razão do emprego de arma de brinquedo (consagrado na Súmula 174-STJ) viola vários princípios basilares do Direito Penal, tais como o da legalidade (art. 5º, inciso XXIX, da Constituição Federal e art. 1º, do Código Penal), do 'ne bis in idem', e da proporcionalidade da pena. Ademais, a Súmula 174 perdeu o sentido com o advento da Lei n. 9.437, de 20 de fevereiro de 1997, que em seu art. 10, § 1º, inciso II, criminalizou a utilização de arma de brinquedo para o fim de cometer crimes. Cancelamento da Súmula 174-STJ. Recurso conhecido mas desprovido" (STJ, 5ª T., REsp 213.054/SP, Rel. Min. José Arnaldo da Fonseca, j. 24-10-2002, m.v., DJU, 11-11-2002, p. 148).

É certo que o cancelamento da Súmula 174 do STJ apenas indica um posicionamento jurisprudencial, não vinculando o julgador a adotá-lo como razão de decidir. Entretanto, é também certo que, nesse caso, o uso de arma de brinquedo esgota sua eficácia intimidativa na própria configuração típica do crime de roubo, servindo apenas para ameaçar gravemente a vítima, estando o agente incurso no art. 157, caput, do Código Penal. Portanto, a utilização de arma de brinquedo no roubo não constitui causa de aumento de pena. A posição dos Tribunais Superiores, outrossim, é no sentido de que não configura a causa de aumento no caso de arma desmuniciada, de arma quebrada e de arma ineficaz.

Com relação à necessidade de apreensão da arma de fogo utilizada no roubo, assim posicionou-se o Superior Tribunal de Justiça: "Criminal. Embargos de divergência no Recurso Especial. Roubo. Emprego de arma. Desnecessidade de apreensão e realização de perícia. Utilização de outros meios de prova. Incidência da majorante. Embargos conhecidos e rejeitados. I — Para a caracterização da majorante prevista no art. 157, § 2º, inciso I, do Código Penal, prescinde-se da apreensão e realização de perícia em arma utilizada na prática do crime de roubo, se por outros meios de prova restar evidenciado o seu emprego. Precedentes do STF. II — Os depoimentos do condutor, da vítima, das testemunhas, bem como qualquer meio de captação de imagem, por exemplo, são suficientes para comprovar a utilização de arma na prática delituosa de roubo, sendo desnecessária a apreensão e a realização de perícia para a prova do seu potencial de lesividade e incidência da majorante. III — A exigência de apreensão e perícia da arma usada na prática do roubo para qualificá-lo constitui exigência que não deflui da lei resultando então em exigência ilegal posto ser a arma por si só — desde que demonstrado por qualquer modo a utilização dela — instrumento capaz de qualificar o crime de roubo. IV — Cabe ao imputado demonstrar que a arma é desprovida de potencial lesivo, como na hipótese de utilização de arma de brinquedo, arma defeituosa ou arma incapaz de produzir lesão. V — Embargos conhecidos e rejeitados, por maioria" (STJ — EREsp 961.863/RS — Rel. Min. Gilson Dipp — 3ª Seção — *DJe* 6-4-2011).

Já com relação à destruição ou rompimento de obstáculo mediante o emprego de explosivo ou de artefato análogo que cause perigo comum, o propósito do legislador foi punir mais severamente o roubo praticado, nessas condições, a caixas eletrônicos de bancos e instituições financeiras.

4.2.4 Roubo e lesão corporal grave

Segundo a regra do art. 157, § 3º, inciso I, do Código Penal, com a redação que lhe foi dada pela Lei n. 13.654/2018, se da violência empregada na subtração resulta lesão corporal grave, a pena é de reclusão, de 7 a 18 anos, além de multa.

Cuida-se de hipótese de *crime qualificado pelo resultado*, no qual a conduta antecedente (roubo) é dolosa, e a conduta consequente (lesão corporal grave) é punida indiferentemente a título de dolo ou culpa. Se as lesões graves forem culposas, o crime será *preterdoloso*. Essa regra se aplica ao roubo próprio (*caput*) e ao roubo impróprio (§ 1º).

Nesse aspecto:

"Praticadas lesões corporais graves contra a vítima, com o fim específico de subtrair-lhe o patrimônio, resta configurado o roubo qualificado, ainda que a subtração da coisa não tenha se efetivado" (TJMG, *RT*, 773/691).

"Não há crime de latrocínio quando a subtração dos bens da vítima se realiza, mas o homicídio não se consuma. Conduta que tipifica roubo com resultado lesão corporal grave, devendo a pena ser dosada com observância da primeira parte do § 3º do art. 157 do CP. A sentença e o acórdão que extrapolaram tais parâmetros devem ser anulados apenas na parte em que fixaram a pena" (STF, *RT*, 782/512).

As lesões corporais de natureza leve são absorvidas pela violência necessária ao roubo.

4.2.5 Latrocínio

O inciso II do § 3º do art. 157 do Código Penal, com a redação que lhe foi dada pela Lei n. 13.654/2018, cuida do crime de latrocínio, quando, além da subtração, ocorre a morte da vítima. Também nesse caso se trata de crime qualificado pelo resultado, em que a conduta antecedente (roubo) é dolosa e a conduta consequente (morte) pode ser dolosa ou culposa.

Nos termos do estabelecido no dispositivo legal, é indiferente que o resultado morte seja doloso ou culposo, podendo ocorrer no roubo próprio (*caput*) ou no roubo impróprio (§ 1º). Parte da jurisprudência tem entendido que o latrocínio ocorre ainda que a violência atinja pessoa diversa daquela que sofre o desapossamento (*RT*, 474/289).

O latrocínio se consuma com a subtração e com a morte da vítima, pouco importando a ordem dessas ações. A tentativa é muito controvertida na jurisprudência, surgindo várias posições acerca de sua configuração.

O latrocínio é considerado *crime hediondo*, de acordo com o disposto no art. 6º da Lei n. 8.072, de 25 de julho de 1990.

Sendo, outrossim, consumado o homicídio, mas não o roubo, que permaneceu na esfera da tentativa, é de ser considerado consumado o latrocínio, uma vez que se trata de crime complexo que se aperfeiçoa com a morte da vítima. Assim dispõe a Súmula 610 do Supremo Tribunal Federal: "Há crime de latrocínio, quando o homicídio se consuma, ainda que não realize o agente a subtração de bens da vítima".

Nesse sentido: "Crime de latrocínio. Ainda que não haja a subtração dos bens da vítima, há crime de latrocínio quando o homicídio se consuma. Crime plurissubjetivo, com unidade de propósitos dos agentes" (STF, *RT*, 633/351).

"Tem-se por consumado o crime de latrocínio se na subtração da coisa alheia móvel, mediante violência à pessoa, da violência resulta a morte, ainda quando não se haja efetivado a subtração patrimonial intentada" (STF, *RT*, 571/411).

"Consumado o homicídio, mas não a subtração patrimonial, está configurado o latrocínio, cujo julgamento pertence ao juízo singular e não ao Júri, que é competente apenas para os crimes contra a vida e não para os delitos patrimoniais, embora com o evento morte" (TJSP, *RT*, 521/393).

Em outra hipótese, quando a subtração se aperfeiçoa, mas o homicídio permanece na esfera da tentativa, suportando a vítima lesão grave, tem-se, com supedâneo em entendimento do Supremo Tribunal Federal, por consumado o roubo qualificado pelo resultado lesão grave, figura típica prevista no art. 157, § 3º, primeira parte, do Código Penal.

Nesse sentido: "Não há crime de latrocínio quando a subtração dos bens da vítima se realiza, mas o homicídio não se consuma. Conduta que tipifica roubo com resultado lesão corporal grave, devendo a pena ser dosada com observância da primeira parte do

§ 3º do art. 157 do CP. A sentença e o acórdão que extrapolaram tais parâmetros devem ser anulados apenas na parte em que fixaram a pena" (STF, *RT*, 782/512).

Em sentido contrário era o entendimento do extinto Tribunal de Alçada Criminal de São Paulo, orientando-se, em vários julgados, pela ocorrência de tentativa de latrocínio quando a subtração se aperfeiçoa, mas não a morte da vítima, que suporta lesão corporal.

4.3 EXTORSÃO

Prevista no art. 158 do Código Penal, a *extorsão* é um *crime complexo*, que tem como objetividade jurídica a tutela do direito ao patrimônio, assim como da liberdade individual do cidadão.

Sujeito ativo e sujeito passivo podem ser qualquer pessoa.

A conduta incriminada é *constranger,* que significa coagir, obrigar, forçar, compelir a vítima. Deve o constrangimento se dar com o emprego de *violência* (emprego de força física — lesão corporal ou vias de fato) ou *grave ameaça* (intimidação, prenúncio de um mal, que deve ser injusto e grave). A vítima deve ser compelida a fazer, deixar de fazer ou tolerar que se faça alguma coisa.

Como elemento normativo do tipo, temos a finalidade de obtenção, para o agente ou para terceiro, de *indevida vantagem econômica,* que é aquela não permitida por lei, não exigível da vítima. Se a vantagem for de outra natureza que não econômica, haverá outro delito, por exemplo, constrangimento ilegal.

A extorsão é crime doloso, formal, que se consuma com o comportamento positivo ou negativo da vítima, fazendo, deixando de fazer ou tolerando que se faça alguma coisa. Não é necessária à consumação a obtenção de indevida vantagem econômica pelo agente. Admite-se a tentativa.

A ação penal é pública incondicionada.

Existem diferenças entre os crimes de roubo e extorsão, muito embora não seja simples traçar a distinção à vista do fato concreto. Sustenta-se na doutrina que, na extorsão, a vítima tem um mínimo de escolha, podendo optar entre ceder ou não ao constrangimento do agente. No roubo, de outro lado, a eventual resistência da vítima de nada aproveitaria, uma vez que o agente poderia tomar-lhe a coisa de qualquer modo. No roubo o agente toma a coisa da vítima ou a obriga a entregá-la. Na extorsão a vítima pode optar entre entregar a coisa ou não, oferecendo resistência.

Nesse sentido: "O critério mais explícito e preciso na diferenciação entre a extorsão e o roubo é o da prescindibilidade ou não do comportamento da vítima. Isto significa que, à medida que possa o agente obter a vantagem patrimonial, independentemente da participação da vítima ameaçada, o que se tem é o crime de roubo. Ao contrário, será extorsão o ato de se exigir que saque a vítima determinada importância de sua conta bancária, para entregá-la ao agente, sob promessa de violência para o caso de não atendimento, já que, aqui, a participação daquela era pormenor indispensável à obtenção da vantagem econômica pelo delinquente, que nada conseguiria sem a adesão e a colaboração do ofendido" (TJSP, *RT*, 720/438).

4.3.1 Extorsão CIRCUNSTANCIADA

Hipóteses que empregam maior gravidade ao crime de extorsão, previstas no § 1º do art. 158 do Código Penal, impondo aumento de pena de 1/3 até a metade, são:

a) crime cometido por duas ou mais pessoas;

b) crime cometido com o emprego de arma.

Valem, neste ponto, os comentários já tecidos quanto ao roubo circunstanciado pelo concurso de duas ou mais pessoas, e também quanto ao roubo com emprego de arma, inclusive arma de brinquedo e simulacro de arma.

4.3.2 Extorsão e lesão grave ou morte

Pelo disposto no § 2º do art. 158 do Código Penal, aplica-se à *extorsão praticada mediante violência* o disposto no § 3º do art. 157 (roubo com lesão grave e latrocínio), servindo à matéria os comentários já lançados na análise deste último dispositivo legal.

Merece destacar que a extorsão qualificada pela morte é considerada *crime hediondo*, de acordo com o disposto no art. 1º da Lei n. 8.072, de 25 de julho de 1990, com a redação dada pelo art. 1º da Lei n. 8.930, de 6 de setembro de 1994.

4.3.3 Sequestro-relâmpago

De acordo com o § 3º do art. 158 do Código Penal, acrescentado pela Lei n. 11.923/2009, se o crime é cometido mediante a restrição da liberdade da vítima, e essa condição é necessária para a obtenção da vantagem econômica, a pena é de reclusão, de seis a doze anos, além da multa; se resulta lesão corporal grave ou morte, aplicam-se as penas previstas no art. 159, §§ 2º e 3º, respectivamente.

Trata-se de figura recentemente tipificada como *sequestro-relâmpago*, em que a vítima tem sua liberdade restringida pelo agente como condição necessária para a obtenção da vantagem econômica.

4.4 DANO

O crime de *dano* vem previsto no art. 163 do Código Penal, tendo como objetividade jurídica a tutela do patrimônio, da propriedade das coisas móveis e imóveis.

Sujeito ativo pode ser qualquer pessoa, salvo o proprietário do bem. Sujeito passivo é o proprietário ou possuidor do bem.

A conduta vem expressa por três verbos: *destruir* (desfazer, desmanchar), *inutilizar* (tornar inútil) e *deteriorar* (estragar, adulterar). O objeto material do crime é *coisa alheia*, móvel ou imóvel.

Trata-se de crime doloso, que se consuma com o efetivo dano à coisa alheia, ainda que parcial. Admite-se a tentativa.

A ação penal é privada.

4.4.1 Dano qualificado

O parágrafo único do art. 163 do Código Penal estabelece quatro hipóteses que qualificam o crime de dano, cominando pena de 6 meses a 3 anos, e multa, além da pena correspondente à violência:

a) dano cometido com violência a pessoa ou grave ameaça;

b) dano cometido com o emprego de substância inflamável ou explosiva, se o fato não constitui crime mais grave;

c) Dano contra o patrimônio da União, de Estado, do Distrito Federal, de Município ou de autarquia, fundação pública, empresa pública, sociedade de economia mista ou empresa concessionária de serviços públicos.

A jurisprudência majoritária posiciona-se no sentido de que o dano praticado por preso, em fuga ou tentativa de fuga, não seria punível, uma vez que inexistiria o *animus nocendi*, sendo buscada a liberdade, direito natural de que todos são titulares.

d) dano cometido por *motivo egoístico* ou com prejuízo considerável à vítima.

A ação penal é pública incondicionada nas hipóteses das letras *a*, *b* e *c*, e privada na hipótese da letra *d*.

4.5 APROPRIAÇÃO INDÉBITA

Constitui apropriação indébita, crime previsto no art. 168 do Código Penal, o fato de apropriar-se o sujeito de coisa alheia móvel, de que tem a posse ou detenção. É um crime cuja objetividade jurídica é a proteção ao direito de propriedade.

Sujeito ativo é aquele que tem a posse ou detenção da coisa. Sujeito passivo é o dono ou possuidor, que sofre a perda da coisa.

A conduta típica vem caracterizada pelo verbo *apropriar-se*, que significa assenhorear-se, tornar-se dono, fazer sua a coisa. Nesse crime, o agente recebe a coisa legitimamente e, então, resolve assenhorear-se dela.

Deve existir, necessariamente, a inversão do *"animus" da posse* por parte do sujeito ativo, que caracteriza a consumação do delito. Na apropriação indébita propriamente dita, o agente, que tinha a posse lícita da coisa, resolve dela dispor como se dono fosse.

Nessa modalidade, admite-se a tentativa. Na *negativa de restituição*, por seu turno, o agente, que também tinha a posse lícita da coisa, nega-se a devolver o objeto material do crime. Não se admite, nesse caso, a tentativa.

Assim: "Consuma-se o crime de apropriação indébita no momento em que o agente inverte o título da posse, passando a agir como dono, recusando-se a devolver a coisa ou praticando algum ato externo típico de domínio, com o ânimo de apropriar-se da coisa" (STJ, *RT*, 675/415).

"A consumação do delito de apropriação indébita ocorre quando o agente transforma a posse ou a detenção da coisa em domínio" (STJ, *RJD*, 16/227).

A apropriação indébita é crime doloso. O dolo deve ser posterior ao recebimento da coisa pelo sujeito ativo. Se for anterior, ou seja, se o sujeito ativo já receber a coisa com a finalidade de apropriar-se dela, haverá crime de estelionato.

Nesse sentido:

A ação penal é pública incondicionada.

4.5.1 Formas circunstanciadas

O § 1º do art. 168 do Código Penal trata das figuras circunstanciadas, aumentando a pena de 1/3, quando o agente recebeu a coisa:

a) em depósito necessário (art. 1.282 do Código Civil);

b) na qualidade de tutor, curador, síndico, liquidatário, inventariante, testamenteiro ou depositário judicial;

c) em razão de ofício, emprego ou profissão.

Neste último caso: "Configura crime de apropriação indébita qualificada em razão de ofício, a conduta de Advogado que recebe e despende quantia de cliente sem fornecer recibos ou comprovantes do alegado, máxime se o valor recebido for considerado demasiadamente elevado para a destinação aludida" (TACrim, *RJD*, 28/49).

4.6 APROPRIAÇÃO INDÉBITA PREVIDENCIÁRIA

(*Vide* item 8.3.1., abaixo.)

4.7. ESTELIONATO

Estelionato é a obtenção, para si ou para outrem, de *vantagem ilícita* em prejuízo alheio, induzindo ou mantendo alguém em erro, mediante *artifício*, *ardil* ou qualquer outro *meio fraudulento*.

É crime previsto no art. 171 do Código Penal, cuja objetividade jurídica é a proteção ao direito de propriedade.

Sujeito ativo é aquele que induz ou mantém a vítima em erro, mediante artifício, ardil ou qualquer outro meio fraudulento.

Sujeito passivo é a pessoa enganada, que sofre o dano patrimonial.

A conduta típica é *obter*, que significa alcançar, conseguir, lograr.

O objeto material é a *vantagem ilícita*, que deve ser obtida em *prejuízo alheio*, atingindo o patrimônio da vítima.

Para atingir seu intento, deve o sujeito ativo induzir ou manter a vítima em erro, utilizando-se de artifício, ardil ou qualquer outro meio fraudulento.

É irrelevante que, para o homem médio, a fraude empregada não teria sido idônea a induzi-lo ou mantê-lo em erro, pois, no caso, consideram-se as condições pessoais da vítima.

O estelionato é um crime doloso.

A consumação ocorre com a efetiva obtenção pelo agente de vantagem ilícita, em prejuízo alheio.

Admite-se tentativa.

Não se confunde, como já foi dito anteriormente, o *furto mediante fraude* com o *estelionato*.

No furto mediante fraude ocorre a *subtração* da coisa, servindo a fraude como meio de iludir a vigilância ou a atenção da vítima. No estelionato, ocorre a *entrega voluntária* da coisa pela vítima, em decorrência da fraude empregada pelo agente.

Nesse aspecto: "No crime de estelionato a fraude antecede o apossamento da coisa e é causa para ludibriar sua entrega pela vítima, enquanto no furto qualificado pela fraude o artifício malicioso é empregado para iludir a vigilância ou a atenção. Ocorre furto mediante fraude e não estelionato nas hipóteses de subtração de veículo posto à venda mediante solicitação ardil de teste experimental ou mediante artifício que leva a vítima a descer do carro" (STJ, *RT*, 768/527).

Difere o *estelionato*, outrossim, da *apropriação indébita*.

No estelionato, o dolo do agente é anterior à posse ou detenção da coisa, sendo o meio fraudulento utilizado para propiciá-la. Na apropriação indébita, ao contrário, o agente recebe a coisa de boa-fé, resolvendo dela apropriar-se, oportunidade em que inverte o *animus* da posse anterior e legítima.

Acerca do estelionato e dos crimes de falso, *vide* análise no Capítulo 10 — "Dos crimes de falsidade documental".

Por fim, o ressarcimento do prejuízo até o recebimento da denúncia não enseja a exclusão do crime, servindo apenas como causa de diminuição da pena, nos termos do disposto no art. 16 do Código Penal. Se o ressarcimento do prejuízo ocorrer após o recebimento da denúncia, haverá apenas circunstância atenuante genérica, prevista no art. 65, III, *b*, do Código Penal.

A ação penal, no crime de estelionato, é, em regra, pública condicionada a representação do ofendido, de acordo com o disposto no § 5.º do art. 171, acrescentado pela Lei n. 13.964/2019.

Assim, dispõe o § 5.º que somente se procede mediante representação, salvo se a vítima for: I — a Administração Pública, direta ou indireta; II — criança ou adolescente; III — pessoa com deficiência mental; ou IV — maior de 70 (setenta) anos de idade ou incapaz.

4.7.1 Estelionato privilegiado

O estelionato privilegiado vem previsto no art. 171, § 1º, do Código Penal, que determina a aplicação do disposto no art. 155, § 2º, do mesmo diploma. Assim, sendo o *criminoso primário* e de *pequeno valor a coisa*, poderá o juiz:

a) substituir a pena de reclusão pela de detenção;

b) diminuir a pena de 1 a 2/3;

c) aplicar somente a pena de multa.

A respeito da caracterização do pequeno valor da coisa, consultem-se os comentários sobre o furto privilegiado.

4.7.2 Disposição de coisa alheia como própria

Essa modalidade de estelionato vem prevista no art. 171, § 2º, I, do Código Penal, punindo a conduta daquele que vende, permuta, dá em pagamento, em locação ou em garantia coisa alheia como própria.

A coisa alheia pode ser móvel ou imóvel.

4.7.3 Alienação ou oneração fraudulenta de coisa própria

Trata-se de outra modalidade de estelionato, prevista no art. 171, § 2º, II, do Código Penal. Tipifica a conduta daquele que vende, permuta, dá em pagamento ou em garantia coisa própria inalienável, gravada de ônus ou litigiosa, ou imóvel que prometeu vender a terceiro, mediante pagamento em prestações, silenciando sobre qualquer dessas circunstâncias.

4.7.4 Defraudação de penhor

Defraudar significa espoliar fraudulentamente, fraudar. Nessa modalidade de estelionato, o agente, tendo a posse do objeto empenhado, aliena-o sem consentimento do credor, ou, por outro modo, defrauda a *garantia pignoratícia*. É prevista no art. 171, § 2º, III, do Código Penal.

O Código Civil regula o penhor nos arts. 1.431 a 1.472.

4.7.5 Fraude na entrega de coisa

Essa modalidade de estelionato, tipificada no art. 171, § 2º, IV, do Código Penal, pune a conduta daquele que defrauda substância, qualidade ou quantidade de coisa que deve entregar a alguém.

A lei destaca o *dever* de entregar a coisa, podendo decorrer de lei, de ordem judicial ou de disposição contratual.

4.7.6 Fraude para recebimento de indenização ou valor de seguro

Modalidade de estelionato de espectro bastante amplo, prevista no art. 171, § 2º, V, do Código Penal, pune aquele que:

a) destrói, total ou parcialmente, coisa própria;

b) oculta coisa própria;

c) lesa o próprio corpo ou a saúde;

d) agrava as consequências da lesão ou doença.

Nesses casos, deve existir o *intuito de haver indenização ou valor de seguro*.

4.7.7 Fraude no pagamento por meio de cheque

Essa modalidade de estelionato, prevista no art. 171, § 2º, VI, do Código Penal, tipifica a conduta de quem emite cheque sem suficiente provisão de fundos em poder do sacado, ou lhe frustra o pagamento.

A Lei n. 7.357, de 2 de setembro de 1985 (Lei do Cheque), estabelece, em seu art. 65, o seguinte:

> Art. 65. Os efeitos penais da emissão do cheque sem suficiente provisão de fundos, da frustração do pagamento do cheque, da falsidade, da falsificação e da alteração do cheque continuam regidos pela legislação criminal.

A conduta típica divide-se em duas modalidades:

a) *emissão* de cheque sem fundos;

b) *frustração do pagamento* de cheque.

É necessário que tenha o agente atuado com má-fé na emissão do cheque sem fundos ou na frustração do pagamento do cheque com fundos.

Nesse sentido é o teor da Súmula 246 do Supremo Tribunal Federal:

"Súmula 246. Comprovado não ter havido fraude, não se configura o crime de emissão de cheque sem fundos".

A jurisprudência tem entendido que não há o delito em estudo, também, quando se trata de *cheque pós-datado*, também conhecido por *cheque pré-datado*, ou, ainda, quando não seja datado (*RT*, 521/487 e 584/412).

Nesse aspecto: "Constando no verso do cheque menção de data futura à sua emissão para o pagamento, evidencia que tal título de crédito foi dado como garantia de dívida, sendo desvirtuado a respeito de pagamento à vista. Logo, não se vislumbra a fraude na emissão do cheque referido para dar ensejo à tipificação e condenação com base no art. 171, § 2º, VI, do CP" (TJSP, *RT*, 692/253).

"A falta de provisão de fundos de cheque não configura o crime de estelionato (art. 171, § 2º, VI, do CP) desde que ele tenha sido emitido como garantia de dívida, ciente o beneficiário desta particularidade e aceitando-o para apresentação ao sacado em data posterior" (STF, *RT*, 592/445).

Com relação ao *cheque sustado*: "A fraude no pagamento por meio de cheques não consiste unicamente na falta de provisão de fundos em poder do sacado, podendo tal frustração também ocorrer quando há uma contraordem ao banco para que não pague o cheque emitido ou, ainda, quando o agente bloqueia sua conta" (TAMG, *RT*, 624/358).

No que se refere ao pagamento por meio de *cheque de conta encerrada*, a jurisprudência orienta-se no sentido de que o delito seria de estelionato na modalidade do *caput* do art. 171 do CP, e não na modalidade de fraude no pagamento por meio de cheque, prevista no mesmo dispositivo, no § 2º, VI.

Assim: "O pagamento feito com cheque oriundo de conta corrente encerrada configura crime de estelionato em seu tipo fundamental (art. 171, *caput*, CP) e não o delito previsto no inciso VI, § 2º, da mesma norma penal, não podendo ser erigido em causa de extinção da punibilidade o ressarcimento do prejuízo, ainda que antes do oferecimento da denúncia" (STJ, *RT*, 702/402).

Já o *cheque dado em pagamento de dívida de jogo* não configura estelionato: "As dívidas de jogo ou aposta não obrigam a pagamento. Sendo ato estranho ao Direito Civil *ipso facto*, não está sujeito à sanção penal o cheque como meio de pagamento de tal dívida. Se a lei civil, em determinado caso, nega proteção ao patrimônio, não poderá ter cabimento aí a sanção penal" (TACrim, *RT*, 461/431).

No que se refere à consumação do crime, a jurisprudência tem entendido majoritariamente que ela se opera quando o cheque é recusado ao ser apresentado ao sacado (banco).

Nesse sentido o teor da Súmula 521 do STF: "O foro competente para o processo e julgamento dos crimes de estelionato, sob a modalidade da emissão dolosa de cheque sem provisão de fundos, é o do local onde se deu a recusa do pagamento pelo sacado".

Outrossim, atualmente é posição dominante em nossos tribunais que o pagamento do cheque antes da denúncia não caracteriza o crime, uma vez que não existe justa causa para a ação penal, inclusive à vista do teor da Súmula 554 do STF: "O pagamento de cheque emitido sem provisão de fundos, após o recebimento da denúncia, não obsta ao prosseguimento da ação penal".

A esse propósito: "O advento do art. 16 da nova Parte Geral do CP não é incompatível com a aplicação das Súmulas 246 e 554, que devem ser entendidas complementarmente, aos casos em que se verifiquem os seus supostos. Não há justa causa para a ação penal se, pago o cheque emitido sem suficiente provisão de fundos antes da propositura da ação penal, a proposta acusatória não demonstra que houve fraude no pagamento por meio de cheque, não configurado, portanto, o crime do art. 171, § 2º, VI, do CP. Precedentes" (STF, *RT*, 616/377).

Ainda: "Se o cheque sem provisão de fundos em poder do sacado foi resgatado antes do oferecimento da denúncia, recebendo a vítima a importância nele consignada, inexiste, sequer em tese, o delito do art. 171, § 2º, n. VI, do Código Penal" (*RT*, 390/81).

4.7.8 Fraude eletrônica

O crime de estelionato cibernético ou virtual (fraude eletrônica) vem previsto no art. 171, §§ 2º-A e 2º-B, do Código Penal, tendo sido introduzido pela Lei n. 14.155/21.

De acordo com a redação dos dispositivos (§§ 2º-A e 2º-B), a pena é de reclusão, de 4 (quatro) a 8 (oito) anos, e multa, se a fraude é cometida com a utilização de informações fornecidas pela vítima ou por terceiro induzido a erro por meio de redes sociais, contatos telefônicos ou envio de correio eletrônico fraudulento, ou por qualquer outro meio fraudulento análogo, sendo essa pena aumentada de 1/3 (um terço) a 2/3 (dois terços), considerada a relevância do resultado gravoso, se o crime é praticado mediante a utilização de servidor mantido fora do território nacional.

Não se pode confundir o crime de estelionato cibernético ou virtual (fraude eletrônica) com o crime de furto mediante fraude por meio de dispositivo eletrônico ou informático, também acrescentado ao Código Penal pela Lei n. 14.155/21.

No furto mediante fraude por meio de dispositivo eletrônico ou informático (§§ 4º-B e 4º-C do art. 155), ocorre a subtração da coisa, servindo a fraude como meio de iludir a vigilância ou a atenção da vítima. Nesse furto, a fraude é apenas o meio para tirar a coisa.

Já no estelionato cibernético ou virtual, ocorre a entrega voluntária da coisa pela vítima, em decorrência da fraude empregada pelo agente. Nesse estelionato, a fraude antecede o apossamento da coisa e é causa para ludibriar sua entrega pela vítima. A própria descrição típica constante do § 2º-A do art. 171 se refere a fraude cometida "com a utilização de informações fornecidas pela vítima ou por terceiro induzido a erro por meio de redes sociais, contatos telefônicos ou envio de correio eletrônico fraudulento, ou por qualquer outro meio fraudulento análogo." Portanto, no estelionato cibernético ou virtual (fraude eletrônica) há uma participação efetiva da vítima, ou de terceiro, que fornece as informações necessárias à perpetração da fraude, eis que induzida a erro por meio de redes sociais, contatos telefônicos ou envio de correio eletrônico fraudulento, ou por qualquer outro meio fraudulento análogo.

4.7.9 Estelionato circunstanciado

O estelionato é circunstanciado, com aumento de pena de 1/3, se cometido em detrimento de:

a) entidade de direito público;

b) instituto de economia popular;

c) instituto de assistência social; e

d) instituto de beneficência.

Essas qualificadoras aplicam-se tanto ao estelionato em sua figura básica como às modalidades já estudadas do § 2º.

4.7.10 Estelionato contra pessoa idosa ou vulnerável

De acordo com o disposto no § 4.º do art. 171 do CP, com a redação dada pela Lei n. 14.155/21, "a pena aumenta-se de 1/3 (um terço) ao dobro, se o crime é cometido contra idoso ou vulnerável, considerada a relevância do resultado gravoso."

Idoso, segundo dispõe o art. 1.º da Lei n. 10.741/03, é a pessoa com idade igual ou superior a 60 anos. Vale lembrar que a Lei n. 14.423/22 substituiu, na Lei n. 10.741/03, a expressão "idoso" por "pessoa idosa".

4.7.11 Competência para o processo e julgamento do estelionato

O § 4º do art. 70 do Código de Processo Penal, acrescentado pela Lei n. 14.155/21, estabelece que, nos crimes de estelionato, quando praticados mediante depósito, mediante emissão de cheques sem suficiente provisão de fundos em poder do sacado ou com o pagamento frustrado ou mediante transferência de valores, a competência será definida pelo local do domicílio da vítima, e, em caso de pluralidade de vítimas, a competência firmar-se-á pela prevenção."

Vale ressaltar que o Superior Tribunal de Justiça entende que a regra acima, por se tratar de norma processual, deve ser aplicada de imediato, ainda que os fatos tenham sido anteriores à Lei n. 14.155/21, notadamente quando o processo ainda estiver em fase de inquérito policial (CC 180.832-RJ, Rel. Min. Laurita Vaz, Terceira Seção, j. em 25/08/2021).

4.8 RECEPTAÇÃO

A *receptação* é crime previsto no art. 180 do Código Penal, tendo como objetividade jurídica a tutela do patrimônio.

Sujeito ativo pode ser qualquer pessoa. Sujeito passivo é o proprietário da coisa produto de crime (vítima do crime antecedente).

A conduta típica vem expressa por diversos verbos constantes da descrição penal: "adquirir", "receber", "transportar", "conduzir" ou "ocultar".

O objeto material da receptação é coisa móvel, produto de crime. É pressuposto, portanto, de sua ocorrência a existência de crime anterior, ainda que não seja objeto de inquérito policial ou processo-crime, findo ou em andamento.

A receptação é punível, segundo o disposto no art. 180, § 4º, do Código Penal, ainda que desconhecido ou isento de pena o autor do crime de que proveio a coisa. Assim:

A receptação é crime doloso, salvo na hipótese do § 3º do art. 180 do Código Penal, que cuida da modalidade culposa.

A consumação da receptação se opera, na modalidade dolosa própria, com a efetiva aquisição, recebimento, transporte, condução ou ocultação da coisa (delito material); e na modalidade dolosa imprópria, com a influência exercida sobre o terceiro de boa-fé, independentemente da efetiva aquisição, recebimento ou ocultação da coisa por parte deste.

A ação penal é pública incondicionada.

4.8.1 Receptação simples dolosa própria

Essa modalidade de receptação vem prevista no *caput*, primeira parte, do art. 180, representada pelos verbos que compõem a figura típica.

4.8.2 Receptação simples dolosa imprópria

A receptação simples dolosa imprópria, prevista no art. 180, *caput*, segunda parte, do Código Penal, caracteriza-se pela influência para que terceiro de boa-fé adquira, receba ou oculte coisa que sabe ser produto de crime. Esse crime é formal, consumando-se com a influência exercida sobre o terceiro de boa-fé, independentemente da efetiva aquisição, recebimento ou ocultação da coisa.

4.8.3 Receptação no exercício de atividade comercial

Essa modalidade do crime vem prevista no art. 180, § 1º, do Código Penal, devendo as condutas típicas ser praticadas no exercício da atividade comercial ou industrial, já que o agente (comerciante ou industrial) *deve saber* (dolo eventual) que a coisa é produto de crime.

O § 2º do mesmo artigo equipara à atividade comercial, nesse caso, qualquer forma de comércio irregular ou clandestino, inclusive o exercido em residência.

4.8.4 Receptação culposa

A receptação culposa, também chamada de *receptação negligente*, vem prevista no art. 180, § 3º, do Código Penal, devendo o agente *presumir* que a coisa que adquire ou recebe foi obtida por meio criminoso, em razão das seguintes circunstâncias:

a) Natureza da coisa

b) Desproporção entre o valor e o preço

c) Condição de quem oferece a coisa

4.8.5 Receptação privilegiada

Modalidade prevista no art. 180, § 5º, segunda parte, do Código Penal, a receptação privilegiada pode ocorrer nos seguintes moldes:

a) No caso de receptação culposa, sendo o criminoso primário, pode o juiz, considerando as circunstâncias do fato, deixar de aplicar a pena. Trata-se, na verdade, de hipótese de *perdão judicial*.

b) No caso de receptação dolosa, sendo o criminoso primário e de pequeno valor a coisa, o juiz pode substituir a pena de reclusão pela de detenção, diminuí-la de 1 a 2/3, ou aplicar somente a pena de multa.

4.8.6 Receptação qualificada pelo objeto material

Na hipótese prevista no art. 180, § 6º, do Código Penal, a receptação é qualificada pelo objeto material, impondo a aplicação da pena do *caput* em dobro quando se tratar de bens do patrimônio da União, de Estado, do Distrito Federal, de Município ou de autarquia, fundação pública, empresa pública, sociedade de economia mista ou empresa concessionária de serviços públicos.

5
CRIMES CONTRA A HONRA

5.1 GENERALIDADES

Nos crimes tipificados pelos arts. 138 a 140 do Código Penal, a proteção legal recai sobre a *honra*, entendida esta como o conjunto de qualidades morais, intelectuais e físicas atinentes a determinada pessoa.

A doutrina costuma distinguir a *honra objetiva* da *honra subjetiva*.

Honra objetiva é o conceito que o indivíduo tem no meio social em que vive, evidenciando o juízo que os demais fazem de seus atributos. É a reputação da pessoa.

Honra subjetiva é a autoestima que a pessoa tem, o juízo que faz de si mesma em razão de seus atributos.

5.2 CALÚNIA

Crime previsto no art. 138 do Código Penal, a *calúnia* tem como objetividade jurídica a tutela da honra objetiva da pessoa.

Sujeito ativo pode ser qualquer pessoa.

Sujeito passivo tem de ser a pessoa natural, incluindo os desonrados e os inimputáveis.

A pessoa jurídica, na atual sistemática do Código Penal, não pode ser sujeito passivo de calúnia.

Nesse sentido: "Se caluniar significa imputar a alguém fato definido como crime, somente pessoa física pode ser sujeito passivo do delito do art. 138 do CP" (TARS, *RT*, 686/373). Também o Superior Tribunal de Justiça: "Pessoa jurídica. Vítima de crime contra a honra. A pessoa jurídica, no direito brasileiro, só pode dizer-se vítima de difamação, não de calúnia ou injúria" (STJ, *DJU*, 12-12-1994).

Há que ressalvar, entretanto, a responsabilização penal da pessoa jurídica, instituída pela Lei n. 9.605, de 12 de dezembro de 1998 (Lei dos Crimes Ambientais), possibilitando, então, apenas nesse caso, ser ela sujeito passivo do crime de calúnia.

A conduta vem expressa pelo verbo *imputar*, que significa atribuir, propalar, divulgar.

A imputação deve referir-se a *fato definido como crime*, o que exclui, desde logo, as contravenções penais.

O fato definido como crime há de ser certo e determinado, concreto, específico, e não meras alusões a tipos penais sem maiores detalhes.

A imputação deve ser lançada *falsamente* pelo sujeito ativo, pois se o fato imputado for verdadeiro inexiste calúnia.

Trata-se de crime doloso que requer, para sua configuração, também, o *animus diffamandi vel injuriandi*, que pode ser definido como a vontade séria e inequívoca de caluniar a vítima.

Logo: "Não há crime de calúnia quando o sujeito pratica o fato com ânimo diverso, como ocorre nas hipóteses de *animus narrandi, criticandi, defendendi, retorquendi, corrigendi e jocandi*" (STJ, *RJSTJ*, 34/237).

A consumação ocorre quando a falsa imputação de fato definido como crime chega ao conhecimento de terceira pessoa.

A *tentativa de calúnia* é admissível, desde que a calúnia não seja verbal.

5.2.1 Divulgação ou propalação

O § 1º do art. 138 do Código Penal determina a aplicação da mesma pena do *caput* a quem, sabendo falsa a imputação, a propala ou divulga.

5.2.2 Calúnia contra os mortos

Muito embora o morto não possa ser sujeito passivo de crimes, o § 2º do art. 138 do Código Penal pune, também, a *calúnia contra os mortos*. Nesse caso, evidentemente, os sujeitos passivos serão os familiares do morto, titulares da honra objetiva atingida pelo sujeito ativo.

5.2.3 Exceção da verdade

Como já dissemos acima, a imputação à vítima de fato definido como crime há de ser falsa, o que leva o dispositivo em estudo a admitir, no § 3º, a *prova da verdade*.

Significa que o sujeito ativo pode provar que a imputação que fez ao sujeito passivo é verdadeira, tornando atípica a conduta.

A prova ou exceção da verdade (*exceptio veritatis*) deve ser ofertada, em regra, no prazo da defesa prévia, nada impedindo que o seja em qualquer fase processual, já que, após a contestação e a dilação probatória, será analisada na sentença final (art. 523 do CPP).

A prova da verdade, entretanto, encontra limites nos incisos I, II e III do § 3º, hipóteses em que não poderá ser alegada pelo agente, que responderá criminalmente pela calúnia.

5.3 DIFAMAÇÃO

A *difamação* vem prevista no art. 139 do Código Penal, tendo como objetividade jurídica a tutela da honra objetiva da pessoa.

Sujeito ativo pode ser qualquer pessoa.

Sujeito passivo pode ser qualquer pessoa, incluindo os inimputáveis e as *pessoas jurídicas*. Quanto a estas últimas, a doutrina e a jurisprudência têm admitido serem elas detentoras de honra objetiva, de reputação.

A conduta vem expressa pelo verbo *imputar*, que significa atribuir, propalar, divulgar.

A imputação, porém, deve referir-se a *fato ofensivo à reputação* da vítima, a fato desonroso, que não crime, também concreto e específico.

O fato ofensivo pode ser verídico ou inverídico.

Trata-se de crime doloso que requer, para sua configuração, também o *animus diffamandi vel injuriandi,* que pode ser definido como a vontade séria e inequívoca de difamar a vítima.

A consumação ocorre quando a imputação de fato ofensivo à reputação da vítima chega ao conhecimento de terceira pessoa. A *tentativa de difamação* é admissível, desde que a difamação não seja verbal.

5.3.1 Exceção da verdade

A regra geral é a de que a difamação não permita a *exceção da verdade*. Entretanto, a prova da veracidade do fato ofensivo pode ser feita, segundo o parágrafo único do art. 139 do Código Penal, quando o ofendido é *funcionário público* e a ofensa é relativa ao exercício de suas funções.

5.4 INJÚRIA

O crime de *injúria* vem previsto no art. 140 do Código Penal, tendo como objetividade jurídica a tutela da honra subjetiva da pessoa, sua *autoestima* e o sentimento que tem de seus próprios atributos.

Sujeito ativo pode ser qualquer pessoa. Sujeito passivo também pode ser qualquer pessoa natural, com exceção, em regra, dos inimputáveis que não têm consciência da *dignidade* ou *decoro*. Neste último caso, deve ser considerado o grau de entendimento da vítima. Inadmissível, também, a injúria contra os mortos.

Por não possuir honra subjetiva, a *pessoa jurídica* também não pode ser vítima de injúria. A esse respeito: "A pessoa jurídica, por não possuir honra subjetiva, não pode ser sujeito passivo de crime de injúria. A honra é atributo pessoal, bem jurídico conquistado pelo ser humano. Ademais, o delito do art. 140 do CP insere-se entre os praticados contra a pessoa humana" (TJSP, *RT*, 652/259).

A conduta vem expressa pelo verbo *ofender*, que significa ferir, atacar. A honra subjetiva se divide em *honra-dignidade*, relativa aos atributos morais da pessoa, e *honra-decoro*, relativa aos seus atributos físicos, sociais e intelectuais. A ofensa pode ser perpetrada por qualquer meio.

A injúria caracteriza-se pela atribuição de uma qualidade negativa ao sujeito passivo, capaz de ofender-lhe a honra-dignidade ou a honra-decoro. Podem ser citadas como exemplos de injúria as expressões: *corno, caolho, bicha, ignorante, suburbano, preto, analfabeto, canalha, idiota, farsante, vagabunda, ladrão, corcunda, caloteiro, estelionatário, picareta, sem-vergonha, jaburu, biscate, assassino, amigo do alheio, chifrudo etc.*

Trata-se de crime doloso que requer, para sua configuração, também o *animus diffamandi vel injuriandi*, que pode ser definido como a vontade séria e inequívoca de injuriar a vítima.

A consumação ocorre quando o sujeito passivo toma conhecimento da ofensa. A *tentativa de injúria* é admissível desde que a injúria não seja oral.

Não se admite exceção da verdade no crime de injúria.

5.4.1 Perdão judicial

O § 1º do art. 140 do Código Penal traz duas hipóteses de *perdão judicial*, pelas quais o juiz pode deixar de aplicar a pena. A primeira hipótese refere-se à *provocação direta* por parte da vítima, de forma reprovável. A segunda hipótese trata da *retorsão imediata*, que consista em outra injúria.

Na primeira hipótese, o sujeito passivo provoca o sujeito ativo até que este, fora de seu natural equilíbrio, o injuria, ofendendo-lhe a honra subjetiva. Nesse caso, o juiz pode deixar de aplicar a pena — hipótese de perdão judicial (art. 107, IX, do CP).

Na segunda hipótese, a retorsão (revide à injúria que lhe foi lançada) deve ser imediata, ou seja, sem intervalo de tempo, estando as partes presentes, frente a frente. A rigor, não se trata de causa de justificação, não se exigindo, portanto, a proporcionalidade entre as ofensas. Também é caso de perdão judicial, em que o juiz pode deixar de aplicar a pena (art. 107, IX, do CP).

5.4.2 Injúria real

A *injúria real* consiste na utilização, pelo sujeito ativo, não de palavras, mas de violência ou vias de fato para a prática da ofensa. A violência ou as vias de fato, por sua natureza ou pelo meio empregado, devem ser consideradas *aviltantes* (humilhantes, desprezíveis). Exemplos muito difundidos de injúria real são bater na cara da vítima com luvas retiradas das mãos, atirar-lhe fezes, cortar-lhe o cabelo de forma humilhante, bater-lhe com chicote, rasgar-lhe as vestes, atirar alimentos ou bebida em seu rosto etc.

A esse respeito: "Responde pelo delito de injúria quem, com a intenção de ferir a dignidade alheia, atira conteúdo de copo de bebida no rosto da vítima" (TACrim, *JTACrim*, 30/181).

Também: "Tosagem de cabelo da mulher pelo marido, num ímpeto de ciúme, configura a injúria real, constituindo o ato material do corte de cabelo a contravenção de vias de fato, com o objetivo manifesto de injuriar a vítima" (TACrim, *RT*, 438/441).

Consistindo a injúria real em violência, caso a vítima venha a sofrer lesões corporais, haverá concurso material entre o crime de injúria e o crime de lesão corporal.

5.4.3 Injúria por preconceito religioso

Em sua redação originária, o § 3º do art. 140 do Código Penal punia a injúria consistente na utilização de elementos referentes à raça, cor, etnia, religião ou origem.

Entretanto, a Lei n. 14.532/23 deu nova redação ao dispositivo, deslocando a tipificação da injúria consistente na utilização de elementos referentes à raça, cor, etnia e origem (procedência nacional) para o art. 2º-A da Lei n. 7.716/89, com pena de reclusão de 2 (dois) a 5 (cinco) anos e multa.

Portanto, o § 3º, em sua redação atual, prevê apenas a injúria religiosa e a injúria etária, que será tratada no tópico a seguir.

5.4.4 Injúria etária

O Estatuto da Pessoa Idosa (Lei n. 10.741/2003), conferindo nova redação ao § 3º do art. 140 do Código Penal, tipificou a *injúria etária*, que ocorre quando a ofensa consiste na utilização de elementos referentes à condição de pessoa idosa da vítima. Não basta que a injúria tenha sido praticada contra qualquer vítima considerada idosa (idade igual ou superior a 60 anos), sendo necessário que o agente, para ofender a honra subjetiva dela, utilize elementos referentes à sua *condição de pessoa idosa*. Ex.: chamar a vítima de *velho caduco, vetusto, esclerosado, "gagá", decrépito* etc.

A redação do § 3º prevê, ainda, a injúria em razão de deficiência (física ou mental), devendo essa condição ser ressaltada pelo sujeito ativo, no intuito de ofender a honra subjetiva (autoestima) da vítima. Ex.: *debiloide, débil mental, maluco, retardado, "código 13", aleijado, manquitola, aberração, monstro, mutilado* etc.

5.5 FORMAS CIRCUNSTANCIADAS

O art. 141 do Código Penal traz quatro hipóteses de *crime contra a honra circunstanciado*, em que as penas são aumentadas de um terço, uma hipótese de crime contra a honra circunstanciado, em que a pena é aplicada em dobro, e outra em que a pena é aplicada em triplo..

Assim, se o crime é praticado contra o *Presidente da República*, ou contra *chefe de governo estrangeiro;* contra *funcionário público*, em razão de suas funções, ou contra os Presidentes do Senado Federal, da Câmara dos Deputados ou do Supremo Tribunal Federal; na presença de várias pessoas, ou por meio que facilite a divulgação do crime; e contra criança, adolescente, pessoa maior de 60 (sessenta) anos ou pessoa com deficiência, exceto na hipótese prevista no § 3º do art. 140,, as penas são aumentadas de um terço.

Já se o crime é cometido mediante paga ou promessa de recompensa, que não precisa necessariamente ter cunho pecuniário, a pena deve ser aplicada em dobro.

Por fim, se o crime é cometido ou divulgado em quaisquer modalidades das redes sociais da rede mundial de computadores, aplica-se em triplo a pena.

5.6 EXCLUSÃO DO CRIME

O art. 142 do Código Penal exclui os crimes de injúria e difamação (e não o de calúnia) em três hipóteses específicas:

a) A primeira delas diz respeito à denominada *imunidade judiciária*, abrangendo a *ofensa irrogada em juízo*, na discussão da causa, pela parte ou por seu procurador. Essa ofensa há de ser nos estritos limites da lide, prevalecendo apenas entre as partes e seus procuradores, excluindo o juiz e todos os demais que possam intervir na relação processual, tais como os serventuários da Justiça, os peritos ou assistentes técnicos e as testemunhas.

Com relação ao advogado, deve ser mencionado que, não obstante o teor do art. 7º, § 2º, da Lei n. 8.906/94 — Estatuto da Ordem dos Advogados do Brasil —, conferindo-lhe irrestrita *imunidade profissional*, têm o Supremo Tribunal Federal e o Superior Tribunal de Justiça entendido que o disposto no art. 133 da Constituição Federal deve harmonizar-se com a regra do art. 142, I, do Código Penal.

Nesse sentido: "A inviolabilidade do advogado, por seus atos e manifestações no exercício da profissão, segundo o art. 133 da Constituição, sujeita-se aos limites legais. Portanto, não se trata de imunidade judicial absoluta. Consequência disso, o art. 142 do CP foi recepcionado e o alcance previsto no § 2º, do art. 7º, do Estatuto da OAB não corresponde aos que se lhe quer emprestar. É intuitivo que a nobre classe dos advogados não há de querer estabelecer privilégio, se tanto luta para extingui-los. A imunidade, nesse caso, deve ser compreendida igualmente àquela conferida ao cidadão comum" (STJ, *RT*, 723/538).

A propósito, também: "A imunidade judiciária ao advogado não acoberta ofensa ao magistrado. A garantia constitucional (CF, art. 133) condiciona a inviolabilidade aos limites da lei. Eventuais excessos de linguagem, ocorridos no calor dos debates, não configura injúria ou difamação se vinculados ao restrito tema da causa" (STJ, *RT*, 696/410).

Com relação à ofensa a Promotor de Justiça, merece destaque a precisa lição de Guilherme de Souza Nucci (*Código Penal comentado*, 3. ed., São Paulo: Revista dos Tribunais, 2003, p. 457), ensinando que "o representante do Ministério Público somente pode ser inserido no contexto da imunidade judiciária (como autor ou como vítima da ofensa) quando atuar no processo como parte. Assim é o caso do Promotor de Justiça que promove a ação penal da esfera criminal. Se ele ofender a parte contrária ou for por ela ofendido, não há crime. Entretanto, não se considera 'parte', no sentido da excludente de ilicitude, que se refere com nitidez à 'discussão da causa', o representante do Ministério Público quando atua como 'fiscal da lei'. Nesse caso, conduz-se no processo imparcialmente, tal como deve fazer sempre o magistrado, não devendo 'debater' a sua posição, mas apenas sustentá-la, sem qualquer ofensa ou desequilíbrio".

b) A segunda causa de exclusão dos crimes de difamação e injúria refere-se à *opinião desfavorável da crítica literária, artística ou científica*, salvo quando inequívoca a intenção de injuriar ou difamar.

c) Por fim, não há crime de difamação e injúria no *conceito desfavorável emitido por funcionário público*, em apreciação ou informação que preste no cumprimento do dever do ofício. A hipótese é de estrito cumprimento do dever legal.

Nesse aspecto: "O conceito desfavorável, lançado em processo judicial, pelo Diretor de Secretaria, no exercício de dever funcional, em decorrência da cobrança de autos retidos além do prazo legal, pelo Ministério Público, fica agasalhado pela norma do art. 142, III, do Código Penal, que visa à proteção da função pública" (STJ, *JSTJ*, 43/404).

5.7 RETRATAÇÃO

Segundo o disposto no art. 143, *caput*, do Código Penal, o ofensor que, antes da sentença, se retrata cabalmente da calúnia ou da difamação fica isento de pena.

A injúria não admite *retratação*.

A retratação é causa de extinção da punibilidade prevista no art. 107, VI, do Código Penal.

A retratação prescinde de forma especial, contanto que seja cabal. Nesse aspecto: "Exige a lei que a retratação seja cabal, vale dizer, completa, perfeita e não reticente ou incerta" (STJ, *RSTJ*, 44/244).

A retratação deve ocorrer *antes da sentença*, entendida esta como a de primeiro grau, não se exigindo o trânsito em julgado.

Constitui ela ato unilateral, que prescinde de aceitação do ofendido.

O parágrafo único do art. 143 dispõe que "nos casos em que o querelado tenha praticado a calúnia ou a difamação utilizando-se de meios de comunicação, a retratação dar-se-á, se assim desejar o ofendido, pelos mesmos meios em que se praticou a ofensa".

5.8 PEDIDO DE EXPLICAÇÕES

O *pedido de explicações* vem previsto no art. 144 do Código Penal, e tem lugar antes do oferecimento da queixa, visando esclarecer a efetiva existência do *animus diffamandi vel injuriandi*.

Assim, se, de referência, alusões ou frases se infere calúnia, difamação ou injúria, quem se julga ofendido pode pedir *explicações em juízo*.

Se o ofensor se recusa a dá-las ou, a critério do juiz, não as dá satisfatórias, responde pela ofensa.

Como não há rito próprio para o pedido de explicações no Código de Processo Penal, adota-se o rito previsto para as notificações e interpelações judiciais previsto nos arts. 867 a 873 do Código de Processo Civil.

Recebendo o pedido de explicações, o juiz expedirá notificação ao requerido para que forneça as explicações respectivas. Prestadas ou não as explicações, satisfatórias ou não, o *juiz da notificação* simplesmente determinará que os autos sejam entregues ao requerente. Este, por seu turno, se quiser, poderá propor a ação penal privada, que se processará perante o *juiz da ação*.

A rigor, ante a regra dos arts. 75, parágrafo único, e 83, ambos do Código de Processo Penal, a distribuição do pedido de explicações fixa a competência do juízo, daí por que o *juiz da notificação* será também o *juiz da ação*.

Disso decorre que, levando em conta a expressão *"a critério do juiz"*, estampada no art. 144 do Código Penal, poderia perfeitamente o *juiz da notificação* analisar as explicações e julgá-las *"satisfatórias"*, evitando, assim, a futura eventual ação penal.

5.9 AÇÃO PENAL

A regra, nos crimes contra a honra, é a *ação penal privada*, já que o art. 145 do Código Penal diz que somente se procede mediante *queixa*.

Há, entretanto, três *exceções* a essa regra:

a) se, no caso do art. 140, § 2º (injúria real), da violência resulta lesão corporal, a ação penal é pública incondicionada. A integridade corporal, considerada bem jurídico indisponível, conjugada ao crime de injúria, torna a ação penal pública incondicionada, ante a regra da ação penal no crime complexo, estampada no art. 101 do Código Penal.

Entretanto, em razão do disposto no art. 88 da Lei n. 9.099/95, os crimes de lesão corporal dolosa leve e de lesão corporal culposa passaram a demandar representação da vítima, sendo a ação penal, nesses casos, pública condicionada a representação.

Portanto, muito embora se trate de crime complexo na injúria real, continuando a ação penal a ser pública (de iniciativa exclusiva do Ministério Público), é de ser considerada a nova regra estabelecida pela lei do Juizado Especial.

Assim, se da violência empregada na injúria real resultar lesão corporal de natureza leve, a ação penal será pública condicionada à representação do ofendido. Se resultar lesão corporal de natureza grave ou gravíssima, a ação penal será pública incondicionada.

b) no caso do inciso I do art. 141 (crimes contra a honra praticados contra o Presidente da República, ou contra chefe de governo estrangeiro), a ação penal é pública condicionada a *requisição do Ministro da Justiça*;

c) no caso do inciso II do art. 141 (crimes contra a honra praticados contra funcionário público, em razão de suas funções, ou contra os Presidentes do Senado Federal, da Câmara dos Deputados ou do Supremo Tribunal Federal), a ação penal é pública condicionada à *representação do ofendido*. Nada impede, entretanto, que o funcionário público opte por ingressar com *ação penal privada*, conforme permissivo da Súmula 714 do Supremo Tribunal Federal: "É concorrente a legitimidade do ofendido, mediante queixa, e do Ministério Público, condicionada a representação do ofendido, para a ação penal por crime contra a honra de servidor público em razão do exercício de suas funções";

d) no caso do § 3º do art. 140 (injúria por preconceito religioso, injúria etária e injúria contra deficiente), a ação penal é pública condicionada a *representação do ofendido*. Essa regra foi introduzida pela Lei n. 12.033/2009. Nada impede, entretanto, que o ofendido, nestes casos, opte por intentar ação penal privada (queixa-crime), já que a regra foi instituída em seu benefício, podendo ele preferir valer-se da regra geral.

6
CRIME DE ABUSO DE AUTORIDADE – LEI N. 13.869/19

6.1 INTRODUÇÃO

A Lei n. 13.869/19 revogou expressamente a Lei n. 4.898/65, que regulava o direito de representação e o processo de responsabilidade administrativa, civil e penal, contra as autoridades que, no exercício de suas funções, cometessem abusos.

Sancionada pelo Presidente da República no dia 5 de setembro de 2019, a Lei n. 13.869/19 logo recebeu a alcunha de Nova Lei de Abuso de Autoridade, tendo um período de *vacatio legis* de 120 dias e entrando em vigor no dia 3 de janeiro de 2020.

A lei teve inicialmente 19 vetos, sendo certo que, posteriormente, o Congresso Nacional rejeitou 10 deles, sendo promulgadas as partes vetadas em 27 de setembro de 2019.

De acordo com o disposto no art. 1º, *caput*, a lei define os crimes de abuso de autoridade cometidos por agente público, servidor ou não, que, no exercício de suas funções ou a pretexto de exercê-las, abuse do poder que lhe tenha sido atribuído.

6.2 ABUSO DE AUTORIDADE

O abuso de autoridade se caracteriza como a conduta praticada por agente público, servidor ou não, que, ultrapassando os limites do poder que lhe tenha sido atribuído por lei, atenta contra os direitos e garantias fundamentais do cidadão, em regra praticando excessos e/ou arbitrariedades, violando o normal funcionamento da Administração e desrespeitando os princípios constitucionais da legalidade, da impessoalidade, da moralidade, da publicidade e da eficiência.

É importante ressaltar que a Lei n. 13.869/19 não tem como objetivo impedir ou prejudicar o exercício regular das funções dos agentes públicos, mas sim coibir a conduta abusiva e ilegal por parte desses profissionais. A lei busca garantir que os direitos fundamentais dos cidadãos sejam respeitados e que o Estado seja responsabilizado quando ocorrerem abusos por parte de seus agentes.

Cabe destacar, ainda, que o crime de abuso de autoridade é um importante mecanismo de proteção dos direitos dos cidadãos e da democracia em um Estado de Direito.

É essencial que os agentes públicos atuem dentro dos limites legais e éticos de suas funções, garantindo a segurança e o bem-estar da população de forma justa e responsável.

6.3 OBJETIVIDADE JURÍDICA

Com relação ao bem jurídico tutelado, os tipos penais previstos pela lei de abuso de autoridade são pluriofensivos, ou seja, visam proteger não apenas a normalidade e a regularidade dos serviços públicos, como também direitos e garantias individuais, tais como liberdade de locomoção, liberdade individual, integridade física, inviolabilidade de domicílio etc., a depender do crime.

6.4 ELEMENTO SUBJETIVO

O elemento subjetivo presente em todos os tipos penais da lei de abuso de autoridade é o dolo, não sendo prevista nenhuma modalidade delitiva culposa. Agindo com culpa o agente público, deixando de observar o cuidado objetivo necessário em sua atuação funcional, poderá ser responsabilizado na esfera administrativa e/ou na esfera cível.

Entretanto, além do dolo direto, a lei estabeleceu, ainda, a necessidade de um especial fim de agir para a configuração dos crimes nela previstos, devendo o agente público praticar as condutas típicas com a finalidade específica de prejudicar outrem ou beneficiar a si mesmo ou a terceiro, ou, ainda, por mero capricho ou satisfação pessoal. São crimes de tendência intensificada, crimes de intenção ou crimes de tendência interna transcendente.

Ausente o elemento subjetivo específico (especial fim de agir) do agente, descaracterizado estará o crime de abuso de autoridade.

6.5 SUJEITOS DO CRIME

Os crimes previstos na Lei n. 13.869/19 são considerados próprios, ou seja, somente podem ser praticados por uma determinada categoria de pessoas com a qualidade exigida pelo tipo penal: os agentes públicos.

Nesse aspecto, estabelece o art. 2º que é considerado sujeito ativo do crime de abuso de autoridade qualquer agente público, servidor ou não, da administração direta, indireta ou fundacional de qualquer dos Poderes da União, dos Estados, do Distrito Federal, dos Municípios e de Território, compreendendo, mas não se limitando a: I – servidores públicos e militares ou pessoas a eles equiparadas; II – membros do Poder Legislativo; III – membros do Poder Executivo; IV – membros do Poder Judiciário; V – membros do Ministério Público; VI – membros dos tribunais ou conselhos de contas.

Trata-se de um rol meramente exemplificativo.

O parágrafo único do art. 2º esclarece que "reputa-se agente público, para os efeitos desta Lei, todo aquele que exerce, ainda que transitoriamente ou sem remuneração, por eleição, nomeação, designação, contratação ou qualquer outra forma de investidura ou vínculo, mandato, cargo, emprego ou função em órgão ou entidade abrangidos pelo caput deste artigo".

O particular (*extraneus*) que, de qualquer modo, concorrer para o crime de abuso de autoridade, ciente da qualidade de agente público de seu coautor ou partícipe, também responderá pelo crime funcional, nos termos do disposto no art. 30 do Código Penal. Nesse caso, a qualidade de agente público (*intraneus*) é elementar dos crimes de abuso de autoridade, comunicando-se ao particular (*extraneus*) que para ele de qualquer modo concorrer.

Sujeito passivo dos crimes de abuso de autoridade é a pessoa eventualmente lesada pela conduta do agente público. Secundariamente, é o Estado.

6.6 CRIME DE HERMENÊUTICA

Tratou a Lei de Abuso de Autoridade, no art. 1º, § 2º, de ressalvar expressamente que "a divergência na interpretação da lei ou na avaliação de fatos e provas não configura abuso de autoridade", vedando o que se convencionou chamar de "crime de hermenêutica", expressão cunhada pelo grande Rui Barbosa, na defesa que fez perante o Supremo Tribunal Federal do juiz municipal Alcides de Mendonça Lima, que, no início da República, se recusou a cumprir a Lei n. 10/1895, do Estado do Rio Grande do Sul, editada pelo governador Júlio de Castilhos.

O dispositivo estampado no art. 1º, § 2º, da lei surgiu da necessidade de salvaguardar a autoridade, conferindo-lhe um mínimo de segurança jurídica para decidir, exercendo a atividade hermenêutica no caso concreto sem o receio de sofrer represálias e punições, ainda mais à vista de vários tipos penais que exigem como elemento normativo a infringência da lei, como ocorre no art. 9º ("prazo razoável", "manifestamente cabível"), no art. 10 ("manifestamente descabida"), no art. 20 ("sem justa causa") etc.

Trata-se de causa excludente da tipicidade, eis que a divergência na interpretação da lei ou na avaliação dos fatos e provas exclui o dolo caracterizador do crime de abuso de autoridade.

6.7 AÇÃO PENAL

O art. 3º da Lei n. 13.869/13 foi inicialmente vetado pelo Presidente da República, sendo o veto rejeitado pelo Congresso Nacional.

De acordo com o disposto no art. 3º da Lei n. 13.869/2019, "os crimes previstos nesta Lei são de ação penal pública incondicionada".

De maneira absolutamente desnecessária, a lei estabeleceu no § 1º que "será admitida ação privada se a ação penal pública não for intentada no prazo legal, cabendo ao Ministério Público aditar a queixa, repudiá-la e oferecer denúncia substitutiva, intervir em todos os termos do processo, fornecer elementos de prova, interpor recurso e, a todo tempo, no caso de negligência do querelante, retomar a ação como parte principal". Acrescentou, ainda, no § 2º, que "a ação privada subsidiária será exercida no prazo de 6 (seis) meses, contado da data em que se esgotar o prazo para oferecimento da denúncia".

O disposto no *caput* do art. 3º é de todo inócuo, uma vez que o regramento acerca da ação penal já vem estabelecido no art. 100 do Código Penal, que dispõe: "A ação penal é pública, salvo quando a lei expressamente a declara privativa do ofendido".

Com relação à ação penal privada subsidiaria, já há disposição expressa no art. 29 do Código de Processo Penal, que diz: "Será admitida ação privada nos crimes de ação pública, se esta não for intentada no prazo legal, cabendo ao Ministério Público aditar a queixa, repudiá-la e oferecer denúncia substitutiva, intervir em todos os termos do processo, fornecer elementos de prova, interpor recurso e, a todo tempo, no caso de negligência do querelante, retomar a ação como parte principal". Essa modalidade de ação também está prevista no art. 5º, LIX, que diz: "será admitida ação privada nos crimes de ação pública, se esta não for intentada no prazo legal".

6.8 A TRÍPLICE RESPONSABILIZAÇÃO DO AGENTE

A anterior Lei n. 4.898/65 já estabelecia a tríplice responsabilização da autoridade que cometesse abuso, prevendo sanções administrativas, civis e penais.

A sistemática de criminalização da lei anterior, entretanto, era diversa, trazendo as condutas caracterizadoras do abuso de autoridade em dois artigos (3º e 4º) separadas das sanções administrativas, civis e penais, previstas em outro dispositivo (art. 6º).

Na atual lei de abuso de autoridade, as sanções de natureza civil e administrativa vieram trazidas no Capítulo V, sendo certo que as sanções penais são as constantes do preceito secundário das normas incriminadoras, todas consistentes em pena privativa de liberdade de detenção e multa.

O art. 6º da lei dispõe expressamente que "as penas previstas nesta Lei serão aplicadas independentemente das sanções de natureza civil ou administrativa cabíveis", deixando clara a autonomia de cada espécie de sanção e a possibilidade de aplicação cumulativa ao mesmo fato caracterizador do abuso de autoridade.

O parágrafo único do art. 6º traz novidade, consistente na obrigatoriedade de serem as notícias de crimes previstos na lei, que descreverem falta funcional, informadas à autoridade competente com vistas à apuração, ou seja, para a instauração da competente investigação administrativa, que poderá consistir em mera sindicância ou em processo administrativo disciplinar, a depender da densidade da narrativa dos fatos e das provas que eventualmente a acompanharem.

No art. 7º, a lei estabeleceu que "as responsabilidades civil e administrativa são independentes da criminal, não se podendo mais questionar sobre a existência ou a autoria do fato quando essas questões tenham sido decididas no juízo criminal".

Essa regra trazida pelo art. 7º muito se assemelha à regra do art. 935 do Código Civil, que diz: "A responsabilidade civil é independente da criminal, não se podendo questionar mais sobre a existência do fato, ou sobre quem seja o seu autor, quando estas questões se acharem decididas no juízo criminal".

Nesse diapasão, a norma consagra, de um lado, a independência entre a jurisdição civil, administrativa e penal; de outro, dispõe que não se pode questionar mais sobre a existência ou autoria do fato quando essas questões tenham sido decididas no juízo criminal. Essa relativização da independência de jurisdições se justifica pelo fato de o direito penal incorporar exigência probatória mais rígida para a solução das controvérsias, sobretudo em decorrência do princípio da presunção de inocência.

Nada impede, portanto, que a vítima do abuso de autoridade apresente a notícia do crime junto à polícia judiciária ou ao Ministério Público, para a respectiva persecução criminal e, paralelamente, represente administrativamente contra o agente público perante a autoridade competente. Com relação à responsabilidade civil, se resume a indenização por eventuais danos causados, inclusive morais, a serem buscados, por meio de advogado, na esfera respectiva.

Nesse caso específico da indenização civil, poderá a vítima do abuso de autoridade ingressar em juízo com a correspondente ação civil *ex delicto* ou, se preferir, poderá aguardar o trânsito em julgado da sentença penal condenatória e promover a execução *ex delicto*, oportunidade em que, já estabelecido o *an debeatur*, restará apenas a liquidação do *quantum debeatur*.

A sentença penal é condenatória em relação ao crime de abuso de autoridade e declaratória em relação à indenização civil, uma vez que nela não há mandamento expresso de o réu reparar o dano resultante do crime. Entretanto, a sentença penal condenatória é título executivo no cível, não havendo mais a necessidade do interessado comprovar a materialidade, a autoria e a ilicitude do crime para obter a reparação civil.

Há que se ressaltar, outrossim, que o art. 4º, I, da lei estabelece como efeito da condenação "tornar certa a obrigação de indenizar o dano causado pelo crime, devendo o juiz, a requerimento do ofendido, fixar na sentença o valor mínimo para reparação dos danos causados pela infração, considerando os prejuízos por ele sofridos".

Por fim, o art. 8º dispõe que faz coisa julgada no âmbito cível, assim como no administrativo-disciplinar, a sentença penal que reconhecer ter sido o fato praticado em estado de necessidade, em legítima defesa, em estrito cumprimento de dever legal ou no exercício regular de direito.

Portanto, o reconhecimento, na sentença penal, de uma causa excludente de ilicitude, repercute na responsabilidade civil e administrativa, impedindo, em grande parte, o pleito de indenização, exceção feita às hipóteses de estado de necessidade agressivo.

6.9 PENAS RESTRITIVAS DE DIREITOS

Na Lei de Abuso de Autoridade (Lei n. 13.869/19), as penas restritivas de direitos foram tratadas no art. 5º, que diz:

"Art. 5º As penas restritivas de direitos substitutivas das privativas de liberdade previstas nesta Lei são:

I – prestação de serviços à comunidade ou a entidades públicas;

II – suspensão do exercício do cargo, da função ou do mandato, pelo prazo de 1 (um) a 6 (seis) meses, com a perda dos vencimentos e das vantagens;

III – (VETADO).

Parágrafo único. As penas restritivas de direitos podem ser aplicadas autônoma ou cumulativamente."

O vetado inciso III dispunha: "III – proibição de exercer funções de natureza policial ou militar no Município em que tiver sido praticado o crime e naquele em que residir ou trabalhar a vítima, pelo prazo de 1 (um) a 3 (três) anos".

6.10 DECRETAÇÃO ILEGAL DE RESTRIÇÃO DE LIBERDADE

O crime de decretação ilegal de restrição de liberdade foi introduzido pela Lei n. 13.869/19, estando previsto no art. 9º, tendo como objetividade jurídica a tutela da Administração Pública e o direito à liberdade de locomoção da pessoa, previsto no art. 5º, XV e LXI, da Constituição Federal. A dignidade da pessoa também pode ser inserida como bem jurídico tutelado pela norma.

Esse art. 9º foi vetado pelo Presidente da República. Posteriormente, o veto foi rejeitado pelo Congresso Nacional.

Sujeito ativo do crime previsto no *caput* do art. 9º é somente aquele que tem atribuição ou competência para determinar medida de privação de liberdade em manifesta desconformidade com as hipóteses legais, tais como delegados, agentes de polícia, policiais militares e magistrados. Trata-se de crime próprio.

Já nas hipóteses do parágrafo único do art. 9º, o sujeito ativo somente pode ser a autoridade judiciária que, dentro de prazo razoável, deixar de relaxar a prisão manifestamente ilegal; deixar de substituir a prisão preventiva por medida cautelar diversa ou de conceder liberdade provisória, quando manifestamente cabível; ou deixar de deferir liminar ou ordem de *habeas corpus*, quando manifestamente cabível.

Sujeito passivo é a pessoa em detrimento da qual foi decretada a medida de privação de liberdade em manifesta desconformidade com as hipóteses legais. Secundariamente, é o Estado. Nas hipóteses do parágrafo único, além do Estado, a pessoa ilegalmente presa ou que faz jus a liberdade provisória ou medida cautelar diversa da prisão preventiva.

A conduta típica vem expressa, no *caput*, pelo verbo "decretar", que significa determinar, decidir, ordenar a medida privativa de liberdade.

O objeto da decretação ilegal é medida de privação da liberdade em manifesta desconformidade com as hipóteses legais. Essa privação de liberdade nada mais é que a prisão.

A conduta incriminada no parágrafo único do art. 9º é omissiva, caracterizada pelo verbo "deixar" e se referindo ao relaxamento da prisão ilegal, à substituição da prisão preventiva por medida cautelar diversa ou de conceder liberdade provisória, quando manifestamente cabível, e ao deferimento de liminar ou ordem de habeas corpus, quando manifestamente cabível.

O elemento subjetivo é o dolo, não sendo prevista a modalidade delitiva culposa.

Na modalidade do *caput* do artigo, trata-se de crime formal, que se consuma no momento em que o agente público decreta a medida de privação da liberdade em manifesta desconformidade com as hipóteses legais. Não há necessidade, assim, para a consumação do crime, que a privação de liberdade efetivamente ocorra. Havendo, será considerada exaurimento do crime. A tentativa, em tese, é admissível se a decretação ilegal for escrita.

Na modalidade do parágrafo único, tratando-se de crime omissivo, a consumação se dá com a expiração do prazo razoável sem que a autoridade judiciária tenha proferido a sua decisão. Não se admite tentativa nessa modalidade de conduta.

6.11 DECRETAÇÃO DESCABIDA DE CONDUÇÃO COERCITIVA

O crime de decretação descabida de condução coercitiva vem previsto no art. 10 da Lei n. 13.869/19, tendo como objetividade jurídica a tutela da Administração Pública e também o direito à liberdade de locomoção da pessoa, previsto no art. 5º, XV e LXI, da Constituição Federal. Também a dignidade humana recebe, nesse delito, a proteção legal.

Ao que se infere da redação do art. 10, sujeito ativo do delito somente pode ser o agente público que tem o poder de decretar a condução coercitiva de testemunha ou investigado, não se restringindo apenas ao juiz, mas alcançando também o membro do Ministério Público, o delegado e o parlamentar em Comissão Parlamentar de Inquérito (CPI).

Na primeira parte do tipo penal (decretação descabida), podem ser sujeitos ativos juízes, membros do Ministério Público, delegados e parlamentares em CPIs.

Na segunda parte do tipo penal (decretação sem prévia intimação de comparecimento ao juízo), somente pode ser sujeito ativo o juiz.

Sujeito passivo é a testemunha ou investigado em detrimento do qual foi decretada a condução coercitiva descabida ou sem prévia intimação de comparecimento ao juízo. Secundariamente, é o Estado.

A conduta típica vem expressa pelo verbo decretar, que significa proferir a decisão, determinar o cumprimento de medida, ordenar, determinar, mandar.

O elemento subjetivo é o dolo, não sendo prevista a modalidade delitiva culposa.

O crime se consuma com a decretação da condução coercitiva manifestamente descabida de testemunha ou investigado ou sem prévia intimação de comparecimento ao juízo.

Embora de difícil configuração prática, entendemos que é admissível a tentativa, uma vez que fracionável o iter criminis.

6.12 Omissão de comunicação de prisão

O crime de omissão de comunicação de prisão vem previsto no art. 12 da Lei n. 13.869/19, tendo como objetividade jurídica a tutela da Administração Pública e o direito à liberdade de locomoção da pessoa, previsto no art. 5º, XV e LXI, da Constituição Federal. Também o direito à comunicação da prisão de qualquer pessoa e o local onde se encontre (art. 5º, LXII, CF) recebe, nesse delito, a proteção legal.

O sujeito ativo somente pode ser o agente público (art. 2º) que tenha o dever legal de comunicar imediatamente ao juiz competente a prisão de qualquer pessoa e o local onde encontra, ou seja, o Delegado de Polícia. É ele a autoridade competente a que se refere o art. 304 do Código de Processo Penal. Nesse aspecto é o art. 2º, § 1º, da Lei n. 12.830/2013.

Sujeito passivo é a pessoa presa em flagrante. Secundariamente, é o Estado.

A conduta típica vem expressa pelo verbo deixar, indicando a omissão da autoridade responsável pela comunicação da prisão em flagrante à autoridade judiciária.

O elemento subjetivo é o dolo, não sendo prevista a modalidade delitiva culposa.

Trata-se de crime de mera conduta, que se consuma com a omissão de comunicação da prisão no prazo de 24 (vinte e quatro) horas, a partir da apresentação do preso à autoridade policial. Por ser crime omissivo próprio, não se admite a tentativa.

No parágrafo único do art. 12 vêm previstas figuras equiparadas à do caput, incorrendo o agente na mesma pena.

6.13 CONSTRANGIMENTO ILEGAL À EXIBIÇÃO DO CORPO, VEXAME OU PRODUÇÃO DE PROVA

O crime de constrangimento ilegal à exibição do corpo, vexame ou produção de prova vem previsto no art. 13 da Lei n. 13.869/2019, tendo como objetividade jurídica a tutela da Administração Pública e também a dignidade humana (art. 1º, III, CF), o direito à integridade física e moral (art. 5º, XLIX, CF), além do direito à honra e à imagem. Trata-se de crime pluriofensivo.

Sujeito ativo do delito somente pode ser o agente público (arts. 1º e 2º da lei) que tem o preso ou detento sob seu cuidado, guarda, autoridade ou vigilância.

Sujeito passivo é o preso ou detento e, secundariamente, o Estado.

A conduta típica vem representada pelo verbo constranger, que significa obrigar, forçar, compelir, submeter.

O elemento subjetivo é o dolo, não sendo prevista a modalidade delitiva culposa.

O crime se consuma com o comportamento positivo do preso ou detento, fazendo aquilo a que foi constrangido.

A tentativa é admissível, uma vez fracionável o iter criminis.

6.14 CONSTRANGIMENTO A DEPOIMENTO OU A PROSSEGUIMENTO DE INTERROGATÓRIO

O crime de constrangimento a depoimento ou a prosseguimento de interrogatório vem previsto no art. 15 da Lei n. 13.869/2019, tendo como objetividade jurídica a tutela da Administração Pública e também o direito ao sigilo de pessoas que exercem determinadas funções, ministérios, ofícios ou profissões. Também é protegido o direito ao silêncio e o direito à assistência de advogado, previstos no art. 5º, LXIII, da Constituição Federal ("o preso será informado de seus direitos, entre os quais o de permanecer calado, sendo-lhe assegurada a assistência da família e de advogado"). Trata-se de crime pluriofensivo.

Na figura do caput do art. 15, sujeito ativo pode ser qualquer agente público (arts. 1º e 2º da lei), não apenas a autoridade policial ou judiciária. O sujeito passivo é a pessoa que tem o dever de guardar segredo ou resguardar sigilo em razão da função, ministério, ofício ou profissão. São os chamados confidentes necessários. Secundariamente, o sujeito passivo é o Estado.

Nessa primeira figura, trata-se de crime biprópio, que requer, além de uma qualidade especial do sujeito ativo, também uma qualidade especial do sujeito passivo (pessoa que deva guardar segredo ou resguardar sigilo em razão da função, ministério, ofício ou profissão).

Na modalidade do parágrafo único, inciso I, o sujeito ativo somente pode ser o agente público que ostente a qualidade de delegado, juiz, promotor de Justiça ou até mesmo parlamentar em Comissão Parlamentar de Inquérito. Sujeito passivo é a pessoa cujo direito ao silêncio foi violado. Secundariamente, o Estado.

Na modalidade do parágrafo único, inciso II, também o sujeito ativo somente pode ser o agente público que ostente a qualidade de delegado, juiz, promotor de Justiça ou até mesmo parlamentar em Comissão Parlamentar de Inquérito. Sujeito passivo é a pessoa cujo direito à assistência de advogado foi violado. Secundariamente, o Estado.

A conduta típica da modalidade delitiva do *caput* vem representada pelo verbo constranger, que significa obrigar, forçar, compelir, submeter. No parágrafo único do artigo em comento, a conduta típica vem expressa pelo verbo prosseguir, que significa continuar, seguir, levar adiante.

O elemento subjetivo é o dolo, não sendo prevista a modalidade delitiva culposa.

Na modalidade de conduta do caput, crime se consuma com o comportamento positivo da vítima, depondo e violando o sigilo por ter sido ameaçada de prisão. Trata-se de crime material.

Nas modalidades do parágrafo único, a consumação ocorre no momento em que o agente público prossegue com o interrogatório, após a vítima ter exercido o direito ao silêncio ou ter optado por ser assistida por advogado ou defensor público. Aqui também se trata de crime material.

A tentativa é admissível, uma vez fracionável o iter criminis.

6.15 VIOLÊNCIA INSTITUCIONAL

O crime de violência institucional vem previsto no art. 15-A da Lei n. 13.869/19, tendo como objetividade jurídica a tutela da Administração Pública, protegendo, ainda, a integridade psíquica e moral (intimidade) da vítima de infração penal e da testemunha de crimes violentos.

Os sujeitos ativos do crime somente podem ser os agentes públicos, assim considerados nos termos do art. 2º da lei. No caso específico do crime, são sujeitos ativos os agentes públicos envolvidos em todas as etapas da persecução penal, tais como delegados de polícia, membros do Ministério Público, magistrados, incluídos os policiais militares e civis nos atos iniciais de investigação, inclusive informal.

Sujeito passivo é a vítima de infração penal ou a testemunha de crimes violentos. Secundariamente, o sujeito passivo é o Estado.

A conduta típica da modalidade delitiva do caput vem representada pelo verbo submeter, que significa sujeitar, subordinar, constranger.

No § 1º, a conduta típica é permitir, que significa consentir, concordar, autorizar, aquiescer. Nessa hipótese, o agente público permite que terceiro intimide a vítima de crimes violentos, gerando indevida revitimização.

No § 2º, a conduta típica é intimidar, que significa coagir, forçar, pressionar, amedrontar. Nesse caso, o próprio agente público intimida a vítima de crimes violentos, gerando indevida revitimização.

O elemento subjetivo é o dolo, não sendo prevista a modalidade delitiva culposa.

A consumação do crime ocorre com a prática de uma ou mais das modalidades de condutas previstas no tipo penal, independentemente da revitimização do sujeito passivo.

Trata-se de crime formal, bastando, para a consumação, a potencialidade da conduta em levar a vítima a reviver, sem estrita necessidade, a situação de violência ou outras situações potencialmente geradoras de sofrimento ou estigmatização, ou seja, a revitimização.

A tentativa, em tese, é admissível.

No § 1º vem prevista causa de aumento de pena de 2/3 (dois terços), se o agente público permitir que terceiro intimide a vítima de crimes violentos, gerando indevida revitimização.

No § 2º a pena é aplicada em dobro se o próprio agente público intimidar a vítima de crimes violentos, gerando indevida revitimização.

6.16 OMISSÃO DE IDENTIFICAÇÃO A PRESO

O crime de omissão de identificação a preso vem previsto no art. 16 da Lei n. 13.869/2019, tendo como objetividade jurídica a tutela da Administração Pública e também o direito à informação, previsto no art. 5º, LXIV, da Constituição Federal, que diz: "o preso tem direito à identificação dos responsáveis por sua prisão ou por seu interrogatório policial". Trata-se de crime pluriofensivo.

Na modalidade do caput do artigo, sujeito ativo pode ser qualquer agente público.

Já na modalidade de conduta do parágrafo único, somente pode ser sujeito ativo o agente público responsável por interrogatório em sede de procedimento investigatório de infração penal, ou seja, o delegado de polícia ou o membro do Ministério Público.

Sujeito passivo é a pessoa presa que tem o direito à informação sobre a identificação de quem a prendeu ou de quem a está interrogando. Secundariamente, o sujeito passivo é o Estado.

A conduta típica se desenvolve na modalidade omissiva, pela expressão "deixar de identificar-se", e, na modalidade comissiva, pela expressão "identificar-se falsamente". No primeiro caso, o agente público deixa de fornecer ao preso dados de sua qualificação, tais como nome e cargo que ocupa. Na segunda hipótese, o agente público se identifica falsamente, fornecendo ao preso dados de qualificação que não são verdadeiros.

No parágrafo único, além da conduta omissiva semelhante à do caput, há conduta comissiva expressa pelo verbo atribuir, que significa imputar, inculcar, conferir. Nesse caso, o agente público atribui a si mesmo falsa identidade, cargo ou função.

O elemento subjetivo é o dolo, não sendo prevista a modalidade

Nas modalidades omissivas de conduta, o crime se consuma no momento em que o agente público deixa de se identificar ao preso. Nesse caso, não se admite a tentativa.

Na modalidade comissiva de conduta, o crime se consuma quando o agente público atribui a si mesmo falsa identidade, cargo ou função. Nessa hipótese, a tentativa é admissível.

6.17 INTERROGATÓRIO POLICIAL DURANTE O PERÍODO DE REPOUSO NOTURNO

O crime de interrogatório policial durante o período de repouso noturno vem previsto no art. 18 da Lei n. 13.869/19, tendo como objetividade jurídica a tutela da Administração Pública e também a dignidade humana (art. 1º, III, CF) e a liberdade de autodeterminação do preso a ser interrogado. Trata-se de crime pluriofensivo.

Sujeito ativo somente pode ser o agente público responsável pela submissão do preso ao interrogatório policial, ou seja, o delegado de polícia.

Sujeito passivo é a pessoa presa, que foi submetida ao interrogatório policial indevido durante o período de repouso noturno. Secundariamente, o sujeito passivo é o Estado.

A conduta típica vem expressa pelo verbo submeter, que significa sujeitar, expor, subjugar. A submissão deve ser a interrogatório policial, excluindo-se, portanto, qualquer outro tipo de interrogatório ou oitiva.

O elemento subjetivo é o dolo, não sendo prevista a modalidade delitiva culposa.

O crime se consuma quando o agente público (delegado de polícia) inicia ou prossegue no interrogatório policial durante o período de repouso noturno (das 21 às 5h).

A tentativa é admissível.

6.18 IMPEDIMENTO OU RETARDAMENTO DE PLEITO DE PRESO

O crime de impedimento ou retardamento de pleito de preso vem previsto no art. 19 da Lei n. 13.869/19, tendo como objetividade jurídica a tutela da Administração Pública e também o direito de petição (art. 5º, XXXIV, a, CF), além do direito à liberdade e à regularidade da prisão. Trata-se de crime pluriofensivo.

Sujeito ativo somente pode ser o agente público responsável pela custódia do preso, tal como o diretor ou agente de estabelecimento penitenciário, o carcereiro, o delegado de polícia etc.

Na figura do parágrafo único, o sujeito ativo somente pode ser o magistrado que, ciente do impedimento ou da demora, deixa de tomar as providências tendentes a saná-lo ou, não sendo competente para decidir sobre a prisão, deixa de enviar o pedido à autoridade judiciária que o seja.

Sujeito passivo é a pessoa presa, que tem o envio de seu pleito impedido ou retardado injustificadamente. Secundariamente, o sujeito passivo é o Estado.

A conduta típica vem expressa pelos verbos impedir (obstruir, obstar, barrar, obstaculizar) e retardar (atrasar, demorar, procrastinar, delongar).

No parágrafo único, a conduta vem expressa pelo verbo deixar, indicando omissão própria.

O elemento subjetivo é o dolo, não sendo prevista a modalidade delitiva culposa.

Na hipótese do *caput* do artigo ora em comento, na primeira modalidade de conduta, a consumação ocorre com o efetivo impedimento injustificado de envio de pleito de preso à autoridade judiciária competente. Trata-se de crime material que pressupõe a ocorrência do resultado naturalístico. Portanto, nesse caso, o pleito não foi enviado.

Na segunda modalidade de conduta do *caput*, a consumação ocorre com o efetivo retardamento, com a demora no envio do pleito à autoridade judiciária competente. Nesse caso, se trata de crime formal, ou seja, não se requer a ocorrência do resultado naturalístico para a consumação. Basta que haja a procrastinação no envio.

Nesta última hipótese, deve-se considerar o crime consumado quando o retardamento romper o prazo de 24 (vinte e quatro) horas, quando, então, passaria a ser injustificado. Embora a lei não estabeleça um prazo para o envio do pleito do preso à autoridade judiciária competente, deve-se tomar o prazo de 24 (vinte e quatro) horas previsto no art. 306, § 1º, do Código de Processo Penal.

Em ambas as modalidades de conduta do *caput*, admite-se a tentativa.

Já na hipótese do parágrafo único do art. 19, o crime se consuma com a omissão do magistrado, seja deixando de tomar as providências tendentes a sanar o impedimento ou demora, seja deixando de enviar o pedido à autoridade judiciária competente para decidir sobre a prisão, quando não o seja. Aqui também deve ser considerado prazo de 24 (vinte e quatro) horas.

Nesse caso, por se tratar de crime omissivo, não se admite a tentativa.

6.19 IMPEDIMENTO DE ENTREVISTA PESSOAL E RESERVADA DO PRESO COM SEU ADVOGADO

O crime de impedimento de entrevista pessoal e reservada do preso com seu advogado vem previsto no art. 20 da Lei n. 13.869/19, tendo como objetividade jurídica a tutela da Administração Pública e também o direito ao devido processo legal, no âmbito da ampla defesa (art. 5º, LIV, CF), e também o direito à assistência de advogado (art. 5º, LXIII, CF). Trata-se de crime pluriofensivo.

Na modalidade do caput do artigo, sujeito ativo somente pode ser o agente público que se enquadre nos moldes do art. 2º da referida lei. Evidentemente que legislador visou as autoridades judiciárias e policiais, responsáveis pela condução de interrogatórios, audiências de custódia (juízes) e prisões em flagrante (delegados).

Sujeito passivo, nesse caso, é o preso, que tem violado o seu direito à ampla defesa e o seu direito à assistência de advogado. Secundariamente, é o Estado.

Na modalidade do parágrafo único do art. 20, sujeito ativo somente pode ser o magistrado, já que há referência expressa a "audiência judicial". Nessa última modalidade de conduta, sujeito passivo pode ser o preso, o réu solto ou o investigado. Secundariamente, é o Estado.

A conduta típica vem expressa pelo verbo impedir, que significa obstruir, obstar, barrar, obstaculizar.

O elemento subjetivo é o dolo, não sendo prevista a modalidade delitiva culposa.

Agindo com culpa o agente público, deixando de observar o cuidado objetivo necessário em sua atuação funcional (agindo, por exemplo, com negligência), poderá ser responsabilizado na esfera administrativa e/ou na esfera cível.

Além do dolo direto, vale ressaltar, a lei estabeleceu, ainda, no art. 1º, § 1º, a necessidade de um especial fim de agir para a configuração dos crimes nela previstos, devendo o agente público praticar as condutas típicas com a finalidade específica de prejudicar outrem ou beneficiar a si mesmo ou a terceiro, ou, ainda, por mero capricho ou satisfação pessoal. São crimes de tendência intensificada, crimes de intenção ou crimes de tendência interna transcendente. As finalidades específicas previstas na lei, alternativamente, são as seguintes: prejudicar outrem; beneficiar a si mesmo; beneficiar terceiro; por mero capricho; satisfação pessoal.

O crime se consuma com o efetivo impedimento injustificado da entrevista pessoal e reservada do preso com seu advogado, em qualquer circunstância, ou, ainda, antes de audiência judicial, com o impedimento de entrevista pessoal e reservada do preso, réu solto ou investigado com seu advogado ou defensor, por prazo razoável. Consuma-se, também, o delito com o impedimento de sentar-se o preso, réu solto ou investigado ao lado de seu advogado ou defensor, privando-o de com ele comunicar-se durante a audiência.

Embora de difícil configuração prática, a tentativa é admissível, por ser o crime plurissubsistente.

6.20 MANUTENÇÃO DE PRESOS DE AMBOS OS SEXOS NA MESMA CELA OU ESPAÇO DE CONFINAMENTO

O crime de manutenção de presos de ambos os sexos na mesma cela ou espaço de confinamento vem previsto no art. 21 da Lei n. 13.869/19, tendo como objetividade jurídica a tutela da Administração Pública e também a dignidade humana (art. 1º, III, CF) e o direito do preso de ser recolhido a estabelecimento adequado de acordo com o seu sexo e orientação sexual (art. 5º, XLVIII, CF).

Trata-se de crime próprio, que somente pode ter como sujeito ativo o agente público, nos termos do art. 2º da lei. Além disso, o agente público deve a atribuição para determinar a manutenção de presos em determinadas celas, pavilhões ou locais de confinamento. Pode ser sujeito ativo, por exemplo, o delegado de polícia, o juiz de direito, o agente penitenciário, o diretor de presídio etc.

Sujeito passivo é a pessoa privada de liberdade que seja misturada com outras do sexo oposto ou com maiores de idade, no caso de criança ou adolescente. Secundariamente, o sujeito passivo é o Estado, eis que se trata de abuso de autoridade.

A conduta típica vem expressa pelo verbo manter, que significa permanecer, conservar, reter, perpetuar, indicando tratar-se de crime permanente, cuja consumação se protrai no tempo.

O elemento subjetivo é o dolo, não sendo prevista a modalidade delitiva culposa.

O crime se consuma no momento em que o preso é mantido no local inadequado do ponto de vista da separação dos sexos e no momento em que a criança ou adolescente é mantida na companhia de maior de idade ou em ambiente inadequado.

Trata-se de crime permanente, cuja consumação se protrai no tempo. Assim, enquanto o sujeito passivo estiver mantido em local inadequado, o crime estará se consumando.

Embora a característica da conduta possa indicar o contrário, entendemos que não há necessidade de habitualidade para a configuração do delito. A prática de apenas um ato já é apta à caracterização do crime.

Admite-se a tentativa, uma vez fracionável o iter criminis.

6.21 VIOLAÇÃO DE DOMICÍLIO COM ABUSO DE AUTORIDADE

O crime de violação de domicílio com abuso de autoridade vem previsto no art. 22 da Lei n. 13.869/19, tendo como objetividade jurídica a tutela da Administração Pública e também a inviolabilidade de domicílio prevista no art. 5º, XI, da Constituição Federal.

Sujeito ativo do crime somente pode ser o agente público (arts. 1º e 2º da lei) que invade ou adentra irregularmente imóvel alheio ou suas dependências ou nele permanece nas mesmas condições. Assim também o agente público que coage alguém, mediante violência ou grave ameaça, a franquear-lhe o acesso a imóvel ou suas dependências, ou que cumpre mandado de busca e apreensão domiciliar após as 21(vinte e uma) horas ou antes das 5 (cinco) horas. Trata-se de crime próprio.

Sujeito passivo é o ocupante do imóvel, podendo ser o proprietário ou não do bem. Secundariamente, é o Estado.

No *caput* do artigo, são três as condutas, representadas pelos verbos invadir (entrar indevidamente ou com violência, ocupar, ultrapassar o limite), adentrar (entrar de forma não violenta, ingressar) e permanecer (continuar, prosseguir, persistir, ficar).

As duas primeiras condutas são comissivas, implicando ação por parte do sujeito ativo. Já a terceira conduta é omissiva, indicando que o agente ingressou no imóvel ou em suas dependências com autorização do ocupante e depois se recusou a sair quando instado a fazê-lo.

No § 1º do artigo ora em comento vêm previstas figuras equiparadas às do caput, punindo com a mesma pena o agente público que coage (obriga, constrange, força) alguém, mediante violência ou grave ameaça, a franquear-lhe o acesso a imóvel ou suas dependências, ou cumpre mandado de busca e apreensão domiciliar após as 21 horas ou antes das 5 horas.

O § 2º do art. 22 prevê causa excludente de ilicitude, não havendo crime "se o ingresso for para prestar socorro, ou quando houver fundados indícios que indiquem a necessidade do ingresso em razão de situação de flagrante delito ou de desastre".

O elemento subjetivo é o dolo, não sendo prevista a modalidade delitiva culposa.

Nas modalidades de conduta comissivas (invadir e adentrar), o crime é instantâneo, se consumando no momento em que o agente público ingressa ou adentra irregularmente o imóvel ou suas dependências. Trata-se de crime de mera conduta (simples atividade), já que o tipo penal não prevê nenhum resultado naturalístico.

Na modalidade de conduta omissiva (permanecer), o crime é permanente, protraindo-se a consumação pelo tempo em que o agente público ficar no imóvel ou suas dependências após ser instado a dele sair pelo ocupante.

Nas modalidades de conduta do § 1º, o crime se consuma no momento em que o agente público, mediante violência ou grave ameaça, coage a vítima a franquear-lhe o acesso a imóvel ou suas dependências. Ou ainda quando cumpre mandado de busca e apreensão domiciliar fora dos horários estabelecido na lei.

Salvo na modalidade de conduta omissiva, admite-se a tentativa.

6.22 FRAUDE PROCESSUAL COM ABUSO DE AUTORIDADE

O crime de fraude processual com abuso de autoridade vem previsto no art. 23 da Lei n. 13.869/2019, tendo como objetividade jurídica a tutela da Administração Pública e também da administração da Justiça, evitando-se a fraude.

Sujeito ativo do crime somente pode ser o agente público (arts. 1º e 2º da lei) que inova artificiosamente, no curso de diligência, de investigação ou de processo, o estado de lugar, de coisa ou de pessoa, com os fins previstos no dispositivo legal. Trata-se de crime próprio.

Sujeito passivo é a pessoa prejudicada pela inovação artificiosa. Secundariamente, é o Estado.

A conduta típica vem caracterizada pela expressão inovar artificiosamente, que significa modificar, adulterar, com o emprego de artifício. O agente modifica, altera ou adultera o estado de lugar, de coisa ou de pessoa inserindo alguma novidade.

O elemento subjetivo é o dolo, não sendo prevista a modalidade delitiva culposa.

O crime se consuma com a inovação artificiosa do estado de lugar, de coisa ou de pessoa, com uma das finalidades previstas no tipo penal. Trata-se de crime formal.

6.23 CONSTRANGIMENTO ILEGAL DE FUNCIONÁRIO OU EMPREGADO DE INSTITUIÇÃO HOSPITALAR

O crime de constrangimento ilegal de funcionário ou empregado de instituição hospitalar vem previsto no art. 24 da Lei n. 13.869/19, tendo como objetividade jurídica a tutela da Administração Pública e também a administração da Justiça, preservando-se o devido processo legal e a lisura dos fatos a serem apurados, evitando-se a fraude.

Sujeito ativo do crime é o agente público (arts. 1º e 2º da lei) que constrange, sob violência ou grave ameaça, funcionário ou empregado de instituição hospitalar pública ou privada a admitir para tratamento pessoa cujo óbito já tenha ocorrido, com o fim de alterar local ou momento de crime, prejudicando sua apuração. Não há necessidade de que o agente público tenha sido o responsável pela morte e nem tampouco que tenha, de qualquer modo, concorrido para este evento. Não há necessidade, outrossim, de que o agente público pertença aos quadros policiais.

Sujeito passivo é o funcionário ou empregado de instituição hospitalar pública ou privada que sofre o constrangimento ilegal. Secundariamente, é o Estado.

A conduta típica vem expressa pelo verbo constranger, que significa obrigar, forçar, compelir, submeter.

O elemento subjetivo é o dolo, não sendo prevista a modalidade delitiva culposa.

O crime se consuma com a prática do constrangimento, sob violência ou grave ameaça, a funcionário ou empregado de instituição hospitalar pública ou privada, com a finalidade estabelecida no tipo penal.

Trata-se de crime formal. É admissível a tentativa.

6.24 OBTENÇÃO OU UTILIZAÇÃO DE PROVA ILÍCITA

O crime de obtenção ou utilização de prova ilícita vem previsto no art. 25 da Lei n. 13.869/2019, tendo como objetividade jurídica a tutela da Administração Pública e também a administração da Justiça, no particular aspecto da inadmissibilidade das provas obtidas por meios ilícitos.

Sujeito ativo do crime é o agente público (arts. 1º e 2º da lei) que procede à obtenção de prova ilícita, em procedimento de investigação ou fiscalização, e também aquele que dela faz uso, em desfavor do investigado ou fiscalizado, com prévio conhecimento de sua ilicitude. Trata-se de crime próprio. Podem ser delegados de polícia, membros do Ministério Público e demais agentes públicos envolvidos com procedimento de investigação ou fiscalização.

Sujeito passivo é a pessoa prejudicada pela produção ou utilização da prova ilícita, ou seja, o investigado ou fiscalizado. Secundariamente, sujeito passivo é o Estado.

No *caput* do artigo em comento, a conduta típica vem caracterizada pela expressão proceder à obtenção, que nada mais é que obter, ou seja, alcançar, conseguir, lograr. No parágrafo único, a conduta vem caracterizada pela expressão fazer uso, que significa utilizar, usar, empregar, manejar.

O elemento subjetivo é o dolo, não sendo prevista a modalidade delitiva culposa.

Na modalidade do parágrafo único, há necessidade de prévio conhecimento da ilicitude da prova, indicando a ocorrência do crime lá tipificado apenas quando o agente público atuar com dolo direto.

O crime se consuma com a efetiva obtenção da prova ilícita ou ainda com a sua efetiva utilização em desfavor do investigado ou fiscalizado. Trata-se de crime material. Admite-se a tentativa.

6.25 REQUISIÇÃO OU INSTAURAÇÃO DE PROCEDIMENTO INVESTIGATÓRIO SEM INDÍCIOS

O crime de requisição ou instauração de procedimento investigatório sem indícios vem previsto no art. 27 da Lei n. 13.869/19, tendo como objetividade jurídica a tutela da Administração Pública e também a administração da Justiça, maculada pela requisição ou instauração de investigação sem indícios da prática de crime, de ilícito funcional ou de infração administrativa. Tutela-se também a honra e a imagem da pessoa indevidamente investigada.

Sujeito ativo do crime é o agente público (arts. 1º e 2º da lei) que tem o poder de requisitar ou instaurar procedimento investigatório de infração penal ou administrativa. Trata-se de crime próprio. Com relação a infração penal, podem ser delegados de polícia, membros do Ministério Público, magistrados etc. Com relação a infração administrativa, pode ser qualquer agente público que tenha o poder de requisitar ou instaurar a investigação no âmbito da Administração.

Sujeito passivo é a pessoa prejudicada pela requisição ou instauração, contra si, da investigação abusiva. Secundariamente, sujeito passivo é o Estado.

A conduta típica vem representada pelos verbos requisitar (exigir, demandar, requerer, determinar) e instaurar (inaugurar, dar início, abrir, promover).

Vale ressaltar que o parágrafo único ressalva expressamente que "não há crime quando se tratar de sindicância ou investigação preliminar sumária, devidamente justificada".

É necessário, ainda, para a caracterização do crime, que a requisição ou instauração de investigação ocorra sem qualquer indício da prática de crime, de ilícito funcional ou de infração administrativa, ou seja, sem justa causa.

O elemento subjetivo é o dolo, não sendo prevista a modalidade delitiva culposa.

Na modalidade de conduta requisitar, o crime se consuma com a mera requisição pelo agente público, independentemente da efetiva instauração do procedimento investigatório de infração penal ou administrativa. Nesse caso, se trata de crime formal.

Já na modalidade de conduta instaurar, o crime se consuma com a efetiva instauração do procedimento investigatório de infração penal ou administrativa, tratando-se de crime material.

Em ambas as modalidades de conduta, a tentativa é admissível, já que fracionável o iter criminis.

6.26 DIVULGAÇÃO ILEGAL DE GRAVAÇÃO

O crime de divulgação ilegal de gravação vem previsto no art. 28 da Lei n. 13.869/19, tendo como objetividade jurídica a tutela da Administração Pública e também da intimidade, da honra e da imagem da pessoa investigada ou acusada (art. 5º, X, CF).

Sujeito ativo do crime é o agente público (arts. 1º e 2º da lei) que tem acesso à gravação ou a trecho dela.

Sujeito passivo é a pessoa prejudicada pela divulgação ilegal da gravação ou do trecho da gravação, que teve sua intimidade ou vida privada exposta ou sua honra ou imagem ferida. Secundariamente, sujeito passivo é o Estado.

A conduta típica vem expressa pelo verbo divulgar, que significa tornar público, propagar, difundir, revelar.

O elemento subjetivo é o dolo, não sendo prevista a modalidade delitiva culposa.

A consumação ocorre com a divulgação ilegal de gravação ou de trecho de gravação (sem relação com a prova que se pretenda produzir), expondo a intimidade ou a vida privada ou ferindo a honra ou a imagem do investigado ou acusado. Trata-se de crime material.

A tentativa é admissível, por se tratar de crime plurissubsistente.

6.27 FALSA INFORMAÇÃO SOBRE PROCEDIMENTO

O crime de falsa informação sobre procedimento judicial, policial, fiscal ou administrativo vem previsto no art. 29 da Lei n. 13.869/19, tendo como objetividade jurídica a tutela da Administração Pública e também da fé pública, no aspecto da verdade sobre as informações prestadas por agentes públicos, e da administração da Justiça.

Sujeito ativo do crime é o agente público (arts. 1º e 2º da lei) que tem acesso às informações sobre os procedimentos e tem o dever de prestá-las de forma verdadeira (ex.: autoridade coatora que deve prestar informações em sede de habeas corpus). Trata-se de crime próprio.

Sujeito passivo é o investigado. Secundariamente, sujeito passivo é o Estado.

A conduta típica vem expressa pelo verbo prestar (fornecer, apresentar, narrar, dispensar), referindo-se a informação falsa sobre procedimento judicial (processo penal, civil etc.), policial (inquérito, termo circunstanciado etc.), fiscal (processo administrativo fiscal) ou administrativo (processo administrativo em geral, disciplinar etc.).

O elemento subjetivo é o dolo, não sendo prevista a modalidade delitiva culposa.

A consumação ocorre com a efetiva prestação de informação falsa, ou seja, quando a informação chega ao conhecimento do destinatário, não sendo necessário, entretanto, que haja o prejuízo ao investigado.

Trata-se, portanto, de crime formal, que se consuma independentemente de ter a informação falsa efetivamente prejudicado interesse do investigado.

A tentativa é admissível apenas na hipótese de informação prestada por escrito.

O parágrafo único foi vetado pelo Presidente da República.

6.28 DEFLAGRAÇÃO INDEVIDA DE PERSECUÇÃO PENAL, CIVIL OU ADMINISTRATIVA

O crime de deflagração indevida de persecução penal, civil ou administrativa foi vetado pelo Presidente da República, sendo que, posteriormente, o Congresso Nacional rejeitou o veto.

O crime de deflagração de persecução penal, civil ou administrativa sem justa causa vem previsto no art. 30 da Lei n. 13.869/2019, tendo como objetividade jurídica a tutela da Administração Pública e também a honra e os direitos e garantias individuais da pessoa inocente indevidamente processada. Trata-se de crime pluriofensivo.

Sujeito ativo do crime é o agente público (arts. 1º e 2º da lei) que tem atribuição para dar início ou proceder à persecução penal, civil ou administrativa contra alguém.

Sujeito passivo é a pessoa física ou jurídica inocente, que tem contra si deflagrada a persecução penal, civil ou administrativa sem justa causa fundamentada. Secundariamente, sujeito passivo é o Estado.

A conduta típica vem caracterizada pela expressão dar início (iniciar, deflagrar, instaurar) e pelo verbo proceder (principiar a fazer, prosseguir, dar seguimento).

O elemento subjetivo é o dolo, não sendo prevista a modalidade delitiva culposa.

Na modalidade de conduta dar início, o crime se consuma quando o agente público inicia, deflagra, a persecução indevida. Nesse caso, o crime é instantâneo.

Já na modalidade de conduta proceder, o crime se consuma com o prosseguimento da persecução penal indevida já iniciada. Nesse caso, se trata de crime permanente, que se protrai pelo tempo em que prosseguir a persecução indevida.

Tratando-se de crime plurissubsistente, a tentativa é admissível.

6.29 PROCRASTINAÇÃO INJUSTIFICADA DE INVESTIGAÇÃO, EXECUÇÃO OU CONCLUSÃO DE PROCEDIMENTO

O crime de procrastinação injustificada de investigação, execução ou conclusão de procedimento vem previsto no art. 31 da Lei n. 13.869/19, tendo como objetividade jurídica a tutela da Administração Pública e também a preservação da garantia constitucional da razoável duração do processo (art. 5º, LXXVIII, CF).

Sujeito ativo do crime é o agente público (arts. 1º e 2º da lei) que estende injustificadamente a investigação ou que estende de forma imotivada a execução ou conclusão de procedimento, em prejuízo do investigado ou fiscalizado.

Sujeito passivo é o investigado ou fiscalizado prejudicado pela procrastinação. Secundariamente, sujeito passivo é o Estado.

A conduta típica vem expressa pelo verbo estender, que significa alongar, aumentar, prolongar no tempo.

O elemento subjetivo é o dolo, não sendo prevista a modalidade delitiva culposa.

A consumação do crime ocorre com a extensão injustificada da investigação, em prejuízo do investigado ou fiscalizado. E também com a extensão de forma imotivada do prazo para execução ou conclusão de procedimento, em prejuízo do investigado ou do fiscalizado.

Ocorrendo a extensão injustificada ou de forma imotivada por ação, a tentativa é admissível, uma vez que é fracionável o iter criminis. Entretanto, se ocorrer por omissão, não se admite a tentativa.

6.30 NEGATIVA DE ACESSO A AUTOS DE PROCEDIMENTO INVESTIGATÓRIO

O crime de negativa de acesso a autos de procedimento investigatório foi vetado pelo Presidente da República, sendo que, posteriormente, o Congresso Nacional rejeitou o veto.

O crime de negativa de acesso a autos de procedimento investigatório vem previsto no art. 32 da Lei n. 13.869/2019, tendo como objetividade jurídica a tutela da Administração Pública e também o direito a assistência de advogado (art. 5º, LXIII, CF) e o devido processo legal (art. 5º, LIV, CF) que pressupõe tenha o investigado e/ou a defesa técnica acesso aos autos de procedimento investigatório. Trata-se de crime pluriofensivo.

Sujeito ativo do crime é o agente público (arts. 1º e 2º da lei) que tem atribuição para presidir investigação preliminar, termo circunstanciado, inquérito ou qualquer outro procedimento investigatório de infração penal, civil ou administrativa e que possa negar ao interessado, seu defensor ou advogado o acesso aos respectivos autos ou impedir a obtenção de cópias.

Sujeito passivo é o interessado, seu defensor ou advogado. Secundariamente, sujeito passivo é o Estado.

A conduta típica vem expressa pelos verbos negar (recusar, rejeitar, não admitir) e impedir (impossibilitar, obstar, obstruir). Na primeira modalidade de conduta, o agente público nega ao interessado, seu defensor ou advogado acesso aos autos de investigação preliminar, ao termo circunstanciado, ao inquérito ou a qualquer outro procedimento investigatório de infração penal, civil ou administrativa. Na segunda modalidade de conduta, o agente público impede o interessado, seu defensor ou advogado de obter cópias dos referidos procedimentos.

O elemento subjetivo é o dolo, não sendo prevista a modalidade delitiva culposa.

O crime se consuma no momento em que o agente público negar o acesso aos autos ao interessado, seu defensor ou advogado, ou, ainda, no momento em que impedir a obtenção de cópias dos procedimentos. A tentativa é admitida, uma vez que fracionável o iter criminis.

6.31 EXIGÊNCIA DE INFORMAÇÃO OU DO CUMPRIMENTO DE OBRIGAÇÃO SEM AMPARO LEGAL

O crime de exigência de informação ou do cumprimento de obrigação sem amparo legal vem previsto no art. 33, *caput*, da Lei n. 13.869/19, tendo como objetividade jurídica a tutela da Administração Pública (principalmente no tocante ao princípio da legalidade) e também o direito constitucional não ser obrigado a fazer ou deixar de fazer alguma coisa senão em virtude de lei (art. 5º, II, CF). Trata-se de crime pluriofensivo.

Sujeito ativo do crime, nos termos do art. 2º da lei, é o agente público.

Sujeito passivo é a pessoa física ou jurídica sobre a qual recai a conduta criminosa. Secundariamente, sujeito passivo é o Estado.

A conduta típica vem expressa pelo verbo exigir, que significa determinar, impor, obrigar.

O elemento subjetivo é o dolo, não sendo prevista a modalidade delitiva culposa.

O crime se consuma com a mera exigência do agente público, independentemente da efetiva obtenção da informação ou do cumprimento de obrigação. Trata-se de crime formal. Na ocorrência do resultado naturalístico previsto em lei, estará configurado o exaurimento do crime.

A tentativa é admissível, já que o iter criminis pode ser fracionado.

De acordo com o disposto no parágrafo único do art. 33, incorre na mesma pena quem se utiliza de cargo ou função pública ou invoca a condição de agente público para se eximir de obrigação legal ou para obter vantagem ou privilégio indevido.

6.32 DECRETAÇÃO EXCESSIVA DE INDISPONIBILIDADE DE ATIVOS

O crime de decretação excessiva de indisponibilidade de ativos vem previsto no art. 36 da Lei n. 13.869/2019, tendo como objetividade jurídica a tutela da Administração Pública (adequada administração da justiça) e também o patrimônio do devedor. Trata-se de crime pluriofensivo.

Sujeito ativo do crime é o agente público (arts. 1º e 2º) responsável pela decretação da indisponibilidade de ativos financeiros.

Sujeito passivo é o devedor (pessoa física ou jurídica) sobre cujo patrimônio recai a indisponibilidade. Secundariamente, sujeito passivo é o Estado.

A conduta típica vem expressa pelos verbos decretar (determinar, mandar, ordenar) e deixar (não fazer, se omitir).

O elemento subjetivo é o dolo, não sendo prevista a modalidade delitiva culposa.

Trata-se de crime omissivo próprio, que se consuma no momento em que o magistrado, demonstrada pela parte a excessividade da medida anteriormente decretada, deixa de corrigi-la. Não se admite a tentativa por se tratar de crime omissivo.

6.33 DEMORA DEMASIADA E INJUSTIFICADA NO EXAME DE PROCESSO

O crime de demora demasiada e injustificada no exame do processo vem previsto no art. 37 da Lei n. 13.869/19, tendo como objetividade jurídica a tutela da Administração Pública, no aspecto da célere administração da justiça por meio da observância do princípio da razoável duração do processo, previsto no art. 5º, LXXVIII, da Constituição Federal.

Sujeito ativo do crime é o agente público (arts. 1º e 2º) com atribuição e competência para o exame de processos em órgãos colegiados.

Sujeito passivo é a parte (pessoa física ou jurídica) que suportou prejuízo em virtude da demora demasiada e injustificada no exame do processo. Secundariamente, sujeito passivo é o Estado.

A conduta típica vem expressa pelo verbo demorar, que significa demorar, delongar, atrasar, dilatar.

O elemento subjetivo é o dolo, não sendo prevista a modalidade delitiva culposa.

A consumação ocorre no momento em que fica caracterizada a demora demasiada e injustificada (vide item 39.3 supra) no exame de processo, independentemente da efetiva procrastinação de seu andamento ou retardo no julgamento. Trata-se de crime formal.

Dada a característica da conduta típica, não se admite a tentativa.

6.34 ANTECIPAÇÃO DE ATRIBUIÇÃO DE CULPA POR MEIO DE COMUNICAÇÃO

O crime de antecipação de atribuição de culpa por meio de comunicação foi vetado pelo Presidente da República, sendo que, posteriormente, o Congresso Nacional rejeitou o veto.

O crime de antecipação de atribuição de culpa por meio de comunicação vem previsto no art. 38 da Lei n. 13.869/19, tendo como objetividade jurídica a tutela da Administração Pública e também o direito à intimidade e à vida privada (art. 5º, X, CF), assim como a presunção de inocência (art. 5º, LVII, CF). Trata-se de crime pluriofensivo.

Sujeito ativo do crime é o agente público (arts. 1º e 2º da lei) responsável pelas investigações, sejam elas penais ou extrapenais.

Sujeito passivo é aquele que sofre a conduta abusiva de atribuição de culpa antecipada. Sujeito passivo secundário é o Estado.

A conduta típica vem expressa pelo verbo antecipar, que significa adiantar, apressar, predizer, avisar com antecedência.

O elemento subjetivo é o dolo, não sendo prevista a modalidade delitiva culposa.

O crime se consuma no momento em que ocorrer a publicidade da antecipada atribuição de culpa no meio de comunicação ou na rede social. Trata-se de crime de mera conduta, que não tem resultado naturalístico. Portanto, é dispensável para a consumação do crime que haja qualquer mácula à imagem do investigado.

Tratando-se de crime plurissubsistente, é admissível a tentativa, como no caso, por exemplo, de ser a atribuição de culpa veiculada na forma escrita, não chegando a se tornar pública por circunstâncias alheias à vontade do agente.

7
CRIMES CONTRA A ADMINISTRAÇÃO DA JUSTIÇA

7.1 REINGRESSO DE ESTRANGEIRO EXPULSO

O crime de reingresso de estrangeiro expulso vem previsto no art. 338 do Código Penal, tendo como objetividade jurídica a tutela da eficácia do ato administrativo de expulsão. A Lei n. 6.815/80 define a situação jurídica do estrangeiro no Brasil.

Sujeito ativo somente pode ser o estrangeiro, admitindo-se a participação de terceiro. Trata-se, portanto, de crime próprio.

Sujeito passivo é o Estado.

A conduta típica consiste em *reingressar* (voltar, entrar novamente) estrangeiro expulso do território nacional.

Pressuposto da prática desse crime é a anterior expulsão do estrangeiro do território nacional.

Nesse aspecto: "O alienígena expulso que, antes de revogado o ato expulsório, retorna ao país, incide, pela simples verificação do fato, na cominação do art. 338 do CP. Motivo meritório não elide o dolo" (*EJTFR*, 68/25).

Trata-se de crime doloso, exigindo-se também que o estrangeiro tenha conhecimento de sua expulsão.

O delito se consuma no momento em que o estrangeiro, expulso, retorna ao País.

É *crime instantâneo*.

Admite-se a tentativa.

7.2 DENUNCIAÇÃO CALUNIOSA

A Lei n. 14.110, de 18 de dezembro de 2020, alterou o art. 339 do Código Penal, para dar outra redação ao crime de denunciação caluniosa.

Pela lei, o *caput* do art. 339 do Código Penal passa a vigorar com a seguinte redação:

"Art. 339. Dar causa à instauração de inquérito policial, de procedimento investigatório criminal, de processo judicial, de processo administrativo disciplinar, de inquérito civil ou de ação de improbidade administrativa contra alguém, imputando-lhe crime, infração ético-disciplinar ou ato ímprobo de que o sabe inocente: (...)".

O crime de denunciação caluniosa tem como objetividade jurídica a proteção à Administração da Justiça, no que concerne à inutilidade de o Estado ser acionado diante de falsa comunicação de prática delituosa. Tutela o dispositivo, secundariamente, a honra da pessoa atingida.

Sujeito ativo do crime pode ser qualquer pessoa, inclusive o funcionário público. Evidentemente que um Delegado de Polícia ou um Promotor de Justiça, por exemplo, cientes de que uma pessoa é inocente, poderiam incorrer no delito de denunciação caluniosa se acaso instaurasse inquérito policial, o primeiro, ou procedimento investigatório criminal ou processo judicial, o segundo, agindo, no caso, com dolo direto.

Até mesmo o advogado, em situações determinadas, pode ser coautor do crime, como já decidido pelo Tribunal de Justiça de São Paulo: "Denunciação caluniosa — Coautor — Advogado que, em nome do cliente, subscreveu requerimento de instauração de inquérito policial que veio a ser arquivado, eis que provada a falsidade da imputação — Denúncia fundada em elementos colhidos do inquérito, indicando que o paciente, ao subscrever o requerimento, sabia ser falsa a imputação feita à vítima — Justa causa para a ação penal — Ordem denegada" (TJSP — Rel. Carlos Bueno — HC 116.170-3 — São Paulo — 18-11-1991).

Ou, ainda: "Advogado — Denunciação caluniosa — Causídico que por força de mandato oferece representação em face de Promotor de Justiça por crime de tortura em sua modalidade omissiva, dando causa a investigação de natureza policial posteriormente arquivada — Necessidade de fazer prova de que desconhecia completamente a falsidade da imputação e que agiu de acordo com a orientação de seu cliente, sob pena de ser responsabilizado em coautoria pelo crime" (TJSP — RT, 776/583).

Sujeito passivo é o Estado e, secundariamente, a pessoa atingida em sua honra pela denunciação caluniosa.

A conduta típica consiste em dar causa (originar, motivar) à instauração de inquérito policial, de procedimento investigatório criminal, de processo judicial, de processo administrativo disciplinar, de inquérito civil ou de ação de improbidade administrativa contra alguém, imputando-lhe crime, infração ético-disciplinar ou ato ímprobo de que o sabe inocente.

A redação atual do dispositivo é mais técnica e veio a corrigir algumas imprecisões e lacunas constantes da redação anterior à Lei n. 14.110/2020.

Vale lembrar que a redação originária data de 1940, tendo sido modificada no ano 2000, por força da Lei n. 10.028, que, além de instauração de investigação policial e processo judicial, que já constavam como elementos objetivos do tipo, incluiu também "instauração de investigação administrativa, inquérito civil ou ação de improbidade administrativa".

A redação dada pela Lei n. 14.110/2020 substituiu a "instauração de investigação policial" por "instauração de inquérito policial" e de "procedimento investigatório criminal", este último a cargo do Ministério Público, conforme disciplina a Resolução n. 181, de 7 de agosto de 2017, do Conselho Nacional do Ministério Público — CNMP.

A redação atual substituiu também "investigação administrativa" por "processo administrativo disciplinar", terminologia mais técnica, mantendo "inquérito civil" e "ação de improbidade administrativa".

A indevida imputação, ademais, deve ser de crime, de infração ético-disciplinar ou de ato ímprobo, esses dois últimos incluídos pela Lei n. 14.110/2020.

Trata-se de crime doloso, sendo necessário que o agente tenha consciência de que o sujeito passivo é inocente. O tipo penal requer o dolo direto. Não concordamos com a possibilidade de dolo eventual, ainda que, evidentemente, a ciência da inocência do imputado esteja na consciência do agente e não na vontade de praticar a conduta. O único exemplo, geralmente apresentado pelos defensores da possibilidade de dolo eventual, dá conta de um agente que, sem diretamente dar causa à desnecessária movimentação da máquina estatal, propaga a terceiros que determinada pessoa praticou um delito, sabendo-a inocente, fato esse que vem, por vias transversas, a chegar ao conhecimento da autoridade policial, que instaurar inquérito policial. Ora, além de fantasioso e bastante improvável, o exemplo não retrata devidamente a ocorrência do dolo eventual, para cuja existência o agente deve prever o resultado e nada fazer para evitá-lo, agindo com total indiferença em relação a ele e assumindo o risco de sua ocorrência.

Acerca do dolo na denunciação caluniosa: "O tipo penal descrito no art. 339 do Código Penal - "Dar causa à instauração de inquérito policial, de procedimento investigatório criminal, de processo judicial, de processo administrativo disciplinar, de inquérito civil ou de ação de improbidade administrativa contra alguém, imputando-lhe crime, infração ético-disciplinar ou ato ímprobo de que o sabe inocente" - exige que haja por parte do agente a certeza da inocência da pessoa a quem se atribui a prática criminosa. Em outras palavras, deve o agente atuar contra a própria convicção, intencionalmente e com conhecimento de causa, sabendo que o denunciado é inocente." (STJ – RHC 107533/CE – Rel. Min. Antonio Saldanha Palheiro – Sexta Turma – DJe 10.03.2021).

Outrossim, não caracteriza o crime de denunciação caluniosa a conduta do agente que, simplesmente apresentando à polícia dados que possui, solicita investigação a respeito de alguém suspeito.

O crime se consuma com a efetiva instauração do inquérito policial (e não mais apenas com diligências investigativas preliminares) ou do procedimento investigatório criminal, com o início do processo judicial ou do processo administrativo disciplinar, e, ainda, com a instauração do inquérito civil (arts. 25, IV, da Lei n. 8.625/93 e 8.º, § 1.º, da Lei n. 7.347/85) ou com a propositura da ação de improbidade administrativa (art. 17 da Lei n. 8.429/92).

Embora a lei não condicione a instauração da ação penal pela prática do crime de denunciação caluniosa ao arquivamento do inquérito policial aberto a pedido do agente, ou à absolvição da vítima no processo eventualmente intentado, tal providência pode auxiliar a reforçar o caráter de falsidade à imputação e a inocência da vítima.

Assim: "Não é pressuposto da instauração da ação penal o arquivamento de inquérito policial aberto a pedido do indigitado autor do crime de denunciação caluniosa para só então valer aquele como peça de informação à 'persecutio criminis' do Estado, através do Ministério Público" (STF — RT, 568/373).

A tentativa é admitida, uma vez que fracionável o *iter criminis*.

Vale ressaltar que, muito embora parcela da doutrina pátria, com apoio em algumas decisões dos Tribunais, sustente que o crime de denunciação caluniosa absorve o crime de calúnia, a verdade é que se trata de figuras absolutamente distintas, não ocorrendo, a nosso ver, a consunção. Na denunciação caluniosa, protege-se a Administração da Justiça, punindo aquele que aciona os mecanismos estatais de investigação e repressão desnecessariamente. Na calúnia, o bem jurídico tutelado é a honra, no particular aspecto da reputação do sujeito passivo (honra objetiva). Na denunciação caluniosa, o agente provoca a instauração de inquérito policial, de procedimento de investigação criminal etc., contra a vítima, enquanto na calúnia basta a simples imputação falsa de fato definido como crime. E, por fim, a denunciação caluniosa é crime de ação penal pública incondicionada, enquanto a calúnia, em regra, é crime de ação penal privada.

DENUNCIAÇÃO CALUNIOSA CIRCUNSTANCIADA

O § 1º do art. 339 do Código Penal prevê a denunciação caluniosa qualificada, que ocorre quando o sujeito ativo se utiliza do anonimato ou de nome falso.

Nesse caso, a pena é aumentada de sexta parte.

DENUNCIAÇÃO CALUNIOSA PRIVILEGIADA

A denunciação caluniosa privilegiada vem prevista no § 2º do art. 339 do Código Penal e ocorre quando a imputação falsa diz respeito a fato contravencional.

Nesse caso, a pena é diminuída de metade.

7.3 COMUNICAÇÃO FALSA DE CRIME OU CONTRAVENÇÃO

O crime de comunicação falsa de crime ou contravenção vem previsto no art. 340 do Código Penal e tem como objetividade jurídica a proteção à administração da Justiça.

Sujeito ativo pode ser qualquer pessoa.

Sujeito passivo é o Estado.

A conduta típica vem expressa pelo verbo *provocar*, que significa ocasionar, impulsionar, dar causa.

A provocação deve ter por objeto a *ação de autoridade*, que pode ser a *autoridade policial*, a *autoridade judiciária*, o *Ministério Público* ou qualquer *autoridade administrativa* que tenha condições de provocar a ação daquelas, inclusive a Polícia Militar.

A comunicação deve ser *falsa* e a infração penal *inexistente*. A *comunicação falsa* pode ser feita por meio escrito, verbal, com nome falso ou anônimo.

Trata-se de crime doloso, exigindo-se ainda que o agente tenha a consciência de que o crime ou contravenção não se verificou.

O crime se consuma quando a autoridade pública age ainda que apenas iniciando diligências.

Não é necessário que seja instaurado inquérito policial.

Admite-se a tentativa.

7.4 AUTOACUSAÇÃO FALSA

A autoacusação falsa é crime que vem previsto no art. 341 do Código Penal e tem como objetividade jurídica a proteção à administração da Justiça, no que concerne à atividade normal da máquina judiciária.

Sujeito ativo pode ser qualquer pessoa. É um *crime comum*.

Sujeito passivo é o Estado.

A conduta típica consiste em *acusar-se*, que significa atribuir-se, imputar-se, de um crime que não cometeu ou de crime inexistente.

Esse tipo penal pressupõe a existência de um crime antecedente, no qual o sujeito ativo não pode ter agido como coautor ou partícipe.

A autoacusação falsa (que pode ser feita por qualquer forma) deve ocorrer *perante a autoridade*, que pode ser a *autoridade policial*, a *autoridade judiciária*, o *Ministério Público* ou qualquer *autoridade administrativa* que tenha condições de provocar a ação daquelas.

Se a autoridade não for competente para tomar providências no caso, inexiste o crime.

Trata-se de crime doloso, exigindo-se que o agente tenha consciência de que o crime inexistiu ou foi praticado por outrem.

O crime se consuma no momento em que a autoridade toma ciência da autoacusação.

É um *crime formal* ou de consumação antecipada, não importando se a autoridade cometeu algum ato de ofício.

Admite-se a tentativa.

7.5 FALSO TESTEMUNHO OU FALSA PERÍCIA

O crime de falso testemunho ou falsa perícia vem previsto no art. 342 do Código Penal e tem como objetividade jurídica a proteção à administração da Justiça no que tange à veracidade da prova testemunhal e pericial.

A Lei n. 10.268, de 28 de agosto de 2001, deu nova redação ao *caput* e aos §§ 1º e 2º desse artigo. A Lei n. 12.850/2013 fixou a pena em reclusão, de 2 (dois) a 4 (quatro) anos, e multa.

Trata-se de *crime próprio*, só podendo ter como sujeitos ativos as pessoas indicadas expressamente no tipo: *testemunha*, *perito*, *contador*, *tradutor* ou *intérprete*.

Não são consideradas testemunhas o autor e coautor ou partícipe do crime, assim como a parte no processo e a vítima.

A vítima não pode ser sujeito ativo do crime de falso testemunho, não estando obrigada a falar a verdade.

No processo penal, as testemunhas mencionadas no art. 206 não estão obrigadas a dizer a verdade, não sendo elas compromissadas.

Sujeito passivo é o Estado e, secundariamente, a pessoa que vem a ser prejudicada pela falsidade.

A conduta típica vem expressa em três modalidades:

a) *fazer afirmação falsa*, que ocorre quando o sujeito ativo afirma uma inverdade;

b) *negar a verdade*, que ocorre quando o sujeito ativo nega um fato real;

c) *calar a verdade*, que ocorre quando o sujeito ativo omite aquilo que sabe ou se recusa a responder.

Essas modalidades de conduta devem ser praticadas necessariamente em:

a) processo judicial;

b) processo administrativo;

c) inquérito policial;

d) juízo arbitral.

Divergem os entendimentos jurisprudenciais acerca da possibilidade de se configurar o delito quando a testemunha não é compromissada.

No Superior Tribunal de Justiça: "Assente nesta eg. Corte Superior que 'Para a caracterização do crime de falso testemunho não é necessário o compromisso. Precedentes' (HC n. 92.836/SP, Sexta Turma, Relª. Minª Maria Thereza de Assis Moura, DJe de 17/5/2010)". (AgRg no HC 660.380/SP – Rel. Min. Felix Fischer – Quinta Turma – DJe 31.05.2021)

Trata-se de crime doloso.

O falso testemunho é *crime de mão própria*, não admitindo, portanto, a coautoria. A participação, entretanto, é perfeitamente possível, por meio da instigação ou induzimento.

Se houver a entrega, oferecimento ou promessa de dinheiro ou qualquer outra vantagem ao sujeito ativo, estará configurado o crime do art. 343 do Código Penal.

O advogado, em tese, pode ser partícipe do crime de falso testemunho, quando induz, estimula, sugira ou recomende que a testemunha minta em juízo.

Nesse sentido: "O advogado que orienta testemunhas a falsearem a verdade é coautor do crime de falso testemunho, pois, sem a orientação do causídico, as testemunhas não iriam mentir em Juízo; desse modo, não há falar em falta de justa causa para a instauração da ação penal" (STJ — *RT*, 742/558).

A consumação se dá com o término do depoimento.

Tecnicamente, o fato se consuma no momento em que o sujeito ativo mente, porém ele pode modificar o relato até o *encerramento do depoimento*.

No Superior Tribunal de Justiça: "O entendimento consolidado nesta eg. Corte Superior é no sentido de que delito de falso testemunho consiste em crime formal, cuja consumação ocorre no momento da afirmação falsa a respeito de fato juridicamente relevante (AgRg no AREsp n. 603.029/SP, Quinta Turma, Rel. Min. Jorge Mussi, DJe de 29/5/2017)". (AgRg no HC 660.380/SP – Rel. Min. Felix Fischer – Quinta Turma – DJe 31.05.2021).

Na modalidade falsa perícia, o crime se consuma com a entrega do laudo pericial à autoridade.

A tentativa é admissível.

Causa de aumento de pena

O § 1º do art. 342 do Código Penal prevê causa de aumento de pena de um sexto a um terço se o crime é praticado:

a) mediante suborno (corrupção da testemunha, perito, contador, tradutor ou intérprete);

b) com o fim de obter prova destinada a produzir efeito em processo penal;

c) com o fim de obter prova destinada a produzir efeito em processo civil em que for parte entidade da Administração Pública direta ou indireta.

Retratação

O § 2º do art. 342 refere-se à *extinção da punibilidade*, que ocorre quando o agente se retrata ou declara a verdade antes da sentença. Para que se extinga a punibilidade é necessário que a retratação se efetive *no processo em que ocorreu o ilícito*.

7.6 CORRUPÇÃO ATIVA DE TESTEMUNHA, PERITO, CONTADOR, TRADUTOR OU INTÉRPRETE

Esse crime vem previsto no art. 343 do Código Penal (com redação dada pela Lei n. 10.268/2001) e tem como objetividade jurídica a administração da Justiça, no que tange à regularidade da prova testemunhal e pericial.

Sujeito ativo pode ser qualquer pessoa.

A testemunha, perito, contador, tradutor ou intérprete subornados não praticarão esse crime, mas o do art. 342 do Código Penal.

Sujeito passivo é o Estado e, secundariamente, de forma mediata, a pessoa eventualmente lesada.

A conduta típica consiste em *dar* (ceder, entregar), *oferecer* (apresentar, colocar à disposição) ou *prometer* (fazer promessa, obrigar-se).

A dação, oferecimento ou promessa deve envolver *dinheiro* ou *qualquer outra vantagem* (material ou moral).

A conduta pode ser desenvolvida por escrito, verbalmente, por gestos etc. e deve dirigir-se às pessoas enquanto permanecerem nas condições de testemunhas, perito, contador, tradutor ou intérprete.

Trata-se de crime doloso.

A consumação ocorre no momento em que o sujeito dá, oferece ou promete o objeto material independentemente da aceitação e/ou do resultado obtido. É um *crime formal*.

Admite-se a tentativa apenas na forma escrita.

CAUSA DE AUMENTO DE PENA

O parágrafo único do art. 343 (também com redação dada pela Lei n. 10.268/2001) prevê causa de aumento de pena de um sexto a um terço se o crime é cometido:

a) com o fim de obter prova destinada a produzir efeito em processo penal;

b) com o fim de obter prova destinada a produzir efeito em processo civil em que for parte entidade da Administração Pública direta ou indireta.

7.7 COAÇÃO NO CURSO DO PROCESSO

O crime de coação no curso do processo vem previsto no art. 344 do Código Penal e tem como objetividade jurídica a proteção à administração da Justiça, no que se refere ao normal desenvolvimento da atividade jurisdicional.

Sujeito ativo pode ser qualquer pessoa.

Sujeito passivo é o Estado e, secundariamente, a pessoa sobre quem recai a conduta.

A conduta típica vem expressa pelo verbo *usar* (utilizar, empregar), referindo-se a *violência física* e *grave ameaça*.

A conduta deve ser realizada contra autoridade, parte ou qualquer outra pessoa que participe do processo judicial, policial, administrativo, ou do *juízo arbitral*.

Sendo empregada violência física, o agente responderá por dois crimes, em concurso material.

O crime de ameaça é absorvido pelo crime de coação no curso do processo.

Trata-se de crime doloso, exigindo-se que a finalidade do agente seja a satisfação de *interesse próprio ou alheio*.

O crime se consuma com o efetivo emprego da violência física ou grave ameaça. É um *crime formal*, não exigindo para sua consumação que o agente consiga obter o favorecimento próprio ou de terceiro.

A tentativa é admissível.

7.7.1 Causa de aumento de pena

De acordo com o disposto no parágrafo único, a pena aumenta-se de 1/3 (um terço) até a metade se o processo envolver crime contra a dignidade sexual.

Esse parágrafo único foi acrescentado pela Lei n. 14.245, chamada "Lei Mariana Ferrer", sancionada pelo Presidente da República e publicada no DOU em 23.11.2021, alterando dispositivos do Código Penal, do Código de Processo Penal e da Lei n. 9.099/95 (Lei dos Juizados Especiais Cíveis e Criminais), para coibir a prática de atos atentatórios à dignidade da vítima e de testemunhas e para estabelecer causa de aumento de pena no crime de coação no curso do processo.

O "caso Mariana Ferrer" ganhou repercussão na imprensa e nas redes sociais após a modelo e blogueira relatar, em suas redes sociais, ter sido vítima de agressões sexuais e estupro praticado por um empresário, o qual, após ser processado pelo crime, veio a ser absolvido por falta de provas, sendo a sentença confirmada pelo Tribunal de Justiça de Santa Catarina.

7.8 EXERCÍCIO ARBITRÁRIO DAS PRÓPRIAS RAZÕES

É crime previsto no art. 345 do Código Penal e tem como objetividade jurídica a tutela da Administração da Justiça, inibindo quem pretenda fazer justiça com as próprias mãos.

Sujeito ativo pode ser qualquer pessoa.

Sujeito passivo é o Estado e, secundariamente, a pessoa lesada.

A conduta típica se apresenta pela expressão *fazer justiça pelas próprias mãos*, que equivale a exercer arbitrariamente as próprias razões, sem buscar a via judicial adequada à satisfação de sua pretensão.

Nesse caso, o agente, em vez de buscar a *tutela jurisdicional*, emprega a *autotutela*, fazendo, por si só, aquilo que entende por justiça.

O agente deve agir para satisfazer *pretensão legítima* ou *pretensão ilegítima*, desde que, neste último caso, a suponha legítima.

A pretensão pode ser do agente ou de terceiro.

Se a lei permitir a satisfação da pretensão *pelas próprias mãos* do agente, inexistirá o crime.

Essas hipóteses devem vir expressamente previstas em lei, como é o caso do desforço imediato, no esbulho possessório (art. 1.210 e § 1º do CC), ou do direito de retenção por benfeitorias (art. 1.219 do CC).

Trata-se de crime doloso.

A consumação ocorre no momento em que o agente realiza a conduta que visa satisfazer a pretensão.

Trata-se de *crime formal*, não necessitando que a pretensão se satisfaça, bastando apenas o emprego de meios executórios.

Admite-se a tentativa.

A ação penal, em regra, é privada, podendo ser pública quando houver emprego de violência.

Essa violência, entretanto, segundo entendimento majoritário da jurisprudência, há de ser *contra a pessoa*. Se houver violência contra a coisa, a ação penal permanecerá de iniciativa privada.

7.9 SUBTRAÇÃO, SUPRESSÃO, DESTRUIÇÃO OU DANO DE COISA PRÓPRIA EM PODER DE TERCEIRO

Crime previsto no art. 346 do Código Penal, a subtração, supressão, destruição ou dano de coisa própria em poder de terceiro tem como objetividade jurídica a tutela da administração da Justiça, no que se refere ao prestígio da determinação judicial e dos acordos de vontade.

É *crime próprio*, somente podendo ser sujeito ativo o proprietário do objeto material, ressalvada a hipótese de concurso de agentes.

Sujeito passivo é o Estado e, secundariamente, a pessoa prejudicada pelo desrespeito à determinação judicial ou convenção.

A conduta típica vem expressa pelos verbos:

a) *tirar*, que significa subtrair;

b) *suprimir*, que significa fazer desaparecer, extinguir;

c) *destruir*, que significa eliminar, inutilizar; e

d) *danificar*, que significa estragar, destruir parcialmente.

O *objeto material* do delito é *coisa própria* (pertencente ao sujeito ativo), *que se acha em poder de terceiro* (sujeito passivo secundário), *por determinação judicial* (ordem ou decisão judicial) *ou convenção* (contrato).

Trata-se de crime doloso.

A consumação ocorre no momento em que o agente tira, suprime, destrói ou danifica o objeto material.

A tentativa é admissível.

7.10 FRAUDE PROCESSUAL

O crime de fraude processual vem previsto no art. 347 do Código Penal, tendo como objetividade jurídica a tutela da administração da Justiça, evitando-se a fraude.

Sujeito ativo pode ser qualquer pessoa. Sujeito passivo é o Estado.

A conduta típica vem caracterizada pela expressão *inovar artificiosamente*, que significa modificar, adulterar, com o emprego de artifício.

Logo, o agente modifica ou adultera o *estado de lugar*, o *estado de pessoa* ou o *estado de coisa*.

É imprescindível que haja processo judicial civil ou administrativo em andamento para que se configure o delito.

Trata-se de crime doloso, exigindo-se também como elemento subjetivo a finalidade de induzir em erro o juiz ou o perito.

O crime se consuma com a efetiva inovação, não sendo necessário que o juiz ou o perito se enganem.

É *crime formal*, não se exigindo que o agente obtenha ou produza o fim ou o resultado pretendidos.

Admite-se a tentativa.

Fraude em processo penal

O parágrafo único do art. 347 do Código Penal prevê a aplicação da pena em dobro quando a inovação se destina a produzir efeito em processo penal, ainda que não iniciado.

Trata-se da *fraude em processo penal*.

7.11 FAVORECIMENTO PESSOAL

O crime de favorecimento pessoal vem previsto no art. 348 do Código Penal e tem como objetividade jurídica a tutela da administração da Justiça, no que concerne à regularidade de seu desenvolvimento.

Sujeito ativo pode ser qualquer pessoa, salvo o coautor e o partícipe do crime anterior.

O advogado pode ser autor do crime, quando preste efetivo auxílio ao criminoso a subtrair-se à ação de autoridade pública.

Sujeito passivo é o Estado.

A conduta típica vem caracterizada pela expressão *auxiliar a subtrair-se*, que significa ajudar a furtar-se, a escapar, a ocultar-se.

O auxílio deve prestar-se a favorecer o *autor de crime* (não inclui contravenção penal), ao qual é cominada pena de *reclusão*, a subtrair-se à ação da *autoridade pública* (judicial, policial ou administrativa).

O auxílio admite qualquer forma de realização e deve ser prestado após a consumação do delito anterior.

Não se admite favorecimento pessoal por omissão.

Trata-se de crime doloso.

A consumação ocorre no momento em que o beneficiado, em razão do auxílio do sujeito ativo, consegue subtrair-se, mesmo que por pouco tempo, da ação da autoridade pública.

Admite-se a tentativa.

Favorecimento pessoal privilegiado

O favorecimento pessoal privilegiado é aquele que ocorre em relação ao autor de crime a que não é cominada pena de reclusão (detenção e/ou multa), de acordo com o disposto no § 1º do art. 348 do Código Penal.

Escusa absolutória

No § 2º do art. 348 do Código Penal está prevista a *isenção de pena* se o auxílio é prestado por *ascendente, descendente, cônjuge* ou *irmão* do criminoso.

Trata-se de *escusa absolutória*, ou seja, de causa pessoal de isenção de pena.

7.12 FAVORECIMENTO REAL

O crime de favorecimento real vem previsto no art. 349 do Código Penal e tem como objetividade jurídica a proteção à administração da Justiça, no que se refere à regularidade de seu desenvolvimento.

Sujeito ativo pode ser qualquer pessoa, desde que não tenha participado do delito anterior.

Sujeito passivo é o Estado.

A conduta típica vem expressa pelo verbo *prestar*, que significa conceder, dedicar, render.

O objeto da prestação deve ser *auxílio* (ajuda, socorro) *destinado a tornar seguro o proveito do crime*.

Pode ser utilizada qualquer forma de execução: direta, indireta, material ou moral.

Esse tipo penal pressupõe a prática de um *crime* (não inclui contravenção penal) anterior e somente ocorre *fora dos casos de coautoria ou de receptação*.

Trata-se de crime doloso, que requer para sua configuração a finalidade do agente de tornar seguro o proveito do crime.

O crime se consuma com a prestação do auxílio, independentemente de êxito em tornar seguro o proveito do autor do crime.

Admite-se a tentativa.

Não se confunde a figura da receptação dolosa com a de favorecimento real.

Na receptação dolosa, o agente visa um proveito econômico próprio ou de terceiro, enquanto no favorecimento real ele visa assegurar o proveito do autor do crime, ou seja, beneficiar o criminoso.

7.13 INGRESSO DE APARELHO DE COMUNICAÇÃO EM ESTABELECIMENTO PRISIONAL

O crime de ingresso de aparelho de comunicação em estabelecimento prisional vem previsto no art. 349-A do Código Penal, tendo sido introduzido pela Lei n. 12.012, de 6 de agosto de 2009.

Tem como objetividade jurídica a tutela da administração da justiça, no que concerne à regularidade do funcionamento e manutenção do sistema prisional.

Sujeito ativo pode ser qualquer pessoa. Até mesmo preso pode ser sujeito ativo desse crime, praticando as condutas de ingressar (por exemplo, quando retorna ao sistema prisional após gozo de saída temporária), promover (através de terceiros, por exemplo), intermediar ou auxiliar.

Sujeito passivo é o Estado.

A conduta típica vem caracterizada pelos verbos *ingressar* (entrar, adentrar), *promover* (realizar, levar a efeito), *intermediar* (mediar), *auxiliar* (ajudar, prestar auxílio) e *facilitar* (tornar fácil, desimpedir).

Deve ser ressaltado o elemento normativo do tipo (*sem autorização*), caracterizado pela ausência de autorização, por quem de direito, para o ingresso do objeto material no estabelecimento prisional.

O objeto material do crime é aparelho telefônico de comunicação móvel, de rádio ou similar. Abrange os telefones celulares em geral e os radiocomunicadores.

Elemento subjetivo é o dolo.

A consumação ocorre com a efetiva entrada do aparelho telefônico móvel, de rádio ou similar, no estabelecimento prisional.

Admite-se a tentativa.

Vale lembrar que o crime de omissão no dever de vedar acesso a aparelho telefônico, de rádio ou similar, previsto no art. 319-A do Código Penal, introduzido pela Lei n. 11.446, de 28 de março de 2007, tem como sujeito ativo somente o Diretor de Penitenciária ou o agente público que tenha o dever de vedar ao preso o acesso a aparelho telefônico, de rádio ou similar, sendo a conduta representada pelo verbo *deixar*, que significa omitir-se na realização de ato que deveria praticar, indicando omissão própria. O dever de agir incumbe ao Diretor da Penitenciária e/ou ao agente público. Entre os deveres do Diretor da Penitenciária e do agente público responsável pela custódia do preso está o de vedar-lhe o acesso a aparelho telefônico, de rádio ou similar, que permita a comunicação com outros presos ou com o ambiente externo.

Merece ser destacado, ainda, que a Lei n. 11.466, de 28 de março de 2007, acrescentou ao rol de faltas graves, que podem ser cometidas pelo preso (art. 50 da Lei n. 7.210/84), a posse, a utilização ou o fornecimento de aparelho telefônico, de rádio ou similar, que permita a comunicação com outros presos ou com o ambiente externo.

7.14 EXERCÍCIO ARBITRÁRIO OU ABUSO DE PODER

O crime de exercício arbitrário ou abuso de poder foi expressamente revogado pelo art. 44 da Lei n. 13.869/2019 (Lei de Abuso de Autoridade).

7.15 FUGA DE PESSOA PRESA OU SUBMETIDA A MEDIDA DE SEGURANÇA

O art. 351 do Código Penal prevê o crime de fuga de pessoa presa ou submetida a medida de segurança, que tem como objetividade jurídica a tutela da administração da Justiça.

Sujeito ativo pode ser qualquer pessoa, com exceção do preso ou internado favorecido. É possível, entretanto, que outro detento incida no tipo penal.

Sujeito passivo é o Estado.

A conduta incriminada vem expressa pelos verbos *promover*, que significa realizar, executar, e *facilitar*, que significa tornar fácil, oferecer meios para que a fuga se realize.

A pessoa, cuja fuga vier a ser promovida ou facilitada, deve estar *legalmente presa ou submetida a medida de segurança detentiva*.

Trata-se de crime doloso.

A consumação ocorre no momento da fuga, não importando se a liberdade do detento ou interno dure pouco tempo.

Admite-se a tentativa.

Figuras típicas qualificadas

O § 1º do art. 351 do Código Penal prevê a incidência de três qualificadoras:
a) *emprego de arma* (própria ou imprópria);
b) *concurso de agentes* (mais de uma pessoa);
c) *mediante arrombamento* (violência contra coisa que constitui obstáculo à fuga).

O § 3º do art. 351 do Código Penal prevê outra forma qualificada, que ocorre *se o crime é praticado por pessoa sob cuja custódia ou guarda está o preso ou internado*.

Essa modalidade de crime é própria, pois somente pode ser praticada por quem tem o dever funcional de exercer a custódia ou guarda do preso ou internado, tal como ocorre com o carcereiro, com o agente penitenciário etc.

Concurso material

Se houver, na promoção ou facilitação da fuga, o emprego de violência *contra a pessoa* (violência física), nos termos do § 2º, será aplicada a pena desta cumulativamente com a pena do *caput* do art. 351 do Código Penal.

Promoção ou facilitação culposa

O § 4º do art. 351 do Código Penal prevê a promoção ou facilitação culposa, modalidade de crime que ocorre quando o funcionário incumbido da custódia ou guarda do preso ou internado age com culpa.

Nesse caso, a culpa deve caracterizar-se pela inobservância do cuidado objetivo necessário, mediante imprudência, negligência ou imperícia do funcionário na guarda ou custódia do preso ou internado.

A fuga pode ter sido promovida ou facilitada pelo próprio preso ou internado.

O crime se consuma somente com a efetiva ocorrência da fuga.

7.16 EVASÃO MEDIANTE VIOLÊNCIA CONTRA A PESSOA

O crime de evasão mediante violência contra a pessoa vem previsto no art. 352 do Código Penal e tem como objetividade jurídica a tutela da administração da Justiça.

Sujeito ativo somente pode ser o preso ou o indivíduo submetido a medida de segurança detentiva. É crime próprio.

Sujeito passivo é o Estado e, secundariamente, a pessoa que sofrer a violência.

A conduta típica vem caracterizada pelo fato de *evadir-se* (fugir, escapar) ou *tentar evadir-se* (tentar fugir).

Cuida-se de *crime de atentado*, ou *de empreendimento*, no qual a consumação é equiparada à tentativa, recebendo, ambas, a mesma pena.

A *evasão* ou tentativa dela deve ser praticada pelo preso ou pelo indivíduo submetido a *medida de segurança detentiva*.

A ação deve necessariamente ocorrer *mediante violência contra a pessoa*, ou seja, violência real, o que exclui o emprego de violência contra a coisa e a grave ameaça tendente à fuga.

A respeito da fuga: "A fuga, ao contrário do que costumeiramente se diz, não é um 'direito', e muito menos o 'exercício regular de um direito'; é simplesmente a fuga, sem violência, um fato penalmente atípico, porque o tipo é a evasão com violência à pessoa. De tal modo que o simples fato de não ser típica a fuga, obviamente, não elide a criminalidade de qualquer crime cometido com vistas à evasão" (STF — *RTJE*, 80/246).

Trata-se de crime doloso.

A consumação ocorre com o efetivo emprego da violência física contra a pessoa. É um *crime formal*, não importando se o agente consegue ou não atingir a liberdade.

Não há tentativa, visto que esta é equiparada ao crime consumado.

7.17 ARREBATAMENTO DE PRESO

O crime de arrebatamento de preso vem previsto no art. 353 do Código Penal e tem como objetividade jurídica a proteção à administração da Justiça.

Sujeito ativo pode ser qualquer pessoa.

Sujeito passivo é o Estado e, secundariamente, o preso arrebatado.

A conduta típica vem expressa pelo verbo *arrebatar*, que significa tirar com violência ou força, arrancar.

O objeto material é o *preso*.

O arrebatamento do preso deve dar-se com o *fim de maltratá-lo*, ou seja, seviciá-lo, impondo-lhe maus-tratos.

Trata-se de crime doloso, exigindo-se do agente a finalidade específica de impor maus-tratos ao preso.

O crime se consuma com o efetivo arrebatamento, não sendo necessário que atinja o objetivo de maus-tratos. É *crime formal*.

Admite-se a tentativa.

7.18 MOTIM DE PRESOS

O motim de presos é crime previsto no art. 354 do Código Penal, tendo como objetividade jurídica a proteção à administração da Justiça, no que tange à ordem e disciplina prisional.

Sujeitos ativos somente podem ser os presos. Trata-se de um *crime próprio coletivo*.

O Código Penal não determina o número de presos necessário para a configuração do tipo.

Sujeito passivo é o Estado e, secundariamente, as pessoas que venham a ser vítimas da violência.

A conduta típica vem expressa pelo verbo *amotinar(-se)*, que significa levantar(-se) em motim, revoltar(-se), rebelar(-se), sublevar(-se).

Motim significa revolta, manifestação contra a autoridade estabelecida, envolvendo número indeterminado de pessoas com uma finalidade comum.

Administrativamente, segundo dispõe o art. 50, I, da Lei n. 7.210/84 (Lei de Execução Penal), "comete falta grave o condenado à pena privativa de liberdade que: I — incitar ou participar de movimento para subverter a ordem ou a disciplina".

Trata-se de crime doloso.

A consumação ocorre com a perturbação da ordem e da disciplina, não importando qual o motivo que origina o motim.

Admite-se a tentativa.

Ocorrendo dano ao bem público, a pena desse delito será aplicada cumulativamente, em razão do concurso material, com a pena do crime de motim de presos. O mesmo se diga com relação à pena correspondente à violência contra a pessoa.

7.19 PATROCÍNIO INFIEL

O patrocínio infiel é crime previsto no art. 355 do Código Penal, tendo como objetividade jurídica a proteção à administração da Justiça.

Por ser *crime próprio*, sujeito ativo é somente o *advogado* ou *procurador judicial*.

Sujeito passivo é o Estado e, secundariamente, a pessoa prejudicada.

A conduta típica vem expressa pelo verbo *trair*, que significa atraiçoar, enganar por traição, ser infiel, abandonar.

A conduta pode ser comissiva ou omissiva.

O prejuízo a que se refere o dispositivo legal (*prejudicando interesse*) pode ser material ou moral, porém deve ser legítimo, deduzido em juízo.

Assim: "Pratica, em tese, o crime de patrocínio infiel o advogado que, sem expressa autorização do cliente, realiza transação nos autos judiciais por aquele considerada altamente danosa" (STF — *RT*, 521/500).

A apuração desse crime independe de prévia análise disciplinar do fato pela Ordem dos Advogados do Brasil. Nesse sentido, estabelece o art. 71 do Estatuto da Advocacia e a Ordem dos Advogados do Brasil (Lei n. 8.906/94):

"Art. 71. A jurisdição disciplinar não exclui a comum e, quando o fato constituir crime ou contravenção, deve ser do cliente ou ciência do advogado contrário" e "receber valores, da parte contrária ou de terceiro, relacionados com o objeto do mandato, sem expressa autorização do constituinte comunicado às autoridades competentes".

No Estatuto da Advocacia e a Ordem dos Advogados do Brasil, constituem infrações disciplinares, previstas no art. 34, VIII e XIX, respectivamente, "estabelecer entendimentos com a parte adversa sem autorização".

Trata-se de crime doloso.

A consumação ocorre com a produção do efetivo prejuízo.

Admite-se a tentativa.

Patrocínio simultâneo ou tergiversação

O crime de patrocínio simultâneo ou tergiversação vem previsto no parágrafo único do art. 355 do Código Penal, tendo como objetividade jurídica a tutela da administração da Justiça.

Sujeito ativo somente pode ser o *advogado* ou *procurador judicial*. É crime próprio.

O sujeito passivo é o Estado e, secundariamente, a pessoa que sofre o dano.

O tipo penal prevê duas condutas típicas:

a) *Defender simultaneamente*, onde o advogado ou procurador judicial defende, na mesma causa, ao mesmo tempo, os interesses das partes contrárias. Trata-se de *patrocínio simultâneo*.

O Código de Ética e Disciplina da Ordem dos Advogados do Brasil, no Capítulo II ("Das relações com o cliente"), dispõe sobre as sociedades profissionais:

"Art. 17. Os advogados integrantes da mesma sociedade profissional, ou reunidos em caráter permanente para cooperação recíproca, não podem representar em juízo clientes com interesses opostos.

Art. 18. Sobrevindo conflitos de interesses entre seus constituintes e não estando acordes os interessados, com a devida prudência e discernimento, optará o advogado por um dos mandatos, renunciando aos demais, resguardado o sigilo profissional".

b) *Defender sucessivamente*, onde o advogado ou procurador judicial defende, na mesma causa, sucessivamente, os interesses das partes contrárias. Trata-se da *tergiversação*.

O Código de Ética e Disciplina da Ordem dos Advogados do Brasil, no Capítulo II ("Das relações com o cliente"), dispõe sobre o assunto:

"Art. 19. O advogado ao postular em nome de terceiros, contra ex-cliente ou ex-empregador, judicial ou extrajudicialmente, deve resguardar o segredo profissional e as informações reservadas ou privilegiadas que lhe tenham sido confiadas.

Art. 20. O advogado deve abster-se de patrocinar causa contrária à ética, à moral ou à validade de ato jurídico em que tenha colaborado, orientado ou conhecido em consulta; da mesma forma, deve declinar seu impedimento ético quando tenha sido convidado pela outra parte, se esta lhe houver revelado segredos ou obtido seu parecer".

Trata-se de crime doloso.

A consumação ocorre com a realização de ato processual indicativo do patrocínio ou tergiversação. Admite-se a tentativa.

7.20 SONEGAÇÃO DE PAPEL OU OBJETO DE VALOR PROBATÓRIO

O crime de sonegação de papel ou objeto de valor probatório vem previsto no art. 356 do Código Penal e tem como objetividade jurídica a proteção da administração da Justiça.

O sujeito ativo somente pode ser o *advogado* ou *procurador*. É crime próprio.

Sujeito passivo é o Estado e, secundariamente, quem sofre o prejuízo.

A conduta típica vem expressa pelo verbo *inutilizar*, que significa tornar imprestável, impróprio para o uso devido, e pela expressão *deixar de restituir*, que significa não devolver, reter, sonegar.

A inutilização pode ser total (correspondendo à destruição) ou parcial.

O objeto material do crime pode consistir em *autos*, *documento* ou *objeto de valor probatório*.

O objeto material deve ter sido recebido pelo sujeito ativo na qualidade de advogado ou procurador.

Trata-se de crime doloso.

A consumação ocorre com a efetiva inutilização, total ou parcial, de documentos, autos ou objeto de valor probatório (crime comissivo); também com a negativa de restituição desses objetos materiais (crime omissivo).

Admite-se a tentativa apenas na conduta comissiva.

Com relação ao *advogado* que deixa de restituir autos judiciais:

"Em tese, a infração do art. 356 do CP de 1940 considera-se configurada, na modalidade de retenção dos autos, a partir do decurso do prazo de 24 horas após a intimação do retentor, consoante o art. 196 do CPC" (STF — *RT*, 605/409).

O crime em análise, tratando-se de advogado o sujeito ativo, é especial em relação àqueles previstos nos arts. 305 e 337 do Código Penal.

Assim: "Conflito aparente de normas. Especialidade. Processo. Subtração de documento por advogado. Tipo penal próprio. Artigos 337 e 356 do Código Penal. O procedimento mediante o qual advogado subtrai de processo peça nele contida, inutilizando-a, enquadra-se no artigo 356 do Código Penal, considerado o princípio da especialidade" (STF — HC 75.201-RS — *DJU* de 20-3-1998).

7.21 EXPLORAÇÃO DE PRESTÍGIO

O crime de exploração de prestígio vem previsto no art. 357 do Código Penal e tem como objetividade jurídica a tutela da administração da Justiça.

Sujeito ativo pode ser qualquer pessoa.

Sujeito passivo é o Estado.

A conduta típica vem expressa pelos verbos *solicitar*, que significa requerer, pedir, rogar, e *receber*, que é o mesmo que obter, aceitar.

O objeto material do crime é *dinheiro* (moeda nacional ou estrangeira) ou *qualquer outra utilidade* (material ou moral).

A expressão *a pretexto de influir* empregada na descrição típica revela, na verdade, uma fraude, na qual o sujeito ativo leva o sujeito passivo a crer que irá efetivamente influir em *juiz, jurado, órgão do Ministério Público, funcionário de justiça, perito, tradutor, intérprete* ou *testemunha*.

Nesse sentido: "O tipo penal do art. 357 do CP não exige prestígio direto, bastando para sua configuração que o pedido ou recebimento de dinheiro ou outra utilidade se dê a pretexto de influir, de qualquer modo, junto a autoridade ou a pessoa que vai atuar em processo cível ou criminal, no caso, o Magistrado competente para apreciar pedido de prisão preventiva" (STF — *RT*, 743/570).

"Exploração de prestígio — Caracterização — Desnecessidade da existência de influência direta — Inteligência do art. 357 do CP" (STF — *RT*, 743/570).

Trata-se de crime doloso.

A consumação ocorre com a simples solicitação ou recebimento, independentemente da aceitação ou recebimento da vantagem ou da efetiva influência exercida.

Admite-se a tentativa somente na forma escrita de solicitação e no recebimento.

EXPLORAÇÃO DE PRESTÍGIO CIRCUNSTANCIADA

O parágrafo único do art. 357 do Código Penal prevê a exploração de prestígio circunstanciada, que ocorre quando o sujeito ativo *alega* (deixa claro) ou *insinua* (dá a entender) que a vantagem solicitada ou recebida também se destina às pessoas relacionadas taxativamente.

Nesse caso, a pena é aumentada de um terço.

7.22 VIOLÊNCIA OU FRAUDE EM ARREMATAÇÃO JUDICIAL

O crime de violência ou fraude em arrematação judicial vem previsto no art. 358 do Código Penal, tendo como objetividade jurídica a tutela da administração da Justiça.

Sujeito ativo pode ser qualquer pessoa.

Sujeito passivo é o Estado e, secundariamente, os concorrentes lesados.

A conduta típica vem expressa pelos verbos *impedir* (obstruir, impossibilitar), *perturbar* (embaraçar) e *fraudar* (cometer fraude, lograr).

Nesse caso, o objeto material é *arrematação judicial* (venda judicial dos bens penhorados).

Trata-se de crime doloso.

A consumação ocorre com o impedimento, perturbação ou fraude na arrematação judicial.

Admite-se a tentativa.

Com relação às condutas típicas consistentes em *afastar* (apartar, arredar) ou *tentar afastar* (tentar apartar, tentar arredar) concorrente ou licitante, o dispositivo foi tacitamente revogado pelo art. 337-K, inserido no Código Penal pela Lei n. 14.133/21.

7.23 DESOBEDIÊNCIA A DECISÃO JUDICIAL SOBRE PERDA OU SUSPENSÃO DE DIREITO

O crime de desobediência a decisão judicial sobre perda ou suspensão de direito vem previsto no art. 359 do Código Penal e tem como objetividade jurídica a tutela da administração da Justiça, no que diz respeito à proteção à autoridade da justiça.

Sujeito ativo somente pode ser aquele que foi privado ou suspenso de exercer função, atividade, direito, autoridade ou múnus, por decisão judicial.

Sujeito passivo é o Estado.

A conduta típica vem expressa pelo verbo *exercer*, que significa exercitar, desempenhar, praticar.

O objeto material é *função, atividade, direito, autoridade* ou *múnus* (encargo decorrente de lei ou de decisão judicial).

É imprescindível que o agente tenha sido *suspenso* ou *privado* de exercer o objeto material por *decisão judicial*. É uma modalidade de desobediência.

Trata-se de crime doloso.

A consumação ocorre com o efetivo exercício da função, atividade, direito, autoridade ou múnus, que estava proibido.

8
DIREITO PENAL DO TRABALHO

8.1 CRIMES CONTRA A ORGANIZAÇÃO DO TRABALHO

8.1.1 Competência da Justiça Federal ou Estadual

Conforme ensina Júlio Fabbrini Mirabete (*Manual de direito penal*; Parte Especial, 22. ed., São Paulo: Atlas, 2004, v. 2, p. 383), "nos termos do art. 109, inciso VI, da nova CF, e Lei n. 5.010/66, compete à Justiça Federal o processo dos crimes contra a organização do trabalho. Entretanto, já se decidiu no STF que em face do art. 125, VI, da antiga CF, que firmava tal competência, são da competência da Justiça Federal apenas os crimes que ofendem o sistema de órgãos e instituições que preservam, coletivamente, os direitos e os deveres dos trabalhadores (RT 540/415 e 416; JSTJ 20/184). Estão excluídos da justiça especial, portanto, os crimes que atingem apenas determinado empregado (RTJ 94/1218; JSTJ 18/2001, 26/227; RT 557/340, 587/327)".

Assim, somente os crimes contra a organização do trabalho que ofendem interesses coletivos do trabalho pertencem à esfera federal, em que fique patente a ofensa aos princípios básicos nos quais se assenta a estrutura do trabalho em todo o país. Nos demais casos, em causas decorrentes de relação de trabalho relacionada à violação de direitos individuais, ainda que pertencentes a um grupo determinado de pessoas, a competência é da Justiça Estadual.

Nesse sentido, no Superior Tribunal de Justiça: AgRg no CC 166918/SP (DJe 17.09.2019); CC 131319/SP (DJe 11.09.2015); CC 135924/SP (DJe 31.10.2014).

8.1.2 Atentado contra a liberdade de trabalho

O crime de *atentado contra a liberdade de trabalho*, previsto no art. 197 do Código Penal, tem como objetividade jurídica a tutela da liberdade de trabalho.

Sujeito ativo pode ser qualquer pessoa. Sujeito passivo é a pessoa constrangida em sua liberdade de trabalho, inclusive pessoa jurídica.

A conduta vem expressa pelo verbo *constranger*, que significa obrigar, forçar, coagir, tolher a liberdade. O constrangimento deve, necessariamente, ser exercido mediante *violência ou grave ameaça*, obrigando o sujeito passivo a:

a) exercer ou não exercer arte, ofício, profissão ou indústria, ou a trabalhar ou não trabalhar durante certo período ou em determinados dias;

b) abrir ou fechar o seu estabelecimento de trabalho, ou a participar de *parede* ou *paralisação de atividade econômica*.

A propósito: "Agravo regimental em embargos de declaração no conflito negativo de competência. Atentado contra a liberdade do trabalho. Crime contra a organização do trabalho. Inocorrência. Competência da Justiça Estadual. 1. No caso dos autos, o movimento grevista instaurado por servidores municipais, promovendo desordem, e impedindo, mediante ameaças e utilização de força física, o ingresso de servidores no local de trabalho, bem como a retenção de equipamentos necessários à execução dos serviços, sobretudo os essenciais, não configura crime contra a organização do trabalho. 2. Para a caracterização do crime contra organização do trabalho, o delito deve atingir a liberdade individual dos trabalhadores, como também a Organização do Trabalho e a Previdência, a ferir a própria dignidade da pessoa humana e colocar em risco a manutenção da Previdência Social e as Instituições Trabalhistas, evidenciando a ocorrência de prejuízo a bens, serviços ou interesses da União, conforme as hipóteses previstas no art. 109 da CF, o que não se verifica no caso vertente. 3. Agravo regimental a que se nega provimento" (STJ — AgRg no CC 62.875/SP — Rel. Min. Og Fernandes — 3ª Seção — *DJe* 13-5-2009).

"Constitucional. Penal. Conflito de competência. Crime contra a Organização do Trabalho. Mera lesão a direito trabalhista individual. Incompetência da Justiça Federal. Ações lesivas a direitos trabalhistas individuais, tal como atentado contra a liberdade de trabalho de uma funcionária de estabelecimento comercial que, após ter comunicado ao empregador seu estado de gravidez, teria sido submetida a cumprir seu horário de trabalho de forma constrangedora, não configura crime contra a organização do trabalho, susceptível de fixar a competência da Justiça Federal, prevista no art. 109, VI, da CF. Conflito conhecido. Competência do Juízo Estadual, o suscitado" (STJ — CC 21.920/SP — Rel. Min. Vicente Leal — 3ª Seção — *DJe* 18-12-1998).

Trata-se de crime doloso, que se consuma com a atuação do sujeito passivo de acordo com a pretensão do sujeito ativo, exercendo ou não a atividade, abrindo ou não o estabelecimento etc. Admite-se a tentativa.

Em caso de violência, haverá cúmulo material: o agente receberá a pena do crime de atentado e a pena correspondente à violência.

A ação penal é pública incondicionada.

8.1.3 Atentado contra a liberdade de contrato de trabalho e boicotagem violenta

Crime previsto no art. 198 do Código Penal, o *atentado contra a liberdade de contrato de trabalho e boicotagem violenta* tem como objetividade jurídica a tutela da liberdade de trabalho.

Sujeito ativo pode ser qualquer pessoa. Sujeito passivo é quem sofre a coação ou constrangimento.

A conduta típica vem expressa pelo verbo *constranger*, que significa obrigar, forçar, coagir, tolher a liberdade. O constrangimento deve, necessariamente, ser exercido mediante *violência ou grave ameaça*, obrigando o sujeito passivo a:

a) celebrar contrato de trabalho (crime de *atentado contra a liberdade de trabalho*);

b) não fornecer a outrem ou não adquirir de outrem matéria-prima ou produto industrial ou agrícola (crime de *boicotagem violenta*).

Trata-se de crime doloso, que se consuma:

a) no atentado contra a liberdade de trabalho, com a efetiva celebração do contrato de trabalho;

b) na boicotagem violenta, com o não fornecimento ou a não aquisição da matéria-prima ou produto industrial ou agrícola.

Admite-se a tentativa.

Havendo violência, a pena desta será aplicada cumulativamente com a pena do crime analisado.

A ação penal é pública incondicionada.

8.1.4 Atentado contra a liberdade de associação

O crime de *atentado contra a liberdade de associação* vem previsto no art. 199 do Código Penal, e tem como objetividade jurídica a liberdade de associação prevista na Constituição Federal.

Sujeito ativo e sujeito passivo podem ser qualquer pessoa.

A conduta típica vem expressa pelo verbo *constranger*, que significa obrigar, forçar, coagir, tolher a liberdade. O constrangimento deve, necessariamente, ser exercido mediante *violência ou grave ameaça*, obrigando o sujeito passivo a:

a) participar de determinado sindicato ou associação profissional;

b) deixar de participar de determinado sindicato ou associação profissional.

Trata-se de crime doloso, que se consuma quando a vítima participa ou deixa de participar de determinado sindicato ou associação profissional. Admite-se a tentativa.

Havendo violência, a pena desta será aplicada cumulativamente com a pena do crime analisado.

A ação penal é pública incondicionada.

8.1.5 Paralisação de trabalho seguida de violência ou perturbação da ordem

O delito de *paralisação de trabalho seguida de violência ou perturbação da ordem* vem tipificado no art. 200 do Código Penal, tendo como objetividade jurídica a tutela da liberdade de trabalho. A Lei n. 7.783, de 28 de junho de 1989, disciplina o direito de greve.

Sujeito ativo pode ser o empregado, o empregador ou outra pessoa. No caso de empregados, para que se considere coletivo o abandono de trabalho é indispensável o concurso de, pelo menos, 3 pessoas (parágrafo único).

Sujeito passivo pode ser qualquer pessoa, inclusive a pessoa jurídica.

A conduta típica vem expressa pelo verbo *participar*, que significa fazer parte, integrar. A participação pode ser de:

a) *suspensão coletiva de trabalho*, feita por empregadores, denominada *lockout*;

b) *abandono coletivo de trabalho*, feita por empregados, denominada *greve*.

Em ambos os casos, é mister que haja *violência contra pessoa ou contra coisa*.

Trata-se de crime doloso, que se consuma com a prática de *violência*, contra pessoa ou contra coisa, durante greve ou *lockout*. Trata-se de crime formal, já que não se exige a ocorrência de qualquer consequência em razão da paralisação coletiva.

Admite-se a tentativa.

Havendo violência, a pena desta será aplicada cumulativamente com a pena do crime analisado.

A ação penal é pública incondicionada.

8.1.6 Paralisação de trabalho de interesse coletivo

O crime de *paralisação de trabalho de interesse coletivo* vem previsto no art. 201 do Código Penal, tendo como objetividade jurídica a tutela do interesse coletivo.

O art. 9º, *caput*, da Constituição Federal assegura o direito de greve, esclarecendo, no § 1º, que caberá a lei ordinária a definição dos serviços e atividades essenciais, dispondo sobre o atendimento das necessidades inadiáveis da comunidade. A especificação dos "serviços essenciais" é dada no art. 10 da Lei n. 7.783, de 28 de junho de 1989 (Lei de Greve).

Assim, na Lei de Greve:

"Art. 10. São considerados serviços ou atividades essenciais:

I — tratamento e abastecimento de água; produção e distribuição de energia elétrica, gás e combustíveis;

II – assistência médica e hospitalar;

III – distribuição e comercialização de medicamentos e alimentos;

IV – funerários;

V – transporte coletivo;

VI – captação e tratamento de esgoto e lixo;

VII – telecomunicações;

VIII – guarda, uso e controle de substâncias radioativas, equipamentos e materiais nucleares;

IX – processamento de dados ligados a serviços essenciais;

X – controle de tráfego aéreo e navegação aérea;

XI – compensação bancária.

XII – atividades médico-periciais relacionadas com o regime geral de previdência social e a assistência social;

XIII – atividades médico-periciais relacionadas com a caracterização do impedimento físico, mental, intelectual ou sensorial da pessoa com deficiência, por meio da integração de equipes multiprofissionais e interdisciplinares, para fins de reconhecimento de direitos previstos em lei, em especial na Lei n. 13.146, de 6 de julho de 2015 (Estatuto da Pessoa com Deficiência); e

XIV – outras prestações médico-periciais da carreira de Perito Médico Federal indispensáveis ao atendimento das necessidades inadiáveis da comunidade.

XV – atividades portuárias.

Art. 11. Nos serviços ou atividades essenciais, os sindicatos, os empregadores e os trabalhadores ficam obrigados, de comum acordo, a garantir, durante a greve, a prestação dos serviços indispensáveis ao atendimento das necessidades inadiáveis da comunidade.

Parágrafo único. São necessidades inadiáveis da comunidade aquelas que, não atendidas, coloquem em perigo iminente a sobrevivência, a saúde ou a segurança da população".

Sujeito ativo pode ser qualquer pessoa. Sujeito passivo é a coletividade.

A conduta típica vem expressa pelo verbo *participar*, que significa fazer parte, integrar. A participação pode ser de:

a) *suspensão coletiva de trabalho*, feita por empregadores, denominada *lockout*;

b) *abandono coletivo de trabalho*, feita por empregados, denominada *greve*.

A participação em greve ou *lockout* deve provocar a interrupção de obra pública ou serviço de interesse coletivo.

De acordo com o disposto nos arts. 1º, 2º e 11 da Lei n. 7.783/89 (Lei de Greve), a obra pública ou serviço de interesse público devem caracterizar *serviço ou atividade essencial*, conforme acima indicado.

A nosso ver, o presente crime se encontra em pleno vigor, ao contrário da maioria da doutrina penal, que o tem como não recepcionado pela nova ordem constitucional, de vez que o art. 9º da Carta Magna teria admitido amplamente o direito de greve, inclusive nos serviços e atividades essenciais.

Ocorre que o referido art. 9º da Constituição Federal, em seu § 1º, estabelece que a lei definirá os serviços ou atividades essenciais e disporá sobre o atendimento das necessidades inadiáveis da comunidade, determinando no § 2º que os abusos cometidos sujeitam os responsáveis às penas da lei.

Assim, se a interrupção da obra pública ou serviço de interesse coletivo for completa, total, estará configurado o abuso, passível de punição conforme o disposto no art. 201 do CP ora em comento.

Trata-se de crime doloso, que se consuma com a interrupção de obra pública ou serviço de interesse coletivo. Admite-se a tentativa.

A ação penal é pública incondicionada.

8.1.7 Invasão de estabelecimento industrial, comercial ou agrícola. Sabotagem

O crime de *invasão de estabelecimento industrial, comercial ou agrícola* vem previsto no art. 202 do Código Penal, e tem como objetividade jurídica a tutela da organização do trabalho.

Sujeito ativo pode ser qualquer pessoa. Sujeito passivo é a coletividade e, secundariamente, o responsável pelo estabelecimento industrial, comercial ou agrícola invadido ou sabotado. O sujeito passivo pode ser pessoa física ou jurídica.

A conduta típica vem expressa pelos verbos *invadir* (entrar à força, hostilmente, indevidamente) e *ocupar* (tomar posse indevidamente). A invasão ou ocupação com o intuito de impedir ou embaraçar o curso normal do trabalho configuram a primeira modalidade do crime, denominada *invasão de estabelecimento industrial, comercial ou agrícola*.

A conduta pode também ser expressa pelos verbos *danificar* (destruir, estragar, inutilizar) e *dispor* (desfazer-se), também com o intuito de impedir ou embaraçar o curso normal do trabalho. Nesse caso, configura-se a segunda modalidade do crime, denominada *sabotagem*.

Trata-se de crime doloso. A primeira modalidade do crime se consuma com a invasão ou ocupação, independentemente do impedimento ou embaraço do curso normal do trabalho. A segunda modalidade do crime se consuma com a danificação ou disposição do prédio ou das coisas nele existentes, independentemente do efetivo impedimento ou embaraço do curso normal do trabalho. Nas duas modalidades de conduta, o crime é formal.

Admite-se a tentativa em ambas as modalidades de conduta.

A ação penal é pública incondicionada.

8.1.8 Frustração de direito assegurado por lei trabalhista

O crime de *frustração de direito assegurado por lei trabalhista* vem previsto no art. 203 do Código Penal, tendo como objetividade jurídica a tutela dos direitos trabalhistas previstos em lei.

Sujeito ativo pode ser qualquer pessoa. Sujeito passivo é aquele que tem o direito trabalhista frustrado.

A conduta típica vem representada pelo verbo *frustrar*, que significa impedir, baldar, privar. Trata-se de norma penal em branco, pois a frustração refere-se genericamente a *direito assegurado pela legislação do trabalho*. Deve a frustração ocorrer mediante *fraude ou violência*.

Nesse sentido: "*Habeas corpus*. Redução a condição análoga à de escravo. Frustração de direito assegurado na legislação trabalhista. Falsificação de documento público. Denúncia de trabalhadores submetidos ao trabalho análogo ao de escravo. Ação realizada pelo grupo de fiscalização móvel em propriedade. Alegação de ilicitude das provas colhidas em face da ausência de mandado de busca e apreensão. Inexistência de constrangimento ilegal. Denegação da ordem. 1. Compete ao Ministério do Trabalho e do Emprego, bem como a outros órgãos, como a Polícia Federal e o Ministério Público do Trabalho, empreender ações com o objetivo de erradicar o trabalho escravo e degradante, visando a regularização dos vínculos empregatícios dos trabalhadores encontrados e libertando-os da condição de escravidão. 2. Em atenção a esta atribuição, a Consolidação das Leis do Trabalho (artigos 626 a 634), o Regulamento de Inspeção do Trabalho (artigos 9º e 13 a 15), e a Lei 7.998/1990 (artigo 2º-C) franqueiam aos auditores do Ministério do Trabalho e Emprego o acesso aos estabelecimentos a serem fiscalizados, independentemente de mandado judicial. 3. Quanto aos documentos apreendidos e à inquirição de pessoas quando da fiscalização realizada pelo Grupo Especial de Fiscalização Móvel na propriedade em questão, o artigo 18 do Regulamento de Inspeção do Trabalho prevê expressamente a competência dos auditores para assim agirem, inexistindo qualquer ilicitude em tal atuação. 4. Ademais, na hipótese vertente os pacientes foram acusados da prática dos delitos de redução a condição análoga à de escravo, frustração de direito assegurado pela lei trabalhista e falsidade documental, sendo que apenas o relativo à falsificação de documento público é instantâneo, já que os demais, da forma como em tese teriam sido praticados, são permanentes. 5. É dispensável o mandado de busca e apreensão quando se trata de flagrante delito de crime permanente, podendo-se realizar as medidas sem que se fale em ilicitude das provas obtidas (doutrina e jurisprudência). 6. O só fato de os pacientes não terem sido presos em flagrante quando da fiscalização empreendida no estabelecimento não afasta a conclusão acerca da licitude das provas lá colhidas, pois o que legitima a busca e apreensão independentemente de mandado é a natureza permanente dos delitos praticados, o que prolonga a situação de flagrância, e não a segregação, em si, dos supostos autores do crime. Precedente. 7. Ordem denegada" (STJ — HC 109.966/PA — Rel. Min. Jorge Mussi — 5ª Turma — *DJe* 4-10-2010).

"Penal. Conflito de competência. Crime de redução de pessoa a condição análoga à de escravo e supressão de direito assegurado por lei trabalhista. Crimes contra a organização do trabalho. Configuração de interesse específico da União. Delitos conexos de competência da Justiça Estadual. Súmula 122 desta Corte. Incidência. Competência da Justiça Federal. 1. A imputação de fatos que atentam contra a liberdade no exercício do patronato implica ofensa à organização do trabalho, nos termos constitucionais. 2. A frustração de direito trabalhista em circunstâncias que degradam o homem ofende princípios democráticos e atentam contra a própria ordem constitucional de proteção ao trabalho, suas instituições e órgãos, pois revelam a existência e imposição de um regime totalitário em âmbito regional, inadmissível em um Estado de Direito. 3. 'Compete à Justiça Federal o processo e julgamento unificado dos crimes conexos de competência federal e estadual, não se aplicando a regra do art. 78, II, *a*, do Código de Processo Penal' (Súm. 122/STJ). 4. Conflito conhecido para declarar a competência do Juízo Federal da 5ª Vara da Seção Judiciária do Estado do Mato Grosso, encaminhando-se os autos ao Juízo suscitado" (STJ — CC 65.567/MT — Rel. Min. Arnaldo Esteves Lima — 3ª Seção — *DJ* 30-9-2007, p. 118).

Trata-se de crime doloso, que se consuma com a efetiva frustração do direito assegurado pela legislação do trabalho. Admite-se a tentativa.

Sobre a ausência de anotação de registro do empregado na Carteira de Trabalho, *vide* item 8.2.1.

A Lei n. 9.777, de 29 de dezembro de 1998, criou duas novas figuras típicas, incluindo-as como assemelhadas ao *caput* no § 1º do art. 203 do Código Penal. A primeira delas se refere à coação para compra de mercadorias, visando impossibilitar o trabalhador de desligar-se do serviço em razão da dívida. A segunda refere-se à coação e retenção de documentos pessoais ou contratuais do trabalhador, impedindo-o de desligar-se de serviço de qualquer natureza.

O § 2º do art. 203, também acrescentado pela Lei n. 9.777/98, instituiu causas de aumento de pena de 1/6 a 1/3 se a vítima é menor de 18 anos, idosa, gestante, indígena ou portadora de deficiência física ou mental.

Havendo violência, a pena desta será aplicada cumulativamente com a pena do crime analisado.

A ação penal é pública incondicionada.

8.1.9 Frustração de lei sobre a nacionalização do trabalho

O crime de *frustração de lei sobre a nacionalização do trabalho* vem previsto no art. 204 do Código Penal, tendo como objetividade jurídica a tutela da nacionalização do trabalho (interesse do Estado em garantir reserva de mercado aos trabalhadores brasileiros).

A nacionalização do trabalho é um processo no qual o governo de um país toma medidas para aumentar o controle e a participação dos trabalhadores nacionais na economia. Isso pode incluir políticas para proteger os empregos dos cidadãos do país, bem como incentivos para que empresas nacionais contratem trabalhadores locais.

A nacionalização do trabalho também pode se referir a uma política de priorizar a contratação de trabalhadores nacionais em detrimento de trabalhadores estrangeiros. Isso pode ser feito por meio de leis de imigração mais restritivas ou por meio de incentivos para empresas contratarem trabalhadores locais.

Em alguns casos, a nacionalização do trabalho pode ser vista como uma forma de protecionismo, uma vez que visa proteger os trabalhadores e a economia nacional contra a concorrência estrangeira. No entanto, a nacionalização do trabalho também pode ser vista como uma forma de garantir que os trabalhadores nacionais tenham condições justas de trabalho e emprego em seu próprio país.

A nacionalização do trabalho, tradicionalmente, tinha raízes constitucionais. Na Constituição de 1937 (art. 146), foi instituída essa política nacionalista, que foi mantida nas Constituições de 1946 e 1967 (com a Emenda n. 1/69 — art. 165, XII).

Com a Carta de 1988, brasileiros e estrangeiros foram equiparados em relação ao exercício de qualquer atividade profissional.

Não obstante a posição de parcela da doutrina pátria, que entende que o artigo em comento não foi recepcionado pela nova ordem constitucional, nos parece que a melhor solução é conferir vigência ao dispositivo ora analisado, não apenas mediante as disposições ainda em vigor da Consolidação das Leis do Trabalho (arts. 352 a 371), como também em face do disposto no art. 178, parágrafo único, que estabeleceu sua aplicação às embarcações nacionais.

Sujeito ativo podem ser o empregador ou os empregados. Sujeito passivo é o Estado.

A conduta típica vem representada pelo verbo *frustrar*, que significa impedir, baldar, privar. Trata-se de norma penal em branco, uma vez que a frustração se refere genericamente a *obrigação relativa à nacionalização do trabalho*. Deve a frustração, outrossim, ocorrer mediante *fraude ou violência*.

Trata-se de crime doloso, que se consuma com a efetiva frustração de obrigação relativa à nacionalização do trabalho. Admite-se a tentativa.

Havendo violência, a pena desta será aplicada cumulativamente com a do crime analisado.

A ação penal é pública incondicionada.

8.1.10 Exercício de atividade com infração de decisão administrativa

O crime de *exercício de atividade com infração de decisão administrativa* vem previsto no art. 205 do Código Penal, tendo como objetividade jurídica a tutela do cumprimento das decisões administrativas.

Sujeito ativo é a pessoa impedida por decisão administrativa de exercer determinada atividade. Sujeito passivo é o Estado.

A conduta típica vem expressa pelo verbo *exercer*, que significa desempenhar, praticar, exercitar. O exercício se caracteriza pela repetição de atos, e deve ter como objeto o desempenho de atividade proibida por decisão administrativa emanada de órgão competente. Trata-se de crime habitual.

A esse respeito: "A conduta típica prevista no art. 205 do CP, por ser específica, exclui a do art. 282 também CP, que trata do exercício ilegal da medicina; portanto, o médico, que após ter cancelada a sua inscrição pelo Conselho Federal de Medicina continua a exercer a profissão, pratica o delito de exercício de atividade com infração de decisão administrativa" (STF, *RT*, 784/544).

Trata-se de crime doloso, que se consuma com o efetivo exercício da atividade (habitualidade) proibida. Sendo crime habitual, descabe tentativa.

A ação penal é pública incondicionada.

8.1.11 Aliciamento para fim de emigração

O crime de *aliciamento para fim de emigração* vem previsto no art. 206 do Código Penal, tendo como objetividade jurídica a proteção do interesse estatal na permanência de trabalhadores no território nacional.

Sujeito ativo pode ser qualquer pessoa. Sujeito passivo é o Estado e, secundariamente, a pessoa enganada.

A conduta típica vem expressa pelo verbo *recrutar*, que significa aliciar, angariar, atrair. O recrutamento deve dar-se com o emprego de *fraude* (artifício, ardil, engodo), e deve ter por finalidade levar os trabalhadores para *território estrangeiro*.

Trata-se de crime doloso, que se consuma com o recrutamento fraudulento, independentemente da efetiva emigração dos trabalhadores. Trata-se de crime formal.

Admite-se a tentativa.

A ação penal é pública incondicionada.

8.1.12 Aliciamento de trabalhadores de um local para outro do território nacional

O crime de *aliciamento de trabalhadores de um local para outro do território nacional* está tipificado no art. 207 do Código Penal, tendo como objetividade jurídica a tutela do interesse estatal na permanência dos trabalhadores no local em que se encontram, no território nacional.

Sujeito ativo pode ser qualquer pessoa. Sujeito passivo é o Estado.

A conduta incriminada vem expressa pelo verbo *aliciar*, que significa atrair, seduzir. Nesse tipo penal não se exige a *fraude*. A lei, entretanto, ao empregar o verbo *aliciar* em vez de *recrutar*, empregado no artigo anterior, deixa claro que a sedução de trabalhadores não é permitida, gerando risco para o Estado, embora não requeira o emprego de fraude, como o faz o § 1º.

Nesse tipo penal, a locomoção dos trabalhadores se opera dentro do território nacional.

Trata-se de crime doloso, que se consuma com o simples aliciamento, independentemente do efetivo deslocamento dos trabalhadores de uma para outra localidade do território nacional. Admite-se a tentativa. Trata-se de crime formal.

A Lei n. 9.777, de 29 de dezembro de 1998, acrescentou, no § 1º, figura assemelhada ao *caput* do art. 207 do Código Penal, punindo com a mesma pena quem recrutar trabalhadores fora da localidade de execução do trabalho, dentro do território nacional, mediante fraude ou cobrança de qualquer quantia do trabalhador, ou, ainda, não assegurar condições do seu retorno ao local de origem.

O § 2º do art. 207, também acrescentado pela Lei n. 9.777/98, instituiu causas de aumento de pena de 1/6 a 1/3 se a vítima é menor de 18 anos, idosa, gestante, indígena ou portadora de deficiência física ou mental.

A ação penal é pública incondicionada.

8.2 CONDUTAS CRIMINOSAS RELATIVAS À ANOTAÇÃO DA CARTEIRA DE TRABALHO E PREVIDÊNCIA SOCIAL

8.2.1 Falsificação de documento público

A falsificação de documento público é crime previsto no art. 297, *caput*, do Código Penal, tendo como objetividade jurídica a proteção da fé pública.

Sujeito ativo pode ser qualquer pessoa. Se for funcionário público, e o crime for praticado prevalecendo-se do cargo, a pena será aumentada da sexta parte, nos termos do disposto no § 1º.

Sujeito passivo é a coletividade e, secundariamente, a pessoa lesada pela falsificação.

A conduta típica vem expressa pelo verbo *falsificar*, que significa imitar ou alterar com fraude, reproduzir, dar aparência enganosa. Nessa modalidade, o sujeito ativo contrafaz um documento totalmente ou frauda-o acrescentando alguns dados.

A conduta típica também se expressa pelo verbo *alterar*: o agente modifica o conteúdo do documento público verdadeiro, suprimindo termos, acrescentando dados, substituindo palavras etc.

Nas duas modalidades de conduta pode dar-se a *falsificação total* ou a *falsificação parcial*, capaz de iludir terceiro e ter potencialidade danosa; se for grosseira e inofensiva, inexiste o crime.

Documento, segundo a definição de Julio Fabbrini Mirabete (*Manual de direito penal*, São Paulo: Atlas, 1998, v. 3), é toda peça escrita que condensa graficamente o pensamento de alguém, podendo provar um fato ou a realização de algum ato dotado de significação ou relevância jurídica.

Documento público, portanto, há de ser aquele elaborado por funcionário público, no exercício de sua função, de acordo com a legislação.

Trata-se de crime doloso.

É imprescindível a ocorrência da imitação da verdade, ou *imitatio veri*, em que o agente procura dar ao falso aparência de verdadeiro, conferindo-lhe potencialidade de engano.

O crime se consuma com a efetiva falsificação ou alteração, independentemente de qualquer outro efeito, inclusive prejuízo efetivo para terceiro.

Sendo infração penal que deixa vestígio, é imprescindível o *exame de corpo de delito* (art. 158 do CPP). A falta de perícia é causa de nulidade absoluta (arts. 564, III, *b*, e 572, ambos do CPP).

Admite-se a tentativa, embora na prática seja difícil sua configuração.

Existe divergência doutrinária e jurisprudencial acerca da absorção do crime de falsificação de documento público pelo crime de uso de documento falso (art. 304 do CP). Parcela da jurisprudência entende que não cabe a absorção, havendo concurso material de delitos.

Outrossim, no caso de ser o documento falso utilizado para a prática de estelionato, ficará o crime de falsificação por este absorvido.

Nesse sentido, a Súmula 17 do STJ: "Quando o falso se exaure no estelionato, sem mais potencialidade lesiva, é por este absorvido".

Documento público por equiparação

O § 2º do art. 297 do Código Penal equipara a documento público, para efeitos penais, aquele emanado de entidade paraestatal, o título ao portador ou transmissível por endosso, as ações de sociedades comerciais, os livros mercantis e o testamento particular. Nesse rol incluem-se os títulos de crédito em geral e, particularmente, o cheque.

Falsidade em documentos e papéis relacionados à Previdência Social

As condutas criminosas relativas à anotação da Carteira de Trabalho e Previdência Social encontram-se nos §§ 3º e 4º do art. 297 do Código Penal.

O § 3º do art. 297 do Código Penal foi acrescentado pelo art. 2º da Lei n. 9.983, de 14 de julho de 2000, incriminando as condutas de falsidade em documentos e papéis relacionados à Previdência Social.

Disposições semelhantes já existiam no art. 95, *g, h* e *i*, da Lei n. 8.212, de 24 de julho de 1991.

Trata-se, na verdade, de hipóteses de *falsidade ideológica*, e não de falsidade material, pois as condutas típicas são *inserir* ou *fazer inserir*, indicando que o documento é materialmente verdadeiro, sendo falso o conteúdo nele inserido. Ex.: inserção na CTPS de vínculo empregatício inexistente; inserção de valor de salário diverso do real etc.

São crimes formais, que se consumam com a falsa inserção, independentemente de efetivo prejuízo à Previdência Social ou ao segurado.

Não se admite tentativa.

A ação penal é pública incondicionada.

Omissão de dados em documentos relacionados à Previdência Social

O § 4º do art. 297 do Código Penal foi acrescentado pelo art. 2º da Lei n. 9.983, de 14 de julho de 2000, incriminando as condutas de quem omite, em papéis e documentos relacionados à Previdência Social (folha de pagamento, carteira de trabalho, documentação contábil etc.), o nome do segurado e seus dados pessoais, a remuneração, a vigência do contrato de trabalho ou a prestação de serviços.

Trata-se de crime omissivo, formal, bastando para a consumação a conduta negativa do agente, independentemente de efetivo prejuízo à Previdência Social ou ao empregado ou segurado.

Não se admite a tentativa.

A ação penal é pública incondicionada.

Ausência de registro do empregado na Carteira de Trabalho

Parcela considerável da doutrina pátria tem entendido que a omissão do empregador em proceder à anotação do registro do empregado na Carteira de Trabalho, nos moldes do que dispõem os arts. 41 e s. da Consolidação das Leis do Trabalho, configura o crime previsto no art. 297, § 4º, do Código Penal, com a redação que lhe foi dada pela Lei n. 9.983/2000.

Ao omitir, na Carteira de Trabalho, "a remuneração, a vigência do contrato de trabalho ou a prestação de serviços", o empregador, dolosamente, deixa de proceder à anotação do registro respectivo, estando, portanto, configurado o crime em comento.

É que o art. 29, *caput*, da CLT estabelece os dados que devem constar do registro na Carteira de Trabalho, dados esses selecionados pelo legislador penal para a configuração do crime:

"*Art. 29. A Carteira de Trabalho e Previdência Social será obrigatoriamente apresentada, contra recibo, pelo trabalhador ao empregador que o admitir, o qual terá o prazo de 48 horas para nela anotar, espe-*

cificamente, a data de admissão, a remuneração e as condições especiais, se houver, sendo facultada a adoção de sistema manual, mecânico ou eletrônico, conforme instruções a serem expedidas pelo Ministério do Trabalho" (Redação dada pela Lei n. 7.855, de 24.10.89, DOU, 25.10.89).

Assim, deixando o empregador de anotar na Carteira de Trabalho "a data de admissão e a remuneração do empregado", está configurado o crime do art. 297, § 4º, do Código Penal, independentemente de outro resultado ou de prejuízo à Previdência Social ou ao empregado, já que se trata de delito formal.

Posição respeitável em contrário, entretanto, tem o ilustre penalista Damásio de Jesus (*Deixar de registrar empregado não é crime*. São Paulo: Complexo Jurídico Damásio de Jesus, abr. 2002, disponível em http://bdjur.stj.jus.br/dspace/handle/2011/21400), para o qual "a alteração sofrida com a inclusão dada pela Lei n. 9.983/00 não tem o condão de inserir no rol de comportamentos típicos a omissão de anotação de novo contrato de trabalho. Pune a conduta do empregador que, mantendo contrato de trabalho e o registro na CTPS, altera-o falsamente (§ 3º e incisos), ou que, no ato do registro, modifica dados com o intuito de burlar a Previdência Social (§ 4º). A incriminação, porém, não passa disso, não prevendo como fato típico a simples omissão de registro".

E prossegue o notável penalista: "O descompasso entre a realidade de um efetivo contrato de trabalho e a ausência de registro, em que aquele obviamente não se constata (realidade não declarada), nada mais é do que um estranho simulacro de falso ideológico, incapaz de lesar os interesses tutelados no tipo incriminador (art. 297)".

E, conclui: "É reconhecida a nocividade da conduta do empregador que omite o registro do empregado, não contribuindo para o aperfeiçoamento da economia e fazendo surgir mercado marginal. Mas, a partir daí dizer que a simples omissão de registro é crime constitui inadvertido esforço interpretativo. E a substituição do sentido da norma pelo resultado desejado pelo intérprete configura terreno propício para o abuso, que fragiliza o sistema e alimenta injustiças".

Competência da Justiça Federal ou da Justiça Estadual

A competência para o processo e julgamento dos crimes de falso previstos nos itens acima é da Justiça Estadual.

Isso porque, consumando-se os delitos com a mera inserção de dados falsos ou com a mera omissão de anotação (crimes formais), não se verifica necessariamente prejuízo à Previdência Social, não se tratando, portanto, de "infrações penais praticadas em detrimento de bens, serviços ou interesse da União ou de suas entidades autárquicas ou empresas públicas" (art. 190, IV, da CF).

Nesse sentido a Súmula 62 do STJ: "Compete à Justiça Estadual processar e julgar o crime de falsa anotação na Carteira de Trabalho e Previdência Social, atribuído a empresa privada".

Na jurisprudência, merece ser ressaltado:

"A falsificação de carteira profissional, com o único intuito de ocultar a identidade do agente, não altera bens ou interesses da União, sendo competente, portanto, a Justiça Estadual para o julgamento e processamento do feito, pois o fato de tratar-se de documento expedido do funcionário público federal não é o bastante para atrair a competência da Justiça Federal" (TJRJ, *RT*, 758/633).

"Em havendo simples alteração da carteira de trabalho legítima, para o seu uso na prática de outros crimes, a competência estabelecer-se-á pela pessoa do sujeito passivo" (TJSP, *RT*, 509/354).

"Se a falsidade praticada pelo agente foi praticada perante a autoridade estadual e em detrimento de serviço do Estado-membro, compete à Justiça local processar e julgar a ação respectiva" (STF, *RTJ*, 66/384).

"Não sofrendo o serviço público federal qualquer dano patrimonial, nem seus interesses ou serviços, pelo fato de o réu, com falsa identidade e usando documentos falsos de terceiros ter efetuado saques em contas do FGTS, arcando o estabelecimento bancário com a totalidade do prejuízo, não será o simples interesse abstrato da União na proteção da fé pública que acarretará a competência da Justiça Federal, a pretexto de se considerar caracterizada a hipótese de crime cometido em detrimento de 'interesses' da mesma. Se assim se pensasse, seria inarredável que todos os 'crimina falsi' pertenceriam à esfera de competência da Justiça Federal, pois todos são lesivos à fé pública, ainda quando incidam, v.g., sobre documento particular" (TJSP, *RT*, 628/304).

8.3 RETENÇÃO DE SALÁRIO

8.3.1 Apropriação indébita previdenciária

O crime de apropriação indébita previdenciária vem tipificado no art. 168-A do Código Penal, tendo sido introduzido pela recente Lei n. 9.983, de 14 de julho de 2000. Anteriormente, já existia dispositivo semelhante no art. 95 da Lei n. 8.212, de 24 de julho de 1991.

Esse delito tem como objetividade jurídica o patrimônio da Previdência Social. Trata-se de crime próprio. O sujeito ativo somente pode ser a pessoa responsável pelo repasse à Previdência Social do montante recolhido dos contribuintes a título de contribuição previdenciária (substituto tributário). Sujeito passivo é o Estado, responsável pela Previdência Social.

A conduta típica vem expressa pelo verbo *deixar*, que denota omissão própria.

Não se deve tratar esse tipo penal, entretanto, como modalidade de apropriação indébita, uma vez que a lei não subordina a ocorrência do crime ao *animus rem sibi habendi* do sujeito ativo, que resolve apropriar-se do montante relativo à contribuição previdenciária, contentando-se, para a consumação, com a simples omissão no repasse à Previdência Social.

Como bem ressalta Alberto Silva Franco (*Código Penal e sua interpretação jurisprudencial*; parte especial, São Paulo: Revista dos Tribunais, 2001, v. 2, p. 2780), "na hipótese da denominada apropriação indébita previdenciária, o empresário não recebe do trabalhador a contribuição social destinada à previdência, posto que o empresário, quando paga o salário, já desconta aquela contribuição, dela não tendo o trabalhador disponibilidade. Isso significa que o importe dessa contribuição social permanece sempre em poder do empresário e, portanto, quando efetua sua transferência para a previdência, o valor da contribuição sai do próprio ativo da empresa. Destarte, se o empresário não perde a propriedade do dinheiro destinado à contribuição previdenciária, não há cogitar da aplicabilidade, no caso, de um delito patrimonial clássico, como a apropriação indébita. Quem efetivamente desconta do salário a contribuição social tem, a partir desse momento, a obrigação, imposta por lei, de transferi-la à previdência e, se não a repassar ou não a recolher, descumpre esse dever legal. Se o descumprimento desse dever legal deve ser sancionado penalmente, diante da ineficácia da proteção meramente administrativa ou da necessidade de tutela da seguridade social, é avaliação própria do legislador penal. E a lei penal optou por proteger a função arrecadadora da seguridade social, impondo sanções, de caráter penal aos protagonistas, que, na fase arrecadatória, poderiam lesioná-la: o repassador ou o recolhedor das contribuições sociais que infringem o dever legal de entregá-las".

Na jurisprudência: "Apropriação indébita previdenciária — Crime omissivo e formal — Hipótese em que não se impõe para a verificação do tipo o elemento volitivo consistente no *animus rem sibi habendi* — Delito diverso do previsto no art. 168 do CP, que é crime comissivo — Inteligência do art. 168-A do CP" (TRF, 1ª Região, *RT*, 821/681).

No Supremo Tribunal Federal: "A orientação jurisprudencial do Supremo Tribunal Federal é firme no sentido de que, para a configuração do crime de apropriação indébita previdenciária, basta a demonstração do dolo genérico, sendo dispensável um especial fim de agir, conhecido como *animus rem sibi habendi* (a intenção de ter a coisa para si). Assim como ocorre quanto ao delito de apropriação indébita previdenciária, o elemento subjetivo animador da conduta típica do crime de sonegação de contribuição previdenciária é o dolo genérico, consistente na intenção de concretizar a evasão tributária. 4. Não se presta para a suspensão da pretensão punitiva estatal, nos moldes do art. 9º da Lei 10.684/2003, a juntada de 'Recibo de Pedido de Parcelamento da Lei 11.941, de 27 de maio de 2009', cuja primeira prestação não foi paga no prazo previsto no referido documento, porque não comprova a efetiva obtenção do parcelamento administrativo do débito fiscal. 5. A mera participação no quadro societário como sócio-gerente não pode significar a automática, ou mecânica, responsabilização criminal, porquanto não se pode presumir a responsabilidade criminal daquele que se acha no contrato social como sócio-gerente, devido apenas a essa condição, pois tal increpação mecânica ou linear acarretaria a aplicação de inadmissível figura de responsabilidade penal objetiva. 6. Os elementos probatórios confrontados com as diferentes versões externadas pela defesa no curso da persecução penal, bem como a juntada de alteração contratual com registro falso da junta comercial excluindo o acusado da sociedade permitem chegar à conclusão da responsabilidade penal deste. No procedimento fiscal, ganha destaque e corrobora inequivocamente a condição contratual de sócio-gerente do acusado o instrumento procuratório por ele outorgado, representando a empresa, em que concede poderes a mandatário para os atos relacionados à ação fiscal. Mandatário que efetivamente assinou todas as notificações fiscais de lançamento de débito e os atos com ela relacionados. A transmissão de poderes, típicos de administração societária, confere certeza do grau de envolvimento do acusado com a administração da empresa. De outra parte, a concessão de procuração pelo acusado a terceiro, com outorga de poderes de gerência da empresa, não conferiu exclusividade de poderes ao outorgado, preservando os poderes de gestão do acusado. 7. A prova testemunhal produzida durante a instrução criminal não infirma a condição do acusado de responsável pela administração da sociedade, se nenhuma das pessoas ouvidas mantinha contato direto ou tinha vínculo com a empresa. Se não mantiveram contato com o dia a dia da empresa, não há de se atribuir ao depoimento de empregados de pessoas jurídicas outras — ainda que de empresas de um mesmo grupo familiar — a força de afastar do acusado a condição de responsável pela administração da sua empresa. 8. No âmbito dos crimes contra a ordem tributária, tem-se admitido, tanto em sede doutrinária quanto jurisprudencial, como causa supralegal de exclusão de culpabilidade a precária condição financeira da empresa, extrema ao ponto de não restar alternativa socialmente menos danosa que não a falta do não recolhimento do tributo devido. Configuração a ser aferida pelo julgador, conforme um critério valorativo de razoabilidade, de acordo com os fatos concretos revelados nos autos, cabendo a quem alega tal condição o ônus da prova, nos termos do art. 156 do Código de Processo Penal. Deve o julgador, também, sob outro aspecto, aferir o elemento subjetivo do comportamento, pois a boa-fé é requisito indispensável para que se confira conteúdo ético a tal comportamento. 9. Não é possível a aplicação da referida excludente de culpabilidade ao delito do art. 337-A do Código Penal, porque a supressão ou redução da contribuição social e quaisquer acessórios são implementadas por meio de condutas fraudulentas – incompatíveis com a boa-fé – instrumentais à evasão, descritas nos incisos do *caput* da norma incriminadora. 10. Hipótese em que o conjunto probatório não revela, em absoluto, a precária condição financeira da empresa. Nítida é a deficiência da prova de tal condição, não havendo nos autos um só documento que permita concluir por modo diverso" (STF — AP 516/DF — Rel. Min. Ayres Britto — Tribunal Pleno — *DJe* 3-12-2010).

Também: STF - HC 113418/PB – Rel. Min. Luiz Fux – 1ª Turma – DJe 17-10-2013)

Trata-se de norma penal em branco, uma vez que a consumação do crime está subordinada ao "prazo" e "forma legal ou convencional", que vêm estabelecidos pela Lei n. 8.212/91.

Não é admitida tentativa.

A ação penal é pública incondicionada.

Figuras assemelhadas

O § 1º descreve outras condutas omissivas sujeitas à mesma reprimenda do *caput*, nos incisos I a III, todas relacionadas ao não recolhimento ou repasse de importâncias relacionadas à Previdência Social.

Extinção da punibilidade

O § 2º estabelece causa especial de extinção da punibilidade do delito, que se subordina ao cumprimento dos seguintes requisitos:

a) declaração, confissão e efetivo pagamento, pelo agente, das contribuições, importâncias ou valores devidos à Previdência Social;

b) prestação das informações devidas pelo agente à Previdência Social;

c) que o agente efetue as condutas acima espontaneamente, e na forma definida em lei ou regulamento, antes do início da ação fiscal.

A ação fiscal, mencionada pelo dispositivo penal, não se confunde, obviamente, com a ação penal.

Ação fiscal, como assinala Alberto Silva Franco (*Código Penal*, cit., p. 4088), "é Ação do Fisco como autoridade administrativa, que se concretiza com a instauração do procedimento administrativo fiscal. A notificação pessoal do contribuinte do início da averiguação, ou seja, da instauração do procedimento administrativo, através do 'Termo de Início de Ação Fiscal — TIAF', é condição essencial para estabelecer o *termo a quo* do início da 'ação fiscal'".

Pela ação fiscal, então, que se inicia com a notificação do lançamento do tributo, objetiva o Estado a cobrança coercitiva das contribuições, importâncias ou valores devidos, recolhidos dos contribuintes pelo agente, e não repassados à Previdência Social, no prazo e forma legal ou convencional.

No que tange à ação penal, poderá o agente beneficiar-se do arrependimento posterior, nos termos do que estabelece o art. 16 do Código Penal.

Não se aplica, portanto, o art. 34 da Lei n. 9.249/95 em razão da nova hipótese criada pela Lei n. 9.983/2000.

Assim, em resumo:

a) se o pagamento ocorrer até o início da ação fiscal: extinção da punibilidade (§ 2º);

b) se o pagamento ocorrer após o início da ação fiscal e até o oferecimento da denúncia: perdão judicial ou multa (§ 3º);

c) se o pagamento ocorrer após o oferecimento, mas antes do recebimento da denúncia: arrependimento posterior (art. 16 do CP);

d) se o pagamento ocorrer após o recebimento da denúncia: atenuante genérica (art. 65, III, *b*, do CP).

Parcelamento e quitação integral do débito

A Lei n. 10.684/2003, em seu art. 9º, § 2º, permitiu o pagamento integral do débito referente à apropriação indébita previdenciária (art. 168-A do CP) e à sonegação de contribuição previdenciária (art. 337-A do CP), mesmo depois de iniciada a ação penal, em qualquer fase do processo, como causa de extinção da punibilidade, ficando, portanto, prejudicadas as disposições do § 2º do art. 168-A e do § 1º do art. 337-A.

A nosso ver, esse quadro não foi alterado pela Lei n. 12.382/2011, a qual acrescentou o § 4º ao art. 83 da Lei n. 9.430/96, do seguinte teor: "§ 4º Extingue-se a punibilidade dos crimes referidos no *caput* quando a pessoa física ou a pessoa jurídica relacionada com o agente efetuar o pagamento integral dos débitos oriundos de tributos, inclusive acessórios, que tiverem sido objeto de concessão de parcelamento".

A hipótese acima, a nosso ver, somente tem aplicabilidade no caso de pagamento integral, com a consequente extinção da punibilidade, dos débitos oriundos de tributos ou contribuições sociais que tiverem sido objeto de anterior parcelamento, feito antes do recebimento da denúncia criminal.

Em suma, há duas situações diversas, com tratamento legal diverso: a primeira delas envolvendo o pagamento *integral* dos débitos oriundos de tributos e contribuições sociais *não parcelados,* o que pode ocorrer antes ou em qualquer fase do processo criminal, gerando a extinção da punibilidade, nos termos do § 2º do art. 9º da Lei n. 10.684/2003; a segunda, envolvendo o pagamento *integral* dos débitos oriundos de tributos e contribuições sociais *anteriormente parcelados*, situação que se enquadra no disposto no § 4º do art. 83 da Lei n. 9.430/96, com a redação que lhe foi dada pela Lei n. 12.382/2011, somente ensejando a extinção da punibilidade se o parcelamento tiver sido feito *antes* do recebimento da denúncia criminal.

Nesse último caso, de extinção de punibilidade pelo pagamento integral de débitos parcelados, deve ser considerada a irretroatividade da lei mais severa, de modo que o disposto no § 4º do art. 83 da Lei n. 9.430/96 somente pode ser aplicado aos lançamentos ocorridos a partir de 25 de fevereiro de 2011. Assim, para os lançamentos ocorridos antes desta data, é possível o prévio parcelamento, ou em qualquer fase do processo, podendo ocorrer também o pagamento integral do tributo ou contribuição social, com a consequente extinção de punibilidade.

Com relação ao parcelamento, a Lei n. 11.941/2009 alterou a legislação tributária federal relativa ao parcelamento ordinário de débitos tributários. Com isso, permitiu o parcelamento dos débitos relativos à apropriação indébita previdenciária (art. 168-A do CP) e à sonegação de contribuição previdenciária (art. 337-A do CP).

Nesse sentido, dispõe o art. 67 da referida lei que, na hipótese de parcelamento do crédito tributário antes do oferecimento da denúncia, essa somente poderá ser aceita na superveniência de inadimplemento da obrigação objeto da denúncia.

Ressalta, ainda, o art. 68 que fica suspensa a pretensão punitiva do Estado, referente a esses crimes, limitada a suspensão aos débitos que tiverem sido objeto de concessão de parcelamento, enquanto não forem rescindidos os parcelamentos.

Importante lembrar que, neste caso, a prescrição criminal não corre durante o período de suspensão da pretensão punitiva.

Outrossim, de acordo com a citada lei, extingue-se a punibilidade desses crimes quando a pessoa jurídica relacionada com o agente efetuar o pagamento integral dos débitos oriundos de tributos e contribuições sociais, inclusive acessórios, que tiverem sido objeto de concessão de parcelamento.

Com a edição da Lei n. 12.382/2011, entretanto, a matéria recebeu nova regulamentação, já que foi alterada a redação do art. 83 da Lei n. 9.430/96, à qual foram acrescentados importantes parágrafos, tratando do parcelamento e da suspensão do curso da prescrição criminal.

Nesse sentido, o § 1º estabelece que, na hipótese de concessão de parcelamento do crédito tributário, a representação fiscal para fins penais somente será encaminhada ao Ministério Público após a exclusão da pessoa física ou jurídica do parcelamento.

Já no § 2º, a regra é de que fica suspensa a pretensão punitiva do Estado referente aos crimes previstos no *caput*, durante o período em que a pessoa física ou a pessoa jurídica relacionada com o agente dos aludidos crimes estiver incluída no parcelamento, desde que o pedido de parcelamento tenha sido formalizado antes do recebimento da denúncia criminal.

Anote-se que, neste caso, o parcelamento deve ter sido formalizado *antes do recebimento da denúncia criminal*.

O § 3º do citado artigo, por fim, estabelece que a prescrição criminal não corre durante o período de suspensão da pretensão punitiva.

Em suma:

a) Em caso de parcelamento, a representação fiscal ao Ministério Público para fins penais fica condicionada à exclusão da pessoa física ou jurídica do parcelamento.

b) Durante o período em que a pessoa física ou jurídica relacionada aos agentes dos crimes contra a ordem tributária estiver incluída no parcelamento, fica suspensa a pretensão punitiva do Estado, desde que o parcelamento tenha sido formalizado antes do recebimento da denúncia criminal.

c) A prescrição criminal dos crimes contra a ordem tributária não corre durante o período da suspensão da pretensão punitiva.

d) Deve ser considerada a irretroatividade da lei mais severa, de modo que o disposto nos §§ 1º a 4º do art. 83 da Lei n. 9.430/96 somente pode ser aplicado aos lançamentos ocorridos a partir de 25 de fevereiro de 2011. Assim, para os lançamentos ocorridos antes desta data, é possível o prévio parcelamento, ou em qualquer fase do processo, podendo ocorrer também o pagamento integral do tributo ou contribuição social, com a consequente extinção de punibilidade.

Perdão judicial

O § 3º estabelece caso de perdão judicial ao agente primário e de bons antecedentes que cumprir as condições impostas pelos incisos I e II. Prevê, ainda, o dispositivo penal, na mesma hipótese, a possibilidade de o juiz aplicar somente a pena de multa.

Estado de necessidade

Em algumas hipóteses excepcionais, tem-se admitido alegação de estado de necessidade para a descaracterização do crime de apropriação indébita previdenciária, quando a situação financeira do empregador (pessoa física ou jurídica) está seriamente comprometida, tendo ele de optar entre o repasse da contribuição previdenciária e eventual quebra ou demissão de empregados.

Não há, entretanto, consenso sobre o assunto na doutrina e na jurisprudência.

No sentido de que inexiste estado de necessidade:

"Estado de necessidade — Descaracterização — Apropriação indébita previdenciária — Ausência de justificativa para a prática de delito, que desestabiliza toda a estrutura previdenciária do país — Crime que causa incomensuráveis prejuízos à sociedade e principalmente à camada social menos favorecida economicamente, que dela mais precisa" (TRF-1ª Região, *RT*, 821/681).

"Apropriação indébita previdenciária — Caracterização — Dificuldade financeira da empresa — Fato que não tem o condão de configurar a excludente da antijuridicidade do estado de necessidade — Revogação do art. 95, *d*, da Lei 8.212/91 pela Lei 9.983/2000, que não descriminalizou a conduta típica, que permaneceu tipificada no art. 168-A do CP" (TRF-1ª Região, *RT*, 838/678).

Admitindo estado de necessidade, ante as dificuldades financeiras da empresa:

"Apropriação indébita previdenciária — Descaracterização — Não recolhimento de contribuições descontadas dos empregados — Conduta que se deu em razão de dificuldades financeiras do empregador, impedindo o adimplemento da obrigação (TRF-2ª Região, *RT*, 839/697).

"Apropriação indébita previdenciária — Delito omissivo e formal — Necessidade de se perquirir acerca da situação financeira da empresa, sob pena de caracterizar responsabilidade penal objetiva — Prova da dificuldade financeira, no entanto, que incumbe ao réu — Inteligência do art. 168-A do CP" (TRF-2ª Região, *RT*, 828/693).

"Apropriação indébita previdenciária — Estado de necessidade — Inocorrência — Dificuldades financeiras que não foram cabalmente comprovadas nos autos — Autoria demonstrada por contrato social ou estatuto de constituição da empresa ou da entidade devedora" (TRF-1ª Região, *RT*, 824/691).

Competência

A competência para o processo e julgamento dos crimes de apropriação indébita previdenciária é da Justiça Federal (art. 109, IV, da CF).

Nesse sentido:

"Processual Penal. Conflito negativo de competência. Apropriação indébita de contribuições previdenciárias. Se o delito cometido, em tese, lesa interesse ou bem de autarquia federal, competente para o processamento do feito é a Justiça Federal. Conflito conhecido, competente a Justiça Federal, o suscitante" (STJ, CComp. 32.036/MG, Rel. Min. Felix Fischer, *DJ*, 18-2-2002, p. 234).

Entretanto, inexistindo lesão ao INSS, como no caso de falsificação das guias de recolhimento, a competência é da Justiça Estadual.

Nesse sentido a Súmula 107 do STJ: "Compete à Justiça Comum Estadual processar e julgar crime de estelionato praticado mediante falsificação das guias de recolhimento das contribuições previdenciárias, quando não ocorrente lesão à autarquia federal".

Na jurisprudência, merece destaque:

"Conflito de competência. Juízos Federal e Estadual. Processual Penal. Apropriação indébita. INSS. Recolhimento. Lesão a particular. Conforme precedentes da seção, inexistindo lesão ao INSS, mas somente à respectiva empresa particular, o delito de apropriação indébita deve ser apreciado pelo juízo comum estadual. Conflito conhecido, declarando-se a competência do juízo criminal suscitado" (STJ, CComp. 26.303/RJ, Rel. Min. José Arnaldo da Fonseca, *DJ*, 28-8-2000, p. 54).

"Penal. Processual Penal. INSS. Contribuição Previdenciária. Falsificação de guias de recolhimento. Inexistência de lesão aos cofres da autarquia. Apropriação indébita. 1. Inexistindo lesão aos cofres da autarquia federal, mas, tão somente, a particular, a competência para processar e julgar o feito desloca-se para a Justiça Comum Estadual. 2. Conflito conhecido, declarado competente o Juízo de Direito da 39ª Vara Criminal do Rio de Janeiro-RJ, o suscitado" (STJ, CComp. 21.660/RJ, Rel. Min. Anselmo Santiago, *DJ*, 22-3-1999, p. 48).

8.3.2 Sonegação de contribuição previdenciária

O crime de *sonegação de contribuição previdenciária* vem previsto no art. 337-A do Código Penal. Trata-se de inovação introduzida pela Lei n. 9.983, de 14 de julho de 2000.

A objetividade jurídica do delito é tutela do patrimônio da Previdência Social.

Sujeito ativo é o contribuinte ou outra pessoa que tem a obrigação legal de cumprir as condutas típicas.

Sujeito passivo é a Previdência Social.

As condutas típicas são omissivas, e consistem em:

a) *omitir* de folha de pagamento da empresa ou de documento de informação previsto pela legislação previdenciária segurado, empregado, empresário, trabalhador avulso ou trabalhador autônomo ou a este equiparado que lhe prestem serviços;

b) *deixar de lançar* mensalmente nos títulos próprios da contabilidade da empresa as quantias descontadas dos segurados ou as devidas pelo empregador ou pelo tomador de serviços;

c) *omitir*, total ou parcialmente, receitas ou lucros auferidos, remunerações pagas ou creditadas e demais fatos geradores de contribuições sociais previdenciárias.

Trata-se de crime doloso, que se consuma com a supressão ou redução da contribuição social previdenciária ou seus acessórios.

Com relação à exclusão de culpabilidade, por inexigibilidade de conduta diversa, em razão de dificuldades financeiras da empresa, já decidiu o TRF da 3ª Região:

"Alegações de dificuldades financeiras da empresa não se constituem em causa de exclusão da culpabilidade, que se consubstanciaria na inexigibilidade de conduta diversa, tratando-se de argumento metajurídico, que não repercute na exigibilidade da obrigação tributária principal que originou o débito fiscal incriminado. Patente nos autos que os apelantes dispunham da alternativa do parcelamento do débito até o recebimento da denúncia, único meio que permitiria exigir-lhes conduta diversa da incriminada no tipo" (TRF-3ª Região, Rel. Des. Fed. Theotonio Costa, Apelação Criminal n. 97.03.066419-9, j. 11-4-2000, *RTRF 3ª Região*, v. 42, abr./jun. 2000, p. 222).

Admite-se a tentativa.

A ação penal é pública incondicionada.

Com relação à competência, *vide* comentários no item anterior.

Extinção da punibilidade

De acordo com o § 1º do citado dispositivo, é extinta a punibilidade se o agente, espontaneamente, declara e confessa as contribuições, importâncias ou valores e presta as informações devidas à Previdência Social, na forma definida em lei ou em regulamento, antes do início da ação fiscal.

Conforme bem ressalta Luiz Flávio Gomes (*Crimes previdenciários*: apropriação indébita, sonegação, falsidade documental, estelionato, a questão do prévio exaurimento da via administrativa, São Paulo: Revista dos Tribunais, 2001, p. 82), "não é preciso pagar o débito. Basta espontaneamente declarar e confessar a dívida, além de prestar as informações devidas, na forma definida em lei ou regulamento (cf. art. 138 do CTN). Mas tudo isso tem de ocorrer 'antes do início da ação fiscal'".

Ação fiscal, como assinala Alberto Silva Franco (*Código Penal*, cit., p. 4088), "é Ação do Fisco como autoridade administrativa, que se concretiza com a instauração do procedimento administrativo fiscal. A notificação pessoal do contribuinte do início da averiguação, ou seja, da instauração do procedimento administrativo, através do 'Termo de Início de Ação Fiscal — TIAF', é condição essencial para estabelecer o *termo a quo* do início da 'ação fiscal'".

Caso essa declaração e confissão ocorram após o início da ação fiscal, mas antes do recebimento da denúncia, ocorrerá *arrependimento posterior*, ensejando a diminuição da pena (art. 16 do CP).

Perdão judicial ou aplicação exclusiva de multa

Estabelece o § 2º do comentado artigo de lei que é facultado ao juiz deixar de aplicar a pena ou aplicar somente a pena de multa, atendidos os seguintes requisitos:

a) agente primário;

b) agente de bons antecedentes;

c) o valor das contribuições devidas, inclusive acessórios, deve ser igual ou inferior àquele estabelecido pela Previdência Social, administrativamente, como o mínimo para o ajuizamento de suas execuções fiscais.

Sonegação de contribuição previdenciária privilegiada

Prevê o artigo citado, ainda, em seu § 3º, figura típica privilegiada, podendo o juiz reduzir a pena de 1/3 até a metade, ou aplicar somente a pena de multa, quando:

a) o empregador não é pessoa jurídica;

b) sua folha de pagamento mensal não ultrapassa R$ 1.510,00.

Esse valor, nos termos do § 4º, será reajustado nas mesmas datas e nos mesmos índices do reajuste dos benefícios da Previdência Social.

Parcelamento e quitação integral do débito

A Lei n. 10.684/2003, em seu art. 9º, § 2º, permitiu o pagamento integral do débito referente à apropriação indébita previdenciária (art. 168-A do CP) e à sonegação de contribuição previdenciária (art. 337-A do CP), mesmo depois de iniciada a ação penal, em qualquer fase do processo, como causa de extinção da punibilidade, ficando, portanto, prejudicadas as disposições do § 2º do art. 168-A e do § 1º do art. 337-A.

A nosso ver, esse quadro não foi alterado pela Lei n. 12.382/2011, a qual acrescentou o § 4º ao art. 83 da Lei n. 9.430/96, do seguinte teor: "§ 4º Extingue-se a punibilidade dos crimes referidos no *caput* quando a pessoa física ou a pessoa jurídica relacionada com o agente efetuar o pagamento integral dos débitos oriundos de tributos, inclusive acessórios, que tiverem sido objeto de concessão de parcelamento".

A hipótese acima, a nosso ver, somente tem aplicabilidade no caso de pagamento integral, com a consequente extinção da punibilidade, dos débitos oriundos de tributos ou contribuições sociais que tiverem sido objeto de anterior parcelamento, feito antes do recebimento da denúncia criminal.

Em suma, há duas situações diversas, com tratamento legal diverso: a primeira delas envolvendo o pagamento *integral* dos débitos oriundos de tributos e contribuições sociais *não parcelados*, o que pode ocorrer antes ou em qualquer fase do processo criminal, gerando a extinção da punibilidade, nos termos do § 2º do art. 9º da Lei n. 10.684/2003; a segunda, envolvendo o pagamento *integral* dos débitos oriundos de tributos e contribuições sociais *anteriormente parcelados*, situação que se enquadra no disposto no § 4º do art. 83 da Lei n. 9.430/96, com a redação que lhe foi dada pela Lei n. 12.382/2011, somente ensejando a extinção da punibilidade se o parcelamento tiver sido feito *antes* do recebimento da denúncia criminal.

Nesse último caso, de extinção de punibilidade pelo pagamento integral de débitos parcelados, deve ser considerada a irretroatividade da lei mais severa, de modo que o disposto no § 4º do art. 83 da Lei n. 9.430/96 somente pode ser aplicado aos lançamentos ocorridos a partir de 25 de fevereiro de 2011. Assim, para os lançamentos ocorridos antes desta data, é possível o prévio parcelamento, ou em qualquer fase do processo, podendo ocorrer também o pagamento integral do tributo ou contribuição social, com a consequente extinção de punibilidade.

Com relação ao parcelamento, a Lei n. 11.941/2009 alterou a legislação tributária federal relativa ao parcelamento ordinário de débitos tributários. Com isso, permitiu o parcelamento dos débitos relativos à apropriação indébita previdenciária (art. 168-A do CP) e à sonegação de contribuição previdenciária (art. 337-A do CP).

Nesse sentido, dispõe o art. 67 da referida lei que, na hipótese de parcelamento do crédito tributário antes do oferecimento da denúncia, esta somente poderá ser aceita na superveniência de inadimplemento da obrigação objeto da denúncia.

Ressalta, ainda, o art. 68 que fica suspensa a pretensão punitiva do Estado, referente a esses crimes, limitada a suspensão aos débitos que tiverem sido objeto de concessão de parcelamento, enquanto não forem rescindidos os parcelamentos. Importante lembrar que, neste caso, a prescrição criminal não corre durante o período de suspensão da pretensão punitiva.

Outrossim, de acordo com a citada lei, extingue-se a punibilidade desses crimes quando a pessoa jurídica relacionada com o agente efetuar o pagamento integral dos débitos oriundos de tributos e contribuições sociais, inclusive acessórios, que tiverem sido objeto de concessão de parcelamento.

Com a edição da Lei n. 12.382/2011, entretanto, a matéria recebeu nova regulamentação, já que foi alterada a redação do art. 83 da Lei n. 9.430/96, à qual foram acrescentados importantes parágrafos, tratando do parcelamento e da suspensão do curso da prescrição criminal.

Nesse sentido, o § 1º estabelece que, na hipótese de concessão de parcelamento do crédito tributário, a representação fiscal para fins penais somente será encaminhada ao Ministério Público após a exclusão da pessoa física ou jurídica do parcelamento.

Já no § 2º, a regra é de que fica suspensa a pretensão punitiva do Estado referente aos crimes previstos no *caput*, durante o período em que a pessoa física ou a pessoa jurídica relacionada com o agente dos aludidos crimes estiver incluída no parcelamento, desde que o pedido de parcelamento tenha sido formalizado antes do recebimento da denúncia criminal.

Anote-se que, neste caso, o parcelamento deve ter sido formalizado *antes do recebimento da denúncia criminal*.

O § 3º do citado artigo, por fim, estabelece que a prescrição criminal não corre durante o período de suspensão da pretensão punitiva.

Em suma:

a) Em caso de parcelamento, a representação fiscal ao Ministério Público para fins penais fica condicionada à exclusão da pessoa física ou jurídica do parcelamento.

b) Durante o período em que a pessoa física ou jurídica relacionada aos agentes dos crimes contra a ordem tributária estiver incluída no parcelamento, fica suspensa a pretensão punitiva do Estado, desde que o parcelamento tenha sido formalizado antes do recebimento da denúncia criminal.

c) A prescrição criminal dos crimes contra a ordem tributária não corre durante o período da suspensão da pretensão punitiva.

d) Deve ser considerada a irretroatividade da lei mais severa, de modo que o disposto nos §§ 1º a 4º do art. 83 da Lei n. 9.430/96 somente pode ser aplicado aos lançamentos ocorridos a partir de 25 de fevereiro de 2011. Assim, para os lançamentos ocorridos antes desta data, é possível o prévio parcelamento, ou em qualquer fase do processo, podendo ocorrer também o pagamento integral do tributo ou contribuição social, com a consequente extinção de punibilidade.

8.4 ASSÉDIO SEXUAL, ASSÉDIO ELEITORAL E ASSÉDIO MORAL: CARACTERIZAÇÃO E PECULIARIDADES NO DIREITO PENAL DO TRABALHO

8.4.1 Assédio sexual

O assédio sexual nas relações de trabalho é uma forma de violência que pode ocorrer quando uma pessoa utiliza sua posição de poder, autoridade ou ascendência para obter favores sexuais de seus subordinados. Esse tipo de comportamento pode incluir insinuações sexuais, propostas indecentes, contato físico não solicitado, exibição de materiais pornográficos, comentários ofensivos ou piadas de cunho sexual, entre outros comportamentos que tenham conotação sexual e que sejam indesejados pela vítima.

O assédio sexual é considerado crime no ordenamento jurídico brasileiro, estando previsto no art. 216-A do Código Penal, analisado pormenorizadamente no capítulo 15 infra.

É importante que as empresas adotem políticas de prevenção e combate ao assédio sexual no ambiente de trabalho, criando um ambiente seguro e respeitoso para todos os colaboradores. As vítimas de assédio sexual devem reportar o comportamento às autoridades competentes, para que sejam tomadas as medidas legais cabíveis e para que possam receber apoio e proteção.

8.4.2 Assédio eleitoral

O assédio eleitoral nas relações de trabalho pode ser definido como uma prática em que um empregador ou superior hierárquico usa sua posição de poder para influenciar a escolha eleitoral de um subordinado. Esse tipo de comportamento é considerado antiético e ilegal em muitos países.

O assédio eleitoral pode ocorrer de diversas maneiras, como por exemplo, o empregador ameaçar de demissão um funcionário caso este não vote em um candidato específico, oferecer vantagens ou benefícios caso o funcionário vote em determinado candidato, ou ainda, criar um ambiente hostil ou intimidador para aqueles que não compartilham das mesmas ideias políticas.

Essas práticas são consideradas ilegais em muitos países, incluindo o Brasil, e podem ser denunciadas às autoridades competentes. Além disso, empresas que permitem ou incentivam esse tipo de comportamento podem sofrer sanções e punições, como multas e até mesmo processos judiciais.

No Brasil, o assédio eleitoral é considerado crime eleitoral, previsto no Código Eleitoral Brasileiro (Lei n. 4.737/1965). O artigo 301 desse código estabelece que é proibido, no dia da eleição, qualquer ato de propaganda eleitoral ou qualquer tipo de tentativa de influenciar o voto do eleitor, incluindo o assédio eleitoral nas relações de trabalho. O artigo 301 pune com reclusão de até 4 (quatro) anos e multa o uso de violência ou grave ameaça para coagir alguém a votar, ou não votar, em determinado candidato ou partido, ainda que os fins visados não sejam conseguidos.

O crime de assédio eleitoral pode ser reportado às autoridades competentes (Ministério Público do Trabalho, Tribunal Superior Eleitoral, juízes eleitorais etc.), que irão investigar a denúncia e, se comprovado, poderão punir o infrator com sanções como multas, prisão, ou até mesmo a perda de direitos políticos. Além disso, a empresa que permitir ou incentivar o assédio eleitoral também poderá sofrer sanções administrativas e judiciais.

8.4.3 Assédio moral

O assédio moral nas relações de trabalho é uma forma de violência psicológica que pode ocorrer quando um ou mais indivíduos, incluindo chefes ou colegas de trabalho, utilizam comportamentos abusivos e repetitivos para intimidar, humilhar ou degradar um colega de trabalho. Esse tipo de comportamento pode incluir críticas constantes e injustificadas, imposição de tarefas humilhantes ou incompatíveis com as habilidades do trabalhador, isolamento social, ridicularização, ofensas verbais, ameaças, entre outros comportamentos que tenham o objetivo de desestabilizar emocionalmente o trabalhador e prejudicar sua autoestima.

Como forma de violência psicológica, o assédio moral no ambiente de trabalho pode ser prejudicial à saúde mental e física do trabalhador, levando a consequências graves como estresse, ansiedade, depressão e até mesmo doenças físicas, como problemas cardíacos e gastrointestinais, podendo chegar, em casos mais extremos, ao suicídio.

No campo legislativo, é bom que se diga, existem poucas previsões administrativas do assédio moral nas relações de trabalho envolvendo, inclusive, o serviço público.

Mas, infelizmente, não há, no Brasil, o crime de assédio moral, sendo necessário que se utilize, por vezes, outras figuras típicas, como constrangimento ilegal (art. 146 do CP), violência psicológica contra a mulher (art. 147-B do CP), injúria (art. 140 do CP), dentre outras, para punir o assediador, porém sem muito sucesso.

Na esfera federal, tipificando o assédio moral, já houve projetos de reforma do Código Penal que não prosperaram, todos buscando criminalizar a conduta daquele que, de qualquer modo, reiteradamente, depreciar, em razão de subordinação hierárquica funcional ou laboral, o desempenho ou a imagem do servidor público ou empregado, colocando em risco ou afetando sua saúde física ou psíquica.

Não obstante a ausência de criminalização específica, as empresas devem adotar medidas preventivas para coibir o assédio moral, tais como o estabelecimento de políticas claras de comportamento no ambiente de trabalho, treinamento para gestores e colaboradores sobre o tema, e canais de denúncia para que os trabalhadores possam reportar o comportamento abusivo sem sofrer represálias.

8.5 RELAÇÃO DE TRABALHO E LEGISLAÇÃO EXTRAVAGANTE

8.5.1 A Lei n. 7.716/89

A Lei n. 7.716/89, também conhecida como Lei de Crimes Raciais, tem como objetivo principal combater a discriminação racial e outras formas de preconceito. No contexto das relações de trabalho, essa lei é importante para garantir a igualdade de oportunidades e o respeito à diversidade.

A Lei n. 7.716/89 prevê diversas condutas que configuram crime de discriminação racial, como recusar ou impedir o acesso de alguém a estabelecimento comercial, negar emprego ou promoção por motivo de raça, cor, etnia, religião ou origem nacional, entre outras. Além disso, a lei prevê outras formas de discriminação, como a propaganda que incite a discriminação racial, a apologia ao nazismo e a prática de injúria racial.

No contexto das relações de trabalho, a Lei n. 7.716/89 é importante para garantir que não haja discriminação racial nas contratações, nas promoções, nas demissões ou em qualquer outra fase da relação de trabalho. As empresas e empregadores devem adotar políticas e práticas que promovam a igualdade de oportunidades e o respeito à diversidade, não só para cumprir a lei, mas também para criar um ambiente de trabalho mais inclusivo e saudável.

Caso haja suspeita ou constatação de discriminação racial no ambiente de trabalho, é importante que a vítima ou qualquer outra pessoa que tenha conhecimento do fato reporte a situação às autoridades competentes. O Ministério Público pode ser acionado para investigar e punir as empresas e empregadores que praticam a discriminação racial, e as vítimas podem buscar indenização por danos morais e materiais na Justiça.

Dentre as condutas criminosas tipificadas pela Lei n. 7.716/89, envolvendo as relações de trabalho, estão: recusar ou impedir acesso a estabelecimento comercial, por motivo de raça, cor, etnia, religião ou origem nacional (art. 5º); proibir o acesso ou a permanência em qualquer ambiente ou estabelecimento público ou privado, por motivo de raça, cor, etnia, religião ou origem nacional (arts 7º a 11); negar emprego ou promoção por motivo de raça, cor, etnia, religião ou origem nacional (art. 4º); fazer propaganda que incite a discriminação racial, ou que faça apologia ao nazismo (art. 20, § 1º); praticar, induzir ou incitar a discriminação ou preconceito de raça, cor, etnia, religião ou origem nacional (art. 20, "caput").

Esses crimes podem ser praticados apenas por pessoas físicas e as penas são privativas de liberdade, em alguns casos cumuladas com multa. Pessoas jurídicas, no Brasil, somente podem ser sujeitos ativos de crimes ambientais. Nos demais casos, devem ser identificadas, na estrutura organizacional da pessoa jurídica, quem é a pessoa física responsável pela prática delitiva.

É importante destacar que essas condutas configuram crimes de discriminação racial e são vedadas, devendo ser combatidas no ambiente de trabalho e em toda a sociedade. A promoção da igualdade racial é um direito fundamental e uma obrigação do Estado e de todos os cidadãos.

8.5.2 A Lei n. 9.029/95

A Lei n. 9.029/95 é uma importante legislação trabalhista brasileira que visa combater a discriminação nas relações de trabalho. Ela proíbe a adoção de critérios discriminatórios na contratação ou na manutenção do emprego, como por exemplo, a exigência de teste de gravidez ou a adoção de critérios de cor, sexo, idade, estado civil, entre outros.

Dessa forma, a Lei n. 9.029/95 tem como objetivo garantir a igualdade de oportunidades no mercado de trabalho, impedindo que candidatos sejam preteridos em razão de características pessoais ou sociais que não têm relação com a capacidade de desempenhar a função pretendida.

Além disso, a Lei n. 9.029/95 prevê sanções para os empregadores que violarem suas disposições, tais como a aplicação de multas e a obrigação de indenizar o trabalhador discriminado. A legislação ainda prevê a possibilidade de reparação por danos morais.

É importante destacar que a Lei n. 9.029/95 não é a única legislação que trata de discriminação nas relações de trabalho. O próprio texto constitucional, por exemplo, prevê que é vedada qualquer forma de discriminação no trabalho. Além disso, a Consolidação das Leis do Trabalho (CLT) também contém diversas normas que visam coibir a discriminação, tais como a proibição de diferenças salariais por motivo de sexo, idade ou cor.

Esta lei estabelece que constituem crime, punido com detenção de 1 (um) a 2(dois) anos e multa, as seguintes práticas discriminatórias:

I – a exigência de teste, exame, perícia, laudo, atestado, declaração ou qualquer outro procedimento relativo à esterilização ou a estado de gravidez;

II – a adoção de quaisquer medidas, de iniciativa do empregador, que configurem:

a) indução ou instigamento à esterilização genética;

b) promoção do controle de natalidade, assim não considerado o oferecimento de serviços e de aconselhamento ou planejamento familiar, realizados através de instituições públicas ou privadas, submetidas às normas do Sistema Único de Saúde (SUS).

Estabelece, ainda, que são sujeitos ativos dos referidos crimes:

I – a pessoa física empregadora;

II – o representante legal do empregador, como definido na legislação trabalhista;

III – o dirigente, direto ou por delegação, de órgãos públicos e entidades das administrações públicas direta, indireta e fundacional de qualquer dos Poderes da União, dos Estados, do Distrito Federal e dos Municípios.

Em resumo, a Lei n. 9.029/95 é uma importante legislação no âmbito do Direito do Trabalho, pois busca garantir a igualdade de oportunidades no mercado de trabalho e combater a discriminação. Seus principais aspectos são a proibição de critérios discriminatórios na contratação ou manutenção do emprego, a tipificação das práticas criminosas, as sanções aplicáveis em caso de violação e a possibilidade de reparação por danos morais.

8.5.3 A Lei n. 10.741/03

A Lei n. 10.741/03 tem como objetivo garantir os direitos da pessoa idosa, assegurando-lhe uma vida digna, com proteção e inclusão social.

No que se refere às relações de trabalho, o Estatuto da Pessoa Idosa prevê diversas medidas de proteção que podem ser aplicadas no âmbito trabalhista.

Dentre essas medidas, destaca-se a proibição de discriminação no mercado de trabalho: o artigo 27 do Estatuto proíbe a discriminação da pessoa idosa no mercado de trabalho. Isso significa que não pode haver qualquer tipo de distinção ou restrição de acesso à atividade laboral em razão da idade do trabalhador.

Além disso, a pessoa idosa tem direito ao exercício de atividade profissional, respeitadas suas condições físicas, intelectuais e psíquicas (art. 26). Na admissão da pessoa idosa em qualquer trabalho ou emprego, são vedadas a discriminação e a fixação de limite máximo de idade, inclusive para concursos, ressalvados os casos em que a natureza do cargo o exigir. O primeiro critério de desempate em concurso público será a idade, dando-se preferência ao de idade mais elevada (art. 27).

No âmbito criminal, a Lei n. 10.741/03 prevê diversos crimes que envolvem as relações de trabalho e a pessoa idosa, tais como:

a) Redução à condição análoga à de escravo: o artigo 99 do Estatuto da Pessoa Idosa estabelece que expor a perigo a integridade e a saúde, física ou psíquica, da pessoa idosa, submetendo-a a condições desumanas ou degradantes ou privando-a de alimentos e cuidados indispensáveis, quando obrigado a fazê-lo, ou sujeitando-a a trabalho excessivo ou inadequado, sujeita o agente à pena de detenção de 2 (dois) meses a 1 (um) ano e multa. Essa conduta pode ocorrer no ambiente de trabalho quando a pessoa idosa é submetida a condições de trabalho degradantes, desumanas e exaustivas, sem a garantia de condições mínimas de segurança, saúde e higiene.

Discriminação: o artigo 96 do Estatuto prevê que discriminar pessoa idosa em razão de sua idade é crime, sujeito a pena de reclusão de 6 meses a 1 ano e multa. Essa conduta pode ocorrer no ambiente de trabalho quando a pessoa idosa é discriminada em virtude de sua idade, sofrendo preconceito e exclusão em relação a oportunidades de emprego, promoção e capacitação.

Em resumo, a Lei n. 10.741/03 estabelece diversas medidas de proteção à pessoa idosa no ambiente de trabalho, garantindo seus direitos e combatendo a discriminação e a violência. Essas medidas buscam assegurar a inclusão social da pessoa idosa e sua participação ativa na sociedade, valorizando sua experiência e conhecimento acumulados ao longo da vida.

8.5.4 A Lei n. 11.340/06

A Lei 11.340/06, conhecida como Lei Maria da Penha, é uma importante legislação que visa coibir a violência doméstica e familiar contra mulheres. Embora a lei não trate especificamente das relações de trabalho, alguns dispositivos legais podem ter implicações para essa área.

Um dos dispositivos da Lei Maria da Penha que pode ter relação com o Direito do Trabalho é o artigo 9º, que estabelece medidas de assistência à mulher em situação de violência doméstica e familiar, devendo o juiz assegurar à mulher em situação de violência doméstica e familiar, para preservar sua integridade física e psicológica, a manutenção do vínculo trabalhista, quando necessário o afastamento do local de trabalho, por até seis meses.

Ressalte-se que o art. 9º, §§ 1º e 2º, da Lei n. 13.667/18, que dispõe sobre o Sistema Nacional de Emprego (Sine), com a redação dada pela Lei n. 14.542/23, estabelece que as mulheres em situação de violência doméstica e familiar terão prioridade no atendimento pelo Sine, às quais serão reservadas 10% (dez por cento) das vagas ofertadas para intermediação, sendo certo que, na hipótese de não preenchimento dessas vagas reservadas por ausência de mulheres em situação de violência doméstica e familiar, as vagas remanescentes poderão ser preenchidas por mulheres e, se não houver, pelo público em geral.

Além disso, a Lei Maria da Penha pode ter implicações na análise de casos de assédio moral e sexual no ambiente de trabalho. O ambiente de trabalho pode ser um espaço de violência e opressão contra as mulheres, e a Lei Maria da Penha pode ser utilizada como referência para a análise dessas situações e punição dos responsáveis.

Em resumo, embora a Lei Maria da Penha não tenha sido criada especificamente para regulamentar as relações de trabalho, alguns dispositivos da legislação podem ter implicações para essa área. A lei estabelece medidas protetivas de urgência para garantir a segurança das mulheres vítimas de violência doméstica, e prevê a responsabilidade das empresas na proteção das suas trabalhadoras.

8.5.5 A Lei n. 12.288/10

A Lei 12.288/10, conhecida como Estatuto da Igualdade Racial, é uma legislação importante que tem como objetivo promover a igualdade de direitos e oportunidades para as pessoas negras, visando combater a discriminação racial e a desigualdade de acesso a oportunidades de trabalho e de desenvolvimento profissional.

Uma das principais medidas previstas no Estatuto da Igualdade Racial para as relações de trabalho é a exigência de que as empresas implementem ações afirmativas para promover a igualdade de oportunidades de acesso ao mercado de trabalho para a população negra. Essas ações podem incluir a reserva de uma porcentagem de vagas para pessoas negras, a adoção de critérios de seleção que levem em conta a diversidade étnica e racial dos candidatos, e a implementação de programas de formação e capacitação para profissionais negros.

Além disso, a lei também prevê que as empresas devem combater a discriminação racial em todas as etapas do processo de trabalho, desde a seleção até a promoção e a demissão dos profissionais. As empresas devem garantir um ambiente de trabalho seguro e livre de preconceito, e promover a valorização da diversidade étnica e cultural dos seus colaboradores.

O Estatuto da Igualdade Racial também estabelece a criação de órgãos especializados em promover a igualdade racial e combater a discriminação, como as Secretarias de

Promoção da Igualdade Racial, que têm como objetivo implementar políticas públicas para a promoção da igualdade de oportunidades para a população negra.

Com o Estatuto da Igualdade Racial, busca-se garantir a inclusão social e a valorização da diversidade étnica e cultural dos profissionais, promovendo a igualdade de oportunidades e a construção de uma sociedade mais justa e igualitária.

8.5.6 A Lei n. 12.984/14

A Lei n. 12.984/14 é importante porque estabelece medidas para coibir a discriminação e o preconceito contra as pessoas que vivem com o HIV ou a aids. Entre as medidas previstas na lei, podemos destacar a proibição de recusa de trabalho, serviços ou atividades educacionais em razão da condição sorológica do indivíduo, bem como a vedação de qualquer tipo de discriminação no acesso a direitos sociais.

Assim, estabelece o art. 1º da lei que constitui crime punível com reclusão, de 1 (um) a 4 (quatro) anos, e multa, as seguintes condutas discriminatórias contra o portador do HIV e o doente de aids, em razão da sua condição de portador ou de doente:

I – recusar, procrastinar, cancelar ou segregar a inscrição ou impedir que permaneça como aluno em creche ou estabelecimento de ensino de qualquer curso ou grau, público ou privado;

II – negar emprego ou trabalho;

III – exonerar ou demitir de seu cargo ou emprego;

IV – segregar no ambiente de trabalho ou escolar;

V – divulgar a condição do portador do HIV ou de doente de aids, com intuito de ofender-lhe a dignidade;

VI – recusar ou retardar atendimento de saúde.

Com a Lei n. 12.984/14, portanto, busca-se garantir a igualdade de tratamento e de oportunidades para as pessoas que vivem com HIV ou aids, contribuindo para a construção de uma sociedade mais justa e inclusiva.

8.5.7 A Lei n. 13.146/15

A Lei n. 13.146/15, conhecida como Lei Brasileira de Inclusão da Pessoa com Deficiência ou Estatuto da Pessoa com Deficiência, estabelece uma série de medidas para garantir a inclusão e a igualdade de oportunidades para pessoas com deficiência em diferentes áreas da vida, incluindo o mercado de trabalho.

No que se refere às relações de trabalho, a Lei n. 13.146/15 estabelece que as pessoas com deficiência têm direito a igualdade de oportunidades e de tratamento no ambiente de trabalho, incluindo o acesso a todos os cargos, empregos e funções, bem como a eliminação de qualquer tipo de discriminação em razão da deficiência.

A pessoa com deficiência tem direito ao trabalho de sua livre escolha e aceitação, em ambiente acessível e inclusivo, em igualdade de oportunidades com as demais pessoas.

As pessoas jurídicas de direito público, privado ou de qualquer natureza são obrigadas a garantir ambientes de trabalho acessíveis e inclusivos.

Além disso, a pessoa com deficiência tem direito, em igualdade de oportunidades com as demais pessoas, a condições justas e favoráveis de trabalho, incluindo igual remuneração por trabalho de igual valor.

A lei estabelece, ainda, que é vedada restrição ao trabalho da pessoa com deficiência e qualquer discriminação em razão de sua condição, inclusive nas etapas de recrutamento, seleção, contratação, admissão, exames admissional e periódico, permanência no emprego, ascensão profissional e reabilitação profissional, bem como exigência de aptidão plena.

Nesse aspecto, a pessoa com deficiência tem direito à participação e ao acesso a cursos, treinamentos, educação continuada, planos de carreira, promoções, bonificações e incentivos profissionais oferecidos pelo empregador, em igualdade de oportunidades com os demais empregados, sendo garantida aos trabalhadores com deficiência, também, acessibilidade em cursos de formação e de capacitação.

No campo das políticas públicas de trabalho e emprego, a lei dispõe que sua finalidade primordial é promover e garantir condições de acesso e de permanência da pessoa com deficiência no campo de trabalho. Os programas de estímulo ao empreendedorismo e ao trabalho autônomo, incluídos o cooperativismo e o associativismo, devem prever a participação da pessoa com deficiência e a disponibilização de linhas de crédito, quando necessárias.

Além disso, o poder público deve implementar serviços e programas completos de habilitação profissional e de reabilitação profissional para que a pessoa com deficiência possa ingressar, continuar ou retornar ao campo do trabalho, respeitados sua livre escolha, sua vocação e seu interesse.

Por fim, estabelece a lei que constitui modo de inclusão da pessoa com deficiência no trabalho a colocação competitiva, em igualdade de oportunidades com as demais pessoas, nos termos da legislação trabalhista e previdenciária, na qual devem ser atendidas as regras de acessibilidade, o fornecimento de recursos de tecnologia assistiva e a adaptação razoável no ambiente de trabalho. A colocação competitiva da pessoa com deficiência pode ocorrer por meio de trabalho com apoio, observadas as seguintes diretrizes: I – prioridade no atendimento à pessoa com deficiência com maior dificuldade de inserção no campo de trabalho; II – provisão de suportes individualizados que atendam a necessidades específicas da pessoa com deficiência, inclusive a disponibilização de recursos de tecnologia assistiva, de agente facilitador e de apoio no ambiente de trabalho; III – respeito ao perfil vocacional e ao interesse da pessoa com deficiência apoiada; IV – oferta de aconselhamento e de apoio aos empregadores, com vistas à definição de estratégias de inclusão e de superação de barreiras, inclusive atitudinais; V – realização de avaliações periódicas; VI – articulação intersetorial das políticas públicas; VII – possibilidade de participação de organizações da sociedade civil.

A entidade contratada para a realização de processo seletivo público ou privado para cargo, função ou emprego está obrigada à observância do disposto nesta Lei e em outras normas de acessibilidade vigentes.

Essas medidas, também no caso da legislação em análise, buscam garantir a inclusão e a igualdade de oportunidades para as pessoas com deficiência no mercado de trabalho, contribuindo para a valorização da diversidade e para a construção de uma sociedade mais justa e inclusiva.

9
DOS CRIMES DE FALSIDADE DOCUMENTAL

9.1 FALSIFICAÇÃO DE DOCUMENTO PÚBLICO

A *falsificação de documento público* é crime previsto no art. 297, *caput*, do Código Penal, tendo como objetividade jurídica a proteção da fé pública.

Sujeito ativo pode ser qualquer pessoa. Se for funcionário público, e o crime for praticado prevalecendo-se do cargo, a pena será aumentada da sexta parte, nos termos do disposto no § 1º. Sujeito passivo é a coletividade e, secundariamente, a pessoa lesada pela falsificação.

A conduta típica vem expressa pelo verbo *falsificar*, que significa imitar ou alterar com fraude, reproduzir, dar aparência enganosa. Nessa modalidade, o sujeito ativo contrafaz um documento totalmente ou frauda-o, acrescentando alguns dados. A conduta típica também se expressa pelo verbo *alterar*, pelo qual o agente modifica o conteúdo do documento público verdadeiro, suprimindo termos, acrescentando dados, substituindo palavras etc.

Nas duas modalidades de conduta, pode dar-se a *falsificação total* ou a *falsificação parcial*, capaz de iludir terceiro e ter potencialidade danosa; se for grosseira e inofensiva, inexiste o crime.

Nesse aspecto: "Falsificação grosseira é aquela evidente, clara, que a todos se faz sentir, ou seja, é a perceptível pelo leigo, é a feita sem nenhum cuidado, com rasuras e alterações grosseiras" (TJSP, *RT*, 734/662).

Documento, segundo a definição de Júlio Fabbrini Mirabete (*Manual de direito penal,* São Paulo, Atlas, 1998, v. 3), é toda peça escrita que condensa graficamente o pensamento de alguém, podendo provar um fato ou a realização de algum ato dotado de significação ou relevância jurídica. *Documento público,* portanto, há de ser aquele elaborado por funcionário público, no exercício de sua função, de acordo com a legislação.

Trata-se de crime doloso. É imprescindível a ocorrência da imitação da verdade, ou *imitatio veri,* em que o agente procura dar ao falso aparência de verdadeiro, conferindo-lhe potencialidade de engano.

O crime se consuma com efetiva falsificação ou alteração, independentemente de qualquer outro efeito.

Admite-se a tentativa, embora na prática seja difícil sua configuração.

A ação penal é pública incondicionada.

Documento público por equiparação

O § 2º do art. 297 do Código Penal equipara a documento público, para efeitos penais, aquele emanado de entidade paraestatal, o título ao portador ou transmissível por endosso, as ações de sociedades comerciais, os livros mercantis e o testamento particular.

Falsidade em documentos e papéis relacionados à Previdência Social

Vide item 8.2., *supra* (Condutas criminosas relativas à anotação da Carteira de Trabalho e Previdência Social).

9.2 FALSIFICAÇÃO DE DOCUMENTO PARTICULAR

O crime de *falsificação de documento particular* vem previsto no art. 298 do Código Penal, e tem por objetividade jurídica a proteção da fé pública no que diz respeito à autenticidade dos documentos particulares.

Sujeito ativo pode ser qualquer pessoa. Sujeito passivo é a coletividade e, secundariamente, o particular eventualmente lesado.

A conduta típica vem expressa pelo verbo *falsificar*, que significa imitar ou alterar com fraude, reproduzir, dar aparência enganosa. A conduta típica também se expressa pelo verbo *alterar*, pelo qual o agente modifica o conteúdo do documento particular verdadeiro, suprimindo termos, acrescentando dados, substituindo palavras etc.

A definição de *documento* já foi oferecida no comentário anterior, merecendo destacar que o *documento particular* não se reveste de nenhuma característica especial; deve, entretanto, ser de autoria identificada e apresentar relevância jurídica.

Assim, para que se configure o delito, é necessário que o conteúdo do documento possa causar consequências jurídicas e que a falsificação seja capaz de iludir, lesionando; se for grosseira e inofensiva, inexiste o delito.

Nesse aspecto: "Para a caracterização do delito de falsidade, não se mostra necessária a demonstração do prejuízo, bastando a potencialidade de dano" (STJ, *RSTJ*, 102/471).

É imprescindível, outrossim, a ocorrência da imitação da verdade, ou *imitatio veri*, em que o agente procura dar ao falso aparência de verdadeiro, conferindo-lhe potencialidade de engano.

Trata-se de crime doloso, que se consuma com a efetiva falsificação ou alteração, independentemente da ocorrência de prejuízo.

A tentativa é admissível.

A ação penal é pública incondicionada.

Documento particular por equiparação

O parágrafo único do art. 298, introduzido pela Lei n. 12.737, de 30 de novembro de 2012, equiparou a documento público o cartão de crédito ou de débito.

9.3 FALSIDADE IDEOLÓGICA

O crime de *falsidade ideológica* vem previsto no art. 299 do Código Penal, e tem como objetividade jurídica a proteção à fé pública.

Sujeito ativo pode ser qualquer pessoa. Se for funcionário público, e o crime for praticado prevalecendo-se do cargo, a pena será aumentada de sexta parte, nos termos do disposto na primeira parte do § 1º.

Sujeito passivo é a coletividade, e, secundariamente, o particular eventualmente lesado.

A conduta típica se expressa por três modalidades de crime:

a) *omitir*, em documento público ou particular, declaração que dele devia constar;

b) *inserir*, em documento público ou particular, declaração falsa ou diversa da que devia ser escrita;

c) *fazer inserir*, em documento público ou particular, declaração falsa ou diversa da que devia ser escrita.

A primeira modalidade de conduta é omissiva, sendo as duas outras comissivas. A modalidade *fazer inserir* é chamada de *falsidade ideológica mediata*, pois o agente não atua diretamente, mas sim por intermédio de terceiro, para inserir declaração falsa ou diversa da que devia ser escrita.

Sobre o assunto: "A inserção de falsa declaração de emprego em carteira profissional caracteriza falsidade ideológica" (STF, *RTJ*, 113/1061).

"Configura crime de falsidade ideológica atestar falsamente a transferência de empregado, para fim de obtenção de vaga em Universidade Pública" (TRF, *RTJE*, 151/302).

Devem as condutas recair sobre *fato juridicamente relevante*, isto é, fato apto a criar, modificar ou extinguir relação jurídica. A falsidade deve ser capaz de iludir e ter potencialidade ofensiva; se for grosseira e inofensiva, não se configura o crime.

Assim: "Para que se configure esse crime não é mister a ocorrência de dano efetivo, basta que se verifique a potencialidade de um evento danoso" (STF, *RT*, 558/4422).

Trata-se de crime doloso, que se consuma com a omissão ou inserção direta ou indireta da declaração, no momento em que o documento, contendo a falsidade, se completa.

Nesse sentido: "O delito de falsidade ideológica é de natureza formal e instantâneo, cujos efeitos podem vir a se protrair no tempo. Não obstante os efeitos que possam vir a ocorrer em momento futuro, a conduta se consuma no momento em o agente omite ou insere declaração falsa ou diversa da que deveria estar escrita em documento público ou particular. Sobre esse tema, a Terceira Seção, ao julgar a Revisão Criminal n. 5.233/DF, decidiu que o termo inicial da contagem do prazo de prescrição da pretensão punitiva nos crimes de falsidade ideológica é o momento de sua consumação, e não da eventual reiteração de seus efeitos." (STJ – AgRg no RHC 148651/SP – Rel. Min. Reynaldo Soares da Fonseca – Quinta Turma – DJe 20.08.2021).

Além do dolo, deve estar presente outro elemento subjetivo do tipo, consistente na finalidade de *prejudicar direito, criar obrigação ou alterar a verdade sobre fato juridicamente relevante*.

É um crime formal, não sendo necessário que o dano seja efetivo.

Admite-se tentativa apenas nos casos de inserção ou induzimento à inserção. Na conduta omissiva não se admite a tentativa, pois se trata de crime omissivo próprio.

A ação penal é pública incondicionada.

Não se confundem os crimes de falsidade ideológica e de falsidade material. A falsidade material diz respeito à forma do documento, que é forjado, falsificado, no todo ou em parte. Na falsidade ideológica, o conteúdo é falso, fraudulento, sendo certo que o agente omite ou introduz no documento declarações que não deveria expressar.

Com relação à falsidade ideológica, também se aplica o disposto na Súmula 17 do STJ: "Quando o falso se exaure no estelionato, sem mais potencialidade lesiva, é por este absorvido".

9.3.1 Abuso de papel em branco assinado

Existe discussão doutrinária acerca da perfeita capitulação do fato consistente em preencher o agente, com declaração falsa ou diversa da que devia ser escrita, papel em branco anteriormente assinado por terceiro que lhe foi confiado. É o chamado *abuso de papel em branco assinado*.

A folha de papel em branco, indiscutivelmente, não pode ser considerada *documento*, pois não apresenta conteúdo. Logo, não se poderia admitir a existência do crime de falsidade ideológica no fato de o agente preenchê-la com declaração falsa ou diversa da que deveria ser escrita.

A melhor doutrina tem entendido, entretanto, que, apesar da dificuldade acima exposta, o papel em branco assinado torna-se documento no momento em que é preenchido, configurando-se, aí sim, o crime de falsidade ideológica. O crime será de falsidade material (falsificação de documento público ou particular) se o agente se apossou ilegitimamente do papel em branco assinado.

9.3.2 Falsificação ou alteração de assentamento de registro civil

O parágrafo único do art. 299 do Código Penal prevê hipótese de aumento de pena quando a falsidade ideológica tenha como objeto *assentamento de registro civil*.

A razão do dispositivo está na importância de que se reveste o registro de nascimento de uma pessoa, trazendo sérios prejuízos não apenas ao lesado como também ao Estado, gerando insegurança à ordem jurídica.

A ação penal é pública incondicionada.

Não se confunde a infração acima analisada com o crime do art. 242 do Código Penal. Na falsidade ideológica que tem por objeto assentamento de registro civil, a falsificação ou alteração pode ser feita por qualquer pessoa, inclusive pelo funcionário encarregado do registro.

No crime do art. 242 do CP, o sujeito ativo deve ser a pessoa que deseja registrar como seu o filho de outrem, nessa qualidade apresentando-se ao Cartório de Registro Civil. Nesse caso, a norma do art. 242 é especial em relação à do art. 299, parágrafo único, do CP.

9.4 FALSIDADE DE ATESTADO MÉDICO

O crime de *falsidade de atestado médico* vem previsto no art. 302 do Código Penal, e tem por objetividade jurídica a proteção da fé pública, visando impedir que o médico forneça atestado falso.

Sujeito ativo é o médico. Trata-se de *crime próprio*. Sujeito passivo é o Estado, e, secundariamente, o particular eventualmente lesado.

A conduta típica vem descrita pelo verbo *dar*, que significa fornecer, proporcionar, entregar. *Atestado*, no caso do artigo, é aquele fornecido pelo médico, materialmente verdadeiro, porém ideologicamente falso.

A propósito: "A atestação de óbito, mediante paga, sem exame do cadáver, configura, em tese, o delito do art. 302 do CP, havendo justa causa para a ação penal" (STF, *RT*, 507/488).

Trata-se de crime doloso, que se consuma com o fornecimento do atestado ideologicamente falso.

Admite-se a tentativa.

A ação penal é pública incondicionada.

FORMA QUALIFICADA

A forma qualificada desse delito vem prevista no parágrafo único do art. 302 do Código Penal, ocorrendo quando o crime é cometido com o *fim de lucro*. Nesse caso, aplica-se também a pena de multa.

9.5 USO DE DOCUMENTO FALSO

O crime de *uso de documento falso* vem previsto no art. 304 do Código Penal, e tem como objetividade jurídica a tutela da fé pública.

Sujeito ativo pode ser qualquer pessoa. Sujeito passivo é a coletividade e, secundariamente, a pessoa eventualmente lesada pela utilização do documento falso.

A conduta típica é *fazer uso,* que significa utilizar, usar. O objeto material do crime é qualquer dos papéis falsificados ou alterados a que se referem os arts. 297 a 302 do Código Penal. Esses documentos podem ser particulares ou públicos, material ou ideologicamente falsos. O uso de documento falso, portanto, é um *crime remetido*, ou seja, um crime que faz alusão a outro crime, no caso, o de falso.

O uso pode ser de qualquer natureza, judicial ou extrajudicial. A conduta é comissiva, exigindo-se o uso efetivo do documento falso.

Para a caracterização do crime, é necessária a imitação da verdade, ou seja, a *imitatio veri,* uma vez que a utilização de documento grosseiramente falsificado não tipifica o delito.

Trata-se de crime doloso, exigindo-se ainda que o agente tenha conhecimento da falsidade documental.

O crime se consuma com o efetivo uso do documento falso, independentemente da obtenção de proveito ou da produção de dano.

Não se admite a tentativa.

A ação penal é pública incondicionada.

O Supremo Tribunal Federal já entendeu que o uso de documento falso pelo autor da falsificação configura somente o delito do art. 297 do Código Penal:

"O uso do documento falso pelo próprio autor da falsificação configura um só crime: o do art. 296 do diploma penal" (STF, *RTJ*, 111/232).

Discute-se na jurisprudência se somente a exibição espontânea do documento falso pelo agente seria capaz de caracterizar o delito, ou se este estaria também configurado quando o agente exibisse o documento falso a pedido ou exigência de autoridade.

Entendendo que o crime somente estaria caracterizado quando a autoridade solicitasse ou exigisse a exibição do documento falso, temos:

Em sentido contrário, entendendo que o crime se consuma ainda que a exibição se dê por solicitação ou exigência da autoridade, orientação que julgamos mais acertada, temos:

"Pratica o crime do art. 304 do Código Penal aquele que, instado por agente de autoridade policial a se identificar, exibe cédula de identidade que sabe falsificada" (STF, *RTJ*, 155/516).

"O fato de portar o documento, para dirigir o veículo, importa em uso, pois só com ele está o motorista autorizado a dirigir" (STF, *RT*, 647/386).

O Tribunal de Justiça de São Paulo, em inúmeros precedentes jurisprudenciais, tem-se posicionado no sentido de que o documento falso encontrado em revista policial ou retirado do bolso do portador por ocasião de prisão não configura o crime de uso de documento falso. Assim:

"Se o documento falso foi encontrado em revista policial, sem que o acusado o tivesse usado, o documento não saiu de sua esfera e o crime não se tipificou nem na forma tentada, pois é infração instantânea, que não admite tentativa" (TJSP, *JTJ*, 179/301).

"Se o documento falso não foi exibido a ninguém, para a sua destinação específica, mas retirado do bolso do acusado, não se configura o delito do art. 304 do Código Penal" (TJSP, *RT*, 470/326).

9.6 SUPRESSÃO DE DOCUMENTO

O art. 305 do Código Penal trata do crime de *supressão de documento*, tendo por objetividade jurídica a tutela da fé pública, no que diz respeito à segurança jurídica dos documentos como meio de prova.

Sujeito ativo pode ser qualquer pessoa. Sujeito passivo é a coletividade e, secundariamente, a pessoa eventualmente lesada.

A conduta típica vem expressa por 3 (três) verbos:

a) *destruir*, que significa arruinar, extinguir, fazer desaparecer;

b) *suprimir*, que significa impedir que apareça, impedir a divulgação;

c) *ocultar*, que significa esconder, encobrir, não revelar.

O *objeto material* do crime deve ser um *documento público ou particular verdadeiro*. Caso se trate de documento não original ou cópia autêntica, inexiste o delito (*RT*, 676/296).

Para a configuração desse tipo penal, não importa como o agente obteve o documento, se de forma lícita ou ilícita. Se o agente for o proprietário do documento, para que se configure o delito é necessário que dele não pudesse dispor.

Trata-se de crime doloso, devendo o agente visar o benefício próprio ou de outrem, ou, ainda, o prejuízo alheio.

O crime se consuma com a realização das condutas destruir, suprimir ou ocultar o objeto material, não sendo necessária a obtenção de proveito ou prejuízo.

Admite-se a tentativa.

A ação penal é pública incondicionada.

10
CRIMES CONTRA A ADMINISTRAÇÃO PÚBLICA

10.1 DOS CRIMES PRATICADOS POR FUNCIONÁRIO PÚBLICO CONTRA A ADMINISTRAÇÃO EM GERAL

10.1.1 Conceito de funcionário público

De acordo com o disposto no art. 327, *caput*, do Código Penal, "considera-se *funcionário público*, para efeitos penais, quem, embora transitoriamente ou sem remuneração, exerce cargo, emprego ou função pública".

Infere-se desse dispositivo que o elemento caracterizador da figura do funcionário público pode ser a titularidade de um *cargo público*, criado por lei, com especificação própria, em número determinado e pago pelo Estado; a investidura em *emprego público*, para serviço temporário; e também o exercício de uma *função pública*, que é o conjunto de atribuições que a Administração Pública confere a cada categoria profissional.

Assim, por exemplo, jurado é considerado funcionário público para os efeitos penais. Nesse sentido, inclusive, o disposto no art. 445 do CPP: "Art. 445. O jurado, no exercício da função ou a pretexto de exercê-la, será responsável criminalmente nos mesmos termos em que o são os juízes togados". Também o mesário eleitoral exerce função pública, sendo considerado funcionário público para os efeitos penais. Estagiário concursado exerce cargo e, portanto, é considerado funcionário público para os efeitos penais. Estagiário informal ou voluntário, estando na repartição pública, exerce função pública, daí por que é considerado funcionário público para os efeitos penais.

Com relação ao advogado ou defensor dativo, entendemos que é funcionário público para os efeitos penais, exercendo função pública de relevância e sendo remunerado pelos cofres públicos, de acordo com tabela preestabelecida. Essa posição não é pacífica, entretanto, havendo quem sustente que o defensor dativo não exerce função pública, mas sim *munus* público. Ora, ainda que a advocacia dativa seja um *munus* público, essa qualidade não exclui o fato de ser, também, uma função pública. Ao ser convocado para exercer o ofício de defensor público dativo, ao desempenhar esse *munus* público, o advogado estabelece uma relação jurídico-administrativa precária com o Estado. Isso decorre do exercício de uma função eminentemente pública, a de "assistência integral e gratuita aos que comprovarem insuficiência de recursos" (art.

5º, LXXIV, da Constituição da República). Essa é a posição que prevalece no Supremo Tribunal Federal. Portanto, advogados ou defensores dativos são funcionários públicos, pois exercem função pública, ainda que transitoriamente. Se, nessa qualidade, praticarem algum dos crimes previstos nos arts. 312 a 326 do Código Penal (por exemplo, exigindo ou solicitando da parte qualquer valor a título de complemento dos seus honorários) serão processados criminalmente como funcionários públicos.

Já os tutores e curadores não são considerados funcionários públicos para os efeitos penais. O inventariante judicial não é considerado funcionário público para os efeitos penais.

Não devem ser os crimes funcionais confundidos com crimes de responsabilidade, que são, a rigor, infrações político-administrativas (Lei n. 1.079/50).

Outrossim, o Código de Processo Penal, nos arts. 513 e seguintes, cuida do procedimento dos crimes praticados por funcionário público, prevendo, nos afiançáveis, o oferecimento de defesa preliminar, antes do recebimento da denúncia ou queixa. Essa prerrogativa não se aplica ao particular coautor ou partícipe do funcionário público.

Distinguem-se, ainda, os crimes funcionais próprios dos crimes funcionais impróprios.

Crimes funcionais próprios são aqueles em que, faltando a qualidade de funcionário público do agente, o fato se torna atípico, não encontrando adequação a outro crime. A falta da qualidade de funcionário público do agente acarreta a atipicidade absoluta do fato. Exemplo: prevaricação (art. 319 do CP — faltando a qualidade de funcionário público ao agente, o fato se torna atípico). Outros exemplos: corrupção passiva (art. 317 do CP); condescendência criminosa (art. 320 do CP).

Crimes funcionais impróprios são aqueles em que, faltando a qualidade de funcionário público do agente, o fato não se torna atípico, encontrando adequação em outro tipo penal. O fato deixa de configurar crime funcional, passando à categoria de crime comum. A falta da qualidade de funcionário público do agente acarreta a atipicidade relativa do fato. Exemplo: peculato — faltando a qualidade de funcionário público do agente, o fato pode ser caracterizado como apropriação indébita ou como furto.

Com relação ao concurso de pessoas, o particular que atua em coautoria ou participação com o funcionário público na prática do crime funcional também responde por esse delito, desde que conheça a qualidade funcional de seu comparsa. Nesse caso, a qualidade de funcionário público constitui elementar do crime funcional, integrando a figura típica, comunicando-se ao particular, coautor ou partícipe, que dela tenha conhecimento.

Apenas para nota, a Lei n. 12.846/2013 dispôs sobre a responsabilização administrativa e civil de pessoas jurídicas pela prática de atos contra a administração pública, nacional ou estrangeira.

Outrossim, de acordo com o disposto na Súmula 599 do Superior Tribunal de Justiça, "o princípio da insignificância é inaplicável aos crimes contra a administração pública".

Funcionário público por equiparação

Segundo o que dispõe o § 1º do art. 327 do Código Penal, "equipara-se a funcionário público quem exerce cargo, emprego ou função em entidade paraestatal, e quem trabalha para empresa prestadora de serviço contratada ou conveniada para a execução de atividade típica da Administração Pública".

Entidade paraestatal, segundo conceito largamente difundido na doutrina, é a pessoa jurídica de direito privado, criada por lei, de patrimônio público ou misto, com a finalidade de concretização de atividades, obras e serviços de interesse social, sob disciplina e controle do Estado.

Não se confundem as paraestatais com as autarquias, que são pessoas jurídicas de direito público, criadas por lei específica (art. 37, XIX, da CF), titulares de patrimônio próprio, realizando atividades típicas do Estado, de maneira descentralizada. Os funcionários de autarquias são funcionários públicos.

São espécies de entidades paraestatais as empresas públicas, as sociedades de economia mista, as fundações instituídas pelo Poder Público e os serviços sociais autônomos (entidades criadas com a finalidade de desenvolver atividades vinculadas a determinados segmentos empresariais; exemplos: Senai e Sesi (vinculados às atividades industriais), Senac e Sesc (vinculados às atividades empresariais do comércio), Senat e Sest (vinculados às atividades de transporte), Senar (vinculado às atividades rurais), Sebrae (vinculado ao desenvolvimento e atividades empresariais) e Sescoop (vinculados às atividades cooperativistas) etc.). Portanto, seus funcionários ou empregados são considerados funcionários públicos por equiparação.

Há quem sustente que as entidades paraestatais não se incluem na Administração Direta nem na Administração Indireta, podendo ser classificadas em ordens e conselhos profissionais, serviços sociais autônomos, organizações sociais (OS) e organizações da sociedade civil de interesse público (Oscip). Nesse aspecto, integrariam a Administração Indireta as autarquias (INSS, Anatel etc.), as empresas públicas (Caixa Econômica Federal; Serpro — Serviço Federal de Processamento de Dados; Embrapa — Empresa Brasileira de Pesquisa Agropecuária; ECT — Empresa de Correios e Telégrafos etc.), as sociedades de economia mista (Banco do Brasil, Banco do Nordeste, Eletrobras, Petrobras etc.) e as fundações públicas.

Incluem-se, ainda, no conceito de funcionário público por equiparação, os empregados de empresas concessionárias e permissionárias de serviços públicos. A Lei n. 8.987/95, no art. 2º, II, define concessão de serviço público como a delegação de sua prestação, feita pelo poder concedente, mediante licitação, na modalidade de concorrência, à pessoa jurídica ou consórcio de empresas que demonstre capacidade para seu desempenho, por sua conta e risco e por prazo determinado. O mesmo artigo, no inciso IV, define permissão de serviço público como sendo a delegação, a título precário, mediante licitação, da prestação de serviços públicos, feita pelo poder concedente à pessoa física ou jurídica que demonstre capacidade para seu desempenho, por sua conta e risco. Inclusive, o art. 4º da citada lei estabelece que a concessão de serviço público, precedida ou não da execução de obra pública, será formalizada mediante contrato, que deverá observar os termos desta Lei, das normas pertinentes e do edital de licitação. Portanto, a empresa concessionária será contratada pela Administração.

No caso de funcionário de empresa prestadora de serviço contratada ou conveniada com a Administração, a atividade por ela exercida deve ser *típica da Administração Pública*, ou seja, conforme ressaltado por Mirabete (op. cit., p. 1980), "toda atividade material que a lei atribui ao Estado para que a exerça diretamente ou por meio de seus delegados, com o objetivo de satisfazer concretamente às necessidades coletivas, sob regime total ou parcialmente público. Nessa categoria estão as empresas de coleta de lixo, de energia elétrica e de iluminação pública, de serviços médicos e hospitalares, de telefonia, de transporte, de segurança etc.".

Casos de aumento de pena

De acordo com o disposto no § 2º do art. 327 do Código Penal, "a pena será aumentada da terça parte quando os autores dos crimes previstos neste Capítulo forem ocupantes de cargos em comissão ou de função de direção ou assessoramento de órgão da administração direta, sociedade de economia mista, empresa pública ou fundação instituída pelo poder público".

Funcionário público como sujeito passivo de crimes praticados por particular contra a Administração em geral

O conceito de funcionário público para os efeitos penais aplica-se também no caso de crimes praticados por particular contra a Administração em geral.

Entretanto, somente pode ser considerado funcionário público para figurar no polo passivo dos crimes praticados por particular contra a Administração (p. ex., resistência, desobediência, desacato etc.) aqueles que se enquadrem no conceito do art. 327, *caput*, do Código Penal, excluindo-se, portanto, a categoria de funcionário público por equiparação (§ 1º).

Portanto, não pode ser vítima de desacato, por exemplo, aquele que exerce cargo, emprego ou função em entidade paraestatal, nem tampouco aquele que trabalha para empresa prestadora de serviço contratada ou conveniada para a execução de atividade típica da Administração Pública.

10.1.2 Peculato

O crime de peculato vem previsto no art. 312 do Código Penal, tendo como objetividade jurídica a tutela da Administração Pública e do patrimônio público.

O peculato é crime próprio. Somente o funcionário público pode praticá-lo (art. 327 do CP). O particular que, de qualquer forma, concorrer para o crime estará nele incurso por força do disposto no art. 30 desse mesmo Código.

Sujeito passivo é o Estado, por tratar-se de crime contra a Administração Pública.

A conduta típica vem expressa pelo verbo flexionado *apropriar-se*, que significa apossar-se, apoderar-se, tomar para si. Trata-se da modalidade de *peculato-apropriação*, semelhante ao tipo penal da *apropriação indébita*, com a diferença de sujeito ativo.

Há, nesse caso, a inversão do título da posse, dispondo o funcionário público da coisa como se sua fosse. A posse deve ser em razão do cargo ou função exercida por esse funcionário.

A lei pune também a modalidade de *peculato-desvio*, fixando a conduta *desviar*, em que o funcionário público, embora sem o ânimo de apossamento definitivo da coisa, emprega-a de forma diversa da sua destinação, de maneira a obter benefício próprio ou alheio.

Assim: "Tratando-se de peculato doloso, a reposição do dinheiro apropriado não extingue a punibilidade, nem é fator de ser levado em conta para a redução da pena. O peculato de uso, além de não ser definido como crime no Código Penal vigente, pressupõe que a coisa seja infungível, o que não sucede, em tais casos, com o dinheiro" (STF — *RT*, 499/426).

Essas duas modalidades de peculato (apropriação e desvio) caracterizam o chamado *peculato próprio*.

O objeto material do crime é a coisa sobre a qual recai a conduta criminosa, podendo ser *dinheiro* (moeda metálica ou papel-moeda de circulação no País), *valor* (título, documento ou efeito que representa dinheiro ou mercadoria) ou *qualquer outro bem móvel, público ou particular* (o conceito de bem móvel é retirado do Direito Civil, devendo incluir também a extensão feita pelo art. 155, § 3., do CP).

É certo que a lei tutela não apenas os bens públicos, mas também aqueles pertencentes aos particulares que estejam sob a guarda, vigilância, custódia etc. da Administração.

Trata-se de crime doloso.

Deve o sujeito ativo agir com o *animus rem sibi habendi* (vontade de ter e dispor da coisa como sua).

Dessarte, existe orientação jurisprudencial no sentido de que não configura crime o chamado *peculato de uso*, existindo a nítida intenção de devolver a coisa, pelo funcionário público, sem intenção de dela se apropriar. Assim, segundo essa orientação, inexistiria crime de peculato na conduta do funcionário público que utiliza, em benefício próprio, veículo pertencente à Administração Pública e que lhe foi confiado, ou que utiliza mão de obra ou serviços públicos em benefício próprio. Haveria, nesses casos, mero ilícito administrativo, ou civil, nos casos de improbidade administrativa (Lei n. 8.429, de 2-6-1992).

Merece ressalvar, entretanto, o disposto no art. 1º, II, do Decreto-Lei n. 201, de 27 de fevereiro de 1967, que dispõe sobre a responsabilidade dos prefeitos e vereadores, e criminaliza a conduta consistente em "utilizar-se, indevidamente, em proveito próprio ou alheio, de bens, rendas ou serviços públicos". Portanto, pode o prefeito municipal praticar o crime de peculato de uso, tipificado pelo diploma mencionado. Se o delito for cometido pelo prefeito municipal em coautoria com outro servidor público, ou com particular, os quais não têm foro por prerrogativa de função, a competência será do Tribunal de Justiça, pois há continência (art. 77, I, do CPP), o que implica a unidade de processo e julgamento. No concurso de jurisdições de diversas categorias, predominará a de maior graduação (art. 78, III, do CPP), salvo nos crimes dolosos contra a vida.

Consuma-se o delito, na modalidade *peculato-apropriação*, com a efetiva apropriação pelo funcionário público, ou seja, no momento em que age como se fosse dono da coisa, e na modalidade *peculato-desvio*, com o efetivo desvio, independentemente da obtenção de proveito próprio ou alheio.

Admite-se a tentativa.

Outrossim, a *aprovação de contas* não exime o funcionário público da responsabilidade penal.

Peculato-furto

O peculato-furto é crime previsto no § 1º do art. 312 do Código Penal, tendo como objetividade jurídica a tutela da Administração Pública e do patrimônio público.

Trata-se de crime próprio. Somente o funcionário público pode praticá-lo (art. 327 do CP). O particular que, de qualquer forma, concorrer para o crime, estará nele incurso por força do disposto no art. 30 desse mesmo Código.

Sujeito passivo é o Estado e, secundariamente, o particular eventualmente lesado.

A conduta típica vem expressa pelo verbo *subtrair*, que significa tirar, suprimir, assenhorear-se; e pelo verbo *concorrer*, que significa cooperar, contribuir.

Trata-se da modalidade chamada de *peculato-furto*, ou *peculato-impróprio*, semelhante ao tipo penal do furto, com a diferença de sujeito ativo.

Nesse tipo de peculato, o agente não tem a posse ou detenção da coisa, subtraindo-a, entretanto, ou concorrendo para que seja subtraída, valendo-se das facilidades que o cargo lhe proporciona.

Aqui também que a subtração ou concorrência para a subtração se dê em *proveito próprio ou alheio*.

Nessa modalidade de peculato, o objeto material também é a coisa sobre a qual recai a conduta criminosa, podendo ser *dinheiro* (moeda metálica ou papel-moeda de circulação no País), *valor* (título, documento ou efeito que representa dinheiro ou mercadoria) ou *qualquer outro bem móvel, público ou particular* (o conceito de bem móvel é retirado do Direito Civil, devendo incluir também a extensão feita pelo art. 155, § 3º, do CP).

Aqui também a lei tutela não apenas os bens públicos, mas também aqueles pertencentes aos particulares que estejam sob a guarda, vigilância, custódia etc. da Administração.

'RECURSO ESPECIAL. PENAL. PECULATO-FURTO DESCLASSIFICADO PARA ESTELIONATO. IMPROPRIEDADE. FURTO MEDIANTE FRAUDE PRATICADO POR FUNCIONÁRIO PÚBLICO. RECURSO PROVIDO. O furto mediante fraude não se confunde com o estelionato. A distinção se faz primordialmente com a análise do elemento comum da fraude que, no furto, é utilizada pelo agente com o fim de burlar a vigilância da vítima que, desatenta, tem seu bem subtraído, sem que se aperceba; no estelionato, a fraude é usada como meio de obter o consentimento da vítima que, iludida, entrega voluntariamente o bem ao agente. A conduta da Ré, consistente em memorizar a senha de empregados, que tem acesso a contas de beneficiários de programas assistenciais do Governo, para desviar valores alheios para si, não pode ser classificada como estelionato. Estabelecido que o crime é de furto mediante fraude, imperioso esclarecer que a Recorrida, estagiária da Caixa Econômica Federal, equipara-se, para fins penais, ao conceito de funcionária pública, nos amplos termos do art. 327 do Código Penal. Para caracterizar o peculato-furto não é necessário que o funcionário tenha o bem subtraído sob sua guarda, bastando apenas que o agente se valha de qualquer facilidade a ele proporcionada para cometer o crime, inclusive o fácil acesso à empresa pública. Recurso provido" (STJ — REsp 1046844/RS — Rel. Min. Laurita Vaz — 5ª T. — *DJe* 3-11-2009).

O *peculato-furto* é crime doloso. Deve o sujeito ativo agir com o *animus rem sibi habendi* (vontade de ter e dispor da coisa como sua).

Consuma-se o delito com a efetiva subtração ou concorrência para subtração da coisa.

Admite-se a tentativa.

Peculato culposo

O peculato culposo é espécie de peculato prevista no § 2º do art. 312 do Código Penal.

Nessa modalidade do crime, o funcionário público *concorre, culposamente*, para o crime de outrem, ou seja, age com negligência, imprudência ou imperícia e permite que haja apropriação, subtração ou utilização da coisa.

O funcionário concorre culposamente para a prática de crime de outrem, seja este também funcionário ou particular.

É necessário que se estabeleça relação entre a concorrência culposa do agente com a ação dolosa de outrem, evidenciando que o primeiro tenha dado ensejo à prática do último.

Trata-se de crime culposo (ausência de cautela especial a que estava obrigado o funcionário público na preservação de bens do Poder Público), que se dá com a consumação da outra modalidade de peculato.

Não se admite a tentativa.

Reparação do dano no peculato culposo

O § 3º do art. 312 do Código Penal prevê um caso de *extinção da punibilidade* e um caso de *atenuação da pena* que se aplicam exclusivamente ao peculato culposo.

Tratando-se de peculato doloso, em qualquer das modalidades já analisadas, a reparação do dano ou a restituição da coisa configuram *arrependimento posterior*, previsto no art. 16 do Código Penal, ensejando redução da pena de um a dois terços.

Nessa *causa de extinção da punibilidade*, é necessário que não se tenha operado o trânsito em julgado da sentença condenatória. Se já houver trânsito em julgado, subsiste a punibilidade, operando-se a redução da pena de metade.

10.1.3 Peculato mediante erro de outrem

O peculato mediante erro de outrem é crime previsto no art. 313 do Código Penal, tendo como objetividade jurídica a tutela da Administração Pública e do patrimônio público.

Por ser crime próprio, somente o funcionário público pode ser sujeito ativo (art. 327 do CP).

Sujeito passivo é o Estado e, secundariamente, a vítima da fraude.

A conduta típica vem expressa pelo verbo flexionado *apropriar-se*, que significa apossar-se, apoderar-se, tomar para si.

Trata-se da modalidade denominada *peculato-estelionato*, semelhante ao tipo penal do *estelionato*, com a diferença de sujeito ativo.

O objeto material do crime é a coisa sobre a qual recai a conduta criminosa, podendo ser *dinheiro* (moeda metálica ou papel-moeda de circulação no País) ou *qualquer utilidade* (coisa móvel). É certo que a lei tutela não apenas os bens públicos, mas também aqueles pertencentes aos particulares que estejam sob a guarda, vigilância, custódia etc. da Administração.

A coisa deve ter vindo ao poder do funcionário público por meio de *erro de outrem*, ou seja, de forma espontânea e equivocada.

Se o erro foi *induzido* pelo funcionário, haverá o crime de estelionato.

É imprescindível que a entrega do bem ao funcionário tenha sido feita ao sujeito ativo em razão do cargo que ocupa junto à Administração Pública e que o erro tenha relação com o seu exercício.

Trata-se de crime doloso, que se consuma com a efetiva apropriação pelo funcionário público, ou seja, no momento em que age como se fosse dono da coisa.

Admite-se a tentativa.

10.1.4 Inserção de dados falsos em sistema de informações

O crime de inserção de dados falsos em sistema de informações vem previsto no art. 313-A do Código Penal, tendo sido introduzido pela Lei n. 9.983/2000. Trata-se de modalidade de peculato-eletrônico, também chamado de peculato-cibernético, peculato-informático ou peculato-pirataria de dados.

A objetividade jurídica desse crime é a tutela da regularidade dos sistemas informatizados ou bancos de dados da Administração Pública.

Sujeito ativo somente pode ser o funcionário público "autorizado", nos termos da lei, a operar e manter os sistemas informatizados ou bancos de dados da Administração Pública.

Sujeito passivo é o Estado.

A conduta típica vem expressa pelos verbos *inserir* (colocar, introduzir, intercalar), *facilitar* (tornar fácil), *alterar* (modificar, mudar, adulterar) ou *excluir* (retirar, deixar de fora, excetuar).

Essas condutas devem recair sobre o objeto material do crime, que é composto dos sistemas informatizados ou bancos de dados da Administração Pública, mediante a inserção de *dados falsos*, ou a facilitação do acesso de terceiros para inserção de *dados falsos*; ou, ainda, pela alteração ou exclusão indevida de *dados corretos*.

Trata-se de crime doloso.

A consumação ocorre com a conduta do agente, independentemente da ocorrência de qualquer resultado material, já que a lei se refere apenas à intenção específica de obter vantagem indevida ou de causar dano.

Admite-se a tentativa.

10.1.5 Modificação ou alteração não autorizada de sistema de informações

O crime de modificação ou alteração não autorizada de sistema de informações vem previsto no art. 313-B do Código Penal, tendo sido introduzido pela Lei n. 9.983/2000. Trata-se de modalidade de peculato-eletrônico, também chamado de peculato-cibernético, peculato-informático ou peculato-hacker.

A objetividade jurídica desse crime é a tutela da regularidade dos sistemas informatizados ou bancos de dados da Administração Pública.

Sujeito ativo somente pode ser o funcionário público autorizado ou não a operar sistema de informações ou programa de informática da Administração Pública.

Sujeito passivo é o Estado.

A conduta típica vem expressa pelos verbos *modificar* (transformar, alterar) e *alterar* (mudar, transformar), que, a rigor, têm o mesmo significado.

Entretanto, parte da doutrina tem entendido que a modificação implicaria a substituição do sistema ou programa por outro, enquanto a alteração implicaria tão somente a adulteração do sistema ou programa anterior, que seria mantido.

O objeto material consiste em sistema de informações ou programa de informática da Administração Pública, que deve ser preservado de modificação ou alteração indevidas por funcionário público não autorizado ou, ainda que autorizado, sem solicitação de autoridade competente.

A diferença entre esse delito e aquele do artigo anterior reside justamente no fato de que neste o que se coíbe é a modificação ou alteração do próprio sistema ou programa de informática, enquanto naquele se pune a inserção ou facilitação de inserção de dados falsos, bem como a alteração ou exclusão indevidas de dados corretos constantes dos sistemas informatizados ou banco de dados da Administração Pública.

Trata-se de crime doloso.

A consumação ocorre com a modificação ou alteração do sistema de informações ou programa de informática, independentemente da ocorrência de dano.

Caso ocorra dano para a Administração Pública ou para o administrado, a pena será exacerbada de um terço até a metade.

Admite-se a tentativa.

10.1.6 Extravio, sonegação ou inutilização de livro ou documento

O extravio, sonegação ou inutilização de livro ou documento é crime previsto no art. 314 do Código Penal, tendo como objetividade jurídica a tutela da Administração Pública.

Por tratar-se de crime próprio, somente o funcionário público pode praticá-lo (art. 327 do CP).

Sujeito passivo é o Estado e, secundariamente, o particular proprietário do documento confiado à Administração Pública.

A conduta típica vem expressa pelos verbos *extraviar*, que significa desencaminhar, desviar, levar a descaminho; *sonegar*, que significa ocultar com fraude, dissimular, esconder; e *inutilizar*, que significa tornar imprestável, destruir, danificar.

Essas condutas devem ser praticadas pelo funcionário público que tenha a incumbência, *em razão do cargo ou função*, de guardar o *livro oficial* (pertencente à Administração Pública) ou *qualquer documento* (oficial ou pertencente a particular).

O crime é doloso.

A consumação ocorre com o extravio, a sonegação ou a inutilização do objeto material, ainda que não ocorra prejuízo efetivo à Administração Pública ou a terceiro.

Admite-se a tentativa com relação ao extravio e inutilização. Com relação à sonegação, não se admite tentativa, já que o crime se consuma no momento em que é exigida do funcionário a exibição do objeto material escondido.

10.1.7 Emprego irregular de verbas ou rendas públicas

O emprego irregular de verbas ou rendas públicas é crime previsto no art. 315 do Código Penal, tendo como objetividade jurídica a tutela da Administração Pública e do patrimônio público.

Sujeito ativo somente pode ser o funcionário público (art. 327 do CP) que tenha poder de disposição de verbas e rendas públicas. É crime próprio. Se for o Presidente da República, poderá o fato constituir crime de responsabilidade, previsto na Lei n. 1.079, de 10 de abril de 1950. Se for prefeito municipal ou vereador, também poderá o fato configurar crime de responsabilidade previsto no art. 1º, III, IV e V, do Decreto-Lei n. 201/67.

Sujeito passivo é o Estado.

A conduta típica vem descrita pela expressão *dar aplicação*, que, no contexto do artigo, significa empregar, administrar, consagrar, destinar.

Deve o funcionário público empregar irregularmente as *verbas* ou *rendas públicas*, ou seja, diversamente do estabelecido em lei. Isso porque a aplicação das verbas e rendas públicas, a rigor, deve dar-se de acordo com a sua destinação, estabelecida por leis orçamentárias ou especiais, visando atender às exigências da atividade estatal.

Rendas públicas são aquelas constituídas por dinheiro recebido pela Fazenda Pública, a qualquer título.

Verbas públicas são aquelas constituídas por dinheiro destinado para a execução de determinado serviço público ou para outra finalidade de interesse público.

O termo *lei* inclui, além de leis comuns e orçamentárias, os decretos e demais normas equivalentes.

Trata-se de crime doloso.

A consumação ocorre com a aplicação indevida das rendas e verbas públicas.

Admite-se a tentativa.

10.1.8 Concussão

O crime de concussão vem previsto no art. 316 do Código Penal, tendo como objetividade jurídica a tutela da Administração Pública.

A concussão é crime próprio. Somente o funcionário público (art. 327 do CP) pode ser sujeito ativo, ainda que fora da função ou antes de assumi-la, mas em razão dela. O particular pode ser coautor ou partícipe do crime, por força do disposto no art. 30 desse mesmo Código.

Sujeito passivo é o Estado e, secundariamente, o particular ou funcionário vítima da exigência.

A conduta típica vem expressa pelo verbo *exigir*, que significa ordenar, intimar, impor como obrigação.

O objeto material é *vantagem indevida*, ou seja, vantagem ilícita, ilegal, não autorizada por lei, expressa por dinheiro ou qualquer outra utilidade, de ordem patrimonial ou não.

A vantagem deve ter como beneficiário o próprio funcionário público (*para si*) ou terceiro (*para outrem*) e pode ser feita de forma *direta* (pelo próprio funcionário) ou *indireta* (por interposta pessoa).

A exigência, outrossim, deve ser feita em *razão da função pública*, ainda que fora dela, ou antes de assumi-la.

Nesse sentido: "O vereador que recebe indevidamente parte do salário do seu assessor administrativo incide nas penas do art. 316, *caput*, do CP, sendo irrelevante o consentimento ou não da pessoa que sofre a imposição, visto que tal delito é formal, consumando-se com a mera imposição do pagamento indevido" (STJ — *RT*, 778/563).

"Comete o delito de concussão o policial que exige dinheiro de preso para libertá-lo" (*RJTJSP*, 208/278).

"Não há que se negar a efetiva prática do delito de concussão (art. 316 do CP), por médico credenciado do INAMPS, que exige determinada soma em dinheiro de paciente, para a realização de exame já homologado pelo órgão previdenciário que seria procedido sem custo adicional" (TRF — 4ª Reg. — *RT*, 763/700).

"Comete o delito de concussão aquele que, em razão da função de policial militar, exige vantagem indevida para relaxar prisão de indivíduos implicados em porte de cigarros de maconha" (TJRJ — *RT*, 597/365).

Assim, não se confundem os delitos de concussão e de extorsão. Este último, ainda que praticado por funcionário público, caracteriza-se pelo emprego de violência ou ameaça de mal injusto e grave, *sem relação com a função pública ou qualidade do agente*. Na concussão, a ameaça e as represálias têm relação com a função pública exercida pelo agente.

A propósito: "Extorsão. Delito que guarda afinidade com o de concussão. Configuração, contudo, na espécie, do primeiro por haver o acusado obtido vantagem patrimonial indevida, não em razão da função pública, mas pelo temor de ameaças ou violência, que impunha às vítimas. Revisão indeferida. Inteligência dos arts. 158 e 316 do CP" (TJSP — *RT*, 586/309).

Trata-se de crime doloso.

A consumação ocorre com a exigência da vantagem indevida, independentemente de sua efetiva percepção.

Admite-se a tentativa, desde que a exigência não seja verbal.

Nesse aspecto: "O crime de concussão, segundo a lição unânime dos penalistas, é formal e se consuma com a simples exigência, independentemente de qualquer outro resultado, sendo irrelevante, sob esse aspecto, o efetivo recebimento da vantagem, que, todavia, pode ser considerado na medida da pena" (TJSP — *RT*, 447/321).

"A concussão é delito eminentemente formal: consuma-se com o simples fato da exigência da indébita vantagem" (TJSP — *RT*, 483/287).

Excesso de exação

O excesso de exação vem previsto no § 1º do art. 316 do Código Penal.

Trata-se de modalidade de concussão em que a conduta típica vem expressa pelos verbos *exigir*, que significa ordenar, intimar, impor como obrigação; e *empregar*, que significa lançar mão, fazer uso de.

Exação é a cobrança rigorosa de dívida ou imposto.

O objeto material é o *tributo* (receitas derivadas que o Estado recolhe do patrimônio dos indivíduos, com base em seu poder e nos termos das normas tributárias — podem consistir em impostos, taxas e contribuições de melhoria) ou *contribuição social* (formas de intervenção do domínio econômico e de interesse de categorias profissionais ou econômicas, instituídas pela União e cobradas dos servidores dos Estados, Municípios, para o custeio de sistemas de previdência e assistência social).

Nesse crime, o agente *sabe* (dolo) ou *deveria saber* (culpa) que o tributo ou contribuição social são indevidos.

Mesmo sendo devido o tributo ou contribuição social, comete o delito o funcionário que emprega na cobrança *meio vexatório* (meio que expõe o contribuinte a vergonha ou humilhação) ou *meio gravoso* (meio que traz ao contribuinte maiores ônus), *que a lei não autoriza* (meio não permitido ou amparado por lei). Trata-se, nesse caso, da *exação fiscal vexatória*.

Sobre o assunto: "Crime contra a Administração Pública — Excesso de exação e coação no curso do processo — Descaracterização — Autoridade fazendária que, em reunião com usuários do serviço a seu cargo, mencionando as liberalidades que vinha permitindo, promete cumprir com maior rigor a legislação fiscal com relação às empresas que a haviam acionado na Justiça, exemplificando com textos legais e normativos válidos — Inexistência de exigência de quantia indevida ou cunho intimidatório no sentido de dissuadi-las de prosseguir nas ações — Falta, portanto, de justa causa para a instauração de inquérito policial — Constrangimento ilegal caracterizado — *Habeas corpus* concedido para seu trancamento" (STF — *RT*, 641/394).

"*Habeas corpus* — Cobrança de emolumentos em valor excedente ao fixado no Regimento de Custas — Consequência. 1) Tipifica-se o excesso de exação pela exigência de tributo ou contribuição social que o funcionário sabe ou deveria saber indevido, ou, quando devido, emprega na cobrança meio vexatório ou gravoso, que a lei não autoriza. 2) No conceito de tributo não se inclui custas ou emolumentos. Aquelas são devidas aos escrivães e oficiais de justiça pelos atos do processo e estes representam contraprestação pela prática de atos extrajudiciais dos notários e registradores. Tributos são as exações do art. 5º do Código Tributário Nacional. 3) Em consequência, a exigibilidade pelo oficial registrador de emolumento superior ao previsto no Regimento de Custas e Emolumentos não tipifica o delito de excesso de exação, previsto no § 1º do art. 316 do Código Penal, com a redação determinada pela Lei n. 8.137, de 27 de dezembro de 1990. 4) Recurso provido para trancar a ação penal" (STJ — 6ª T. — j. 16-11-1999).

O excesso de exação é *crime doloso*, quando o agente sabe que a cobrança é indevida e quando emprega meio vexatório ou gravoso na cobrança devida, e é *crime culposo* (falta de cuidado objetivo na cobrança) quando o agente deveria saber que a cobrança é indevida.

Consuma-se o delito com a exigência indevida ou com o emprego de meio vexatório ou gravoso na cobrança devida.

Admite-se a tentativa na modalidade *exigir*, desde que a exigência não seja verbal e o agente saiba indevida a cobrança.

No caso de culpa (quando o agente deveria saber indevida a cobrança) não se admite tentativa.

Na modalidade *empregar* (meio vexatório ou gravoso) também é possível a tentativa.

Excesso de exação qualificado

O § 2º do art. 316 do Código Penal tipifica o excesso de exação qualificado.

Nessa modalidade, a conduta típica vem expressa pelo verbo *desviar*, que significa alterar o destino, alterar a aplicação, alterar a direção.

O funcionário público, após ter exigido o tributo ou contribuição indevida, ou após ter empregado meio vexatório ou gravoso na cobrança devida, desvia o que recebeu irregularmente, em proveito próprio ou de outrem, deixando de recolher aos cofres públicos.

Em vez de o funcionário recolher aos cofres públicos o tributo ou contribuição social que irregularmente recebeu, apodera-se deles.

Trata-se de crime doloso, que se consuma com o desvio do tributo ou contribuição social recebidos. Admite-se a tentativa.

10.1.9 Corrupção passiva

O crime de corrupção passiva vem previsto no art. 317 do Código Penal e tem como objetividade jurídica a proteção da Administração Pública.

Sujeito ativo é o funcionário público, tratando-se de crime próprio.

Sujeito passivo é o Estado e, secundariamente, o particular eventualmente lesado.

Assim: "Delegado de polícia que recebe qualquer quantia para colocar em liberdade quem se encontra detido comete o delito de corrupção passiva" (TJMT — *RT*, 522/438).

"Corrupção passiva. Escrevente de Cartório criminal que, em razão de suas funções, solicita vantagem indevida para influir no andamento do processo pela infração do 'jogo do bicho', acenando com a eventual prescrição da ação penal. Crime de corrupção passiva caracterizado" (*RJTJSP*, 16/434).

A conduta típica vem expressa pelos verbos *solicitar* (que significa pedir, requerer), *receber* (que significa tomar, obter) e *aceitar* (que significa anuir, consentir no recebimento).

Nas duas primeiras modalidades de conduta, o crime tem por objeto a *vantagem indevida*.

Na última modalidade de conduta, o objeto do crime é a *promessa de vantagem indevida*.

A solicitação pode ser *direta*, quando o funcionário se manifesta explicitamente ao corruptor, pessoalmente ou por escrito; ou *indireta*, quando o funcionário atua por meio de outra pessoa.

A solicitação, recebimento ou aceitação da promessa de vantagem deve ser feita pelo funcionário público *em razão do exercício da função*, ainda que afastado dela, ou antes de assumi-la.

A propósito: "A simples solicitação de quantia em dinheiro feita por fiscais da Fazenda, para regularizar escrita de contribuinte, configura o crime de corrupção passiva" (*EJTFR*, 76/12).

"Corrupção passiva. Caracterização. Policial rodoviário que percebe continuadamente pequenas propinas para abster-se de lavrar multas diante de irregularidades comprovadas" (*RJTJSP*, 42/353).

A corrupção passiva pode apresentar as seguintes modalidades:

a) *corrupção passiva própria*, quando o ato a ser realizado pelo funcionário é ilegal;

b) *corrupção passiva imprópria*, quando o ato a ser realizado pelo funcionário é legal;

c) *corrupção passiva antecedente*, quando a vantagem é dada ao funcionário antes da realização da conduta;

d) *corrupção passiva subsequente*, quando a vantagem é dada ao funcionário após a realização da conduta.

Trata-se de crime doloso.

A corrupção passiva é um crime formal. Para a sua consumação, basta que a solicitação chegue ao conhecimento do terceiro, ou que o funcionário receba a vantagem ou a promessa dela.

No tocante à conduta *solicitar*, se praticada verbalmente, não se admite a tentativa. Se for escrita, admite-se.

Nas condutas *receber* e *aceitar promessa*, não se admite a tentativa.

Merece destacar que não configura o crime de corrupção passiva o recebimento, pelo funcionário público, de *pequenas doações ocasionais*.

Assim: "Excluem-se da incriminação de corrupção pequenas doações ocasionais, recebidas pelo funcionário, em razão de suas funções. Em tais casos não há de sua parte consciência de aceitar retribuição por um ato funcional, que é elementar ao dolo no delito, nem haveria vontade de corromper" (TJSP — *RT*, 389/93).

Corrupção passiva qualificada

O § 1º do art. 317 do Código Penal trata da corrupção passiva qualificada, que ocorre quando o funcionário público retarda ou deixa de praticar qualquer ato de ofício ou o pratica infringindo dever funcional, em consequência de vantagem ou promessa.

Nesses casos, o exaurimento do delito implica a imposição de pena mais severa, que será aumentada de um terço.

Corrupção passiva privilegiada

A corrupção passiva própria privilegiada vem prevista no § 2º do art. 317 do Código Penal.

Ocorre essa modalidade quando o funcionário pratica, deixa de praticar ou retarda ato de ofício, com infração de dever funcional, cedendo a pedido ou influência de outrem.

Nesse caso, o funcionário não negocia o ato funcional em troca de vantagem, mas, antes, deixa de cumprir com seu dever funcional para atender um pedido de terceiro, influente ou não.

É necessário que haja pedido ou influência de outrem, e que o sujeito ativo atue por essa motivação.

A consumação, portanto, opera-se com a efetiva omissão ou retardamento do ato de ofício.

10.1.10 Facilitação de contrabando ou descaminho

O crime de facilitação de contrabando ou descaminho vem previsto no art. 318 do Código Penal, tendo como objetividade jurídica a proteção da Administração Pública.

É crime próprio, só podendo ser sujeito ativo o funcionário público que tem o dever de reprimir ou fiscalizar o contrabando, ou cobrar direitos ou impostos devidos pela entrada ou saída de mercadorias do País.

Sujeito passivo é o Estado.

A conduta típica vem expressa pelo verbo *facilitar*, que significa tornar fácil, auxiliar afastando obstáculos. Essa conduta pode ser praticada por ação ou omissão.

Contrabando é a importação ou exportação de mercadoria proibida no País (art. 334-A do CP).

O *descaminho* consiste em iludir, no todo ou em parte, o pagamento de direito ou imposto devido pela entrada, pela saída ou pelo consumo de mercadoria (art. 334 do CP).

Trata-se de crime doloso, que exige do agente a consciência de que age violando dever funcional.

Por ser crime formal, a facilitação se consuma com a mera realização da conduta, comissiva ou omissiva, independentemente do contrabando ou descaminho.

A tentativa só é admitida na conduta comissiva.

Nesse sentido: "O crime definido no art. 318 do CP consuma-se com a efetiva facilitação por parte do agente, com consciência de estar infringindo o dever funcional, pouco importando que circunstâncias diversas impeçam a consumação do contrabando" (*EJTFR*, 68/21).

10.1.11 Prevaricação

O crime de prevaricação vem previsto no art. 319 do Código Penal e tem como objetividade jurídica a proteção da Administração Pública.

Sujeito ativo somente pode ser o funcionário público (art. 327 do CP). É crime próprio.

Sujeito passivo é o Estado e, secundariamente, o particular eventualmente lesado.

A conduta típica vem expressa de três formas:

a) *retardar ato de ofício*, que significa protelar, procrastinar, atrasar o ato que deve executar (conduta omissiva);

b) *deixar de praticar ato de ofício*, que significa omitir-se na realização do ato que deveria executar (conduta omissiva);

c) *praticar ato de ofício contra disposição expressa de lei*, que significa executar o ato de ofício de maneira irregular, ilegal (conduta comissiva).

Trata-se de crime doloso, exigindo-se do agente que se omita ou atue no *intuito de satisfazer interesse ou sentimento pessoal*, indispensável para a caracterização do crime.

Subsiste o crime de prevaricação ainda que o sentimento pessoal do funcionário público seja nobre ou respeitável.

Não se caracteriza o delito, outrossim, se a omissão do funcionário é causada por indolência, desídia ou preguiça.

O crime se consuma com o retardamento, a omissão ou a realização do ato de ofício.

Não se admite a tentativa nas modalidades de conduta *retardamento* e *omissão*.

Já na modalidade de conduta *realização*, a tentativa é admissível.

10.1.12 Omissão no dever de vedar acesso a aparelho telefônico, de rádio ou similar

O crime de omissão no dever de vedar acesso a aparelho telefônico, de rádio ou similar, previsto no art. 319-A do Código Penal, foi introduzido recentemente pela Lei n. 11.466, de 28 de março de 2007, tendo como objetividade jurídica a proteção da Administração Pública.

Sujeito ativo somente pode ser o Diretor de Penitenciária ou o agente público que tenha o dever de vedar ao preso o acesso a aparelho telefônico, de rádio ou similar. Trata-se de crime próprio. Nada impede que ocorra coautoria ou participação entre o Diretor da Penitenciária e outro agente público que tenha o dever de vedar ao preso o acesso aos aparelhos mencionados, ou entre qualquer um desses e um particular. Nesse caso, a qualidade de agente público do sujeito ativo, por ser elementar do crime, comunica-se ao particular.

Sujeito passivo é o Estado.

A conduta vem representada pelo verbo *deixar*, que significa omitir-se na realização de ato que deveria praticar, indicando omissão própria. O dever de agir incumbe ao Diretor da Penitenciária e/ou ao agente público. Entre os deveres do Diretor da Penitenciária e do agente público responsável pela custódia do preso está o de vedar-lhe o acesso a aparelho telefônico, de rádio ou similar, que permita a comunicação com outros presos ou com o ambiente externo.

A comunicação do preso com o mundo exterior é direito previsto no art. 41, XV, da Lei n. 7.210/84 — Lei de Execução Penal, que permite a ele o "contato com o mundo exterior por meio de correspondência escrita, da leitura e de outros meios de informação que não comprometam a moral e os bons costumes".

A recente Lei n. 11.466, de 28 de março de 2007, entretanto, acrescentou ao rol de faltas graves que podem ser cometidas pelo preso (art. 50 da Lei n. 7.210/84) a posse, a utilização ou o fornecimento de aparelho telefônico, de rádio ou similar que permita a comunicação com outros presos ou com o ambiente externo.

É necessário ressaltar que o crime em comento não distingue telefonia fixa de celular. Portanto, pratica esse delito o Diretor de Penitenciária ou agente público que, por omissão, possibilitar ao preso o acesso a aparelho de telefonia fixa. Pratica, em consequência, falta grave o preso que utilizar aparelho de telefonia fixa.

O preso que possuir, utilizar ou fornecer aparelho telefônico, de rádio ou similar estará sujeito às sanções disciplinares previstas nos incisos I (advertência verbal), II (repreensão), III (suspensão ou restrição de direitos) e IV (isolamento) do art. 53 da Lei n. 7.210/84.

Trata-se de crime doloso, caracterizado pela vontade livre e consciente de omitir-se o agente no dever de vedar ao preso o acesso a aparelho telefônico, de rádio ou similar.

A consumação ocorre com a mera omissão do Diretor da Penitenciária ou do agente público. Trata-se de crime formal, que independe da ocorrência do resultado naturalístico, qual seja, o efetivo acesso do preso a aparelho telefônico, de rádio ou similar.

Não se admite tentativa, por se tratar de crime omissivo próprio.

10.1.13 Condescendência criminosa

O crime de condescendência criminosa vem previsto no art. 320 do Código Penal, tendo como objetividade jurídica a proteção da Administração Pública.

Sujeito ativo somente pode ser funcionário público (art. 327 do CP), sendo, portanto, um crime próprio, podendo o particular atuar como partícipe.

Sujeito passivo é o Estado.

A conduta típica se desenvolve por duas modalidades:

a) *deixar* de responsabilizar o subordinado que cometeu infração no exercício do cargo;

b) *não levar* o fato ao conhecimento da autoridade competente, quando lhe falte competência.

"Condescendência criminosa — Chefe de repartição pública que demora a tomar providências contra subordinado que cometeu infração penal no exercício do cargo — Delito caracterizado em tese — Justa causa para o inquérito policial contra ele instaurado — Recurso de 'habeas corpus' desprovido — Matéria de fato — Inteligência dos arts. 320 do CP de 1940 e 648, I, do CPP" (STF — *RT*, 597/413).

No mesmo sentido:

"A efetivação da prisão de subordinado que pratica infração é uma das obrigações do superior, que tomou as demais providências, efetivando uma parte e, não realizando a prisão por determinação de outro mais graduado, não comete o crime de condescendência criminosa, porque não agiu com indulgência ou negligência" (TJMS — EIACR 27775 — j. 15-10-2008).

"Ficando constatado que o agente, por indulgência (dolo), deixou de responsabilizar subordinado que comete infração no exercício do cargo, mantém a condenação por condescendência cirminosa" (TJMS — APR 34402 — j. 19-2-2008).

É imprescindível, para a caracterização do delito, que haja relação de subordinação hierárquica entre o sujeito ativo e o funcionário não responsabilizado.

Nesse sentido: "É elemento do crime de condescendência criminosa, que haja uma relação de subordinação entre o funcionário que cometeu infração no exercício do cargo e aquele que, em razão de sua posição hierarquicamente superior, deveria tê-lo responsabilizado ou, ter levado o fato ao conhecimento da autoridade competente. Ausente elemento do tipo penal imputado, é evidente a falta de justa causa para a deflagração da ação penal. Ordem concedida" (TRF2 — HC 5738/RJ — j. 12-8-2008).

Trata-se de crime doloso, exigindo-se também que a omissão do sujeito ativo ocorra por *indulgência*, ou seja, por tolerância ou clemência.

A condescendência criminosa é crime omissivo próprio, consumando-se com a omissão do sujeito ativo.

Não se admite a tentativa.

10.1.14 Advocacia administrativa

O crime de advocacia administrativa vem previsto no art. 321 do Código Penal, tendo como objetividade jurídica a proteção da Administração Pública, no que diz respeito ao seu funcionamento regular.

Sendo crime próprio, somente o funcionário público pode ser sujeito ativo.

Sujeito passivo é o Estado.

A conduta típica vem expressa pelo verbo *patrocinar*, que significa advogar, proteger, beneficiar, favorecer, defender.

O agente deve valer-se das facilidades que a qualidade de funcionário público lhe proporciona.

O patrocínio pode ser:

a) *direto*, quando o funcionário pessoalmente advoga os interesses privados perante a Administração Pública;

b) *indireto*, quando o funcionário se vale de interposta pessoa para a defesa dos interesses privados perante a Administração Pública.

Interesse privado é qualquer vantagem a ser obtida pelo particular, legítima ou ilegítima, perante a Administração. Se o interesse for ilegítimo, a pena de detenção será de três meses a um ano.

Deve ser excepcionado o disposto no art. 117, XI, da Lei n. 8.112, de 11 de dezembro de 1990, que dispõe sobre o regime jurídico dos servidores públicos civis da União, das autarquias e das fundações públicas federais:

"Art. 117. Ao servidor é proibido:

(...)

XI — atuar, como procurador ou intermediário, junto a repartições públicas, salvo quando se tratar de benefícios previdenciários ou assistenciais de parentes até o segundo grau, e de cônjuge ou companheiro".

Na jurisprudência: "Caracteriza-se a advocacia administrativa pelo patrocínio (valendo-se da qualidade de funcionário) de interesse privado alheio perante a Administração Pública. Patrocinar corresponde a defender, pleitear, advogar junto a companheiros e superiores hierárquicos o interesse particular" (*RJTJSP*, 13/443).

"O delito de advocacia administrativa configura-se quando o agente patrocina, valendo-se da qualidade de funcionário público, interesse privado alheio perante a administração pública. Desse modo, se a conduta investigada consiste tão somente em sugerir ao segurado que se submete a perícia o agendamento de uma consulta particular, não há falar em fato típico. Afastada a tipicidade da conduta, caracteriza constrangimento ilegal, sanável por intermédio da angusta via do *habeas corpus* o prosseguimento do inquérito policial" (TRF4 — HC 22477/SC — Rel. Paulo Afonso Brum Vaz — 9-8-2006).

Ainda: "Advocacia administrativa. Art. 117, XI, da Lei n. 8.112/90. Atipicidade. Demissão. Princípio da proporcionalidade. 1. Ao servidor é proibido 'atuar, como procurador ou intermediário, junto a repartições públicas, salvo quando se tratar de benefícios previdenciários ou assistenciais de parentes até o segundo grau, e de cônjuge ou companheiro'. 2. Para se configurar a infração administrativa mencionada no art. 117, XI, da Lei n. 8.112/90, a conduta deve ser análoga àquela prevista no âmbito penal (Cód. Penal, art. 321). Isto é, não basta ao agente ser funcionário público, é indispensável tenha ele praticado a ação aproveitando-se das facilidades que essa condição lhe proporciona. 3. Na espécie, o recebimento de benefício em nome de terceiros, tal como praticado pela impetrante, não configura a advocacia administrativa. Pelo que se tem dos autos, não exerceu ela influência sobre servidor para que atendido fosse qualquer pleito dos beneficiários. Quando do procedimento administrativo, não se chegou à conclusão de que tivesse ela usado do próprio cargo com o intuito de intermediar, na repartição pública, vantagens para outrem. 4. Ainda que se considerasse típica a conduta da impetrante para os fins do disposto no art. 117, XI, da Lei n. 8.112/90, a pena que lhe foi aplicada fere o princípio da proporcionalidade. Na hipótese, a prova dos autos revela, de um lado, que a servidora jamais foi punida anteriormente; de outro, que o ato praticado não importou em lesão aos cofres públicos. 5. Segurança concedida a fim de se determinar a reintegração da impetrante" (STJ — MS 7261-DF — Rel. Min. Nilson Naves — *DJ* 24-11-2009).

Somente caracteriza o delito o patrocínio, pelo funcionário público, de interesse alheio perante a administração. Caso o interesse seja próprio do funcionário, não estará configurado o delito, podendo ocorrer mera infração funcional.

Trata-se de crime doloso.

A consumação ocorre com o patrocínio, independentemente da obtenção do resultado pretendido.

Admite-se a tentativa.

10.1.15 Violência arbitrária

O crime de violência arbitrária vem previsto no art. 322 do Código Penal e tem como objetividade jurídica a proteção da Administração Pública no que concerne à incolumidade física e à liberdade do particular contra a conduta abusiva do funcionário público.

Anteriormente, havia divergência na doutrina e na jurisprudência acerca da revogação tácita do art. 322 do Código Penal pela Lei n. 4.898/65, que tratava dos crimes de abuso de autoridade. A citada lei revogada efetivamente trazia disposições semelhantes à tratada neste dispositivo ora em comento, o que fazia com que o entendimento prevalente fosse pela ocorrência de revogação tácita.

Entretanto, com a vigência da Lei n. 13.859/2019, que passou a tratar dos crimes de abuso de autoridade, nenhuma disposição semelhante à do art. 322 foi trazida, deixando o legislador de tipificar como abuso de autoridade a violência arbitrária.

Portanto, à vista das disposições constantes da Lei n. 13.869/2019, entendemos que o art. 322 do Código Penal está em pleno vigor.

O sujeito ativo do delito é somente o funcionário público, tratando-se de crime próprio.

Admite-se, porém, excepcionalmente, a participação do particular, por meio de induzimento ou instigação.

Sujeito passivo é o Estado e, secundariamente, o particular contra quem é praticada a violência.

A conduta típica vem expressa pelo verbo *praticar*, no caso, violência no exercício de função ou a pretexto de exercê-la.

A *violência* a que se refere o artigo deve ser arbitrária, ou seja, abusiva e sem razão legal, devendo ocorrer no exercício da função ou sob o pretexto de exercê-la real ou supostamente.

Na primeira hipótese, o funcionário deve estar no pleno exercício da sua função, e, na segunda, deve usar do artifício de praticar a violência em nome dessa função.

Entende-se por violência o emprego da força física.

Trata-se de crime doloso, que requer do agente a consciência da ilegitimidade da conduta.

A consumação ocorre com o emprego da violência.

Admite-se a tentativa.

10.1.16 Abandono de função

O art. 323 do Código Penal trata do crime de abandono de função, que tem como objetividade jurídica a proteção à Administração Pública, no que diz respeito à regularidade da prestação do serviço público.

Por ser crime próprio, o sujeito ativo somente pode ser o funcionário público investido no cargo.

Sujeito passivo é o Estado.

A conduta típica é expressa pelo verbo *abandonar*, que significa largar, deixar, desistir, renunciar etc.

O abandono há de ser *total, por tempo juridicamente relevante*, e ter como possível consequência o *dano ao setor público*.

Se o abandono for parcial, por tempo insignificante e sem probabilidade de dano, não se configura o delito.

O abandono a que o tipo penal se refere é aquele *não permitido em lei*. Logo, se o funcionário deixar o cargo licitamente (licenças em geral, férias regulamentares), não ocorre o abandono.

Se o abandono do cargo público ocorrer por motivo de força maior ou estado de necessidade, o fato é atípico.

Trata-se de crime doloso, que requer do funcionário o conhecimento da irregularidade e da possibilidade de dano à Administração Pública.

O crime se consuma com o efetivo abandono do cargo público, por tempo juridicamente relevante.

Não é admitida a tentativa, pois se trata de crime omissivo próprio.

Abandono de função qualificado

Duas figuras qualificadas são previstas nos §§ 1º e 2º do art. 323 do Código Penal:

a) quando o abandono causa *prejuízo público*, ou seja, quando ocorre o exaurimento do delito, pois o *caput* do artigo se refere apenas à probabilidade de dano. Sendo o prejuízo de natureza particular, não incidirá a qualificadora;

b) quando o abandono ocorre em *lugar compreendido na faixa de fronteira*, que corresponde, segundo o disposto na Lei n. 6.634, de 2 de maio de 1979, à localizada a 150 km das divisas do Brasil com outros países, por ser área estratégica e poder afetar os interesses nacionais.

10.1.17 Exercício funcional ilegalmente antecipado ou prolongado

Previsto no art. 324 do Código Penal, o crime de exercício funcional ilegalmente antecipado ou prolongado tem como objetividade jurídica a proteção à Administração Pública, no que concerne ao exercício irregular do cargo público.

Sendo um crime próprio, somente pode ser praticado por funcionário público, salvo na segunda modalidade da figura típica, em que o autor continua, indevidamente, a exercer as obrigações que lhe foram impostas.

Sujeito passivo é o Estado.

A conduta típica se desdobra em duas modalidades:

a) *entrar no exercício de função pública antes de satisfeitas as exigências legais*, oportunidade em que é imprescindível que o agente tenha sido nomeado para o cargo público;

b) *continuar a exercer a função pública, sem autorização, depois de saber oficialmente que foi exonerado, removido, substituído ou suspenso*, hipótese em que deverá ter conhecimento oficial do ato e, ainda assim, permanecer no exercício do cargo, sem autorização.

Trata-se de crime doloso.

A consumação ocorre com o primeiro ato de ofício indevido.

A tentativa é admissível.

10.1.18 Violação de sigilo funcional

O crime de violação de sigilo funcional vem previsto no art. 325 do Código Penal, tendo como objetividade jurídica a proteção à Administração Pública, tutelando o interesse de manter em segredo determinados atos administrativos. É crime subsidiário.

O sujeito ativo somente pode ser o funcionário público, ainda que esteja aposentado ou em disponibilidade.

Sujeito passivo é o Estado e, secundariamente, o particular eventualmente prejudicado pela violação do segredo.

A conduta típica vem expressa pelo verbo *revelar*, que significa tornar claro, descobrir, contar, e pelo verbo *facilitar*, que significa tornar fácil, auxiliar.

No primeiro caso ocorre a *revelação direta*, pois o funcionário comunica o fato a terceiro.

Na segunda hipótese ocorre a *revelação indireta*, permitindo ao terceiro tomar conhecimento do fato sigiloso.

Para a perfeita configuração do delito, é necessário que a revelação seja passível de dano e que o funcionário tenha consciência da necessidade do segredo por força da sua função e que o segredo seja de interesse público.

O sigilo pode decorrer de lei, de determinação judicial ou de determinação administrativa.

Trata-se de crime doloso.

A consumação ocorre com o conhecimento do segredo por terceiro.

Sendo crime formal, basta para a consumação a potencialidade de dano à Administração.

Admite-se a tentativa na *facilitação* e na *revelação*, desde que não seja oral.

Figuras assemelhadas

A Lei n. 9.983/2000 acrescentou o § 1º ao art. 325 do Código Penal.

Prevê esse dispositivo a aplicação das mesmas penas do *caput* a quem permite ou facilita, mediante atribuição, fornecimento e empréstimo de senha; ou, por qualquer outra forma, o acesso de pessoas não autorizadas a sistemas de informações ou bancos de dados da Administração Pública; ou se utiliza, indevidamente, do acesso restrito.

Nesses casos, o sujeito ativo do crime é o funcionário público responsável pelo sistema de informações ou banco de dados da Administração Pública.

Consuma-se o delito com a mera atribuição, fornecimento ou empréstimo de senha, ou qualquer outra forma de acesso, independentemente de efetivo dano à Administração Pública ou a outrem.

Figuras qualificadas

Caso resulte dano à Administração Pública, em decorrência de uma das condutas típicas, a pena será de 2 a 6 anos, além de multa, conforme prescreve o § 2º do art. 325 do Código Penal, acrescentado pela Lei n. 9.983/2000.

10.1.19 Violação de sigilo de proposta de concorrência

Ante o disposto no art. 337-J do Código Penal, acrescentado pela Lei n. 14.133/21, o art. 326 foi revogado tacitamente.

10.2 DOS CRIMES PRATICADOS POR PARTICULAR CONTRA A ADMINISTRAÇÃO EM GERAL

10.2.1 Usurpação de função pública

O crime de usurpação de função pública vem previsto no art. 328 do Código Penal e tem como objetividade jurídica a proteção à Administração Pública no particular aspecto do exercício funcional por pessoas não investidas nos cargos e funções públicas.

Sujeito ativo pode ser qualquer pessoa, inclusive o funcionário público que exerça função que não lhe compete.

Sujeito passivo é o Estado.

A conduta típica vem expressa pelo verbo *usurpar*, que significa apoderar, tomar, arrebatar.

Pratica o crime, portanto, aquele que exerce função pública que não lhe compete, realizando atos próprios do ofício.

Trata-se de crime doloso.

A consumação ocorre com o efetivo exercício ilegal de função pública (prática de, no mínimo, um ato funcional).

Se o sujeito ativo apenas alegar ser titular de determinada função, estará incurso, em tese, na contravenção do art. 45 do Decreto-Lei n. 3.688, de 3 de outubro de 1941 (Lei das Contravenções Penais).

Admite-se a tentativa.

Usurpação de função pública qualificada

O parágrafo único do art. 328 do Código Penal prevê a usurpação de função pública qualificada, que ocorre quando o sujeito ativo obtém vantagem para si ou para outrem, ao usurpar a função.

Essa vantagem pode ser de qualquer natureza.

10.2.2 Resistência

O crime de resistência vem previsto no art. 329 do Código Penal, tendo como objetividade jurídica a proteção da autoridade e do prestígio da função pública.

Sujeito ativo pode ser qualquer pessoa, não sendo necessariamente aquela a quem o ato da autoridade se destine. Embora se trate de crime praticado por particular contra a Administração, nada impede que funcionário público seja sujeito ativo da resistência.

Sujeito passivo é o Estado e, secundariamente, o funcionário público que sofre a resistência ou o terceiro que o auxilia.

A conduta típica vem caracterizada pela *oposição* ao ato funcional, mediante violência física ou ameaça a funcionário. Não é necessário que a ameaça seja grave, podendo ser oral ou escrita. Deve o funcionário estar executando um *ato legal*, ou seja, que se revista das formalidades impostas por lei, emanado da autoridade competente.

Caso a oposição do agente se dê contra *ato ilegal* da autoridade, não haverá crime.

Trata-se de crime doloso, que requer, também, para sua configuração, a finalidade de impedir a realização do ato funcional.

Discute-se na doutrina e jurisprudência acerca da configuração de resistência por parte de pessoa embriagada. A rigor, a embriaguez voluntária ou culposa não exclui a imputabilidade do agente, razão pela qual o crime poderia normalmente ser caracterizado.

Entretanto, há posições em sentido contrário entendendo que, no caso de embriaguez do agente, não haveria dolo.

O crime se consuma com a efetiva violência ou ameaça. É um *crime formal*, não sendo necessário que o sujeito impeça a execução do ato.

Já se decidiu que a simples fuga do agente, sem violência ou grave ameaça, não configura o crime de resistência.

Admite-se a tentativa.

Resistência qualificada pelo resultado

O § 1º do art. 329 do Código Penal prevê a resistência qualificada pelo resultado, que ocorre quando, em razão da violência, o ato não é realizado. Trata-se, nesse caso, do *exaurimento do delito de resistência*, sendo necessário para a sua configuração que o sujeito passivo não realize o ato, devido à violência física ou ameaça empregadas.

Concurso

O § 2º do art. 329 do Código Penal prevê o concurso material de crimes entre a resistência e a violência física, que pode ser lesão corporal ou homicídio.

10.2.3 Desobediência

O crime de desobediência vem previsto no art. 330 do Código Penal e tem como objetividade jurídica a proteção à Administração Pública, no que concerne ao cumprimento de determinação legal expedida por funcionário público.

Sujeito ativo pode ser qualquer pessoa, inclusive o funcionário público, havendo ou não relação entre o objeto da ordem e a sua função. Havendo relação hierárquica entre o funcionário público autor da ordem e o funcionário público destinatário dela, entretanto, não haverá crime de desobediência, mas tão somente infração administrativa.

"Desobediência — Crime praticado por funcionário público — Caracterização somente quando a ordem desrespeitada não seja referente às suas funções — Interpretação do art. 330 do CP" (TRF — 4ª Reg. — *RT*, 774/712).

"Desobediência — Crime cometido por autoridade que não acata ordem judicial em mandado de segurança — Alegação de que tal delito somente pode ser praticado por particular contra a Administração em geral — Inadmissibilidade — Funcionário público que é destinatário da ordem judicial como qualquer cidadão comum" (STJ — *RT*, 791/562).

Sujeito passivo é o Estado e, secundariamente, o autor da ordem, que deve ser o funcionário público legalmente investido do cargo público criado por lei, com denominação própria, em número certo e pago pelos cofres públicos.

A conduta típica vem expressa pelo verbo *desobedecer*, que significa descumprir, não acatar, desatender.

A *ordem do funcionário público*, transmitida diretamente ao destinatário, deve ser *legal*, ou seja, fundada em lei.

A conduta pode ser omissiva ou comissiva, porém é imprescindível que o destinatário da ordem tenha o dever jurídico de acatá-la.

Nesse aspecto: "O crime de desobediência (CP, art. 330) só se configura se a ordem legal é endereçada diretamente a quem tem o dever legal de cumpri-la" (*RSTJ*, 128/431).

Existe divergência jurisprudencial acerca da configuração de desobediência à ordem na fiscalização de trânsito de veículos.

No sentido da configuração do crime: "Configura o crime de desobediência a conduta do motorista que, desatendendo à ordem de Policiais para que pare, empreende fuga" (TACrim — *RJD*, 36/181).

"Responde por desobediência o proprietário de veículo que, sendo-lhe legalmente solicitada a apresentação de documentos do automotor, não só se recusa a atender a determinação, como também, acintosamente, procura se retirar do local" (*JTACrim*, 44/308).

"Responde por desobediência o motorista que, interpelado por policial, deixa de atender ordem de parar o veículo que dirige" (*JTACrim*, 70/254).

Em sentido contrário: "Descumprimento por motorista de sinal de parada dado por guarda de trânsito caracteriza infração administrativa, e não crime de desobediência" (TJSP — *RT*, 523/364).

"O não acatamento a um sinal de policial militar a fim de parar o veículo não constitui crime de desobediência, mas infração de natureza administrativa e, como tal, punida pelo CNT" (STJ — *RT*, 709/385).

Trata-se de crime doloso.

A consumação ocorre com a ação ou omissão do desobediente.

No caso de omissão, ocorre a consumação com o decurso do prazo fixado para o cumprimento da ordem.

Se não houver prazo, considera-se o *tempo juridicamente relevante*.

Admite-se a tentativa apenas na modalidade comissiva.

10.2.4 Desacato

O crime de desacato vem previsto no art. 331 do Código Penal, tendo como objetividade jurídica a proteção à Administração Pública, no que diz respeito à dignidade e decoro devidos aos seus agentes no exercício de suas funções.

Sujeito ativo pode ser qualquer pessoa, inclusive o funcionário público fora do exercício de suas funções.

Com relação ao desacato praticado por funcionário público no exercício da função, divide-se a doutrina e a jurisprudência.

Uma primeira orientação é no sentido de que o funcionário público não comete crime de desacato quando estiver no exercício da função, já que tal delito insere-se no capítulo dos "Crimes praticados por particular contra a Administração".

Uma segunda orientação posiciona-se no sentido da possibilidade de desacato por funcionário público apenas quando praticado contra superior hierárquico.

A terceira orientação, mais abrangente, sustenta a possibilidade de desacato por funcionário público em qualquer circunstância, uma vez que o bem jurídico tutelado é o prestígio, a dignidade e o respeito à função pública. Assim, nada impede a ocorrência de desacato praticado, por exemplo, por policial militar contra Juiz de Direito durante depoimento judicial; ou por escrevente contra Promotor de Justiça no exercício da função; ou por Juiz de Direito contra Juiz de Direito; ou ainda por Promotor de Justiça contra Promotor de Justiça etc.

Sujeito passivo é o Estado e, secundariamente, o funcionário que sofre o desacato.

A conduta típica vem expressa pelo verbo *desacatar*, que significa desrespeitar, desprestigiar, ofender, humilhar o funcionário público no exercício da sua função.

O delito pode ser cometido por meio de gestos, palavras, gritos, vias de fato, ameaça etc.

Nesse sentido: "As expressões 'vagabundo', 'relapso', 'mentiroso', dirigidas a oficial de justiça, no exercício da função, possuem inequívoca carga ofensiva, e são idôneas a desprestigiar o funcionário público, configurando, pois, o delito de desacato" (TJSP — *RT*, 536/307).

"Quem, brandindo um facão, profere palavras de desafio e ofensivas ao funcionário público, no exercício da função ou em razão dela, comete o crime de desacato" (TJPR — *RT*, 384/275).

"Caracteriza o delito de desacato a conduta do agente que, após ter sido abordado por policiais, abaixa cinicamente as calças em público, chamando os mesmos para revistá-lo em tom jocoso, demonstrando efetivo intuito de menosprezo, pretendendo constrangê-los e ridicularizá-los frente aos populares que presenciam o ato" (TACrim — *RJD*, 23/138).

"Advogado — Desacato — Delito em tese configurado — Ofensas dirigidas a juiz de direito — Pretendida ausência de dolo — Circunstância, porém, inapreciável em 'habeas corpus' — Justa causa para a ação penal — Recurso não provido — Inteligência dos arts. 331 do CP e 648, I, do CPP" (STF — *RT*, 571/401).

"Desacato — Advogado que, ao lhe ser solicitada pelo juiz a exibição de carteira profissional, indaga-lhe se não pretende examinar também o CIC, a cédula do RG e o atestado de vacina — Mero desabafo, e não a intenção deliberada de ultrajar — Ausência, pois, de elemento subjetivo — Absolvição mantida — Inteligência do art. 331 do CP" (TACrimSP — *RT*, 561/357).

"Desacato — Caracterização — Policial que agride verbalmente Promotor de Justiça no exercício de suas funções, atingindo-o com expressões ofensivas, provocando humilhação e desprestígio — Dolo configurado, mormente se os fatos ocorreram em pequeno Município onde as pessoas conhecem a condição funcional do ofendido — Aplicação do art. 331 do CP" (TJRJ — *RT*, 760/693).

É um *crime formal*, pois independe de o funcionário público sentir-se ofendido, bastando que a conduta possa agredir a *honra profissional do funcionário*.

Na modalidade *ofensa cometida no exercício da função*, a conduta ocorre no momento em que o funcionário, investido da função, é ofendido.

Já na hipótese de *ofensa cometida em virtude da função*, o desacato refere-se ao exercício da função, embora o sujeito passivo não a esteja exercendo naquele momento.

É necessário um nexo de causalidade entre a conduta e o exercício da função (*nexo funcional*).

É indispensável, ainda, que o desacato seja cometido na presença do funcionário, não importando se a ofensa é cometida na frente de outras pessoas.

"Para a configuração do desacato, é indispensável que o funcionário veja ou ouça a injúria que lhe é assacada, estando no local" (TACrim — *RT*, 491/323).

"Desacato — Descaracterização — Ofensa irrogada via telefone — Tipificação do crime que pressupõe a ocorrência do fato na presença do funcionário" (TACrimSP — *RT*, 776/599).

Vale referir, ainda: "Responde por desacato quem, vendo-se multado por infração de trânsito, ofende o miliciano com expressões de menoscabo e de baixo calão e, acintosamente, retira o veículo do local" (*JTACrim*, 44/415).

"Ofender um Delegado de Polícia, em pleno exercício de suas funções, no interior de repartição e na presença de funcionários e outras pessoas, com expressão grosseira, constitui, inegavelmente, desacato" (TJSP — *RT*, 518/346).

Trata-se de crime doloso, que deve abranger o conhecimento da qualidade de funcionário público do sujeito passivo.

O delito se consuma com o efetivo ato de ofensa. É, como já dito, um *crime formal*, que independe de o sujeito passivo sentir-se ofendido.

Em tese, é admissível a tentativa.

O crime de desacato absorve infrações menores como vias de fato, difamação, lesão corporal leve etc. Se houver infração mais grave, haverá o concurso formal.

Assim: "Desacato — Absorção do delito de lesão corporal de natureza leve também imputado ao réu — Agressão a policial que o detém, objetivando humilhá-lo e desprestigiá-lo no exercício da função — Inteligência dos arts. 129 e 331 do CP e 386, III, do CPP" (TACrimSP — *RT*, 565/343).

Discute-se na doutrina e na jurisprudência se o *ânimo calmo e refletido* do agente seria elemento imprescindível à caracterização do crime de desacato. Entendemos que não, estando o crime configurado ainda que o agente encontre-se em estado de exaltação e ira.

Entendendo que os *estados de exaltação e ira* são incompatíveis com o elemento subjetivo do crime de desacato:

"Para a caracterização do desacato, é preciso que a intenção de ofender seja certa: a vivacidade, a cólera, a falta de educação, embriaguez podem fazer uma pessoa prenunciar palavras malsoantes, sem intenção de injuriar" (TACrim — *RT*, 373/184).

"O estado de cólera decorrente de uma soma de infortúnios pode descontrolar emocionalmente mesmo pessoas extremamente calmas e educadas, a tal ponto que venha, involuntariamente, a proferir impropérios, como natural descarga de emoção insuportável" (*JTACrim*, 71/371).

Em sentido contrário, entendendo que o estado anímico do agente não interfere na caracterização do crime:

"O fato de ser o réu pessoa nervosa não descaracteriza o desacato, pois essa condição não dá ao cidadão o direito de ofender impunemente funcionário público no exercício de sua função. A admitir tal comportamento, estaria instalada a balbúrdia na conceituação do crime, pois nenhum indivíduo normal dirige ofensa a outrem sem que de alguma forma se encontre contrariado em seus interesses" (TJSP — *RT*, 505/316).

"Irrelevante à configuração do delito de desacato é o eventual estado colérico do agente. Impõe-se a solução, máxime porque seria ao arrepio de qualquer lei psicológica que um indivíduo desacatasse outro a sangue-frio, sem qualquer motivo antecedente, pelo simples prazer de desacatar" (*JTACrim*, 44/351).

Com relação à *embriaguez*, o mesmo dissídio se instala na jurisprudência, sendo nosso entendimento o de ser ela irrelevante na aferição do elemento subjetivo do crime de desacato.

Entendendo que a embriaguez é irrelevante para a caracterização do desacato:

"Não exclui o delito de desacato a circunstância de se encontrar o réu embriagado, sendo a embriaguez voluntária, porque no sistema do Código Penal pátrio só é dirimente da responsabilidade penal aquela proveniente de caso fortuito ou força maior" (TACrim — RT, 423/389).

"A embriaguez não exclui o desacato, como ensina a jurisprudência" (RJTJSP, 62/369).

Por seu turno, entendendo ser a embriaguez relevante na apreciação do elemento subjetivo do crime de desacato:

"O estado de embriaguez despoja o agente da plena integridade de suas faculdades psíquicas, exonerando, por tal forma, a intenção certa de ofender, de desacatar, que é o substrato do crime de desacato, o seu dolo específico" (TACrim — RT, 719/444).

10.2.5 Tráfico de influência

O crime de tráfico de influência vem previsto no art. 332 do Código Penal e tem como objetividade jurídica a tutela do prestígio da Administração Pública.

Sujeito ativo pode ser qualquer pessoa, inclusive o funcionário público.

Sujeito passivo é o Estado e, secundariamente, a pessoa que entrega ou promete a vantagem.

A conduta típica vem expressa pelos verbos *solicitar* (pedir, rogar, requerer), *exigir* (ordenar, impor, intimar), *cobrar* (pedir pagamento) e *obter* (alcançar, conseguir).

O objeto material é a *vantagem* ou *promessa de vantagem*, que pode ser de qualquer natureza, material ou moral.

O delito envolve uma modalidade de fraude em que o sujeito ativo solicita, exige, cobra ou obtém a vantagem ou promessa dela *a pretexto de* (com a desculpa de) influir em ato praticado por funcionário público no exercício da função.

A propósito: "Tráfico de influência — Delito que pode ser praticado por particular para obter, para si ou para outrem, vantagem ou promessa de vantagem, a pretexto de influir em ato praticado por funcionário público por equiparação no exercício da função." (STF — RT 778/526).

Não é necessário que exista realmente o funcionário público.

Trata-se de crime doloso.

O tráfico de influência é *crime formal*, nas modalidades de conduta *solicitar*, *exigir* e *cobrar*, ocorrendo a consumação no momento em que o sujeito ativo solicita, exige ou cobra do sujeito passivo.

Na modalidade de conduta *obter*, a consumação se dá no momento em que o sujeito obtém a vantagem ou promessa. Nesse caso, é *crime material*.

Pouco importa o não cumprimento da promessa ou a não influência do funcionário público.

Admite-se a tentativa.

Causa de aumento de pena

O parágrafo único do art. 332 do Código Penal prevê o aumento da pena de metade quando o agente alega ou apenas insinua que a vantagem é também destinada ao funcionário.

Assim: "Tráfico de influência — Caracterização — Agente que solicita dinheiro de alguém a pretexto de influir no comportamento funcional de delegado de polícia, dizendo que a quantia será repassada àquele funcionário público — Inteligência do art. 332, par. ún., do CP" (TJSE — *RT*, 827/692).

10.2.6 Corrupção ativa

O crime de corrupção ativa vem previsto no art. 333 do Código Penal, tendo como objetividade jurídica a proteção à Administração Pública, no que tange ao seu prestígio e à normalidade de seu funcionamento.

Sujeito ativo é qualquer pessoa, inclusive o funcionário público que não esteja no exercício da sua função.

Sujeito passivo é o Estado.

A conduta típica consiste em *oferecer* (apresentar ou propor para que seja aceito) ou *prometer* (pressagiar, anunciar, fazer promessa).

O *objeto material* do crime é a *vantagem indevida*, que pode ser de qualquer natureza, material ou moral, e destinada a determinar o funcionário a praticar, omitir ou retardar ato de ofício.

A oferta ou promessa de vantagem indevida deve ser feita ao funcionário público para determiná-lo à prática, omissão ou retardamento do ato de ofício.

Assim, se o agente oferece, promete ou entrega a vantagem ao funcionário *após* a prática, omissão ou retardamento do ato, tem a jurisprudência entendido que não se configura a corrupção ativa.

Pequenas gratificações ou *doações em forma de agrado ou agradecimento* não configuram o delito. Nesse sentido, a Resolução n. 3/2000 do Código de Conduta da Alta Administração Federal, que dispõe sobre as regras de tratamento de presentes e brindes recebidos por integrantes da Administração Federal, estabelece:

"(...)

5. É permitida a aceitação de brindes, como tal entendidos aqueles:

I — que não tenham valor comercial ou sejam distribuídos por entidade de qualquer natureza a título de cortesia, propaganda, divulgação habitual ou por ocasião de eventos ou datas comemorativas de caráter histórico ou cultural, desde que não ultrapassem o valor unitário de R$ 100,00 (cem reais);

II — cuja periodicidade de distribuição não seja inferior a 12 (doze) meses; e

III — que sejam de caráter geral e, portanto, não se destinem a agraciar exclusivamente uma determinada autoridade.

6. Se o valor do brinde ultrapassar a R$ 100,00 (cem reais), será ele tratado como presente, aplicando-se-lhe a norma prevista no item 3 acima.

7. Havendo dúvida se o brinde tem valor comercial de até R$ 100,00 (cem reais), a autoridade determinará sua avaliação junto ao comércio, podendo ainda, se julgar conveniente, dar-lhe desde logo o tratamento de presente".

É necessário, também, que a promessa ou oferta sejam dirigidas ao funcionário que tem o dever de ofício de realizar ou não a conduta almejada pelo agente.

Trata-se de crime doloso, sendo necessário que o agente tenha conhecimento de ser indevida a vantagem que é dirigida a funcionário público.

O crime se consuma no momento em que o funcionário toma conhecimento da oferta ou promessa.

É um *crime formal*, pois independe de o funcionário público aceitar ou não realizar a conduta almejada pelo agente.

A tentativa só é admitida se a oferta ou promessa for feita por escrito.

Corrupção ativa qualificada

O parágrafo único do art. 333 do Código Penal prevê a corrupção ativa qualificada, que ocorre quando, em razão da vantagem ou promessa, o funcionário retarda ou omite ato de ofício ou o pratica infringindo dever funcional.

Essa hipótese trata do *exaurimento da corrupção ativa*.

10.2.7 Descaminho

O crime de descaminho vem previsto no art. 334 do Código Penal, com a nova redação que lhe foi dada pela Lei n. 13.008/2014, e tem como objetividade jurídica a proteção ao erário, lesado pela entrada ou saída do território nacional, ou pelo consumo de mercadoria.

Sujeito ativo pode ser qualquer pessoa. O funcionário público que atua investido do dever de ofício comete o crime do art. 318 do Código Penal. Se não estiver no dever funcional, atua como coautor ou partícipe.

Sujeito passivo é o Estado.

A conduta vem representada pelo verbo *iludir*, que significa enganar, fraudar, no todo ou em parte, o pagamento de direito ou imposto devido pela entrada, saída ou pelo consumo de mercadoria.

Descaminho é a importação ou exportação de mercadoria lícita sem o recolhimento dos tributos devidos.

Trata-se de crime doloso.

A consumação ocorre com a liberação da mercadoria pela alfândega ou com a efetiva saída da mercadoria do território nacional.

Admite-se a tentativa.

Descaminho por assimilação

Nos termos do § 1º, I, do art. 334 do Código Penal, incorre na mesma pena quem "pratica navegação de cabotagem, fora dos casos permitidos em lei".

Navegação de cabotagem é o comércio realizado diretamente entre os portos do País, em águas marinhas ou fluviais. É privativo de navios nacionais.

O inciso II do mesmo parágrafo comina a mesma pena a quem "pratica fato assimilado, em lei especial, a contrabando ou descaminho".

Trata-se de norma penal em branco.

Segundo o inciso III do § 1º desse mesmo artigo, incorre em crime quem "vende, expõe à venda, mantém em depósito ou, de qualquer forma, utiliza em proveito próprio ou alheio, no exercício de atividade comercial ou industrial, mercadoria de procedência estrangeira que introduziu clandestinamente no País ou importou fraudulentamente ou que sabe ser produto de introdução clandestina no território nacional ou de importação fraudulenta por parte de outrem".

Na primeira parte, o dispositivo descreve condutas do próprio autor do descaminho. Nesse caso, o sujeito que pratica o descaminho e depois é surpreendido vendendo a mercadoria responde por um único delito.

Na segunda parte, o agente vende mercadoria objeto do descaminho, realizado por terceiro. Nesse caso, é necessário que o sujeito tenha consciência da origem delituosa da mercadoria. Isso significa dizer que ele não responde por receptação, mas sim pelo disposto nesse inciso.

Assim: "A reintrodução no País de pacotes de cigarro nacionais, fabricados exclusivamente para exportação, caracteriza crime de contrabando, sendo inaplicável o princípio da insignificância, pois pouco importa o pequeno valor da mercadoria apreendida, uma vez que, configurado o delito, é função da lei salvaguardar os interesses do Erário Público" (TRF — *RT*, 776/695).

O inciso IV do § 1º do art. 334 ora mencionado tipifica o delito de quem "adquire, recebe ou oculta, em proveito próprio ou alheio, no exercício de atividade comercial ou industrial, mercadoria de procedência estrangeira, desacompanhada de documentação legal ou acompanhada de documentos que sabe serem falsos". Essas condutas normalmente são tipificadas como receptação dolosa (CP, art. 180, *caput*).

As ações pressupõem a entrada ilícita no País de mercadoria estrangeira, que chega ao sujeito:

a) sem documentação exigida em lei;

b) com documentação falsa, de conhecimento do agente.

Na hipótese de receptação de mercadoria objeto de descaminho, podem ocorrer dois delitos:

1º) se o sujeito agiu *dolosamente*, responde pelo crime do inciso IV do § 1º do art. 334 do Código Penal, afastada a incidência do art. 180, *caput*, desse mesmo Código;

2º) se o agente agiu *culposamente*, incide nas penas da receptação culposa (art. 180, § 1º).

A ação deve ser desenvolvida "no exercício da atividade comercial ou industrial".

Se essa elementar não estiver presente, não se aplica o inciso IV, subsistindo o delito de receptação dolosa ou culposa prevista no art. 180, *caput* e § 1º, do Código Penal.

Equipara-se às atividades comerciais, de acordo com o § 2º do art. 334 do Código Penal, qualquer forma de comércio irregular ou clandestino de mercadorias estrangeiras, inclusive o exercido em residência.

Descaminho qualificado

O § 3º do art. 334 do Código Penal prevê o descaminho qualificado, aplicando-se a pena em dobro quando o crime é cometido em transporte aéreo, marítimo ou fluvial.

10.2.8 Contrabando

O crime de contrabando vem previsto no art. 334-A do Código Penal, com a redação que lhe foi dada pela Lei n. 13.008/2014, tendo como objetividade jurídica a proteção ao erário, lesado pela entrada ou saída do território nacional de mercadoria proibida.

Sujeito ativo pode ser qualquer pessoa. Se for o funcionário público que atua investido do dever de ofício, comete o crime do art. 318 do Código Penal. Se não estiver investido de dever funcional, atua como coautor ou partícipe.

Sujeito passivo é o Estado.

A conduta vem representada pelos verbos *importar* ou *exportar*. Importar significa entrar a mercadoria no País. Exportar significa sair a mercadoria do País.

Contrabando é a importação ou exportação de mercadoria proibida no País.

A proibição de entrada ou saída da mercadoria do País pode ser absoluta ou relativa. Proibição absoluta ocorre quando a mercadoria não pode entrar no território nacional de forma alguma. Proibição relativa ocorre quando a mercadoria pode circular no território nacional, desde que preenchidos certos requisitos.

O elemento subjetivo é o dolo.

A consumação do crime ocorre com a liberação da mercadoria pela alfândega ou com a efetiva saída da mercadoria do território nacional.

Admite-se a tentativa.

Contrabando por assimilação

De acordo com o disposto no § 1º, incorre na mesma pena quem:

I — pratica fato assimilado, em lei especial, a contrabando;

II — importa ou exporta clandestinamente mercadoria que dependa de registro, análise ou autorização de órgão público competente;

III — reinsere no território nacional mercadoria brasileira destinada à exportação;

IV — vende, expõe à venda, mantém em depósito ou, de qualquer forma, utiliza em proveito próprio ou alheio, no exercício de atividade comercial ou industrial, mercadoria proibida pela lei brasileira;

V — adquire, recebe ou oculta, em proveito próprio ou alheio, no exercício de atividade comercial ou industrial, mercadoria proibida pela lei brasileira.

O § 2º do art. 334-A equipara às atividades comerciais, para os efeitos deste artigo, qualquer forma de comércio irregular ou clandestino de mercadorias estrangeiras, inclusive o exercido em residências.

Contrabando qualificado

O § 3º do art. 334-A do Código Penal prevê o contrabando qualificado, aplicando-se a pena em dobro quando o crime é cometido em transporte aéreo, marítimo ou fluvial.

10.2.9 Impedimento, perturbação ou fraude de concorrência

O crime de impedimento, perturbação ou fraude de concorrência, previsto no art. 335 do Código Penal, foi tacitamente revogado pelos arts. 337-I e 337-K, que tratam, respectivamente, dos crimes de "perturbação de processo licitatório" e "afastamento de licitante", inseridos no Código Penal pela Lei n. 14.133/21.

10.2.10 Inutilização de edital ou de sinal

A inutilização de edital ou de sinal é crime previsto no art. 336 do Código Penal e tem como objetividade jurídica a proteção à Administração Pública.

Sujeito ativo pode ser qualquer pessoa, inclusive o funcionário público.

Sujeito passivo é o Estado.

Duas são as condutas típicas:

a) *Inutilização de edital*, que vem expressa pelos verbos *rasgar* (partir, cortar total ou parcialmente), *inutilizar* (tornar imprestável) e *conspurcar* (sujar, macular).

Edital é uma comunicação oficial escrita, que visa dar ciência de alguma coisa a todos, e é fixada em local público, por ordem de funcionário público competente.

O crime é doloso.

A consumação ocorre com o efetivo ato de rasgar, inutilizar, conspurcar edital dentro do período de validade deste.

Admite-se a tentativa.

b) *Violação de selo ou sinal*, que vem expressa pelos verbos *violar* ou *inutilizar* (romper, devassar o selo ou sinal referido) e tem a finalidade de identificar, lacrar qualquer coisa, móvel ou imóvel, determinada por lei e originária de funcionário público competente, com seu carimbo ou assinatura. É imprescindível que esteja dentro do prazo de validade.

O crime é doloso.

A consumação ocorre, nessa modalidade, com a efetiva violação do selo ou sinal, sendo irrelevante juridicamente se o sujeito conhecia ou não o conteúdo do que o selo encerrava. É um *crime material*.

Admite-se a tentativa.

10.2.11 Subtração ou inutilização de livro ou documento

Previsto no art. 337 do Código Penal, o crime de subtração ou inutilização de livro ou documento tem como objetividade jurídica a tutela da Administração Pública, no particular aspecto da regularidade da guarda de livros oficiais, processos e documentos.

Sujeito ativo pode ser qualquer pessoa, inclusive o funcionário público, fora de suas funções.

Se o sujeito ativo for funcionário público, no exercício das funções, o crime será o do art. 314 do Código Penal. Caso seja advogado ou procurador, tendo recebido os autos ou documentos nessa qualidade, o delito será o do art. 356 desse mesmo Código.

Sujeito passivo é o Estado e, secundariamente, qualquer pessoa afetada pela conduta criminosa.

A conduta típica vem expressa pelos verbos *subtrair* e *inutilizar*.

O objeto material do crime é *livro oficial*, que pode ser de registro, termos, atas, notas etc.; *processo*, que é a reunião ordenada de autos, documentos e peças concernentes a procedimentos policiais, administrativos ou judiciários; e *documento*, que pode ser qualquer papel anotado que tenha valor jurídico. É necessário que o objeto material esteja sob a custódia de funcionário público, em razão do ofício, ou de particular no exercício de serviço público.

"Subtração ou inutilização de livro ou documento — Descaracterização — Advogado que subtrai peça do processo, inutilizando-a — Hipótese que caracteriza o delito de sonegação de papel ou objeto de valor probatório, previsto no art. 356 do CP — Aplicação do princípio da especialidade" (STF — *RT*, 754/536).

Trata-se de norma incriminadora subsidiária, aplicável somente quando o fato não configurar delito mais grave.

O crime é doloso.

A consumação ocorre com a efetiva subtração ou inutilização, total ou parcial, do livro oficial, processo ou documento.

Admite-se a tentativa.

10.2.12 Sonegação de contribuição previdenciária

O crime de sonegação de contribuição previdenciária vem previsto no art. 337-A do Código Penal. Trata-se de inovação introduzida pela Lei n. 9.983/2000.

A objetividade jurídica do delito é a tutela do patrimônio da Previdência Social.

Sujeito ativo é o contribuinte ou outra pessoa que tem a obrigação legal de cumprir as condutas típicas.

Sujeito passivo é a Previdência Social.

As condutas típicas são omissivas e consistem em:

a) *omitir* de folha de pagamento da empresa ou de documento de informação previsto pela legislação previdenciária segurados, empregado, empresário, trabalhador avulso ou trabalhador autônomo ou a este equiparado que lhe prestem serviços;

b) *deixar de lançar* mensalmente nos títulos próprios da contabilidade da empresa as quantias descontadas dos segurados ou as devidas pelo empregador ou pelo tomador de serviços;

c) *omitir*, total ou parcialmente, receitas ou lucros auferidos, remunerações pagas ou creditadas e demais fatos geradores de contribuições sociais previdenciárias.

Trata-se de crime doloso, que se consuma com a supressão ou redução da contribuição social previdenciária ou seus acessórios.

Admite-se a tentativa.

Os demais assuntos envolvendo os parágrafos do presente artigo já foram tratados no item 8.3.2. supra.

11
CRIMES CONTRA A PROPRIEDADE INTELECTUAL

11.1 VIOLAÇÃO DE DIREITO AUTORAL

Crime previsto no art. 184 do Código Penal, com a redação que lhe foi dada pela Lei n. 10.695, de 1º de julho de 2003, a violação de direito autoral tem como objetividade jurídica a proteção da propriedade intelectual, no particular aspecto do direito autoral que alguém exerça sobre sua obra.

Sujeito ativo pode ser qualquer pessoa.

Sujeito passivo é o detentor do direito autoral e dos direitos que lhe são conexos.

A conduta típica vem expressa pelo verbo *violar*, que significa transgredir, infringir, ofender, desrespeitar.

O objeto material do crime consiste nos *direitos de autor e os que lhe são conexos*.

Os direitos autorais são regulados, atualmente, no Brasil pela Lei n. 9.610, de 19 de fevereiro de 1998, que utiliza a mesma terminologia adotada pela Lei n. 10.695/2003, definindo os *direitos autorais*, no art. 1º, como "os direitos de autor e os que lhe são conexos".

Os *direitos do autor* podem ser classificados em *direitos morais* e *direitos patrimoniais* sobre a obra que criou. Os primeiros vêm previstos no art. 24 da Lei n. 9.610/98, enquanto os últimos vêm disciplinados nos arts. 28 e seguintes do mesmo diploma.

Trata-se de crime doloso.

A consumação ocorre com a violação, ainda que não haja a obtenção de proveito econômico por parte do agente.

Vale mencionar a Súmula 574 do Superior Tribunal de Justiça, que diz: "Para a configuração do delito de violação de direito autoral e a comprovação de sua materialidade, é suficiente a perícia realizada por amostragem do produto apreendido, nos aspectos externos do material, e é desnecessária a identificação dos titulares dos direitos autorais violados ou daqueles que os representem."

Admite-se a tentativa.

Reprodução de obra com violação de direito autoral

O crime de reprodução de obra com violação de direito autoral vem previsto no § 1º do art. 184 do Código Penal.

Nessa figura típica são incriminadas *a reprodução de obra intelectual*, no todo ou em parte, sem autorização expressa e com o intuito de lucro (direto ou indireto), e a *reprodução de interpretação, execução* ou *fonograma*, sem a autorização expressa do autor, do artista intérprete ou executante, do produtor ou de quem os represente.

A ausência de autorização, mencionada na lei, indica a exigência, para a configuração do delito, do *elemento normativo do tipo*.

O § 2º do art. 184 do Código Penal incrimina a conduta daquele que, com intuito de lucro direto ou indireto, distribui, vende, expõe à venda, aluga, introduz no País, adquire, oculta, tem em depósito original ou cópia de *obra intelectual* ou *fonograma* reproduzido com violação do direito de autor, do direito de artista intérprete ou executante ou do direito do produtor do fonograma, ou, ainda, aluga original ou cópia de obra intelectual ou fonograma, sem a expressa autorização dos titulares dos direitos ou de quem os represente.

Além do dolo, nesses casos, é necessário o *elemento subjetivo do tipo* consistente no *intuito de lucro*, que denota a *finalidade de comércio*.

Dispõe a Súmula 502 do Superior Tribunal de Justiça: "Presentes a materialidade e a autoria, afigura-se típica, em relação ao crime previsto no art. 184, § 2º, do CP, a conduta de expor à venda CDs e DVDs piratas".

No § 3º do art. 184 do Código Penal, com a nova redação que lhe foi dada pela Lei n. 10.695/2003, pune-se com reclusão de dois a quatro anos, e multa, a violação que consistir no oferecimento ao público, mediante cabo, fibra ótica, satélite, ondas ou qualquer outro sistema que permita ao usuário realizar a seleção da obra ou produção para recebê-la em um tempo e lugar previamente determinados por quem formula a demanda, com intuito de lucro, direto ou indireto, sem autorização expressa, conforme o caso, do autor, do artista intérprete ou executante, do produtor de fonograma, ou de quem os represente.

O § 4º, introduzido pela referida lei, estabelece limites à aplicação dos dispositivos anteriores, quando se tratar de exceção ou limitação ao direito de autor ou os que lhe são conexos, em conformidade com o previsto na Lei n. 9.610/98. As *limitações aos direitos autorais* vêm previstas no art. 46 desse citado diploma.

Esse § 4º também, ao contrário da sistemática anterior, dispõe expressamente sobre a atipicidade da cópia de obra intelectual ou fonograma, em um só exemplar, para uso privado do copista, sem intuito de lucro direto ou indireto.

11.2 USURPAÇÃO DE NOME OU PSEUDÔNIMO ALHEIO

O art. 185 do Código Penal foi expressamente *revogado* pelo art. 4º da Lei n. 10.695, de 1º de julho de 2003.

11.3 AÇÃO PENAL

A ação penal dos crimes de violação de direitos de autor e dos que lhe são conexos vem tratada no art. 186 do Código Penal, com a nova redação dada pela Lei n. 10.695/2003.

Assim:

a) procede-se mediante *queixa* nos crimes previstos no *caput* do art. 184;

b) procede-se mediante *ação penal pública incondicionada* nos crimes previstos nos §§ 1º e 2º do art. 184;

c) procede-se mediante *ação penal pública incondicionada* nos crimes cometidos em desfavor de entidades de direito público, autarquia, empresa pública, sociedade de economia mista ou fundação instituída pelo Poder Público;

d) procede-se mediante *ação penal pública condicionada a representação* nos crimes previstos no § 3º do art. 184.

12
CRIMES DE PERIGO COMUM

12.1 GENERALIDADES

Considera-se *perigo comum* aquele que expõe a risco de dano bens jurídicos de indeterminado número de pessoas.

Perigo individual, em contrapartida, é aquele que expõe a risco de dano bens jurídicos pertencentes a apenas uma pessoa ou grupo determinado de pessoas.

Diz-se *perigo concreto* quando, para a configuração do risco, há necessidade de prova.

Perigo abstrato, por seu turno, é o risco presumido em face de determinada conduta do agente.

12.2 INCÊNDIO

O crime de incêndio vem previsto no art. 250 do Código Penal e tem como objetividade jurídica a proteção da incolumidade pública. Essa figura típica não se confunde com a do art. 41 da Lei n. 9.605/98.

Sujeito ativo pode ser qualquer pessoa.

Sujeito passivo genérico é a coletividade e sujeito passivo específico é a pessoa atingida pelo risco causado pela atuação do agente.

A conduta típica vem expressa pelo verbo *causar*, que significa provocar, dar início, deflagrar, produzir, iniciar.

Incêndio é o fogo que lavra com intensidade. Para a configuração do crime, basta que haja combustão, não sendo necessária a existência de chamas.

Constitui elementar do crime a exposição a perigo da vida, integridade física e patrimônio de outrem.

É crime de *perigo concreto*.

O crime de incêndio é doloso, sendo o dolo de perigo (vontade livre e consciente de produzir risco de dano à incolumidade pública).

No § 2º do art. 250 do Código Penal é prevista também a modalidade culposa.

Pelo teor do art. 258 do Código Penal, admite-se ainda que o crime de incêndio seja preterdoloso, quando ocasionar lesão corporal grave ou morte.

Consuma-se o crime de incêndio com a ocorrência do perigo comum, que deve ser comprovado no caso concreto (crime de *perigo concreto*).

Admite-se a tentativa.

A ação penal é pública incondicionada.

Incêndio qualificado

O § 1º, I e II, do art. 250 do Código Penal cuida de formas qualificadas de incêndio, que o tornam mais grave, pelo maior perigo que representam à coletividade, merecedoras de reprimenda mais rigorosa. Os incisos e suas alíneas prescindem de explicação mais detalhada.

Incêndio culposo

Os comentários já tecidos sobre o incêndio doloso aplicam-se, *mutatis mutandis*, ao incêndio culposo previsto no § 2º do art. 250 do Código Penal.

Neste, o agente, atuando com culpa (negligência, imprudência ou imperícia), não observa o cuidado necessário ao manuseio do fogo, permitindo a sua propagação e consequente criação de perigo comum à vida, integridade física ou patrimônio de outrem.

12.3 EXPLOSÃO

O crime de explosão vem previsto no art. 251 do Código Penal, tendo como objetividade jurídica a incolumidade pública.

Sujeito ativo pode ser qualquer pessoa.

Sujeito passivo é a coletividade e, secundariamente, a pessoa atingida pelo risco causado pela atuação do agente.

A conduta típica é *expor a perigo*, que significa periclitar, causar risco à vida, à integridade física ou ao patrimônio de outrem.

É crime de *perigo concreto*.

Explosão significa comoção seguida de detonação e produzida pelo desenvolvimento repentino de uma força ou pela expansão súbita de um gás.

A conduta também se realiza pelo *arremesso*, que significa o lançamento com força, o arrojo, o tiro com ímpeto, e pela *colocação*, que significa instalação, aplicação, aposição.

Engenho é o aparato, o artefato que se costuma denominar *bomba*.

Dinamite é o explosivo à base de *nitroglicerina* a que se adiciona uma substância inerte. A lei equipara dinamite a qualquer outra *substância de efeitos análogos*.

Elemento subjetivo do tipo é o dolo de perigo (vontade livre e consciente de produzir risco de dano à incolumidade pública).

Admite a lei penal como elemento subjetivo a culpa, no § 3º do art. 251.

Admite-se também o preterdolo segundo o disposto no art. 258 do Código Penal.

Consuma-se o delito com a ocorrência do perigo comum, que deve ser comprovado no caso concreto (crime de *perigo concreto*).

É possível a tentativa no campo teórico, uma vez que a lei já pune a simples colocação ou arremesso do artefato explosivo.

A ação penal é pública incondicionada.

Explosão privilegiada

Trata o § 1º do art. 251 do Código Penal da chamada explosão privilegiada, em que a substância utilizada tem potencialidade ofensiva menor que a dinamite ou outro explosivo de efeitos análogos, representando, consequentemente, menor perigo à coletividade pela menor possibilidade de dano.

Assim: "Colocação de explosivo em aeronave de voo de carreira — Se o artefato explosivo internado na aeronave não continha dinamite ou outras substâncias de efeitos análogos, incide o réu no tipo previsto pelo Código Penal, art. 251, § 1º" (TRF — 3ª Reg. — Ap. Cív. 89.03.26756-7).

Explosão qualificada

O § 2º do art. 251 do Código Penal trata da explosão qualificada. Cabem nessa hipótese todos os comentários já tecidos por ocasião da análise do § 1º do art. 250 do Código Penal.

Explosão culposa

A explosão culposa vem prevista no § 3º do art. 251 do Código Penal.

Na previsão legal, as modalidades de *arremesso* ou *simples colocação* não são consideradas.

Assim, apenas a *explosão culposa* é incriminada.

A culpa decorre da imprudência, negligência ou imperícia no trato com a substância explosiva.

Nesse parágrafo, se a explosão culposa for de *dinamite* ou de *substância de efeitos análogos*, cuja explicação já se deu linhas acima, a pena será de seis meses a dois anos.

Se a explosão culposa for de *outras substâncias explosivas* que não dinamite ou substância de efeitos análogos, a pena será de três meses a um ano.

12.4 USO DE GÁS TÓXICO OU ASFIXIANTE

O uso de gás tóxico ou asfixiante é crime previsto no art. 252 do Código Penal, tendo como objetividade jurídica a tutela da incolumidade pública.

Sujeito ativo pode ser qualquer pessoa.

Sujeito passivo é a coletividade e, secundariamente, o titular do direito à vida, à integridade física e ao patrimônio.

A conduta típica vem caracterizada pela expressão *expor a perigo*, que significa *periclitar*, colocar em situação de risco de dano, a *integridade física* ou o *patrimônio de outrem*.

Trata-se de crime de *perigo concreto*, já que a lei exige a comprovação do risco para a incolumidade pública.

A exposição a perigo deve dar-se pela utilização de *gás tóxico* (que provoca envenenamento) ou *gás asfixiante* (que causa sufocamento, falta de ar).

Trata-se de crime doloso.

A consumação ocorre no momento em que o agente pratica uma das condutas.

Sendo *crime de perigo concreto*, o risco não é presumido.

Admite-se, em tese, a tentativa.

Modalidade culposa

Nessa modalidade, prevista no parágrafo único do art. 252 do Código Penal, o agente, agindo com culpa (negligência, imprudência ou imperícia), não observa o cuidado necessário ao manuseio do gás, permitindo a sua propagação e consequente criação de perigo comum à vida, à integridade física ou ao patrimônio de outrem.

12.5 FABRICO, FORNECIMENTO, AQUISIÇÃO, POSSE OU TRANSPORTE DE EXPLOSIVOS OU GÁS TÓXICO, OU ASFIXIANTE

O crime de fabrico, fornecimento, aquisição, posse ou transporte de explosivos ou gás tóxico, ou asfixiante, vem previsto no art. 253 do Código Penal, tendo como objetividade jurídica a tutela da incolumidade pública.

Sujeito ativo pode ser qualquer pessoa.

Sujeito passivo é a coletividade e, secundariamente, o titular do direito à vida, à integridade física e ao patrimônio.

A conduta típica vem caracterizada pelos verbos:

a) fabricar;

b) fornecer;

c) adquirir;

d) possuir;

e) transportar.

O objeto material do delito pode ser:

a) substância explosiva;

b) engenho explosivo;

c) gás tóxico;

d) gás asfixiante;

e) material destinado à fabricação de qualquer um deles.

Para a configuração do crime é necessário que a conduta se desenvolva *sem licença da autoridade*, pois o Poder Público, por seus agentes, pode autorizar o fabrico, fornecimento, aquisição, posse ou transporte do objeto material do crime em situações legalmente previstas. Trata-se de norma penal em branco.

Trata-se de crime doloso.

A consumação se dá com a ocorrência do *perigo abstrato* (ao contrário dos demais crimes de perigo comum), já que a presunção da lei é absoluta. Admite-se a tentativa apenas na modalidade de conduta *adquirir*.

A ação penal é pública incondicionada.

12.6 INUNDAÇÃO

O crime de inundação vem previsto no art. 254 do Código Penal, tendo como objetividade jurídica a tutela da incolumidade pública.

Sujeito ativo pode ser qualquer pessoa.

Sujeito passivo é a coletividade e, secundariamente, o titular do direito à vida, à integridade física e ao patrimônio.

A conduta típica vem caracterizada pelo verbo *causar*, que significa determinar, motivar, produzir.

Inundação significa alagamento, enchente, provocados por grande quantidade de água.

A inundação deve *expor a perigo*, que significa periclitar, colocar em situação de risco de dano, *a vida, a integridade física ou o patrimônio de outrem*. Esse perigo deve ser *concreto* (precisa ser provado).

Trata-se de crime doloso, que se consuma com a ocorrência do *perigo concreto* a indeterminado número de pessoas (perigo comum), decorrente da inundação.

Admite-se a tentativa.

INUNDAÇÃO CULPOSA

A inundação culposa vem implicitamente prevista no preceito secundário (sanção) do art. 254 do Código Penal.

Decorre ela de imprudência, negligência ou imperícia do agente. Não há a vontade de causar a inundação, ocorrendo esta por ausência de observância do cuidado necessário.

12.7 PERIGO DE INUNDAÇÃO

Previsto no art. 255 do Código Penal, o crime de perigo de inundação tem como objetividade jurídica a proteção da incolumidade pública.

Sujeito ativo pode ser qualquer pessoa, inclusive o proprietário do prédio onde se encontra obstáculo ou obra.

Sujeito passivo é a coletividade e, secundariamente, o titular do direito à vida, à integridade física e ao patrimônio.

A conduta típica vem caracterizada pelos verbos *remover*, que significa afastar, retirar, deslocar; *destruir*, que significa arruinar, extinguir, arrasar, fazer desaparecer; e *inutilizar*, que significa invalidar, danificar, tornar impróprio ao uso.

Por *obstáculo natural* deve ser entendido aquele decorrente do próprio estado da coisa, sem interferência humana, tais como as margens do rio ou lago, a espessa vegetação que recobre o leito do rio, a camada de terra ou pedra que separam o mar de área habitada etc.

Por *obra destinada a impedir a inundação* deve ser entendida aquela decorrente da ação humana, construída pelo homem, tais como barragens, comportas, reclusas etc.

A conduta deve ocorrer em *prédio próprio ou alheio*, deixando claro que o agente pode praticar o delito em imóvel de sua propriedade ou de terceiros.

Deve haver ainda a *exposição a perigo*, que significa a periclitação, a colocação em situação de risco de dano, *da vida, da integridade física ou do patrimônio de outrem*. Esse perigo deve ser *concreto* (precisa ser provado).

Trata-se de crime doloso.

A consumação se dá com a ocorrência do *perigo concreto* a indeterminado número de pessoas (perigo comum), decorrente da remoção, destruição ou inutilização do obstáculo natural ou obra.

Admite-se a tentativa.

12.8 DESABAMENTO OU DESMORONAMENTO

O crime de desabamento ou desmoronamento vem previsto no art. 256 do Código Penal, tendo como objetividade jurídica a proteção da incolumidade pública.

Sujeito ativo pode ser qualquer pessoa.

Sujeito passivo é a coletividade e, secundariamente, o titular do direito à vida, à integridade física e ao patrimônio.

A conduta típica vem caracterizada pelo verbo *causar*, que significa determinar, motivar, produzir.

Desabamento significa a queda, a ruína de obra produzida pelo homem.

Desmoronamento significa a queda, a ruína de obra da natureza, tais como solo, montanhas, barrancos, pedreiras etc.

Qualquer meio pode ser utilizado para causar o desabamento ou o desmoronamento, que devem *expor a perigo* (periclitar, colocar em situação de risco de dano) *a vida, a integridade física ou o patrimônio de outrem*. Esse perigo deve ser *concreto* (precisa ser provado).

Trata-se de crime doloso.

A consumação se dá com a ocorrência do *perigo concreto* a indeterminado número de pessoas (perigo comum), decorrente do desabamento ou desmoronamento.

Admite-se a tentativa.

Modalidade culposa

O parágrafo único do art. 256 do Código Penal trata de *desabamento culposo* ou *desmoronamento culposo*, modalidades em que deve o agente atuar com imprudência, negligência ou imperícia necessariamente comprovadas.

Não há, nesse caso, a vontade de causar o desabamento ou o desmoronamento, ocorrendo estes por inobservância do cuidado necessário.

12.9 SUBTRAÇÃO, OCULTAÇÃO OU INUTILIZAÇÃO DE MATERIAL DE SALVAMENTO

O crime de subtração, ocultação ou inutilização de material de salvamento vem previsto no art. 257 do Código Penal, tendo como objetividade jurídica a proteção da incolumidade pública.

Sujeito ativo pode ser qualquer pessoa.

Sujeito passivo é a coletividade.

A conduta típica vem caracterizada pelos verbos *subtrair*, que significa retirar, apoderar-se da coisa; *ocultar*, que significa esconder, encobrir, não revelar; e *inutilizar*, que significa destruir, danificar, tornar impróprio ao uso.

A conduta deve recair sobre *aparelho, material ou qualquer meio destinado a serviço de combate ao perigo, socorro ou salvamento*, tais como salva-vidas, botes de socorro, barcos infláveis, mangueiras, extintores de incêndio, escadas de salvamento, veículos de salvamento ou transporte de feridos etc.

Na segunda parte do *caput* do artigo a conduta típica vem expressa pelos verbos *impedir*, que significa obstar, interromper, obstruir; e *dificultar*, que significa tornar custoso ou difícil de fazer, obstaculizar, embaraçar, estorvar, complicar. Nessas condutas o agente impede ou dificulta, de qualquer forma, o serviço de salvamento ou socorro.

É *pressuposto* para a caracterização do delito que as condutas acima mencionadas ocorram por ocasião de *desastre* ou *calamidade*, tais como, exemplificativamente expõe a lei, incêndio, inundação ou naufrágio.

Trata-se de crime doloso.

A consumação ocorre, na primeira parte do *caput* do artigo, com a efetiva subtração, ocultação ou inutilização do aparelho, material ou outro meio.

Na segunda parte do *caput*, a consumação se dá com o efetivo impedimento ou embaraço do serviço de salvamento ou socorro.

É indiferente à consumação do delito que, não obstante a conduta do agente, em qualquer de suas modalidades, ocorra o socorro ou salvamento, pois se trata de crime de *perigo abstrato* (não se exige a comprovação do risco).

Admite-se a tentativa.

12.10 FORMAS QUALIFICADAS DE CRIME DE PERIGO COMUM

O art. 258 do Código Penal cuida das formas qualificadas de crime de perigo comum, em que ocorrem os resultados lesão corporal de natureza grave ou morte.

Trata-se de modalidades preterdolosas de crime de perigo comum, em que atua o agente com dolo na conduta antecedente e culpa na conduta posterior ou consequente (morte ou lesão grave).

Assim, se o crime de perigo comum for *doloso*, na ocorrência de lesão corporal de natureza grave, a pena será aumentada de metade; se ocorrer a morte, a pena será aplicada em dobro.

Se o crime de perigo comum for *culposo*, na ocorrência de lesão corporal de natureza grave, a pena também será aumentada de metade; se ocorrer a morte, a pena será a do homicídio culposo, aumentada de um terço.

Nesse aspecto: "O art. 258 do CP não define tipo delituoso autônomo, diverso do descrito no art. 250 do mesmo diploma penal, mas, apenas, os resultados nele previstos (lesões corporais ou morte) foram considerados pelo legislador para funcionar como circunstâncias qualificadoras, nos crimes de perigo comum, entre eles o de incêndio, agravando a pena" (STF — *Lex*, 217/266).

12.11 DIFUSÃO DE DOENÇA OU PRAGA

O crime de difusão de doença ou praga vem previsto no art. 259 do Código Penal, tendo como objetividade jurídica a tutela da incolumidade pública.

Sujeito ativo pode ser qualquer pessoa, inclusive o proprietário da floresta, plantação ou animais de utilidade econômica.

Sujeito passivo é a coletividade e, secundariamente, o proprietário da floresta, plantação ou animais de utilidade econômica.

A conduta vem expressa pelo verbo *difundir*, que significa espalhar, propagar, disseminar.

Doença pode ser conceituada, para os efeitos desse artigo, como o processo patológico que pode ocasionar a morte ou destruição da floresta, plantação ou animais de utilidade econômica.

Praga é uma moléstia que ataca as plantas e animais, podendo consistir em ervas daninhas, insetos, parasitas etc.

É indispensável para a concretização do tipo penal que as plantas e animais tenham valor econômico.

Vide norma mais genérica no art. 61 da Lei n. 9.605/98.

Trata-se de crime doloso.

A consumação se dá com a ocorrência de *perigo abstrato*, em razão da conduta do agente, para a floresta, plantação ou animais de utilidade econômica.

Admite-se a tentativa.

A propósito: "Age dolosamente o proprietário de animal portador de doença contagiosa (anemia infecciosa equina), que permite que seu animal infectado saia do isolamento, colocando em perigo a vida de outros animais. Tratando-se de cavalo, na regra geral, seu proprietário cria amor ao mesmo e é normal tentar procrastinar a erradicação da doença. Todavia, o que está em jogo é um bem maior, qual seja, a erradicação da doença que é considerada grave e pode disseminar-se no rebanho brasileiro, trazendo incalculável prejuízo" (TRF — 3ª Reg. — Ap. 4.504 — j. 29-4-1998).

Modalidade culposa

A *difusão culposa de doença ou praga* vem estampada no parágrafo único do art. 259 do Código Penal, hipótese em que tal difusão se dá por negligência, imprudência ou imperícia do agente.

13
CRIMES CONTRA A SAÚDE PÚBLICA

13.1 EPIDEMIA

O crime de epidemia vem previsto no art. 267 do Código Penal, tendo como objetividade jurídica a proteção da incolumidade pública, no particular aspecto da saúde do grupo social.

Sujeito ativo pode ser qualquer pessoa.

Sujeito passivo é a coletividade.

A conduta típica vem caracterizada pelo verbo *causar*, que significa provocar, ocasionar, originar, produzir.

Epidemia significa doença que surge rapidamente num lugar e acomete simultaneamente numerosas pessoas. A epidemia deve ser causada mediante a *propagação de germes patogênicos*.

Propagar significa espalhar, disseminar, difundir.

Germes patogênicos são micróbios ou microrganismos, seres microscópicos, animais ou vegetais, causadores de doenças.

Trata-se de crime doloso.

A consumação se dá com a ocorrência da epidemia, da difusão da doença. É crime de *perigo concreto*.

Admite-se a tentativa.

Epidemia qualificada pelo resultado

Na epidemia qualificada pelo resultado, prevista no § 1º do art. 267 do Código Penal, a pena é aplicada em dobro quando ocorre morte.

Trata-se de modalidade de *crime hediondo*, prevista no art. 1º da Lei n. 8.072/90.

Epidemia culposa

A epidemia culposa vem prevista no § 2º do art. 267 do Código Penal, ocorrendo quando o agente, por imprudência, imperícia ou negligência, inobservando o cuidado necessário, dá causa à propagação dos germes patogênicos, ocasionando epidemia. Se ocorrer o resultado morte por culpa do agente, a pena de epidemia culposa será duplicada.

13.2 INFRAÇÃO DE MEDIDA SANITÁRIA PREVENTIVA

A infração de medida sanitária preventiva é crime previsto no art. 268 do Código Penal, tendo como objetividade jurídica a tutela da incolumidade pública, no particular aspecto da saúde do grupo social.

Sujeito ativo pode ser qualquer pessoa. Se for funcionário da saúde pública ou exercer a profissão de médico, farmacêutico, dentista ou enfermeiro, a pena será aumentada de um terço, por força do disposto no parágrafo único do citado art. 268.

Sujeito passivo é a coletividade.

A conduta típica vem caracterizada pelo verbo *infringir*, que significa transgredir, violar, desrespeitar, desobedecer.

A expressão *determinação do Poder Público* indica que se trata de norma penal em branco, necessitando de disposição que complemente seu conteúdo.

A determinação poderá ser expedida por qualquer autoridade do Poder Público dentro de sua esfera de competência administrativa, podendo ser federal, estadual ou municipal. Referida determinação do Poder Público é destinada a *impedir* (obstar, tolher, interromper) *introdução* (entrada, início) ou *propagação* (difusão, generalização) de *doença contagiosa*.

Doença contagiosa é aquela capaz de ser transmitida pelo contato entre as pessoas, direto ou indireto, compreendidas aquelas transmissíveis pelo sangue ou suas frações (hepatites B e C, sífilis, doença de Chagas, malária, Aids etc.).

Trata-se de crime doloso.

A consumação ocorre com a infração à determinação do Poder Público. É crime de *perigo abstrato*, não se exigindo a ocorrência de perigo concreto.

Admite-se a tentativa.

13.3 OMISSÃO DE NOTIFICAÇÃO DE DOENÇA

O crime de omissão de notificação de doença vem previsto no art. 269 do Código Penal, tendo como objetividade jurídica a proteção da incolumidade pública, no particular aspecto da saúde do grupo social.

Sujeito ativo somente pode ser o médico, por tratar-se de crime próprio.

Sujeito passivo é a coletividade.

A conduta típica vem caracterizada pelo verbo *deixar*, que significa omitir, cessar, omitir, abster-se.

É *crime omissivo puro*, em que o médico deixa de *denunciar* (acusar, delatar, revelar) à *autoridade pública* (legalmente investida e no exercício da função) *doença cuja notificação é compulsória*.

Trata-se de norma penal em branco, necessitando de complemento, ou seja, de lei ou regulamento que enumere as doenças cuja notificação à autoridade pública é obrigatória.

O art. 3º do Anexo V da Portaria de Consolidação n. 4, de 28 de setembro de 2017, do Ministério da Saúde, estabelece:

"Art. 3º A notificação compulsória é obrigatória para os médicos, outros profissionais de saúde ou responsáveis pelos serviços públicos e privados de saúde, que prestam assistência ao paciente, em conformidade com o art. 8º da Lei n. 6.259, de 30 de outubro de 1975. (Origem: PRT MS/GM 204/2016, Art. 3º)

§ 1º A notificação compulsória será realizada diante da suspeita ou confirmação de doença ou agravo, de acordo com o estabelecido no Anexo 1 do Anexo V, observando-se, também, as normas técnicas estabelecidas pela SVS/MS. (Origem: PRT MS/GM 204/ 2016, Art. 3º, § 1º)".

Assim, o Ministério da Saúde estabelece quais são as doenças de notificação compulsória, como botulismo, cólera, coqueluche, dengue, difteria, doença de Chagas aguda, doença de Creutzfeldt-Jakob (DCJ), doença invasiva por *Haemophilus Influenza*, doença meningocócica e outras meningites, antraz pneumônico, tularemia, varíola, doenças febris hemorrágicas emergentes/reemergentes (como coronavírus, ebola, marburg, lassa, febre purpúrica brasileira), doença aguda pelo vírus Zika, doença aguda pelo vírus Zika em gestante, esquistossomose, febre amarela, febre de Chikungunya, febre do Nilo Ocidental e outras arboviroses de importância em saúde pública, febre maculosa e outras riquetsioses, febre tifoide, hanseníase, hantavirose, hepatites virais, HIV/AIDS — Infecção pelo Vírus da Imunodeficiência Humana ou Síndrome da Imunodeficiência Adquirida, influenza humana produzida por novo subtipo viral, leishmaniose tegumentar americana, leishmaniose visceral, leptospirose, malária, poliomielite, peste, raiva humana, síndrome de rubéola congênita, sarampo, sífilis, tuberculose, dentre outras.

Cuida-se de crime doloso.

A consumação ocorre com a ausência de notificação à autoridade pública. É crime de *perigo abstrato*.

Por tratar-se de *crime omissivo puro*, não se admite tentativa.

13.4 ENVENENAMENTO DE ÁGUA POTÁVEL OU DE SUBSTÂNCIA ALIMENTÍCIA OU MEDICINAL

Crime previsto no art. 270 do Código Penal, o envenenamento de água potável ou de substância alimentícia ou medicinal tem como objetividade jurídica a tutela da saúde pública.

Sujeito ativo pode ser qualquer pessoa.

Sujeito passivo é a coletividade.

A conduta típica vem expressa pelo verbo *envenenar*, que significa adicionar, misturar, colocar veneno.

Veneno pode ser entendido como qualquer substância que altera ou destrói as funções vitais.

O objeto material do crime é *água potável* (própria para o consumo), *substância alimentícia* (qualquer substância destinada à alimentação) e *substância medicinal* (qualquer substância destinada à prevenção, tratamento ou cura de doenças). Esses objetos devem ser de *uso comum* ou de *uso particular*.

Trata-se de crime doloso.

A consumação ocorre com o comprovado envenenamento da substância, independentemente do consumo.

Trata-se de crime de *perigo abstrato*, não sendo necessário o efetivo risco à saúde pública.

A tentativa é admitida.

Entrega a consumo ou depósito para distribuição

O § 1º do art. 270 do Código Penal prevê duas formas de conduta sujeitas à mesma pena:

a) entrega a consumo de água ou substância envenenada;

b) depósito para fim de distribuição de água ou substância envenenada.

Nessas duas modalidades de conduta, o crime se consuma com a entrega ou mero depósito para fim de distribuição, independentemente do perigo concreto. Trata-se de hipóteses, portanto, de perigo abstrato.

Envenenamento culposo

O envenenamento culposo vem previsto no § 2º do art. 270 do Código Penal, ocorrendo por imprudência, negligência ou imperícia do agente.

13.5 CORRUPÇÃO OU POLUIÇÃO DE ÁGUA POTÁVEL

O crime de corrupção ou poluição de água potável vem previsto no art. 271 do Código Penal, tendo como objetividade jurídica a tutela da saúde pública.

Sujeito ativo é qualquer pessoa.

Sujeito passivo é a coletividade.

A conduta típica vem expressa pelo verbo *corromper*, que significa adulterar, viciar, alterar, perverter, e pelo verbo *poluir*, que significa sujar, manchar, conspurcar.

O objeto material do crime é *água potável* (própria para o consumo), de *uso comum* ou de *uso particular*.

Pela conduta do agente, a água potável deve tornar-se *imprópria para o consumo* ou *nociva* (prejudicial) *à saúde*.

Trata-se de crime doloso.

A consumação ocorre com a comprovada corrupção ou poluição, independentemente da ocorrência de risco efetivo. É crime de *perigo abstrato*.

Admite-se a tentativa.

Corrupção ou poluição culposa

A corrupção ou poluição culposa vem prevista no parágrafo único do art. 271 do Código Penal, ocorrendo por imprudência, negligência ou imperícia do agente.

13.6 FALSIFICAÇÃO, CORRUPÇÃO, ADULTERAÇÃO OU ALTERAÇÃO DE SUBSTÂNCIA OU PRODUTOS ALIMENTÍCIOS

Crime previsto no art. 272 do Código Penal, alterado pela Lei n. 9.677, de 2 de julho de 1998, a falsificação, corrupção, adulteração ou alteração de substância ou produtos alimentícios tem como objetividade jurídica a proteção da saúde pública.

Sujeito ativo pode ser qualquer pessoa.

Sujeito passivo é a coletividade.

A conduta vem caracterizada pelos verbos *corromper* (adulterar, viciar, perverter, estragar), *adulterar* (alterar, mudar), *falsificar* (alterar por meio de fraude) e *alterar* (modificar, mudar).

O objeto material do crime é *substância ou produto alimentício destinado a consumo*, inclusive, por força do disposto no § 1º, *bebidas, com ou sem teor alcoólico*.

É necessário que a conduta do agente seja apta a tornar a substância ou produto alimentício *nocivo à saúde*, ou seja, prejudicial ao regular funcionamento corporal do ser humano, ou ainda *reduzir-lhe o valor nutritivo*, pela diminuição dos nutrientes que lhe são próprios ou que lhe foram adicionados durante a produção ou manipulação.

Trata-se de crime doloso.

A consumação ocorre com a prática de uma das modalidades de conduta, independentemente do efetivo consumo. É crime de *perigo abstrato*.

Admite-se a tentativa.

Fabricação, venda, exposição à venda, importação, depósito, distribuição ou entrega a consumo

No § 1º-A do art. 272 do Código Penal foram tipificadas condutas que se equiparam às do *caput* para finalidade de punição.

A fabricação, venda, exposição à venda, importação, depósito, distribuição ou entrega a consumo da *substância alimentícia* ou *produto falsificado, corrompido ou adulterado* já consuma o delito, desde que tenha o agente a consciência dessa avaria.

MODALIDADE CULPOSA

A forma culposa do crime vem prevista no § 2º do art. 272 do Código Penal, configurando-se quando o agente pratica qualquer das modalidades de conduta do *caput* ou do § 1º-A, por imprudência, negligência ou imperícia.

13.7 FALSIFICAÇÃO, CORRUPÇÃO, ADULTERAÇÃO OU ALTERAÇÃO DE PRODUTO DESTINADO A FINS TERAPÊUTICOS OU MEDICINAIS

Prevista no art. 273 do Código Penal, e classificada como *crime hediondo* pelo art. 1º da Lei n. 8.072/90 (Lei dos Crimes Hediondos), a falsificação, corrupção, adulteração ou alteração de produto destinado a fins terapêuticos ou medicinais tem como objetividade jurídica a tutela da saúde pública. O art. 273 teve sua redação alterada pela Lei n. 9.677, de 2 de julho de 1998.

Sujeito ativo pode ser qualquer pessoa.

Sujeito passivo é a coletividade.

A conduta vem caracterizada pelos verbos *falsificar* (alterar por meio de fraude), *corromper* (adulterar, viciar, perverter, estragar), *adulterar* (alterar, mudar) e *alterar* (modificar, mudar).

O objeto material do crime é *produto destinado a fins terapêuticos ou medicinais* (adequado para o tratamento e a cura de enfermidades), além dos *medicamentos, as matérias-primas, os insumos farmacêuticos, os cosméticos, os saneantes e os de uso em diagnóstico*, incluídos por força do § 1º-A do art. 273 do Código Penal.

Trata-se de crime doloso.

A consumação ocorre com a prática de qualquer das modalidades de conduta, independentemente da ocorrência de perigo efetivo ou qualquer outro resultado. É crime de *perigo abstrato*.

Admite-se a tentativa.

IMPORTAÇÃO, VENDA, EXPOSIÇÃO À VENDA, DEPÓSITO, DISTRIBUIÇÃO E ENTREGA DO PRODUTO DESTINADO A FINS TERAPÊUTICOS OU MEDICINAIS

No § 1º do art. 273 do Código Penal foram tipificadas condutas que se equiparam às do *caput* para finalidade de punição.

A importação, venda, exposição à venda, depósito para vender, distribuição ou entrega do produto falsificado, corrompido, adulterado ou alterado já consuma o delito, desde que tenha o agente a consciência dessa avaria, como ocorre no tipo penal anteriormente analisado.

A teor do disposto no § 1º-B do art. 273 do Código Penal, está sujeito às penas desse artigo quem pratica as ações acima mencionadas em relação a produtos em qualquer das seguintes condições:

a) sem registro, quando exigível, no órgão de vigilância sanitária competente;

b) em desacordo com a fórmula constante do registro previsto no inciso anterior;

c) sem as características de identidade e qualidade admitidas para a sua comercialização;

d) com redução de seu valor terapêutico ou de sua atividade;

e) de procedência ignorada;

f) adquiridos de estabelecimentos sem licença da autoridade sanitária competente.

Também nesses casos o crime se consuma com a prática de uma das condutas mencionadas, independentemente de qualquer outro resultado (dano ou perigo concreto).

Trata-se de crime de *perigo abstrato*.

MODALIDADE CULPOSA

A forma culposa do crime vem prevista no § 2º do art. 273 do Código Penal, configurando-se quando o agente pratica qualquer das modalidades de conduta do *caput* ou do § 1º, por imprudência, negligência ou imperícia.

13.8 EMPREGO DE PROCESSO PROIBIDO OU DE SUBSTÂNCIA NÃO PERMITIDA

O crime de emprego de processo proibido ou de substância não permitida vem previsto no art. 274 do Código Penal, tendo como objetividade jurídica a proteção da saúde pública.

Sujeito ativo pode ser qualquer pessoa.

Sujeito passivo é a coletividade.

A conduta típica vem expressa pelo verbo *empregar*, que significa utilizar, aplicar, usar.

O objeto material do crime é *produto destinado a consumo*, termo que abrange toda substância alimentícia, medicinal ou qualquer outra que tenha como fim a utilização humana.

É vedado, portanto, o uso, no fabrico dos produtos destinados a consumo, de *revestimento, gaseificação artificial, matéria corante, substância aromática, antisséptica, conservadora ou qualquer outra não expressamente permitida pela legislação sanitária*.

Trata-se de crime doloso.

A consumação ocorre com a prática de qualquer das modalidades de conduta, independentemente de dano ou perigo concreto. É crime de *perigo abstrato*.

Admite-se a tentativa.

13.9 INVÓLUCRO OU RECIPIENTE COM FALSA INDICAÇÃO

Crime previsto no art. 275 do Código Penal, o invólucro ou recipiente com falsa indicação tem como objetividade jurídica a tutela da saúde pública.

Sujeito ativo pode ser qualquer pessoa.

Sujeito passivo é a coletividade.

A conduta típica vem expressa pelo verbo *inculcar*, que significa apontar, citar, indicar.

O objeto material pode consistir em *invólucro ou recipiente de produtos alimentícios, terapêuticos ou medicinais*.

Para que se configure o tipo penal, é necessário que o objeto material traga nele inculcada a existência de substância que não se encontre em seu conteúdo ou que nele exista em quantidade menor que a mencionada.

Trata-se de crime doloso.

A consumação ocorre com a mera inculcação, independentemente de outro resultado.

É crime de *perigo abstrato*.

Admite-se a tentativa.

13.10 PRODUTO OU SUBSTÂNCIA NAS CONDIÇÕES DOS DOIS ARTIGOS ANTERIORES

O crime em epígrafe vem previsto no art. 276 do Código Penal, tendo como objetividade jurídica a tutela da saúde pública.

Sujeito ativo pode ser qualquer pessoa.

Sujeito passivo é a coletividade.

A conduta típica vem expressa pelos verbos *vender, expor à venda, ter em depósito para vender ou entregar a consumo*.

O objeto material do delito é o *produto nas condições dos arts. 274 e 275*, ou seja, o produto em que houve o emprego de revestimento, gaseificação artificial, matéria corante, substância aromática, antisséptica, conservadora ou qualquer outra não expressamente permitida pela legislação sanitária; ou ainda o produto em que houve a falsa indicação de conteúdo.

Trata-se de crime doloso.

A consumação ocorre com a venda, exposição à venda, manutenção em depósito para vender ou entrega a consumo de produto nas condições dos dois artigos anteriores. Admite-se a tentativa.

13.11 SUBSTÂNCIA DESTINADA À FALSIFICAÇÃO

Substância destinada à falsificação é crime previsto no art. 277 do Código Penal, tendo como objetividade jurídica a proteção da saúde pública.

Sujeito ativo pode ser qualquer pessoa.

Sujeito passivo é a coletividade.

A conduta típica vem expressa pelos verbos *vender, expor à venda, ter em depósito e ceder.*

O objeto material do crime consiste em *substância destinada à falsificação de produtos alimentícios, terapêuticos ou medicinais.*

Trata-se de crime doloso.

A consumação ocorre com a prática de uma das condutas típicas, independentemente do perigo efetivo. É crime de *perigo abstrato*.

Admite-se a tentativa.

13.12 OUTRAS SUBSTÂNCIAS NOCIVAS À SAÚDE

Previsto no art. 278 do Código Penal, com o nome de *outras substâncias nocivas à saúde*, esse crime tem como objetividade jurídica a tutela da saúde pública.

Sujeito ativo pode ser qualquer pessoa.

Sujeito passivo é a coletividade.

As modalidades de conduta são *fabricar, vender, expor à venda, ter em depósito para vender* ou, de qualquer forma, *entregar a consumo*.

O objeto material é *coisa ou substância nociva à saúde, ainda que não destinada à alimentação ou a fim medicinal.*

Assim, incluem-se nesse rol todos os produtos de uso humano que não tenham fim medicinal e não sirvam à alimentação, tais como perfumes, utensílios, roupas e outros produtos de uso pessoal.

Trata-se de crime doloso.

A consumação ocorre com a prática de qualquer das modalidades de conduta, independentemente da ocorrência de dano concreto. É crime de *perigo abstrato*.

Admite-se a tentativa.

MODALIDADE CULPOSA

A modalidade culposa desse delito vem prevista no parágrafo único do art. 278 do Código Penal, referindo-se a imprudência, negligência ou imperícia não apenas às modalidades de conduta já mencionadas, como também à nocividade à saúde da coisa ou substância.

13.13 MEDICAMENTO EM DESACORDO COM RECEITA MÉDICA

Crime previsto no art. 280 do Código Penal, o medicamento em desacordo com receita médica tem como objetividade jurídica a proteção da incolumidade pública no particular aspecto da saúde do grupo social.

Sujeito ativo pode ser qualquer pessoa.

Sujeito passivo é a coletividade e, secundariamente, aquele a quem é fornecida a substância medicinal em desacordo com a receita médica.

A conduta típica vem caracterizada pelo verbo *fornecer*, que significa ministrar, proporcionar, dar, a título gratuito ou oneroso.

Substância medicinal é aquela destinada à prevenção, controle ou cura de doenças.

Deve a substância medicinal ser fornecida *em desacordo com receita médica*, ou seja, em discordância, divergência ou desconformidade (qualitativa ou quantitativamente) com o documento fornecido pelo médico consubstanciando a prescrição da substância medicinal.

Trata-se de crime doloso.

A consumação ocorre com o fornecimento da substância medicinal em desacordo com a receita médica, independentemente de outro resultado. É crime de *perigo abstrato*.

Admite-se a tentativa.

MODALIDADE CULPOSA

Trata-se da modalidade culposa do crime em análise, em que o agente fornece por imprudência, negligência ou imperícia a substância medicinal em desacordo com a receita médica. Existe a falta do cuidado objetivo necessário.

13.14 EXERCÍCIO ILEGAL DA MEDICINA, ARTE DENTÁRIA OU FARMACÊUTICA

Crime previsto no art. 282 do Código Penal, o exercício ilegal da medicina, arte dentária ou farmacêutica tem como objetividade jurídica a proteção da incolumidade pública no particular aspecto da saúde do grupo social.

O exercício da medicina, no Brasil, é regido pelas disposições da Lei n. 12.842/2013, a qual, nos arts. 4º e 5º, estabelece as atividades privativas do médico. A denominação "médico", para os efeitos desta lei, é privativa dos graduados em cursos superiores de

Medicina, e o exercício da profissão é privativa dos inscritos no Conselho Regional de Medicina com jurisdição na respectiva unidade da federação.

Há duas espécies de sujeito ativo nesse delito. Na modalidade de conduta *exercer sem autorização legal*, sujeito ativo pode ser qualquer pessoa. Na modalidade de conduta *exercer excedendo-lhe os limites*, sujeito ativo somente pode ser o médico, o cirurgião-dentista ou o farmacêutico.

Sujeito passivo é a coletividade e, secundariamente, aquele que for vítima do exercício ilegal.

A conduta típica vem caracterizada pelo verbo *exercer*, que significa desempenhar, executar, praticar.

A partir daí apresentam-se duas variações:

a) exercício, a título gratuito ou oneroso, da profissão de médico, cirurgião-dentista ou farmacêutico, sem autorização legal;

b) exercício, a título gratuito ou oneroso, da profissão de médico, cirurgião-dentista ou farmacêutico, excedendo-lhe os limites.

Na primeira modalidade, existe a necessidade de autorização legal para o exercício das profissões indicadas, que se traduz na habilitação consistente em registro do título, diploma ou licença perante o órgão governamental próprio.

Na segunda modalidade, há a habilitação legal, exercendo o profissional seu mister excedendo os limites estabelecidos em lei.

Trata-se de crime doloso. A consumação ocorre com o efetivo exercício das profissões nominadas sem autorização legal ou excedendo-lhe os limites. É crime de *perigo abstrato*, não havendo necessidade de comprovação de efetivo risco para qualquer pessoa.

Para parcela majoritária da doutrina, trata-se de *crime habitual*, que se consuma com a reiteração da prática de atos privativos de médico, cirurgião-dentista ou farmacêutico.

Entendendo tratar-se de crime habitual, não se admite a tentativa.

Forma qualificada

O parágrafo único do art. 282 do Código Penal trata de figura típica qualificada, que não exige a efetiva obtenção de lucro, bastando que a conduta seja praticada com a *finalidade de lucro*.

13.15 CHARLATANISMO

Crime previsto no art. 283 do Código Penal, o charlatanismo tem como objetividade jurídica a proteção da incolumidade pública, no particular aspecto da saúde do grupo social.

Sujeito ativo pode ser qualquer pessoa.

Sujeito passivo é a coletividade.

A conduta típica vem caracterizada pelo verbo *inculcar*, que significa apregoar, indicar, recomendar; e pelo verbo *anunciar*, que significa noticiar, divulgar, publicar.

O agente, portanto, deve inculcar ou anunciar *cura*, que deve ser entendida como o restabelecimento da saúde, o tratamento preventivo de saúde ou a extinção da moléstia.

A cura deve ser anunciada ou inculcada por *meio secreto* (oculto, encoberto, escuso, ignorado) ou *meio infalível* (indefectível, certo, seguro, que não falha). Para a configuração do crime é necessário, ainda, que o meio de cura seja ineficaz.

"Charlatanismo e curandeirismo — Delitos atribuídos a líder de seita religiosa — Denúncia que não descreve sequer que as condutas atribuídas teriam produzido a probabilidade de dano — Inépcia reconhecida — Liberdade de culto, ademais, assegurada constitucionalmente — Falta de justa causa para a ação penal — Trancamento determinado — 'Habeas corpus' concedido — Voto vencido" (STJ — *RT*, 699/376).

Trata-se de crime doloso.

A consumação ocorre com a conduta de inculcar a cura ou anunciá-la por meio secreto ou infalível, independentemente de outro resultado. É crime de *perigo abstrato*, em que se presume o perigo para a saúde pública.

Admite-se a tentativa.

13.16 CURANDEIRISMO

O curandeirismo é crime previsto no art. 284 do Código Penal e tem como objetividade jurídica a tutela da incolumidade pública, no particular aspecto da saúde do grupo social.

Sujeito ativo pode ser qualquer pessoa.

Sujeito passivo é a coletividade.

A conduta típica vem caracterizada pelo verbo *exercer*, que significa praticar, exercitar, desempenhar.

Curandeirismo é o exercício da atividade de cura por meios não convencionais e não científicos que a lei especifica.

O *caput* do artigo prevê três formas de execução:

a) *prescrevendo* (receitando, preceituando, indicando), *ministrando* (prestando, oferecendo, fornecendo, inoculando) ou *aplicando* (administrando, empregando), *habitualmente* (crime habitual que requer a reiteração da conduta), *qualquer substância* (animal, vegetal ou mineral, nociva ou não à saúde);

b) *usando gestos* (passes, posturas, manipulações), *palavras* (rezas, esconjurações, benzeduras) *ou qualquer outro meio* (qualquer outro método análogo aos já citados).

Nesse sentido: "Curandeirismo — Prática habitual de passes espirituais com Intuito de cura — Hipótese de liberdade de culto religioso não caracterizada — Justa causa para a condenação — Recurso de 'habeas corpus' improvido — Declarações de votos — Inteligência dos arts. 153, § 5º, da CF e 284, II, do CP de 1940" (STF — *RT*, 600/418);

c) *fazendo diagnóstico* (ato privativo de médico, que, à vista dos sintomas apresentados pelo paciente, indica a existência de determinada moléstia).

Nas hipóteses *b* e *c* já citadas, embora a lei não exija expressamente, é necessária a *habitualidade* da conduta.

Trata-se de crime doloso.

Consuma-se o delito com a reiteração das condutas elencadas nos incisos I, II e III do art. 284 do Código Penal. É crime de *perigo abstrato*, presumido.

Não se admite a tentativa, por se tratar de *crime habitual*.

Curandeirismo e liberdade de crença e religião (Art. 5º, VI, da CF)

Não se confunde o curandeirismo com a prática religiosa, garantida pela Constituição Federal.

Nesse sentido: "Se a cura que o réu apregoava, para os males de quem o procurava, era pedida comunitariamente, através de orações, pura questão de fé, tal prática não configura o delito de curandeirismo, tendo em vista a liberdade de culto assegurada pela Constituição" (TACrim — *RT*, 446/414).

"Por ser o curandeirismo uma fraude, não lhe vem em socorro a liberdade religiosa assegurada na Constituição do Brasil. A lei não protege o ilícito, como também não dá cobertura ao embuste, à mentira, à mistificação, pois vale mais o interesse coletivo protegido que um proselitismo particular a um risco cuja extensão não tem medida" (TACrim — *RT*, 395/298).

"Curandeirismo — Descaracterização — Missionário de seita devidamente registrada que apregoa realizar curas milagrosas, em seus ofícios religiosos, através da fé do enfermo em Deus, pela unção com água e óleo bentos e distribuição de hóstias — Falta de prova de que tenha diagnosticado, receitado remédios ou ministrado poções aos doentes que pudessem ser consideradas, por si próprias, como milagrosas ou impregnadas de qualidades secretas e sobrenaturais — Práticas, ademais, comuns em outras religiões — Absolvição decretada — Aplicação do art. 386, VI, do CPP e inteligência do art. 284 do CP" (TACrimSP — *RT*, 642/314).

"Curandeirismo — Acusado que, sem conhecimento de Medicina, grosseiramente diagnostica e trata doenças físicas e psíquicas, mediante pagamento, através de liturgia da crença e sob invocação de entidade sobrenatural — Prática que não se confunde com religião — Garantia constitucional da liberdade de crença que não autoriza prática de terapêutica a pretexto de livre exercício de culto religioso — Aplicação do art. 284, II e III, do CP" (TJSC — *RT*, 671/362).

Sobre o *espiritismo*: "O espiritismo, visando à prática curativa, está alcançado pelo curandeirismo" (STF — *RT*, 600/418).

"Aquele que, sem habilitação médica, se arroga a faculdade de curar, de receitar, de diagnosticar, sob o pretexto de que é espírita, de que age sob a influência do sobrenatural, mediunizado, coisa que o senso comum repele e nenhum país policiado admite, comete o delito de curandeirismo, previsto no art. 284 do CP" (TACrim — *RT*, 208/494).

"Benzimentos, aplicações de 'banhos de defesa', defumações, passes e prescrição de medicamentos para tratamento de moléstias não constituem simples prática religiosa, mas exercício de curandeirismo, sob o disfarce de religião" (TACrim — *RT*, 327/400).

"Curandeirismo — Delito não caracterizado — Reuniões espíritas destinadas a oração e invocação de almas benfazejas — Acusados que, entretanto, não prescreviam, ministravam ou aplicavam qualquer substância aos crentes, limitando-se a 'passes' e 'benzimentos' — Absolvição decretada — Inteligência do art. 284 do CP" (TACrimSP — *RT*, 577/384).

CURANDEIRISMO QUALIFICADO

A *remuneração ao curandeiro* qualifica o delito, cumulando a pena privativa de liberdade com multa. É necessário que o curandeiro efetivamente seja remunerado, não bastando a simples promessa de recompensa.

13.17 FORMA QUALIFICADA

Determina o art. 285 do Código Penal que se aplique a regra estampada no art. 258 desse mesmo Código a todos os crimes previstos no Capítulo III — "Dos crimes contra a saúde pública", com exceção da epidemia.

O Código Penal, nesse artigo ora analisado, cuidou das formas qualificadas pelo resultado *lesão corporal grave* e pelo resultado *morte*, que são aplicadas a todos os crimes *dolosos* tipificados no capítulo.

A pena dos crimes já estudados será aumentada de metade em caso de lesão corporal grave como resultado preterdoloso ou preterintencional, e será aplicada em dobro no caso de morte também como resultado preterdoloso ou preterintencional.

No caso de *culpa*, se do fato resulta *lesão corporal*, a pena aumenta-se de metade; se resulta *morte*, aplica-se a pena cominada ao homicídio culposo, aumentada de um terço.

14
CRIMES SEXUAIS CONTRA VULNERÁVEIS. LENOCÍNIO

14.1 DEFINIÇÃO DE VULNERÁVEL

Vulnerável significa frágil, com poucas defesas, indicando a condição daquela pessoa que se encontra suscetível ou fragilizada em determinada circunstância.

Pode ainda indicar pessoas que por condições sociais, culturais, étnicas, políticas, econômicas, educacionais e de saúde têm as diferenças, estabelecidas entre elas e a sociedade envolvente, transformadas em desigualdade.

O termo "vulnerável" foi introduzido no Código Penal pela Lei n. 12.015/2009, ao tratar dos crimes sexuais contra vulneráveis.

O Código Penal, entretanto, limitou a abrangência do termo "vulnerável", indicando ser ele:

a) pessoa menor de 14 anos, para os crimes de estupro, corrupção de menores e satisfação de lascívia mediante presença de criança ou adolescente;

b) pessoa menor de 18 anos, para o crime de favorecimento da prostituição ou outra forma de exploração sexual;

c) pessoa que, por enfermidade ou deficiência mental, não tem o necessário discernimento para a prática do ato;

d) pessoa que, por qualquer outra causa, não pode oferecer resistência.

14.2 ESTUPRO DE VULNERÁVEL

O crime de estupro de vulnerável vem previsto no art. 217-A do Código Penal e tem como objetividade jurídica a proteção da inviolabilidade sexual do vulnerável.

É *crime hediondo* (Lei n. 8.072/90) que tem como sujeito ativo qualquer pessoa, homem ou mulher.

O sujeito passivo é a pessoa vulnerável, assim considerada, para esse crime, como a menor de 14 anos ou que, por enfermidade ou deficiência mental, não tem o necessário discernimento para a prática do ato, ou que, por qualquer outra causa, não pode oferecer resistência.

A conduta típica é ter (manter) conjunção carnal ou praticar (executar, realizar) outro ato libidinoso com pessoa vulnerável.

A violação sexual, portanto, pode ocorrer através de conjunção carnal ou de qualquer outro ato libidinoso.

Entende-se por *conjunção carnal* a relação sexual normal, que é a *cópula vagínica*.

Ato libidinoso é todo aquele tendente à satisfação da *lascívia* e da *concupiscência* do agente.

O crime somente é punido a título de dolo.

No caso de conjunção carnal, é necessário, para a consumação do crime, que haja a efetiva introdução, completa ou parcial, do pênis no órgão sexual da mulher, não sendo necessária a *ejaculação*. Em latim, é a *introductio penis in vaginam*. No caso de outro ato libidinoso, é necessária a efetiva prática do ato tendente a satisfazer a lascívia e a concupiscência do agente.

Merece destacar que, nessa modalidade de estupro, não há necessidade de constrangimento mediante violência ou grave ameaça, ou mesmo do emprego de fraude ou outro meio que impeça ou dificulte a livre manifestação da vontade da vítima. Basta, para a configuração do crime, que o agente tenha conjunção carnal com vulnerável ou com ele pratique outro ato libidinoso.

Inclusive, o crime resta configurado ainda que tenha havido consentimento da vítima vulnerável ou ainda que tenha ela experiência sexual ou que já tenha mantido relações sexuais anteriormente ao crime, de acordo com o disposto no § 5º do art. 217-A, inserido pela Lei n. 13.718/2018.

Nesse sentido, o disposto na Súmula 593 do Superior Tribunal de Justiça: "O crime de estupro de vulnerável se configura com a conjunção carnal ou prática de ato libidinoso com menor de 14 anos, sendo irrelevante eventual consentimento da vítima para a prática do ato, sua experiência sexual anterior ou existência de relacionamento amoroso com o agente."

O Superior Tribunal de Justiça entende ser impossível a desclassificação da conduta de estupro de vulnerável para importunação sexual quando se tratar de vítima menor de 14 anos, devendo ser observado o princípio da especialidade. Nesse sentido:

"Agravo regimental em habeas corpus. Estupro de vulnerável. Desclassificação da conduta para importunação sexual. Impossibilidade. Vítima menor de 14 anos. Presunção absoluta de violência. Princípio da especialidade. Precedentes. Agravo regimental não provido. 1. Conforme ressaltado pelo acórdão impugnado, a conduta imputada ao paciente está prevista na figura típica descrita no art. 217-A do Código Penal, uma vez que estão incluídos na expressão 'ato libidinoso' todos os atos de natureza sexual, diversos da conjunção carnal, e que tenham a finalidade de satisfazer a libido do agente. 2. Diante disso, ressalvado o meu ponto de vista pessoal acerca do tema, destaco que ambas as Turmas especializadas no julgamento de matéria criminal no Superior Tribunal de Justiça se firmaram no sentido de ser impossível a desclassificação da conduta, em situações tais, quando se tratar de vítima menor de 14 anos, para aquela prevista no art. 215-A do Código Penal, devendo ser observado o princípio da especialidade. 3. Agravo regimental a que se nega provimento." (AgRg no HC 692.156/SC, Rel. Min. Reynaldo Soares da Fonseca, Quinta Turma, DJe 04.10.2021)

Admite-se a tentativa.

A ação penal é pública incondicionada.

Figuras qualificadas pelo resultado

Os §§ 3º e 4º do art. 217-A tratam das hipóteses de resultado lesão corporal de natureza grave e morte em decorrência do estupro de vulnerável.

No caso de resultado lesão corporal de natureza grave, a pena é de reclusão de dez a vinte anos. No caso de resultado morte, a pena é de reclusão de doze a trinta anos. A lesão corporal de natureza leve resta absorvida pela conduta do agente.

Causas de aumento de pena

Em qualquer das hipóteses de estupro de vulnerável, de acordo com o disposto no art. 226 do Código Penal, a pena será aumentada:

a) de quarta parte, se o crime é cometido com o concurso de duas ou mais pessoas;

b) de metade, se o agente é ascendente, padrasto, madrasta, tio, irmão, cônjuge, companheiro, tutor, curador, preceptor ou empregador da vítima, ou por qualquer outro título tem autoridade sobre ela.

Ressalte-se, ainda, que em qualquer hipótese de estupro de vulnerável, de acordo com o disposto no art. 234-A do Código Penal, a pena será aumentada:

a) de metade, se do crime resultar gravidez;

b) de um sexto até a metade, se o agente transmite à vítima doença sexualmente transmissível de que sabe ou deveria saber ser portador.

No caso de ocorrência de mais de uma causa de aumento de pena no mesmo crime, deverá o juiz proceder a tantos aumentos quantas sejam as causas acima indicadas, de acordo com o disposto no art. 68 do Código Penal.

Segredo de justiça

De acordo com o determinado pelo art. 234-B do Código Penal, os processos em que se apure crime de estupro de vulnerável correrão em segredo de justiça.

Esse segredo, evidentemente, não alcança o acusado e seu procurador e o representante do Ministério Público. Não alcança também a vítima, tenha ela ou não se habilitado como assistente de acusação.

14.3 CORRUPÇÃO DE MENORES

O crime de corrupção de menores vem previsto no art. 218 do Código Penal. Tem como objetividade jurídica a proteção da *moral sexual* dos menores.

Não se confunde esse delito, de cunho sexual, com a *corrupção de menores* prevista no art. 244-B da Lei n. 8.069/90 (Estatuto da Criança e do Adolescente), que criminaliza a conduta daquele que corrompe ou facilita a corrupção de pessoa menor de 18 anos, com ela praticando infração penal ou induzindo-a a praticá-la.

Sujeito ativo pode ser qualquer pessoa.

Sujeito passivo somente pode ser o menor (homem ou mulher) de 14 anos.

A conduta típica vem expressa pelo verbo *induzir*, que significa persuadir a fazer, convencer.

A indução deve voltar-se a satisfazer a *lascívia de outrem*, ou seja, à prática de qualquer ato que se destine à satisfação do prazer sexual de alguém. Lascívia é luxúria, sensualidade, libidinagem.

A conduta do agente, portanto, deve limitar-se a induzir a vítima a satisfazer a lascívia de outrem. O terceiro que tem sua lascívia satisfeita pode responder pelo crime de estupro de vulnerável (art. 217-A do CP) se praticar com a vítima conjunção carnal ou outro ato libidinoso.

A corrupção de menores é crime doloso.

A consumação ocorre com a efetiva prática do ato tendente a satisfazer a lascívia de outrem.

A tentativa é admitida.

A ação penal é pública incondicionada.

Causas de aumento de pena

Em qualquer das hipóteses de corrupção de menores, de acordo com o disposto no art. 226 do Código Penal, a pena será aumentada:

a) de quarta parte, se o crime é cometido com o concurso de duas ou mais pessoas;

b) de metade, se o agente é ascendente, padrasto, madrasta, tio, irmão, cônjuge, companheiro, tutor, curador, preceptor ou empregador da vítima, ou por qualquer outro título tem autoridade sobre ela.

Ressalte-se, ainda, que em qualquer hipótese de corrupção de menores, de acordo com o disposto no art. 234-A do Código Penal, a pena será aumentada:

a) de metade, se do crime resultar gravidez;

b) de um sexto até a metade, se o agente transmite à vítima doença sexualmente transmissível de que sabe ou deveria saber ser portador.

No caso de ocorrência de mais de uma causa de aumento de pena no mesmo crime, deverá o juiz proceder a tantos aumentos quantas sejam as causas acima indicadas, de acordo com o disposto no art. 68 do Código Penal.

SEGREDO DE JUSTIÇA

De acordo com o determinado pelo art. 234-B do Código Penal, os processos em que se apure crime de corrupção de menores correrão em segredo de justiça.

Esse segredo, evidentemente, não alcança o acusado e seu procurador e o representante do Ministério Público. Não alcança também a vítima, tenha ela ou não se habilitado como assistente de acusação.

14.4 SATISFAÇÃO DE LASCÍVIA MEDIANTE PRESENÇA DE CRIANÇA OU ADOLESCENTE

O crime de satisfação de lascívia mediante presença de criança ou adolescente vem previsto no art. 218-A do Código Penal, tendo sido introduzido pela Lei n. 12.015/2009. Tem como objetividade jurídica a proteção da *moral sexual* dos menores de 14 anos.

Sujeito ativo pode ser qualquer pessoa, homem ou mulher.

Sujeito passivo somente pode ser a pessoa menor de 14 anos, considerada, nesse aspecto, vulnerável.

A conduta vem expressa pelos verbos *praticar* (fazer, exercer) e *induzir* (persuadir a fazer, convencer). Deve o agente praticar, na presença da vítima, ou induzi-la a presenciar conjunção carnal ou ato libidinoso.

Entende-se por *conjunção carnal* a relação sexual normal, que é a *cópula vagínica*.

Ato libidinoso é todo aquele tendente à satisfação da *lascívia* e da *concupiscência* do agente.

Deve o agente, ainda, ter a finalidade específica de satisfazer a lascívia própria ou alheia. Lascívia é luxúria, sensualidade, libidinagem. A finalidade, portanto, deve ser a satisfação do prazer sexual próprio ou de outrem.

Trata-se de crime doloso.

A consumação ocorre com a prática da conjunção carnal ou de outro ato libidinoso na presença da vítima, ou ainda com a indução dela a presenciá-lo, independentemente da efetiva satisfação da lascívia própria ou alheia. Trata-se de crime formal.

A tentativa é admissível, desde que fracionável o *iter criminis*.

A ação penal é pública incondicionada.

Causas de aumento de pena

Em qualquer das hipóteses de satisfação de lascívia mediante presença de criança ou adolescente, de acordo com o disposto no art. 226 do Código Penal, a pena será aumentada:

a) de quarta parte, se o crime é cometido com o concurso de duas ou mais pessoas;

b) de metade, se o agente é ascendente, padrasto, madrasta, tio, irmão, cônjuge, companheiro, tutor, curador, preceptor ou empregador da vítima, ou por qualquer outro título tem autoridade sobre ela.

Segredo de justiça

De acordo com o determinado pelo art. 234-B do Código Penal, os processos em que se apure crime de satisfação de lascívia mediante presença de criança ou adolescente correrão em segredo de justiça.

Esse segredo, evidentemente, não alcança o acusado e seu procurador e o representante do Ministério Público. Não alcança também a vítima, tenha ela ou não se habilitado como assistente de acusação.

14.5 FAVORECIMENTO DA PROSTITUIÇÃO OU OUTRA FORMA DE EXPLORAÇÃO SEXUAL DE CRIANÇA OU ADOLESCENTE OU DE VULNERÁVEL

O crime de favorecimento de prostituição ou outra forma de exploração sexual de criança ou adolescente ou de vulnerável vem previsto no art. 218-B, tendo sido introduzido pela Lei n. 12.015/2009. Esse crime teve seu nome jurídico alterado pela Lei n. 12.978/2014, que também o classificou, nas modalidades do *caput* e dos §§ 1º e 2º, como hediondo, incluindo-o no rol do art. 1º da Lei n. 8.072/90.

Tem como objetividade jurídica a *moral sexual* das pessoas consideradas vulneráveis e das crianças ou adolescentes.

Sujeito ativo pode ser qualquer pessoa, homem ou mulher.

Sujeito passivo somente pode ser a pessoa menor de 18 anos ou a pessoa que, por enfermidade ou deficiência mental, não tem o necessário discernimento para a prática do ato. Essas pessoas, para os fins do artigo em análise, são consideradas vulneráveis.

A conduta típica vem expressa pelos verbos *submeter* (sujeitar, subordinar), *induzir* (persuadir a fazer, convencer), *atrair* (trazer a si, seduzir), *facilitar* (tornar fácil), *impedir* (opor-se, vedar) *ou dificultar* (complicar, tornar difícil).

Assim, o agente pode submeter ou induzir a vítima à prostituição; atraí-la à prostituição; facilitar-lhe a prostituição ou impedi-la ou dificultar que a abandone.

A prostituição pode ser conceituada, como bem salientam Celso Delmanto e outros (*Código Penal comentado*, Rio de Janeiro: Renovar, 1998, p. 418), como "o comércio habitual do próprio corpo, para a satisfação sexual de indeterminado número de pessoas".

A propósito: "A permissão do uso de dependência de estabelecimento comercial, com o intuito de lucro, para encontros para fins libidinosos configura o delito de facilitação de prostituição" (TJSP — *RT*, 485/282).

Se o agente pratica o crime com o fim de obter vantagem econômica, aplica-se também a pena de multa.

Trata-se de crime doloso que se consuma:

a) na modalidade *submeter*, quando a vítima é sujeita à prostituição ou qualquer outra forma de exploração sexual, iniciando a entrega sexual;

b) na modalidade *induzir*, quando a vítima é conduzida à prostituição ou qualquer outra forma de exploração sexual, iniciando a entrega sexual;

c) na modalidade *atrair*, quando vítima é conduzida à prostituição ou qualquer outra forma de exploração sexual, iniciando a entrega sexual;

d) na modalidade *facilitar*, quando o agente pratica qualquer ato tendente a tornar mais fácil a prostituição ou qualquer outra forma de exploração sexual da vítima;

e) na modalidade *impedir*, quando o agente efetivamente obsta o abandono, pela vítima, da prostituição ou qualquer outra forma de exploração sexual;

f) na modalidade *dificultar*, quando o agente torna difícil ou complica o abandono da prostituição ou qualquer outra forma de exploração sexual.

Não se requer, para a consumação desse delito, a habitualidade.

Nesse sentido: "Para o reconhecimento do delito de favorecimento da prostituição é dispensada a habitualidade, *a reiteratio*" (TJSP — *RT*, 414/55).

Admite-se a tentativa.

A ação penal é pública incondicionada.

Figuras equiparadas

O § 2º, I, do art. 218-B determina a aplicação das mesmas penas àquele que pratica conjunção carnal ou outro ato libidinoso com alguém menor de 18 e maior de 14 anos na situação descrita no *caput* do artigo.

Nesse caso, o sujeito ativo pode ser qualquer pessoa, homem ou mulher.

Sujeito passivo somente pode ser a pessoa menor de 18 e maior de 14 anos, em situação de prostituição ou outra forma de exploração sexual, na forma do *caput* do artigo, ou seja, que tenha sido submetida, induzida, atraída ou facilitada à prostituição ou outra forma de exploração sexual, ou que tenha sido impedida ou dificultada de abandoná-la.

A conduta consiste em praticar conjunção carnal ou outro ato libidinoso com a vítima, em situação de prostituição ou outra forma de exploração sexual, que tenha sido submetida, induzida, atraída ou facilitada à prostituição ou outra forma de exploração sexual, ou que tenha sido impedida ou dificultada de abandoná-la.

Trata-se de crime doloso que se consuma com a prática da conjunção carnal ou outro ato libidinoso com a vítima, em situação de prostituição ou outra forma de exploração sexual, que tenha sido submetida, induzida, atraída ou facilitada à prostituição ou outra forma de exploração sexual, ou que tenha sido impedida ou dificultada de abandoná-la.

Admite-se a tentativa.

A ação penal é pública incondicionada.

O § 2º, II, do art. 218-B pune com as mesmas penas o proprietário, gerente ou responsável pelo local em que se verifiquem as práticas referidas no *caput* do artigo.

Efeito obrigatório da condenação

Constitui efeito obrigatório da condenação, segundo o disposto no § 3º do art. 218-B, a cassação da licença de localização e de funcionamento do estabelecimento onde se pratiquem as condutas referidas no *caput* e no § 2º, I.

Segredo de justiça

De acordo com o determinado pelo art. 234-B do Código Penal, os processos em que se apure crime de favorecimento de prostituição ou outra forma de exploração sexual de vulnerável correrão em segredo de justiça.

Esse segredo, evidentemente, não alcança o acusado e seu procurador e o representante do Ministério Público. Não alcança também a vítima, tenha ela ou não se habilitado como assistente de acusação.

14.6 DIVULGAÇÃO DE CENA DE ESTUPRO OU DE CENA DE ESTUPRO DE VULNERÁVEL, DE CENA DE SEXO OU DE PORNOGRAFIA

O crime de divulgação de cena de estupro ou de cena de estupro de vulnerável, de cena de sexo ou de pornografia, vem previsto no art. 218-C do Código Penal e foi introduzido pela Lei n. 13.718/2018, tendo como objetividade jurídica a tutela da dignidade sexual, no aspecto da honra e da intimidade sexual da vítima.

Sujeito ativo pode ser qualquer pessoa. Trata-se de crime comum. De acordo com o disposto no § 1º, a pena é aumentada de 1/3 (um terço) a 2/3 (dois terços) se o crime é praticado por agente que mantém ou tenha mantido relação íntima de afeto com a vítima.

Sujeito passivo também pode ser qualquer pessoa. Se as condutas envolverem criança ou adolescente, poderão estar caracterizados os crimes previstos nos arts. 241 e 241-A da Lei n. 8.069/90 — Estatuto da Criança e do Adolescente.

A conduta vem expressa pelos verbos *oferecer, trocar, disponibilizar, transmitir, vender, expor à venda, distribuir, publicar* e *divulgar*. Cuida-se de tipo misto alternativo em que a prática de qualquer das condutas tipifica o crime e a prática de mais de uma conduta (por exemplo: oferecer, divulgar e vender), contra a mesma vítima, constitui um único crime e não pluralidade de delitos.

Se o agente invadir dispositivo informático alheio, conectado ou não à rede de computadores, mediante violação indevida de mecanismo de segurança e com o fim de obter, adulterar ou destruir dados ou informações sem autorização expressa ou tácita do titular do dispositivo ou instalar vulnerabilidades para obter vantagem ilícita, estará configurado o crime do art. 154-A do Código Penal.

O objeto material do crime é fotografia, vídeo ou outro registro audiovisual que contenha cena de estupro ou de estupro de vulnerável ou que faça apologia ou induza a sua prática, ou, sem o consentimento da vítima, cena de sexo, nudez ou pornografia.

A prática criminosa deve se dar por qualquer meio, inclusive por meio de comunicação de massa (jornais, revistas, publicações em geral, programas de televisão etc.) ou sistema de informática ou telemática (tais como *e-mail, whatsapp, internet* em geral, *instagram, twitter, messenger, linkedin, blog, site* etc.).

Trata-se de crime doloso.

A consumação ocorre com a prática de uma ou mais das condutas incriminadas, independentemente de qualquer resultado naturalístico, que é dispensável, inclusive o intuito de lucro ou obtenção de qualquer vantagem.

A tentativa é admissível, já que, a nosso ver, todas as condutas permitem o fracionamento do *iter criminis*.

A ação penal é pública incondicionada.

Ademais, o crime é subsidiário, ou seja, somente estará configurado se o fato não constituir crime mais grave. Cuida-se de subsidiariedade que vem expressa no preceito secundário da norma.

A pena cominada é reclusão de 1 (um) a 5 (cinco) anos. Em caso de prisão em flagrante, somente a autoridade judiciária poderá conceder fiança, de acordo com o disposto no art. 322 do Código de Processo Penal. É cabível, também, a suspensão condicional do processo, prevista no art. 89 da Lei n. 9.099/95.

Causas de aumento de pena.

O § 1º do art. 218-C prevê duas causas de aumento de pena de 1/3 (um terço) a 2/3 (dois terços) para o crime:

a) praticado por agente que mantém ou tenha mantido relação íntima de afeto com a vítima, como no caso de namorados, noivos, cônjuges, companheiros, atuais ou pretéritos;

b) praticado com o fim de vingança ou humilhação. Essas finalidades (vingança e humilhação) específicas do agente tornam o crime mais reprovável e, por consequência, merecedor de reprimenda mais severa. É muito conhecida a prática da chamada *pornografia de vingança* ou *revenge porn*, em que o agente expõe publicamente, por qualquer meio, inclusive pela *internet* e por redes sociais, fotos ou vídeos íntimos de terceiros, sem o consentimento deles, ainda que estes tenham se deixado filmar ou fotografar no âmbito privado.

Exclusão de ilicitude

Dispõe o § 2º do art. 218-C que não há crime quando o agente pratica as condutas descritas no *caput* do artigo em publicação de natureza jornalística, científica, cultural ou acadêmica com a adoção de recurso que impossibilite a identificação da vítima, ressalvada sua prévia autorização, caso seja maior de 18 (dezoito) anos.

14.7 AÇÃO PENAL

No que se refere à ação penal nos crimes contra a dignidade sexual, o art. 225 do Código Penal, com a redação que lhe foi dada pela Lei n. 13.718/2018, estabelece que "nos crimes definidos nos Capítulos I e II deste Título, procede-se mediante ação penal pública incondicionada".

Assim, não há mais qualquer exceção a essa regra, como ocorria na vigência da redação anterior do mencionado art. 225.

Todos os crimes contra a dignidade sexual, incluídos os crimes contra a liberdade sexual (arts. 213 a 216-A) e os crimes sexuais contra vulnerável (arts. 217-A a 218-C), são de ação penal pública incondicionada.

14.8 AUMENTO DE PENA

São três as causas de aumento de pena previstas no art. 226 do Código Penal, com a redação dada pela Lei n. 13.718/2018:

a) se o crime é cometido com o concurso de duas ou mais pessoas; esse concurso pode dar-se por coautoria ou participação. Nesse caso, a pena é aumentada de quarta parte;

b) se o agente é ascendente, padrasto ou madrasta, tio, irmão, cônjuge, companheiro, tutor, curador, preceptor ou empregador da vítima ou por qualquer outro título tiver autoridade sobre ela. Nesse caso, a pena é aumentada de metade;

c) se o crime é praticado mediante concurso de 2 (dois) ou mais agentes (estupro coletivo — vide item 1.1.4 *supra*) e se o crime é praticado para controlar o comportamento social ou sexual da vítima (estupro corretivo — vide item 1.1.5 *supra*). Nesses casos, a pena é aumentada de 1/3 (um terço) a 2/3 (dois terços).

14.9 MEDIAÇÃO PARA SERVIR À LASCÍVIA DE OUTREM

A mediação para servir a lascívia de outrem é crime previsto no art. 227 do Código Penal, tendo como objetividade jurídica a *moralidade pública sexual*.

Sujeito ativo pode ser qualquer pessoa. Geralmente, é denominado *lenão*.

Sujeito passivo pode ser qualquer pessoa que satisfaça a lascívia de outrem.

A conduta típica vem expressa pelo verbo *induzir*, que significa persuadir, incitar, levar, mover.

Lascívia é a luxúria, sensualidade, libidinagem. A satisfação da lascívia de outrem pode dar-se inclusive pela *contemplação de ato libidinoso* entre o lenão e a vítima.

A mediação para satisfação da lascívia de outrem é crime doloso, exigindo também o especial fim de satisfazer a luxúria alheia.

Consuma-se o crime com a efetiva satisfação da luxúria alheia, independentemente do orgasmo.

Admite-se a tentativa.

A ação penal é pública incondicionada.

FIGURAS TÍPICAS QUALIFICADAS

Existem três figuras típicas qualificadas previstas nos §§ 1º, 2º e 3º do art. 227 do Código Penal.

A primeira delas refere-se à vítima maior de 14 e menor de 18 anos.

Se a vítima for menor de 14 anos, aplica-se a regra do art. 232 do Código Penal. Na primeira hipótese incluem-se ainda as relações domésticas ou de autoridade entre a vítima e o sujeito ativo. É o chamado *lenocínio familiar*. Também as relações de educação, tratamento e guarda do agente com a vítima. Essa figura qualificada sofreu alteração pela Lei n. 11.106/2005.

A segunda figura típica qualificada refere-se ao *lenocínio violento*, que pode ser praticado com o emprego de violência ou grave ameaça, e o *lenocínio fraudulento*, que é cometido mediante fraude.

A terceira figura típica qualificada trata do *lenocínio questuário*, em que o sujeito ativo age com a finalidade de lucro. Não é necessária a efetiva obtenção de lucro, bastando que o lenão aja impulsionado por esse fim.

14.10 FAVORECIMENTO DA PROSTITUIÇÃO OU OUTRA FORMA DE EXPLORAÇÃO SEXUAL

Crime previsto no art. 228 do Código Penal, o favorecimento da prostituição ou outra forma de exploração sexual tem como objetividade jurídica a proteção da moralidade pública sexual.

Sujeito ativo e sujeito passivo podem ser qualquer pessoa, homem ou mulher.

São cinco as condutas previstas pelo tipo penal:

a) induzir, que significa persuadir, levar, mover, incutir;

b) atrair, que significa trazer, exercer atração, fazer aderir;

c) facilitar, que significa tornar fácil, prestar auxílio;

d) impedir, que significa obstar, impossibilitar, opor-se;

e) dificultar, que significa obstaculizar, colocar impedimentos.

Assim, o agente pode induzir ou atrair a vítima à prostituição ou a outra forma de exploração sexual; facilitar-lhe a prostituição ou outra forma de exploração sexual, ou ainda impedi-la de abandoná-la ou dificultar-lhe o abandono.

A prostituição pode ser conceituada, como bem salientam Celso Delmanto e outros (*Código Penal comentado*, Rio de Janeiro: Renovar, 1998, p. 418), como "o comércio habitual do próprio corpo, para a satisfação sexual de indiscriminado número de pessoas".

Além da prostituição, trata a lei de qualquer outra forma de exploração sexual.

O favorecimento à prostituição é crime doloso que se consuma:

a) na modalidade *induzir*, quando a vítima é conduzida à prostituição ou a outra forma de exploração sexual, iniciando a entrega sexual;

b) na modalidade *atrair*, quando vítima é conduzida à prostituição ou a outra forma de exploração sexual, iniciando a entrega sexual;

c) na modalidade *facilitar*, quando o agente pratica qualquer ato tendente a tornar mais fácil a prostituição ou outra forma de exploração sexual da vítima;

d) na modalidade *impedir*, quando o agente efetivamente obsta o abandono, pela vítima, da prostituição ou outra forma de exploração sexual;

e) na modalidade *dificultar*, quando o agente obstaculiza ou coloca impedimentos ao abandono da prostituição ou outra forma de exploração sexual pela vítima.

Não se requer, para a consumação desse delito, a habitualidade.

Admite-se a tentativa.

A ação penal é pública incondicionada.

FIGURAS TÍPICAS QUALIFICADAS

Nesse delito existem três figuras típicas qualificadas, previstas nos §§ 1º, 2º e 3º.

A primeira delas refere-se à condição do agente de ascendente, padrasto, madrasta, irmão, enteado, cônjuge, companheiro, tutor ou curador, preceptor ou empregador da vítima, ou que tenha por lei ou outra forma assumido a obrigação de cuidado, proteção ou vigilância em relação a ela.

A segunda hipótese de qualificação incide quando há emprego de violência, grave ameaça ou fraude.

Na terceira hipótese, o crime é qualificado pelo fim de lucro, impondo-se cumulativamente a pena de multa.

14.11 CASA DE PROSTITUIÇÃO

O delito de casa de prostituição vem previsto no art. 229 do Código Penal, tendo como objetividade jurídica a tutela da moralidade pública sexual.

Sujeito ativo pode ser qualquer pessoa, homem ou mulher, que mantenha a casa de prostituição ou estabelecimento em que ocorra exploração sexual.

Se uma pessoa mantém sozinha um local para o exercício de sua prostituição, não haverá crime, pois que o *meretrício* não constitui delito.

Sujeito passivo é a coletividade e, secundariamente, as pessoas que exercem a prostituição.

A conduta vem representada pelo verbo *manter*, que significa sustentar, prover, conservar a casa de prostituição ou estabelecimento em que ocorra exploração sexual.

Casa de prostituição pode ser conceituada como o local onde as prostitutas exercem o comércio carnal.

Estabelecimento em que ocorra exploração sexual é todo aquele onde se explore a prática de conjunção carnal e atos tendentes à satisfação da lascívia e concupiscência de indeterminado número de pessoas.

O *intuito de lucro* não é imprescindível para a configuração do delito, exigindo-se apenas a *habitualidade*.

A casa de prostituição ou estabelecimento em que ocorra exploração sexual devem ser mantidos por conta própria do agente ou por conta de terceiro.

Parte da jurisprudência tem se orientado no sentido de que, se a casa de prostituição é fiscalizada e tolerada pela autoridade policial, haverá por parte do agente *erro de proibição* (RT, 512/373 e 489/341).

Há, entretanto, entendimentos em sentido contrário (RT, 542/337).

O delito de casa de prostituição é doloso, exigindo-se, ainda, para sua configuração, o especial fim de agir para satisfazer a lascívia e a luxúria de outrem.

Consuma-se o crime, que é *permanente*, com a manutenção da casa de prostituição, ou estabelecimento em que ocorra exploração sexual, sem que, para isso, exija-se a reiteração de práticas sexuais.

Não se admite a tentativa por tratar-se de crime habitual.

A ação penal é pública incondicionada.

14.12 RUFIANISMO

Crime previsto no art. 230 do Código Penal, o rufianismo, espécie de lenocínio, tem como objetividade jurídica a disciplina da vida sexual das pessoas, impedindo a exploração da prostituição.

Sujeito ativo pode ser qualquer pessoa, homem (rufião) ou mulher (rufiona).

Sujeito passivo é a pessoa que exerce a prostituição, homem ou mulher.

A conduta típica vem definida pela expressão *tirar proveito da prostituição alheia*, que pode ocorrer das seguintes formas:

a) participando diretamente de seus lucros;

b) fazendo-se sustentar, no todo ou em parte, por quem a exerça.

Em qualquer das duas modalidades de conduta, é exigida a *habitualidade*, não configurando o delito o eventual recebimento de vantagem, econômica ou não, da pessoa que exerce a prostituição.

O rufianismo é crime doloso.

A consumação ocorre com a habitualidade da conduta.

Não se admite tentativa.

A ação penal é pública incondicionada.

FIGURAS TÍPICAS QUALIFICADAS

Nesse delito existem duas figuras típicas qualificadas, previstas nos §§ 1º e 2º.

A primeira delas refere-se à condição da vítima ser menor de 18 e maior de 14 anos, e à condição do agente de ascendente, padrasto, madrasta, irmão, enteado, cônjuge, companheiro, tutor ou curador, preceptor ou empregador da vítima, ou que tenha, por lei ou outra forma, assumido a obrigação de cuidado, proteção ou vigilância em relação a ela.

A segunda hipótese de qualificação incide quando há emprego de violência, grave ameaça ou fraude, ou outro meio que impeça ou dificulte a livre manifestação da vontade da vítima.

14.13 PROMOÇÃO DE MIGRAÇÃO ILEGAL

O crime de promoção de migração ilegal vem previsto no art. 232-A do Código Penal, tendo sido introduzido pela Lei n. 13.445/2017, que instituiu a Lei de Migração.

A objetividade jurídica desse crime é a tutela da liberdade de ir e vir, do direito de locomoção, assim como a tutela dos princípios e diretrizes das políticas públicas para o emigrante.

Sujeito ativo pode ser qualquer pessoa. Visou a criminalização punir os chamados "coiotes", que obtêm vantagem econômica com a entrada ilegal de estrangeiros em território nacional ou vice-versa, cobrando para colocar brasileiros em outro país.

Sujeito passivo pode ser qualquer pessoa, brasileira ou estrangeira, alvo das condutas previstas no tipo penal.

A conduta típica vem representada pelo verbo "promover", que significa impulsionar, levar a cabo, efetivar. A promoção pode se dar por qualquer meio, e deve sempre ter o fim de obter vantagem econômica.

Trata-se de crime doloso, cuja consumação ocorre com a efetiva promoção da entrada ilegal de estrangeiro em território nacional ou de brasileiro em país estrangeiro, ou da saída de estrangeiro do território nacional para ingressar ilegalmente em país estrangeiro.

Admite-se a tentativa.

Figura equiparada

Estabelece o § 1º que na mesma pena incorre quem promover, por qualquer meio, com o fim de obter vantagem econômica, a saída de estrangeiro do território nacional para ingressar ilegalmente em país estrangeiro.

Causas de aumento de pena

O § 2º do artigo em comento prevê aumento de pena de 1/6 (um sexto) a 1/3 (um terço) se o crime é cometido com violência ou se a vítima é submetida a condição desumana ou degradante.

Cúmulo material

O § 3º estabelece o cúmulo material de penas, dispondo que a pena prevista para o crime será aplicada sem prejuízo das correspondentes às infrações conexas.

15
CRIMES CONTRA A LIBERDADE SEXUAL. ASSÉDIO SEXUAL

O crime de assédio sexual vem tipificado no art. 216-A do Código Penal, tendo sido introduzido pela Lei n. 10.224, de 15 de maio de 2001.

A objetividade jurídica desse crime é a tutela da liberdade sexual da pessoa, protegendo a norma, secundariamente, a honra, a liberdade e a autodeterminação no trabalho.

Sujeito ativo pode ser qualquer pessoa, homem ou mulher, desde que tenha a condição de superior hierárquico ou ascendência sobre a vítima.

Sujeito passivo também pode ser qualquer pessoa, homem ou mulher, desde que reúna a qualidade de inferior hierárquico ou sujeito a ascendência do agente. Se a vítima for menor de 18 anos, a pena é aumentada em até um terço, de acordo com o disposto no § 2º.

Trata-se, portanto, de *crime bipróprio*, que exige uma qualidade pessoal do sujeito ativo e do sujeito passivo.

No caso, a superioridade hierárquica ou ascendência do sujeito ativo sobre o sujeito passivo, nas relações laborais de direito público ou privado, é imprescindível para a caracterização do crime de assédio sexual.

A conduta típica vem expressa pelo verbo *constranger*, que significa coagir, compelir, forçar, obrigar, impor.

Não esclareceu o legislador *a que* ou *a fazer o que* a vítima deve ser constrangida. Assim, entende-se que não é necessário nenhum comportamento da vítima para que haja a violação do bem jurídico, bastando que ocorra o constrangimento, por qualquer meio (palavras, gestos, escritos etc.).

Fundamental, como já ressaltado, para a caracterização do crime de assédio sexual é a relação de superioridade hierárquica ou ascendência, entre o agente e a vítima, inerentes ao exercício de emprego (relações privadas), cargo ou função (relações públicas).

Portanto, só existe o crime de assédio sexual nas relações laborais, tendo sido vetado o parágrafo único do art. 216-A, que tratava do assédio sexual nas relações familiares, domésticas, proveniente de coabitação, de hospitalidade e com abuso ou violação de dever inerente a ofício ou ministério.

Trata-se de crime doloso.

Além disso, a lei requer um elemento subjetivo especial, consistente no *intuito de obter vantagem ou favorecimento sexual*, que pode ser para o próprio agente ou para terceiro.

Consuma-se o crime com a prática do constrangimento, visando a obtenção de vantagem ou favorecimento de natureza sexual. É crime formal.

A tentativa é admitida doutrinariamente, embora de difícil configuração prática.

Se, além do constrangimento, houver contato físico entre agente e vítima, ou se for empregada violência ou grave ameaça para a obtenção da vantagem ou favorecimento sexual, poderá ser tipificado outro delito.

A ação penal é pública incondicionada.

REFERÊNCIAS

ANDREUCCI, Ricardo Antonio. *Manual de direito penal*. 13. ed. São Paulo: Saraiva, 2018.

ANDREUCCI, Ricardo Antonio. *Legislação penal especial*. 13. ed. São Paulo: Saraiva, 2018.

BELING, Ernst. *La Doctrina del delito-Tipo*. Buenos Aires: Editorial Depalma, 1944.

BITENCOURT, Cezar Roberto. *Teoria Geral do Delito*. 2. ed. São Paulo: Saraiva, 2004.

CAPEZ, Fernando. *Curso de Direito Penal*: parte geral. 4. ed. São Paulo: Saraiva, 2002. v. 1.

DOTTI, René Ariel. *O incesto*. Curitiba: Lítero-Técnica, 1976.

ESTEFAM, André. *Direito penal 1*: parte geral. São Paulo: Saraiva, 2005 (Col. Curso e Concurso).

FRANCO, Alberto Silva. *Código Penal e sua interpretação jurisprudencial*; parte especial. São Paulo: Revista dos Tribunais, 2001. v. 2.

GOMES, Luiz Flávio. *Crimes previdenciários*: apropriação indébita, sonegação, falsidade documental, estelionato, a questão do prévio exaurimento da via administrativa. São Paulo: Revista dos Tribunais, 2001.

JESUS, Damásio E. de. *Direito Penal*: parte geral. 19. ed. São Paulo: Saraiva, 1995. v. 1.

JESUS, Damásio E. de. *Direito Penal*: parte geral. 26. ed. São Paulo: Saraiva, 2003. v. 1.

JESUS, Damásio E. de. *A exceção do art. 61 da Lei dos Juizados Especiais Criminais em face da Lei n. 10.259*. Disponível em: <www.damasio.com.br>.

JESUS, Damásio E. de. *Deixar de registrar empregado não é crime*. Disponível em: www.damasio.com.br/novo/html/frame_artigos.htm.

LAUAND, Mariana de Souza Lima; PODVAL, Roberto. Juizados Especiais Criminais. *Informativo IBCCrim*, out. 2001.

MIRABETE, Julio Fabbrini. *Manual de direito penal*: parte especial. 22. ed. São Paulo: Atlas, 2004. v. 2; 1998. v. 3.

MIRABETE, Julio Fabbrini. *Manual de direito penal*: parte geral. 21. ed. São Paulo: Atlas, [s.d.]. v. 1.

NUCCI, Guilherme de Souza. *Código Penal comentado*. 3. ed. São Paulo: Revista dos Tribunais, 2003.

ROCHA, Fernando A. N. Galvão da. *Direito penal*: curso completo – Parte geral. 2. ed. Belo Horizonte: Del Rey, 2007.

ROXIN, Claus. Kriminalpolitik und Strafrechtssystem. Berlim/Nova Iorque: Walter de Gruyter, 1973.

WELZEL, Hans. *Derecho penal alemán*: parte general. Trad. Juan Bustos Ramires. 11. ed. Chile: Editorial Jurídica de Chile, 1997.

ZAFFARONI, Eugênio Raúl; PIERANGELI, José Henrique. *Manual de Direito Penal Brasileiro*: parte geral. 8. ed. São Paulo: Revista dos Tribunais, 2009. v. 1.

ANOTAÇÕES